心路 100

教育部直属系统老同志
庆祝中国共产党成立100周年文集

教育部离退休干部局 编

高等教育出版社·北京

前言

伟大、光荣、正确的中国共产党已经走过了一百年的峥嵘岁月。中国共产党的一百年,是矢志践行初心使命的一百年,是筚路蓝缕奠基立业的一百年,是创造辉煌开辟未来的一百年。

教育部直属系统广大离退休党员干部是在党的领导下走在时代前列的开拓者、奉献者,创造中国故事、中国奇迹的亲历者、见证者,也是党的光荣传统和优良作风的传承者、弘扬者。在庆祝我们党百年华诞的重要历史时刻,他们满怀深情回顾追随党忠于党的心路历程,回首投身中国革命、建设和改革事业的峥嵘岁月,表达永远听党话、跟党走、生命不息奋斗不止的崇高信念和情感,共有1 200余位老同志参加了我局组织的“与党同呼吸、共命运”征文活动。他们中党龄最长的84年,年龄最大的107岁;他们中有红军时代参加革命的老党员,有参加过抗日战争、解放战争、抗美援朝战争的老战士,有耕耘在教育战线的老部长、老院士、老教授、老教师、老干部、老职工。我们从中精选100篇文章,结成《心路——教育部直属系统老同志庆祝中国共产党成立100周年文集》一书,由高等教育出版社编辑出版。其中,有党龄超过80年的离休老部长青年时代在党的指引下摆脱封建家庭束缚,走上革命道路的不凡历程;有曾经上过战场的老战士与战友们一起为新中国浴血奋战、九死一生的震撼记录;有革命烈士遗属战胜内心伤痛,继承父辈遗志,毅然加入中国共产党,并为共产主义事业奋斗终身的真实回顾;更有老教师老党员在新中国教育战线上奋斗一生、奉献一生,在三尺讲台上辛勤耕耘、参与立德树人工作的梳理总结。一段段真实的记述,一件件难忘的往事,一个个动人的故事,生动展示了在党的指引下,千百万共产党员凝聚在党的旗帜下,为创建新中国、推进中国特色社会主义伟大事业开拓前进、不懈奋斗的光辉历程,字里行间蕴含着矢志不渝的初心,跳动着一颗颗爱党向党的红心,是开展党史学习教育的生动素材。

百年风霜雪雨,百年大浪淘沙,百年成就辉煌。百年正是风华正茂,值此中国共产党即将迎来百年华诞的重要历史时刻,教育系统老同志衷心祝愿伟大的党续写更加壮丽的新篇章,并决心不忘初心、牢记使命,紧密团结在以习近平同志为核心的党中央周围,在向着实现“第二个百年”的宏伟目标不懈奋进的新征程中,为实现中华民族伟大复兴的中国梦增添正能量、作出新贡献!

谨以此书献给中国共产党百年华诞,表达教育部直属系统老同志、老党员对伟大的党的深情礼赞和热忱告白。

教育部离退休干部局

2021年6月

目 录

奔向光明

高沂……3

奔赴太行 走向太阳

杨蕴玉……11

回顾树立共产主义信仰的最初历程

张孝文……24

十年辛劳为破浪

张保庆……33

进行“两个对比”,坚定“两个维护”

张天保……50

为培养一批批青年马克思主义者而努力

朱新均……54

实现第二个百年奋斗目标,亟须有更多中国人进入各类多边国际组织

章新胜……67

一个共产党员的几点感悟

田淑兰……78

目　录

我在战火烽烟中的几次历险

李滔……86

党指引我走上革命的道路

沈友益……91

党引领我在新中国熔炉里成长

卓晴君……96

优良传统的创新性继承和发扬

杨瑞森……101

永感党恩，永跟党走

高爱玲……107

回首过去，接续奋斗

李之保……112

我的信仰是如何形成的

胡龙孙……117

中国共产党与出国留学一百年

苗丹国……122

把个人融入党和国家事业中

雷克啸……128

初心永不改，夕阳别样红，鲐背之年成为新党员

沙培智……132

母亲的歌

中央电化教育馆　郭忠民……139

中国共产党是中国人民的领导核心
教育部民族教育发展中心　张强……142

初心永存，欢得满园春色
中国教育出版传媒集团　杨启楠……146

踏入北大门，走上革命路——回忆我在新中国成立前后的岁月
北京大学　王学珍……153

透过历史的烟尘看人生
北京大学　乐黛云……157

红色中国万里行——寻踪红军长征路
清华大学　谢小平……161

我永远是中国共产党的一个兵
中国人民大学　龚志发……165

不忘初心坚定跟党走
北京师范大学　李秀蓉……170

一心向党
北京师范大学　周之良……175

不忘初心，做合格的共产党员
中国农业大学　艾荫谦……179

百年鏖战结硕果，创制引领新征程
中国农业大学　靳晋……183

让心中的党旗永远鲜红
北京外国语大学　雷航……186

目　录

关于抗美援朝的回忆

北京语言大学　谷远中……190

胸怀祖国,献身科学

北京科技大学　方祖烈……194

党的光辉照我心

北京化工大学　贾玉环……199

党的光辉指引我的一生

北京交通大学　李士群……204

九十回首

北京邮电大学　殷熙和……208

感党恩　念师恩

中国地质大学(北京)　李紫金……213

在党的领导下,煤矿安全生产健康发展

中国矿业大学(北京)　周心权……217

铸“红魂”,为党为国唱响石油赞歌

中国石油大学(北京)　刘耀芳……221

礼赞中国共产党领导的美丽中国建设

北京林业大学　郝建华……226

为党献人生

中国传媒大学　孔德明……230

在党的领导下,我国税制改革与税收法治建设蓬勃发展

中央财经大学　汤贡亮……235

回顾我担任三任支部书记的心路历程
中国政法大学　庞本……240

春蚕到死丝方尽，蜡炬成灰泪始干
中央音乐学院　赵寒阳……245

美好的回忆，感恩党的教育和培养
中央戏剧学院　罗锦鳞……250

难忘的岁月，虔诚的追寻
中央美术学院　闻立鹏……254

大医精诚，医者仁心
北京中医药大学　田德禄……259

水滴与江河
对外经济贸易大学　黄震华……264

责任之思考，工匠精神之延续
华北电力大学　关存和……268

一生中难以忘怀的两件事
南开大学　白鹤翔……273

戎马倥偬康保情
天津大学　刘振昌……277

一个普通党员的七秩回眸
大连理工大学　于泽涛……282

一心一意跟党走，杇迈分享好时光
东北大学　周武……286

目　录

我的红色记忆
吉林大学　金海俊……291

一个安东少年经历的抗美援朝
东北师范大学　周敬思……296

唱支山歌给党听
东北林业大学　陈文斌……300

牢记使命60年
复旦大学　宗廷虎……304

初心与使命指引我度逆境、抓机遇、闯雄关
上海交通大学　朱训生……308

从进军西藏途中转战朝鲜战场
同济大学　贾巨海……312

两个“38年”的我
华东理工大学　吴永奎……317

一次反扫荡历险记
东华大学　王玉春……322

脚印——一个老战士的人生轨迹
华东师范大学　郑中南……326

沐浴党的光辉，实现远大理想
上海外国语大学　吴克礼……332

奔赴解放区的前前后后
上海财经大学　高宇……336

初心不改，善念永存
南京大学　沈学善……341

我的四次人生抉择
南京大学　王德滋……346

在党的引领下为教育事业奉献终生
东南大学　恽瑛……351

党的光辉照我家
中国矿业大学　陈智纯……356

牢记初心，与党同行
河海大学　张勤……361

我与食品的六十年情缘
江南大学　姚惠源……366

一生追随，矢志不渝
南京农业大学　周幼玲……371

党的需要就是命令，服从命令是我的天职
中国药科大学　严永清……377

听党话跟党走，多思实干勇奋斗
合肥工业大学　朱功勤……383

我为亲身感受的奇迹般发展欢呼
浙江大学　邹先定……387

我走过的“初心”之路
厦门大学　黄强……390

目　录

前途光明，满怀信心
山东大学　赵庆茂……395

是党，给了我成长、奋斗的阳光
中国海洋大学　韩丽梅……398

与党同行，谱写忠诚
中国石油大学(华东)　郑其绪……403

与党同呼吸，在党的阳光雨露下成长
武汉大学　娄延常……407

党的恩情比海深
华中科技大学　吴江……412

54年初心不改，72岁光荣入党
中国地质大学(武汉)　曾广策……416

永记党恩
武汉理工大学　邓永柱……420

党的思想引领我前进
华中师范大学　董泽芳……424

党的光辉照我心
华中农业大学　邱馨……428

党的光辉照耀我的人生旅程
中南财经政法大学　黄洪……433

感谢党给了我一个幸福美满的晚年
中南大学　沈素芳……439

发扬红军精神,传承红色基因
湖南大学　李透忠……443

坚守信念,党的战士永不停步
中山大学　黎学玲……448

在党的光辉照耀下前行
华南理工大学　王群生……453

不忘初心七十载,牢记使命献终身
重庆大学　毛石灵……457

浴血奋战保家国,铁骨铮铮守初心
西南大学　常德胜……462

永葆初心,"老骥伏枥、志在千里"的一生追求
四川大学　涂敏纳……467

忠于信仰,乐于奉献
西南财经大学　王裕国……472

余热生辉忆往昔,诗画生活寄敬意
西南交通大学　潘启敬……476

相伴祖国光纤通信事业半世纪发展
电子科技大学　唐明光……481

世世代代跟党走
西安交通大学　张德通……487

不忘初心,牢记使命,永远跟党走
西北农林科技大学　和元根……491

没有共产党就没有我的一切
陕西师范大学　谢振中……495

令人难忘的革命经历
西安电子科技大学　蒋炳煌……499

出行"难""烦"看变迁
长安大学　曾乐元……504

新中国成立前后我的一段经历
兰州大学　孙鑫……508

心路

奔向光明

高　沂

高沂，男，汉族，山东沂水人，1914年12月出生，1938年2月参加革命，1938年5月加入中国共产党。离休干部（享受正部长级待遇），抗日战争时期曾任延安青年剧院党支部书记，解放战争时期曾任东北行政委员会研究局研究员，离休前曾任教育部党组副书记、副部长，中国联合国教科文组织全国委员会主任。第六、七届全国政协委员，第七届全国政协文史资料委员会副主任。

1840年鸦片战争以后，中国逐步沦为半殖民地半封建社会，列强对中国的侵略步步进逼，封建统治日益腐败，祖国山河破碎、战乱不已，亿万人民饥寒交迫、备受奴役。那时，中华民族被称为“东亚病夫”，可谓“一盘散沙”。100年前，中国共产党成立了，这是开天辟地的大事变。从此，中国人民有了主心骨，踏上了争取民族独立、人民解放的光明道路，开启了实现国家富强、

人民富裕的壮丽征程。我们这一代人，有幸生在那个救亡图存的历史时代，参与并见证了党团结带领人民进行的艰苦卓绝的斗争。

延安追光

1937年七七事变爆发，当时我正在山东跟着国民党第3集团军总司令韩复榘的部队，担任补充一团二营十连少尉副连长。部队从10月开拔，徒步行军、辗转多日，却从山东退入河南，离抗日前线越来越远。当时我很不理解，经常在士兵中鼓动，我们这些山东兵应该打回老家去。到了冬天，蒋介石以不抵抗为名杀了韩复榘。对于韩复榘被杀这件事，我们一方面认为他在日军侵入山东时一枪不放、节节后退，确实该杀；另一方面也对蒋介石铲除异己、消灭杂牌军的手段深感不满。

国民党中央军为了排除异己，在杀了韩复榘之后，妄图“吃掉”我们这个团。为了避开中央军的堵截，我们急行军撤向山东，到成武进行整编，由团扩编成旅。我们一些志趣相投的青年军官常常聚在一起聊天，话题自然是抗战的形势和我们自己的前途。我们对国民党在正面战场的节节失利感到失望，对杂牌军也失掉了信心。而此时，八路军平型关大捷是唯一令人振奋的好消息，犹如黑暗里的一道曙光。我们自然而然地想到了共产党领导下的延安。大家一致认为，只有共产党和八路军才是战胜日本的希望所在。我们要到延安去！

如何去延安？一些人主张干脆活动一批人，带着武器出走。我和好朋友张维寅则认为，这样做等于公开哗变，无论是山东地方部队还是中央军都不能容许。再说从山东到延安，要经过大片国民党统治的区域，危险性很大，很难成功。两种意见相持不下之时，张维寅告诉我，他以前曾经加入共产党，他与我秘密商定，以去武汉继续上学为名，请假出走。

一天晚饭后，我俩找到了旅长的住处。旅长叫王文斌，河南人，说话很慢，不像是行伍出身的人。我们按准备好的“台词”，向他表达了想去武汉上大学的愿望，边说边在心里打鼓。没想到等我们说完，他便向我们提了一个意料之外的问题：“抗战时期，你们到武汉能学到什么呢？”他接着说：“抗战期间，需要更多的青年学到打仗的本事，参加战争。我劝你们到延安去。那里有八路军办的一些学校。”他还意味深长地说：“打日本，看来光靠蒋先生是不行的。”

听了他的话，我们十分高兴，表示愿意按他的指示到延安去。他告诉我们，他早先也参加过共产党，只是后来失去了联系。他嘱咐我们：“你们到延安后，要和我保持联系，并请那边派些人来我们这里工作。”他还让副官给我们 100 元法币作为路费，并嘱咐我们路上要脱下军装，改穿便衣。

同旅长告别后，我们俩迅速找了两套山东公务员的制服，换下了军装。我的小包里仅有一双布鞋和两件衬衣，夹在胳肢窝里就上路了。张维寅临行前搞到了一床棉被，这成了我们两人一路上唯一的铺盖。我俩先徒步到达河南柳河，然后乘火车西行，经开封、郑州、洛阳、潼关到达西安。因为囊中羞涩，一路上我们也不买票，有车就上，查票的来了就下车，下趟车来了再挤上去。一路走走停停，平板车、闷罐车、煤车，各种车都坐过，真是“急不择车”了。

到西安后，我们秘密寻找八路军办事处，经过三天，最后才从一个洋车夫那里问到了办事处的地址在西安七贤庄。在办事处接待我们的是一位身着八路军制服的青年，他听了我们要去延安学习的愿望后说：“现在去延安的人很多，延安已经容纳不下了。”他建议我们先去对外公开名义是西北青年救国联合会青年干部训练班的安吴堡青训班学习。他特别指出，青训班也是共产党、八路军办的学校。我们当即表示愿意去安吴堡。第二天，我和张维寅揣着介绍信离开西安，直奔 40 多公里外的安吴堡。

1938 年 2 月 8 日，是我们到达安吴堡的日子。这一天，我终于站到了生命的新起点上，从这一天开始，我把自己毫无保留地交给了党和革命事业，找到了我人生最终的归宿。

安吴堡熔铸

安吴堡青训班实际是 1937 年 10 月西北青年救国联合会举办的中国青年干部训练班。青训班举办初期设在国民党元老于右任办的三原县斗口镇农场内，后迁至云阳镇八路军 115 师留守处所在地。由于规模不断扩大，从第四期起迁至泾阳县安吴堡，时称安吴堡青训班。那时大量的革命青年从沦陷区或大后方奔向延安，而安吴堡离西安较近，方便接收、安排。

青训班的鼎盛时期大约是 1938 年至 1939 年。我参加的是 1938 年的第 5 期，时间是 2 个月。那时全班编成 10 个队，每队百余人，主要按经历和学历编队。除了常见的学生队外，还有职工队、农民队、妇女队、少年儿童队、佛教队、艺术队等。我记得，当时还有不少山西五台山来的和尚组织了一个和尚队。这也体现了各行各业青年的抗日革命热情。青训班里，领导和学员们同吃同住，除了在开会、列队时的位置不同外，在生活上、穿着上根本看不出差别。同志之间团结友爱，有困难一定会得到帮助。三大纪律八项注意和抗大"团结、紧张、严肃、活泼"校训也完整地体现在每个人的实际行动中。各种不同习惯和不同思想的青年们，很快地融合到这个集体中。

青训班按照抗大的模式进行教育，从学习内容到学习方法，大家都觉得很新鲜，学习也都很刻苦。当时的作息安排很紧凑，无论是紧急集合还是清晨出操，大家总是在睡梦中一跃而起。一睁眼，只要有一个人带头唱歌，大家就都跟着一起唱。现在回想，那时是处于一种精神上的亢奋状态，每天无论干什么都不觉得疲乏，似乎找到了自己盼望已久的精神家园，学习训练都是全心全意地投入。

青训班的学习内容主要包括政治课和军事课。政治课主要是对学员进行马克思列宁主义的基础教育，辩证唯物主义、布尔什维克党史、革命的三民主义、中共党史、统一战线以及毛主席的《论持久战》等都是必修课。这些课都没有教材，主要是由老师讲授，学员听讲、记笔记。军事课主要由参加过长征的军事科干部讲述长征的著名战役，例如四渡赤水、飞夺泸定桥、强渡大渡河、过雪山草地等。既教授军事知识，也是生动具体的革命传统教育。

青训班的军事训练也搞得有声有色。凡属军事科目都从实际出发，进行仿真演习。例如夜间演习，每期都要搞好几次。演习程序由上级布置，秘密下达给各连负责人，对学员严格保密。可能会突然宣布发现敌情，要求学员夜间紧急集合，马上转移，把队伍拉到外面后再根据程序进行一系列战斗演练。在没有任何准备的情况下，多数人做得比较好，但也有人丢三落四，行李卷没捆好，只好抱着行李行军。演习结束后宣布解除敌情，经常在回去的路上看到一些学员的狼狈相，大家不禁发笑。演习既进行军事训练，也做群众工作。演习中我们严格遵守三大纪律八项注意，赢得群众对共产党领导的八路军的好感和尊重。

记得 1938 年 3 月下旬至 4 月中旬，全班组织了为期半个月的野营大演习。整个青训班 1 000 多人编成青年自卫团，红军时期的干部冯文彬同志任政委，参加过长征的军事科长李东潮同志任团长。全团编成两个营六个连，我们一大队队长李田夫任一营长，我任一营一连连长。这次演习几乎涉及全部军事科目，包括白天的遭遇战、攻防战、防空战，夜间的布哨、破袭战、夜间攻防等。虽然没使用真枪实弹，但要求逼真，每个人在每个科目都必须进入战斗角色。几乎每个日夜都有演习科目，睡眠时间很少，但大家都精神振奋，不觉疲劳。在一次遭遇战演习中，由于我指挥失误，导致全连“覆没”。在演习总结时，营长李田夫对我的指挥错误提出批评，作出处分“‘枪毙’高沂一次”。这次“枪毙”让我终生难忘。

从1937年10月到1940年年初青训班撤回延安的两年半时间里，在安吴堡学习的青年约13 000人。这些人是革命的火种，后来几乎撒遍全国各地。经过抗日战争、解放战争的战火洗礼和工作磨炼，其中很多人在新中国成立后成了各行业的领导骨干和专家学者。作为他们中的一员，我感到十分幸运。

入党圆梦

学员从青训班毕业时会领到一个毕业证书，有的会送去延安继续学习，有的留在青训班工作，有的则出去自谋职业。还有的人出去转了一圈又回来学习，我熟悉的谢芳春同志（后任北京师范大学党委副书记）告诉我，他就是这样的。1938年5月，干部科通知我留在青训班工作，担任招待所所长。不久，张维寅被分配去外地工作，因为忙，行前没顾上去送他，从此失去联系，这是我的一件憾事。

当时，根据中央放手发展新党员的指示精神，青训班对发展新党员的工作也重视起来。那时党组织还是秘密的，党员之间不发生横向联系，吸收新党员也是个别吸收、单线联系。上党课都安排在晚上，接个别通知后，手腕缠上白布作为标识，按时到指定地点听党课。听党课的人挤在一间黑屋子里站着听课，相互看不见，只能听见彼此的呼吸声。讲课的同志在楼上，也不自报家门，只是通过楼梯口将声音传到楼下，听课的人在楼下除了听，只能看到楼上一点微弱的光亮。讲课结束后也是一个一个放行，依然是谁也不见谁。很久之后，我们才知道当时讲党课的人是总支书记史洛文同志。

后来，我还参加了一次由十多个学员组成的党训班，这个班是在安吴堡外的一个村里秘密举办的，主要目的是培养新党员。我还记得一起学习的有李桂英同志，那时她还没有与胡乔木同志结婚，也未改名谷羽。再后来的一天，指导员孙庆恺找我谈话，他开门见山地问我："你愿不愿意入党？"我回答说："我够资格吗？"他说"我们认为你是够条件的"，并说了一些鼓励我的话。我向他表示，加入共产党是我梦寐以求的事情，到青训班来就是寻找我的归宿，我知道我的觉悟还不够高，但愿意做一个真正合格的党员。

一般来说，那时吸收新党员是十分慎重的。申请人必须是表现突出，历史清白，经得起审查和考验的。到青训班伊始，每个人都要写个人自传，这是接受审查的第一步。之前我在韩复榘手下工作过两年，工作部门还是高级侦探队。单从字面上看，"侦探"可以和特务画等号了，再加上"高级"，岂不等于大特务？所以，自传里有这几个字，恐怕一时很难得到组织的信任。幸好，我的大队长李田夫曾在济南读书，他的一个同学也曾在高级侦探队工作，他对这个侦探队有了解，知道这个侦探队虽是韩复榘创办，但主要是招收青年学生，培训后也都是在山东各地负责监督政府官员，检举贪官污吏。他不仅为我作证，还愿意做我的入党介绍人。正是因为李田夫同志在关键时刻的帮助，我才能很快得到组织信任，并被留在青训班工作。

我是1938年5月18日入党的。入党宣誓仪式是为我一个人单独举行的。那时党员和组织间都是单线联系，我按时来到指定的秘密地点，我的入党介绍人李田夫、孙庆恺两人都未出面，由史洛文同志带领我做了入党宣誓。我记得我的誓词里有“坚定地相信马列主义”“遵守纪律”“革命到底,永不叛党”等这些话。现在回想起来,我进入青训班学习又留下工作,并加入党组织,是我人生中最重要的一个转折。至此,我的人生奔向光明,个人命运与国家民族前途命运紧紧联系在了一起。

沧海横流,天地翻覆。我如今已至期颐之年,像是长跑将要到达终点的人。对我来说,自己的每一次生日都是可贵的,而党的每一个生日则更加可贵。在庆祝我们党百年华诞的伟大时刻,我衷心地祝愿伟大的中国共产党永葆青春活力。我无比坚信,在以习近平同志为核心的党中央领导下,我们的党一定能够引领承载着中国人民伟大梦想的航船,破浪前进,胜利驶向光辉的彼岸!

奔赴太行　走向太阳

杨蕴玉

杨蕴玉，女，汉族，河南邓州人，1919 年 5 月出生，1936 年 10 月参加革命工作，1937 年 4 月加入中国共产党。离休干部（享受正部长级待遇），抗日战争时期曾任太行山抗日根据地昔阳和左权县中共县委书记，解放战争时期曾任中共华北局妇委副书记。离休前曾任教育部党组成员、副部长。第一、二、三届全国人大代表，第三届全国人大常委会委员，中共第八次全国代表大会代表。

2021 年是中国共产党成立 100 周年，也是我入党的第 85 个年头，回首当年为追寻光明离家出走、满腔热血投身革命的往事，依然感慨万千。

生逢“吃人”的旧社会

我是河南邓县（今邓州）南乡构林镇人，1919年5月13日出生在一个地主家庭。母亲很贤惠，但又很封建，从小就给我缠了脚，穿绣花鞋，留长辫子，扎耳朵眼，在我四五岁时就给我订了娃娃婚。家里只让男孩子上学，不让女孩子上学，也不许和邻居家的男孩子玩。

在我9岁那年，家乡遭匪劫。父亲被土匪打死，我和母亲被绑票。土匪每天都要换地方，我脚小走不动路，很痛苦，夜里睡在地上，很潮湿很难受。我曾看见他们把一个男人的耳朵割了，用铁丝穿起来，让人送到他家里，警告家人再不送钱赎人就“撕票”，非常残忍。有一天，民团打土匪，我和母亲被冲散了，我躲在麦子地里，子弹在头上乱飞，我很害怕。等战事结束，我发现母亲不见了，是死是活也不知道，我每天哭着要找妈妈。不久，家里花了两千现大洋和一些大烟土把我赎回去了。回家后，看见妈妈已在家里，我非常高兴。回家不久我就得了伤寒病，发高烧，整天昏睡。病好后，头发却掉光了，也不会走路了，只会在地上爬。我妈妈说：“不用缠脚了，去学校跟小孩玩吧，总比死了强。”我因祸得福，能上学了。

我们本镇有一个完小。因为我在家常看哥哥的书，虽未上学也认识一些字，第三个学期就被安排上五年级。但不幸的是，在五年级将近期考时，母亲去世，为办丧事，我又辍学了。母亲遗体入棺后还睁着眼，大概是担心我年岁小，怕没人照顾。我四哥杨毅然跪在棺后说：“妈，你放心走吧，我一定把妹妹抚养长大成人。”从此，就是四哥供我上学和一切生活费用。

12岁那年暑假，四哥告诉我，离我家五十华里的县城要在一个女子完小里招一班女子师范生，叫我去考。这样，我就到县城上了女子初师。外地学生都住校，从此我便开始了自己管自己的生活。初师这3年，除了怀念妈妈之外，我很快活。师范课程很多，除了初中有的课之外，还有教育学、心理学、伦理学。这3年我很活跃，读些课外书，有冰心的《寄小读者》《母亲》《海》，有《小朋友》《济公传》，也有《岳传》之类武侠小说，当看到风波亭岳飞被害死，我气得把书扔到地上，趴在桌子上痛哭。课余时间我还演话剧、歌剧，打篮球、排球等。1931年九一八事变时，学校组织我们一人拿一面纸做的小旗上街宣传抗日。那时我个子很小，站在街上宣传，后边的人都看不见我，老乡搬个凳子叫我站在上边，我一边哭一边说，东北被日本人占了，我很恨小日本。毕业那年，我14岁，音乐老师希望我考音专，体育老师希望我考体专，我四哥却说我岁数小，叫我跟他回家了。

暑假快过完时，四哥又叫我回原校新招的女子师范班去旁听。回到学校，我突然发现自己原来是个“留级生”，心中产生了一些悲伤和愤愤不平的情绪。好在我的功课没问题，名列前茅，让我有富余的时间如饥似渴地看课外书籍，我也不分左、中、右，只要能借到的书都看。在阅读过程中，我逐渐觉得左翼作家的作品比较对胃口，对郭沫若、曹禺、茅盾、鲁迅的作品都感兴趣。当看到《狂人日记》中到处都写着“吃人”时，我觉得我就是被吃的一个，我的命运和一切被看不起的穷苦人的命运是一样的。

梁老师带来新思想

初师三年级时，我们班来了一位新的国语老师，他的名字叫梁雨田，又叫梁雷，是从杞县大同中学回本县教书的。有人说他是共产党员。

梁老师的教学法和别人不同，有独到见解。第一次上课，几句开场白之后，他便问学生们：“青年学生应该怎样对待自己的前途？”学生们用诧异的眼光凝视着老师不能回答。他说:“今天先学一首诗,可以从中找出这个问题的答案。”随即在黑板上书写一首臧克家的《我们是青年》。这首诗的第一段是“头顶三尺火,仰起脸,一口可以吞下青天”。还有几句是“叫世故磨光了头皮的人们笑吧,我们全不管。秋天的枯草,也配来嘲笑春天?”我们都感到耳目一新,幼小的心灵受到极大的震撼,也开始对自己的前途有了一点思考。

后来梁老师每堂课除讲课文外,都会讲许多课外的东西,如九一八事变、东北沦陷和“当局”的“不抵抗主义”、日寇炮制的“殷汝耕华北自治政府”、一二·九学生爱国运动、鲁迅先生的“硬骨头”精神、邹韬奋先生及其创办的《生活》杂志、陶行知先生在上海创办的“山海工学团”等。随着事态的发展,他随时传播新闻,发表评论,使我们增长了许多课本上没有的知识,提高了认识。

作文课上,他除了让学生从他列的题目中选择自己最熟悉最感兴趣的来写外,还提倡学生自主命题。记得我自己命题写的两篇作文《论女子无才便是德》和《论三从四德》,他认为写得好,亲自在课堂上宣读。我每天都交日记,常常在日记里发泄对自己处境的不满,并逐渐发展到对社会的不满,有时悲伤,有时愤慨,有时无奈。梁老师根据我每篇日记反映出的思想问题写出批语,有时三言五语,有时甚至有一两页之多,针对我的思想或情绪,加以引导,使我向积极方向发展。他还提倡学生自由组合出壁报,提高写作水平。我和另两个文学爱好者任祥云、李振玉一块儿办壁报,两周出一期。自己写稿,自己编排,自己抄写,贴在学校的二门外墙上。只要是自己心里想说的话就写出来,体裁不拘。那时初生牛犊不畏虎,什么都敢写。

梁老师还教我们唱革命歌曲,我记得有两首,一首是《毕业歌》,一首是

《开路先锋》。他不教歌谱，只教歌词。老师唱一句，我们学一句。《毕业歌》激励我们“担负起天下的兴亡”，要做“社会栋梁”，“我们要做主人去拼死在疆场，我们不愿做奴隶而青云直上！”《开路先锋》鼓励大家要做“开路的先锋”。歌里说“不怕你关山千万重，几千年的化石，积成了地面的山峰；前途没有路，人类不相同”，要扫除前进道路上的一切障碍，甚至“要引发地下埋藏的炸药”“炸倒了山峰，大路好开工”。这些歌对我起到了很大的鼓舞作用。

梁老师提倡学生要多读书，读好书，推荐了一些左翼作家的作品和一些大众化的理论书籍，如艾思奇的《大众哲学》等。在梁老师的教导下，我们这一班女同学不但学业大有长进，而且政治思想进步也很大，初步奠定了反对黑暗、追求光明，反对封建礼教、提倡女性解放的思想基础。在短短的一个学期里，我们除了参加上街游行，宣传抵制日货活动外，还在学校组织过两次斗争。我是学生会主席，这两次斗争都是梁老师出主意，我领着干的。一次是梁老师刚来不久，学校训育主任在老师和学生中散布梁老师是危险分子的言论，并对他进行人身攻击，我带领部分同学把训育主任赶出了学校。但是这位主任与国民党县党部的人关系密切，而我四哥是邓县第一高小校长，和女子初师的校长是相熟的邓县名流，他们逼着我向训育主任道歉并把她请回来，我坚决不干。最后这位主任还是回来了，但她再也不敢猖狂了。另一次斗争是1936年夏天毕业考试后，南阳府教育当局让我们去南阳会考，在梁老师启示下，我领导了全班反“会考”斗争。我四哥知道后，把我软禁在家里，不让出门。这两次斗争虽然都受到挫折，但却鼓舞了同学们反对社会不公的斗志。

1936年的暑假到了，我三年的“旁听”生活结束了，我想四哥可能又要叫我回家了。我伤心，我愤怒，我既不甘心，又无计可施。同学们离校前开了一次茶话会，请梁老师参加了。大家亲切话别，只有我一言未发，趴在桌子上一直哭。老师和同学似乎都很理解我的心情，谁都没有说什么。聚会结束时，梁老师站起来带领大家唱《毕业歌》，我含着泪和大家一块儿唱。这歌，我不是唱出来的，简直是吼出来的，以发泄我满腔的悲愤。

离家出走追求光明

回到家，遇到的果然是一头冷水，而且比我预想的更糟糕。我四哥逼我结婚。我说："我不结。"他说："轿来了，你不愿意也得上。"我说："我不上，你上！我要离婚，法律上写着可以离婚。"他说："那只是给人们看的，你见谁家离过婚？只要你结了婚，去哪儿都行。"这次争吵让我清楚地感觉到，要想得到我四哥的同意继续求学，是不可能了。我暗下决心：逃跑！

可是，身无分文，怎么逃跑呢？有一天，我的同班好友唐芝瑞来看我，说她的未婚夫送给她30元钱，支持她去开封考学。我急切地问："我能不能用这些钱和你一块儿走？"她说："就是为这事来找你的。"过了两天，听说校长张侠飞要去武汉考大学，我利用给他送行的机会，只穿一身单衣逃走了，和唐芝瑞一块儿到了开封。我把全部希望都寄托在考上女师，我要闯出一条生路！

唐芝瑞带出来的30块钱，在支付了两人从邓县到开封的路费之后，已所剩无几。我俩要靠这点钱生活到考试完毕，必须省吃俭用。校方同意凡报考第一女师的学生可以住在该校的教室里，我们买了几本备考的参考书，整天坐在教室里死记硬背。夜里就睡在伸不直腿的光板课桌上，枕着书和衣而眠。每日三餐都到三轮工人吃饭的地方去。马路旁，几块砖头支着一口大铁锅，里边是白水煮黑豆面丸子，我们就端着大粗瓷碗站着吃；地上放着的筐子里装着窝窝头，我们有时也会买来吃。眼看钱快用光了，就改成两餐。饿了，就用水充饥，女师的自来水不收费。就这样，我们俩忍饥挨饿，努力备考，好不容易熬到了考试完毕。

榜出来了，我们俩都榜上无名，自称是我四哥朋友的两位先生来动员我回家。我表示宁肯饿死也不回去。过了一两天，又出了二榜，我被录取了。但榜上说报名时要交八块银圆的保证金，而且三日内必须报名，若三日之内不报名，就视为自己放弃，不再录取。看了这个规定，我焦急万分，到哪去弄这八块现大洋呢？如果不能入学，我在开封将无立锥之地。

第二天上午，我惊奇地发现，梁老师像从天上掉下来似的，突然出现在我们的面前。一见面他就对我说："在你离家出走的第二天，你五哥吃大烟自杀身亡。"前途无路的焦虑，加上亲人死亡的噩耗，我痛哭了一场。这时，唐芝瑞对梁老师说了我交不出保证金的事。梁老师当即掏出八块银圆给我。我接过这些钱时，高兴得像疯了似的，心想我得救了，是梁老师把我从绝路上拉了回来。我泪流满面，弄不清自己是在哭，还是在笑，一句话也说不出来。梁老师说："你快去报名吧，别误了报名期。"说完他就走了。我坐到椅子上，用手擦干净脸上的泪痕，让自己的情绪逐渐平静下来。是梁老师的教导和帮助激励了我同命运抗争的勇气、决心和毅力，是他的八块银圆改变了我的命运，他是我走上革命道路的引路人！

找到心中的红太阳

开封第一女师政治统治很严，墙上贴着"莫谈国事"。那时抗日是有罪的，但我还是参加了"民族解放先锋队"（简称"民先"）。我是班上的壁报编辑，每期都是我组稿。有一期壁报上登了一篇宣传抗日的稿子，训育处找我训话，要我把壁报揭下来。我赶紧和学校“民先”领导人赵玉亭商量，我们决定开个“天窗”又贴出去了。我们还组织读书会，读苏联和中国左翼作家的小说以及《大众生活》《收获》《世界知识》等杂志，这些当时都是“禁书”，校方查抄很严。有一天，校方借“升旗讲话”的机会，把全校学生集中到操场，收走了每个人箱子的钥匙，到宿舍搜查。所幸的是赵玉亭事先得到了这个消息，让我们提前把书藏起来了，有的藏在流水沟里用树叶盖上，有的藏在学校医务室，有的用裤腰带捆在自己的腰上……结果他们什么也没有查到。12月12日发生了西安事变，我高兴极了，盼望张、杨把蒋介石杀了。但事与愿违，25日蒋介石乘飞机返南京，当晚校方召集全校学生开庆祝大会，让大家起立热烈鼓掌。我生气，就是坐着不起立。散会后，气犹未消，毫无睡意，就躺在被窝里，用被子蒙住头，打开手电棒，一口气读完了一本《夏伯阳》。

寒假来临，同学们绝大多数都回家了，校方这时却以“莫须有”的罪名把我和另外两位“民先”队员一块儿开除了，并勒令三日内离校。我们找了个最便宜的旅馆小房间，三人挤在一张床上，不知该怎么办。赵玉亭给我们送饭，河南“民先”负责人朱文昭也伸出援助之手，介绍我去偃师县他哥哥任校长的一小教书。

我到偃师一小后，陈大姐（又名齐欣）和我接上了“民先”关系。朱校长分配我教三年级的算术和四年级的国语，每月15元薪金。我立即写信告诉梁老师我离开开封到偃师的全过程。他回信鼓励我不要丧气，要愉快地工作和生活。刚教了两星期书，忽然接到我四哥的信。他叫我回家，路费已寄给我在开封念书的堂哥杨鼎贵，让他到偃师来接我。信尾最后说：“念父母在天之灵，愿妹速归。”信纸上布满了泪痕。看完信，我想，又无法在这里待了，必须在我堂哥到偃师之前离开这里，否则，他来了硬要我回家就糟了。我立即找陈大姐商量，她同意我的意见，要我马上返开封找朱文昭。我编了个瞎话，告诉朱校长我母亲病逝，要回家奔丧。

到了开封，朱文昭说："开封没你容身之地，你去北平找杨庆生吧。"杨庆生当时是中国大学学生，其实也是党的交通员。朱文昭典当了《康熙字典》和皮袍，给我凑了15元路费。在去郑州的火车上，我遇到了老同学孟昭莲。她说："你年岁还小，最好能继续上学。"并问我有没有钱。我说有。一摸口袋，空的。大概是我买完车票往口袋里装钱时就被偷走了。孟昭莲给了我两块五毛钱，可以够我到北平的生活了。到郑州车站登上转去北平的车，对面座位上坐着一位长者，穿一件深色的棉袍，留着分头，神态儒雅。他问："小姑娘，你要去什么地方？"我答："去北平。"他接着说："女孩子，小小年纪一个人在外边到处跑，太危险啦！"我低下脑袋，哑口无言。车到北平已是深夜，怎么办呢？直接去找杨庆生吧，人家还在睡觉。再说一个女孩子半夜三更在马路上走，也不安全！正在愁思时，听这位长者说："你跟着我进城吧，我帮你找个旅店。"到城里，他帮我找了一个旅店的小房间，对我说："明天一早你就给你要找的人打电话，请他来接你。"我连连说："多谢先生的帮助。"他说："没什么。"说完就走了。我关紧房门，松了一口气，庆幸自己遇到了一位如此好心肠的路人。

第二天早上，杨庆生和他妹妹杨秋芬一块儿把我接到他们住的学生公寓。经他请示组织，决定让我去太原。他自掏腰包给我买了一张去太原的火车票，并送我到车站。在车站，我遇到了在开封时曾陪梁老师去拜访过的杨巴生，他是送一男两女去太原的，男的是张玉麟先生，后来我知道了张也是共产党员。这样，我放心大胆地于3月中旬顺利地到达太原，被安排进太原军政训练班11连（女兵连）学习。

军政训练班名义上是阎锡山举办的，实际上受薄一波等一些秘密共产党员掌握的山西省牺牲救国同盟会领导。女兵连的军事教官是阎锡山军队的连排长，但政治指导员刘亚雄、副指导员陶桓馥（廖鲁言夫人）、政治工作员戴新民等都是地下党员。杨献珍教抗日民族统一战线，廖鲁言教“三个国际”，李培之（王若飞夫人）教怎样做群众工作。为了照顾统一战线，还有一门阎锡山的“按劳分配和物产证券”。我在这里受到了很好的政治教育，思想觉悟有很大提高，我接受了党的抗日民族统一战线的战略方针思想，从“反蒋抗日”转变到“逼蒋、联蒋抗日”，抗日热情更加高涨，对党的认识也有提高。

1937年4月，我18岁那年加入了中国共产党，终于找到了向往已久的心中的红太阳！

奔赴太行投身革命

七七事变爆发后，山西省“牺盟会”组织了一个战地慰问团，去百灵庙慰问正在那里与日寇浴血奋战的将士们。慰问团有二三十人，团长是地下党员李涛，我是团员之一。

我们一身戎装，第一站先到大同，傅作义将军的司令部就在那里。我们全团前往拜访，正遇日本飞机轰炸，但傅将军若无其事、滔滔不绝地向我们介绍前线作战情况，我们也神情自若、全神贯注地听着，好像外边没有日机轰炸一样。第二天，我们去云岗慰问伤兵。云岗这个闻名遐迩的名胜古迹，这时变成了伤兵收容所。进石窟看到上百名伤员，每个人身上都缠着绷带，绷带外面渗出了许多血。他们睡在铺着草席的地上，能走动的，也架着单拐或双拐。他们见到慰问团很高兴，有的轻伤员还给我们讲述战斗故事。有生以来，我第一次感到战争的残酷，也第一次亲耳听到战士们英勇战斗的故事。

接着去第二站归绥，团长去和省政府的官员交涉百灵庙前线的慰问安排，准备第二天即赴百灵庙，但糟糕的是百灵庙失守了。省“牺盟会”电示，要我们立即回太原。回太原路上的景象和来时大不相同。雁门关戒备森严，进关后，客车已经没有了。有一辆没有顶篷也没有座位的车，我们全团爬上去。坐了一段路，车不走了，我们就下车步行。团长不知从什么地方又找到一辆大卡车，我们改乘卡车南行。途中看到一队士兵，有一二百人，穿着灰军装、草鞋，背着步枪、竹草帽，步伐整齐地由南往北行进。“呵，红军！”我情不自禁地叫了一声，大家的目光都集中在他们身上。我们振臂高呼“打倒日本帝国主义！”昂首高歌“大刀向鬼子们的头上砍去……”我新奇，我兴奋，我激动，我从他们的身上看到了民族的希望。

回到太原没几天，薄一波召集军政训练班的30来个学员开会，谈工作分配问题，他对大家说：“谁有什么要求可以提出来。”别人都没说话，就我愣头愣脑地说：“我希望做产业工人工作。”会后，我被分配到太原市“牺盟会”一个区分会当工作员，做火柴厂、面粉厂的工人工作。

8月，中共中央发表“八一宣言”之后，周恩来来到太原，薄一波请他给太原市的“牺盟会”干部作报告，我参加了。听讲的人很多，门外走廊上也站满了人。周恩来讲的是国内外形势和任务，他的手里没有稿子，但讲话逻辑性很强，非常有文采，口若悬河，如果记录下来就是一篇流畅精彩的文章。会场不时爆发出热烈的掌声。我非常敬仰和钦佩我们党如此伟大的领导人！

后来，梁老师也来到太原，我到旅馆去看他。他告诉我已辞去杞县大同中学的工作，“家里边妈妈身边有了孙子，可以得到安慰，我可以远走高飞了”。两天后，他脱去长衫，穿上戎装，进了太原军政训练班教导队。8月下旬，梁老师告诉我，省“牺盟会”分配他到雁北工作。走时，我去车站送行。

万万没有想到，我竟从此和梁老师天各一方，送别竟成了诀别！

8月底，山西形势紧张。省“牺盟会”要把在太原的抗日骨干力量分到各县去，在全山西撒遍火种。我被分配到榆次县“牺盟会”，与闫定础同志同行，他的公开身份是榆次县“牺盟会”特派员，党内身份是中共榆次县委书记。

到榆次，我被分配在晋华纱厂做工人工作。这个厂是山西的第二大纱厂。我在工厂办夜校、宣传抗日、教工人唱救亡歌曲、发展“牺盟会”会员，还在“保卫工厂”的口号下组织了工人武装自卫队，组织他们利用业余时间，到八路军驻榆次办事处办的训练班里接受游击战训练。约在10月下旬，资本家要弃厂而逃，扔下工人不管。在上级指示和闫定础同志的领导下，我们发动工人和资本家展开斗争，要求发遣散费。斗争获胜，厂方给每个工人发了一些面粉和布匹。

为了准备同日寇展开武装斗争，闫定础向榆次县长要了100支枪，都是太原兵工厂造的“65步枪”，也有几支冲锋枪。我们动员工人去背枪，我也背了一支冲锋枪。11月初，娘子关失守，我们动员工人上山打游击。一二百工人背着100支枪，雇了几辆大车拉着工人家属和面粉、布匹，夜行军上了榆次东山。从此，我投入了创建太行山抗日根据地和抗击日寇侵略的抗战。

1939年1月，我在太行山抗日根据地和顺县的石拐镇看到山西省“牺盟会”总会发给晋东南“牺盟会”总会的一份通报，上边登载了一条简短的消息：“偏关抗日县长梁雷在1938年3月反扫荡中壮烈牺牲。”那时梁老师刚满27岁，他怀着对敌人的满腔怒火、对自己壮志未酬的深深遗憾，匆匆离开了人间。突如其来的噩耗让我痛心疾首，百感交集！梁老师是我走上革命道路的引路人。当我在痛苦中挣扎，力图冲出封建礼教藩篱寻求光明，但不知路在何方的时候，是梁老师指引我在苦难中找到了中国共产党，走上了革命之路，并跟随党战斗了一生。我惋惜，我悲痛，我思念。我决心要沿着梁老师的路走下去，为国家、为人民、为党奉献自己的一生。

80 多年过去了，我已经是一位 102 岁的老人。今日之中国，早已不再是“人为刀俎，我为鱼肉”的半殖民地半封建国家，她以崭新的姿态巍然屹立于世界民族之林，成为受世人瞩目的发展中大国、世界第二大经济体。我们的党也不再是当年的“星星之火”，她已经发展成为一个走过百年光辉历程、在最大的社会主义国家执政 70 多年、拥有 9 100 多万名党员的世界上最大的马克思主义政党。我感到无比自豪！作为一位历经沧桑的老共产党员，我又深感红色政权来之不易、新中国来之不易、中国特色社会主义来之不易，我们要守护好无数革命烈士抛头颅洒热血换来的革命成果，在庆祝我们党百年华诞的重大时刻、在“两个一百年”奋斗目标历史交会的关键节点，始终保持革命者的大无畏精神，鼓起迈进新征程、奋进新时代的精气神。

回顾树立共产主义信仰的最初历程

张孝文

张孝文，男，汉族，浙江宁波人，1935年10月出生，1955年3月加入中国共产党，1957年8月参加工作。退休前曾任国家教委党组副书记、副主任。中共第十四届中央候补委员，第九届全国政协常委会委员。教授，博士生导师。

在我们党诞生100周年的这个不平凡的历史时刻，离退休局党委提出要出一本以“与党同呼吸、共命运”为主题的访谈征文集。这给我们提供了一个回顾这一生的很好的机会，即如何在党组织指引下按“不忘初心，牢记使命”的要求学习、工作、奉献的经历，激励我们“温故而知新”，更好地坚持正确的政治方向和人生观、世界观。我相信这些回顾能够对“在他们走出去看世界之前，中国已经可以平视这个世界了”的年轻一代党员和干部也会有所帮助和启发。

作为一个出生在旧社会、成长于新中国的老党员，我一生的经历是与这70余年来我们党和国家的发展、变化休戚相关的。值得欣慰的是从入党至今，我对共产主义信仰的初心没有动摇而且日益坚定。童年和少年的特殊经历使我有了朴素的爱国情怀，对党心生向往。当然从这样的爱国情怀升华到树立共产主义信仰和理想是必须经过自觉的学习、思考、践行，并能努力和自己的一些非无产阶级的思想意识作斗争而逐步达到的。在清华大学学习和随后在学校团委工作的时期是我成长很关键的起步时期，不仅使我在知识和能力上得到提高，更重要的是培育我确立了人生的理想和目标，教会我为人处世的原则和应有的品格。之后，共产主义的理想和信仰成为贯穿我一生的精神支柱，成为在工作和生活中克服各种困难和经受各种考验的原动力。

童年经历让我对党心生向往

我1935年出生在宁波，童年的大部分时间在上海度过，有一些事情让我永远难忘。日本人统治上海时期，家人带我去走亲戚，乘有轨电车过上海的苏州河时，所有乘客都被强制要求下车，向在人行道中间持枪的日本兵鞠躬，这种亡国奴的屈辱感深深刺痛了我，让我铭记至今。抗战胜利后，老百姓期望能够过安定和平的好日子，但如民谣所唱，“望中央，盼中央，国民党来了更遭殃”。我上初中时，每到学校老师发工资的那天，上午第一节课，老师时有迟到，上课的老师抱歉地说，如不能马上去校门口把“金圆券”换成“大头”或者“小头”（指银圆上的头像），等到下午就损失大了！可见当时货币的贬值情况有多严重，真是民不聊生到无以复加的程度！而在1949年5月上海解放那一天早晨，我亲眼看到解放军官兵为了不扰民都睡在街头，部队严明的纪律、爱民的情怀让我肃然起敬。童年的这些经历让我知道了民族独立，国家强大事关每一个中国人的生存和尊严，而只有共产党能给中国带来希望。

在清华的学习工作经历坚定了我入党初心

1955年3月，我加入了中国共产党，暑期被选为机械制造工程系的学生“政治辅导员”，开始了“双肩挑”，1957年7月调任校团委副书记，1963年3月离开校团委，转任校党委组织部副部长（负责学生党建工作）。到“文化大革命”开始共有10余年时间，我一直从事学生思想教育和党建相关的工作，不断经历锻炼、成长和提高，明确了人生的目标。

我一生中，从入党开始到后来工作变动，也曾经有过几次个人志趣和工作需要产生矛盾而引起的思想斗争。而在这个时期一些榜样力量的感召下，我树立了正确的入党动机，始终坚守住了一名共产党员的“初心”。那时我有机会和一些老一代共产党人直接接触，受到他们的“言传身教”，懂得了一个共产党员在国家和民族需要时应该如何作出自己的人生选择。

“一二·九”时代的蒋南翔发出“华北之大，已经安放不得一张平静的书桌了！”这一振聋发聩的怒吼，继而带领一批爱国志士离开学校，投入抗日救亡的伟大斗争中。至于何东昌同志，尽管我在初进清华时没有和他直接接触的机会，但是在同学中已经有很多关于他的传闻。我们知道他是西南联大时有名的“一二·一”反内战民主运动骨干，清华地下党的负责人。同学们说他在西南联大是和李政道同一届的高才生，他所在的航空系淘汰率非常高，一个班毕业时只留下8名学生。一些教授为他留校“转行”做管理工作感到非常惋惜等。后来我到校团委工作，有了和他直接接触的机会，对他的了解就更加深入了，知道他为什么当时放弃留美考试的机会，不去美国深造。何东昌同志说过："抗战时期看到中国的贫弱，就立志要改变社会，后来接触了马列主义和共产党，懂得了人一辈子不能只考虑自己，要对国家和人民有责任。"这让我懂得一个共产党员尤其是党的干部应该有怎样的人生观和价值观。可以说，像蒋南翔同志和何东昌同志这样自觉服从革命事业需要的有代表性的"故事"，一直是植根于我内心"不忘入党誓言初心"的榜样力量。

我在校团委工作期间，有一次参加共青团中央组织的会议。当时团中央的一位负责同志讲过一个故事，对于我认识"一个党员在任何困难和不利的环境下，仍然要坚定共产主义信仰"起了很大作用。故事发生在红军长征时期，当时他还是一名"红小鬼"，当他和一名战友一起爬到雪山山顶的时候，望着前面看不到尽头的路，这名战友对他说："我们翻过了这座雪山，而前面还有看不尽的一座又一座那样的山，这什么时候是个头啊？"说完忽然从山顶跳了下去，一个年轻的生命就这样结束了，这一幕就发生在他的眼前。而红军正是凭着对革命必胜的坚定信念走完了长征路，并经过抗日战争、解放战争等艰难困苦的斗争，迎来了新中国的成立。可见信仰的力量是多么强大和重要。

正如习近平同志所说："年轻干部要以先辈先烈为镜、以反面典型为戒，不断筑牢信仰之基、补足精神之钙、把稳思想之舵，以坚定的理想信念砥砺对党的赤诚忠心。"

在有"使命感"的基础上，做好自己岗位的本职工作，是对一个共产党员的基本要求。在高校工作就是肩负着为我们国家培养"又红又专"的社会主义建设人才的重大使命。共青团应该是党的得力助手和可靠的后备军，高校团委就应该着重在学生思想政治教育工作领域上发挥自己的作用，努力践行我们的使命，不断提高工作水平，也提升自己世界观、人生观的改造。

蒋南翔校长提出对清华学生思想政治教育工作的要求可以划分为“三个台阶”：爱国主义、社会主义、共产主义。他认为爱国主义是绝大多数学生都可以做到的，在发生重大风波的时刻，爱国主义是决定一个人站在正确位置的必要条件。社会主义的世界观和人生观的核心是集体主义，而不是个人主义，具有“人人为我，我为人人”的思想是不能自发生成的，需要共青团工作的培养和引导，需要学校组织的各种教育活动，让学生领悟到这是一种崇高的人生观。在这方面，经过学校的培养教育，清华的绝大多数同学也是可以接受和努力践行的。树立为共产主义而奋斗终身的思想和信念，虽然只有少数人能够达到，但我们提倡清华的学生在加入共青团后，应该努力把这作为自己进一步提高的目标和方向。

1957 年 10 月 9 日，毛泽东同志在中共八届三中全会最后一次会议上发表讲话指出：“政治和业务是对立统一的，政治是主要的，是第一位的……我们各行各业的干部都要努力精通技术和业务，使自己成为内行，又红又专。”蒋南翔同志明确表示，“德才兼备”作为衡量人才水平和素质的主要标准是被普遍接受的，但不同时代、不同社会制度下德育的内容和对人才的要求是有区别的。共产党领导下的社会主义国家对人才的要求，就是“又红又专”。“红”指的是政治方向，是爱国，具有为人民服务的思想、集体主义精神和敬业的品德。“专”指的是要掌握先进的科学技术知识，不仅要有“面包”，还要掌握“猎枪”，能理论联系实际，培养分析问题和解决实际问题的本领。具体到清华大学，作为一所多科性工科大学，形象地说就是要造就和培养“红色工程师”。

当时对于要不要做到“又红又专”、怎样做到，同学中有不同看法。有的同学主张不必“又红又专”，认为“你先‘专’了，‘红’会来请你的”，因此主张“先专后红”。1958 年校团委组织了全校范围的“红专大辩论”思想教育活动，用民主讨论的方式辨明是非，进行自我教育。这一场大辩论一开始由各个班级的团支部组织，后来发展到年级联班的大辩论。辩论会鼓励大家敞开思想，摆事实讲道理，各抒己见。

蒋南翔校长对学生的“红专大辩论”非常重视，答应给全校学生做总结讲话。他为准备这个报告，还专门要我带了我们团委组织的全校交流大会发言的录音到他家里播放，了解有关情况。在“红”与“专”的关系上，他倡导“红专统一”，“红”与“专”不仅不矛盾，而且可以相互促进。他认为思想觉悟高、有崇高理想，能产生巨大的动力，促进学习、业务上可以进步得更快。他指出，马克思主义的辩证唯物论是认识自然规律、指导学术研究的强有力的思想武器。他强调，我们提倡学生通过适当参加社会实践及教育活动来提高思想觉悟和修养，但不要花大量时间去参加政治活动，强调学生的主要时间应该用于学习。对此他形象地举例说：“‘红’与‘专’的关系，就像你从清华西门出发去颐和园，你得经常抬头看看万寿山是否还在前面，这就是你的方向，但你大量时间是走路，应该是花在一步一步走路上。”为贯彻这个指示，团委提出，所有在校学生兼任社会工作的时间每周一律不要超过 6 小时，对于难免发生的各种比较耗时的问题，应该由联系的政治辅导员或者班主任来负责处理。

团委也是共产主义的大学校，在团委工作的时期，我的马克思列宁主义理论水平也有了较大提高。60 年代初，为了加强马克思主义理论教学与学生思想政治教育的结合，校党委几位主要负责同志每人都亲自讲一门政治理论课，学校党委要求在团委工作的主要干部也能够选一门课并且在一个班担任辅导教师。我选择为蒋南翔校长主讲的哲学大课作辅导。在这期间，我比较集中阅读了一批马列原著，体会到要“努力掌握蕴含其中的立场观点方法、道理学理哲理，做到知其言更知其义、知其然更知其所以然”的重要性，深感辩证唯物主义的认识论与方法论对于年轻党员干部是必备的强大思想武器。很多马列原著较为博大精深，有的反复看也不容易看懂，那就只能多看几遍。掌握辩证唯物主义的思考方法，对我后续的工作生活带来了很深远的影响。

实事求是的作风提高了我们把握政策的水平

在团委工作期间，不断接受各种思想和各项实际工作的淬炼，帮助我们提高了政策执行的能力。其中，有几件事给我留下很深刻的印象。

蒋南翔同志有一个著名的论断，那就是“基层出政策”。那时，以他为首的学校很多领导同志都具有很强的独立思考能力，他们一方面在学校治理过程中始终贯彻党的路线方针政策，另一方面坚持实事求是，努力防止和纠正“左”的和“右”的错误倾向。

1957年“反右斗争扩大化”到1958年“大跃进”时期，学校教学等中心工作中也发生过阶段性的劳动过多、对理论教学重视不够、不尊重老师等“左”的错误，使一些教师和学生的积极性受到较大挫伤。但是，蒋南翔同志和学校党委在这方面的“政策性”教育是抓得很紧和及时的。例如，1958年年末清华大学党委发现物理教研组党支部对待教师有“宁‘左’勿‘右’”的思想和做法后，及时进行了检查和纠正，并向中央相关部门作了报告。毛泽东同志看到这个报告后作出批示，提出“建议将此件印发给全国一切大专学校、科学研究机关的党委、总支、支委阅读，并讨论一次，端正方向，争取一切可能争取的教授、讲师、助教、研究人员，为无产阶级的教育事业和文化科学事业服务”。在学校组织的讨论会上，蒋南翔同志说，“‘左’和‘右’都会对于革命事业带来损害，都是不对的。从‘左’边或者‘右’边掉进茅坑是一样臭的”。

在1958到1960年的“大跃进”中，清华大学也受到了一些影响，那时全国都参与了“大炼钢铁”，就连宋庆龄先生的院子里也在炼，清华校内也筑起了“土高炉”。后来蒋南翔校长说：“200号（那时清华大学原子能研究基地开始动工筹建，建筑工程编号为200号）就不要炼钢了，炼铀吧，跟炼钢也一样。”就这样，蒋南翔校长冷静地保护了很多单位。正是从这些点点滴滴的工作中，当时学校共青团系统的一大批骨干也通过学习和实践受到了求真务实、实事求是的工作作风的教育。

在学生开展“红专大辩论”后，清华也出现了一些“左”的倾向——有的同学不敢多看业务书，怕被说是走“白专道路”，在图书馆看业务书时，还要把《红旗》杂志盖在上面，还有个别班级在辩论中把想当“爱因斯坦”的同学看成是要走“白专道路”等。有一次我们到蒋南翔同志家去，向他汇报了这些情况，蒋南翔说：“千万不能这样，清华如果出‘爱因斯坦’，那是清华的光荣。”他还说：“即使出不了‘爱因斯坦’，出个‘B因斯坦’也是好事！”

受到1959年庐山会议后党内和社会上“反右倾”的影响，1960年年初学校也曾经“轰轰烈烈”地搞过一段“三大革命”。后来针对学生工作中存在的简单化问题，时任校党委常务副书记的刘冰同志带领我们团委几个人在一个多月的时间里反复讨论，搞了一个“学生工作五十条”，以后又几经修改，形成《团支部工作条例》，作为各级学生团组织工作重要的政策性依据。

这些经历给了我很多启发，在后来的工作中，注意既要坚持实事求是，独立思考，也要始终注意工作方式和方法。

作为一名共产党员，应该始终牢记要有坚定的共产主义信仰，忠于党和人民的事业，这是我一生的承诺和追求。在后来的岁月中，不论是在“文化大革命”中受到冲击的考验，在1989年春夏之交的“政治风波”期间坚守一名大学校长的职责，还是在国家教委的领导岗位上为我国高校教育改革和发展所做的工作，我始终坚持要无愧初心，这和在青年时期的这一段工作经历打下比较扎实的基础是分不开的。

当前，新冠病毒还在全球肆虐，而我国能有效控制住了疫情，并且在脱贫攻坚取得决定性胜利的同时，2020年我国又是全球唯一实现经济正增长的主要经济体。这都体现了共产党领导和中国特色社会主义的优越性！党和国家的事业归根结底还是要靠人，特别是青年人，所以习近平同志多次讲到青年时期的价值观养成十分重要，这就像穿衣服和扣扣子一样，如果第一粒扣子扣错了，剩余的扣子都会扣错，所以人生的扣子从一开始就要扣好。我是很幸运的，有幸进入清华读书，遇到了让我受益终身的良师益友，树牢了共产主义的信念，并且为教育事业做了一些力所能及的工作。值中国共产党百年华诞，我衷心祝愿在我们党的领导下我们国家越来越富强，各族人民越来越幸福！

十年辛劳为破浪

张保庆

张保庆，男，汉族，河南镇平人，1944年6月出生，1965年6月加入中国共产党，1968年7月参加工作。退休前曾任教育部党组副书记、副部长。第十届全国政协委员。

在中国近百年的教育史上，我认为1995至2005这十年，是值得大书一笔的十年。十年间，在党中央、国务院的关怀、支持下，在李岚清、陈至立和朱开轩同志的直接领导下，教育部一方面抓住机遇乘势而上，适时推出一系列教育改革与发展的重大决策和举措；另一方面又注意抓住当时教育所面临的一些急迫的具体困难和矛盾，重点予以解决，以点带面，推动全局。由于工作分工，我有幸参与了其间的一些重大决策，特别是在具体组织实施过程中尽了心力。同时，在机关内部建设的有关方面也下了一番功夫。这些往事本不想再说，但随着耄耋之年的逼近，深知生命的闸门已不由自己掌

握，常有一种若有所失之感。2021年又恰是中国共产党成立一百周年。思虑再三，谨将我在这十年间所从事的一些重要工作凭记忆概述出来，以略补所失，并借此向党的百年华诞表示祝贺。当然，也希冀对能读到此文者有所裨益。

一

1995至2005年，教育方面变化最大的是高等教育。其间，各项重大改革全面展开，其广度深度前所未有，其发展速度亦是史无前例的。

在高等教育发展方面，当时党中央、国务院采取的第一个大举措，是扩大高等教育的招生规模。经过几年的扩招，到2005年，我国普通本专科在校生规模，已由1995年的290万人增加到2005年的1 562万人；高等教育的毛入学率也由1995年的6.9%上升到2005年的21%。关于高校扩招前后的一些具体情况，笔者在几年前已有专文叙及，这里不再赘述。

采取的第二大举措，是多渠道增加高等教育的总体资源。首先在高校设置的指导思想上，提出了本科院校设置的“一条腿”要适当“下伸”的原则，即由省会城市下延到地市一级，提倡有条件的地市级均可以举办一所本科院校。为此，十年间，教育部批准设立了一大批新的高等学校。其次，把一批办得好、符合标准的专科学校升格为本科院校。同时，鼓励原有的本科院校，通过扩大教学用地、建立新校园和新校区等办法，不断扩大招生规模。据不完全统计，从1998到2005年，全国高校新增教学用地在200万亩以上，部属校也先后新增了20多万亩。这些土地，一方面弥补了当时学校办学用地本就存在的短缺，满足了高校扩招后对办学用地的需求；另一方面也为学校以后的发展预留了空间。此外，还采用了新的办学机制，创办了一批独立学院。创办的背景因素是，在我国当时的高校结构中，优质本科资源严重不足，无法满足学生、家长和社会各方面对优质本科的迫切需要。而政府财政又一时无力举办更多的优质本科高校。面对此种局面，教育部认真总结了当时一些高校办二级学院的经验，决定试办一批独立学院。对独立学院的总体政策是“四独一优一民”。所谓“民”，是指采用民办机制，由学校与企业（或个人）联合办学；学校的硬件建设由企业（或个人）投资，软件部分即教学和日常管理则由学校负责。所谓“优”是指只有优质的本科院校才有资格举办一所独立学院，独立学院则必须办成优质本科。“四独”则是针对独立学校的性质，为避免与参与联合办学学校原有规定发生矛盾，产生不稳定因素，要求独立学院必须实现独立校园、独立招生、独立发放毕业文凭、独立进行财务核算。应该说，如果各方面都能认真操作，严格执行教育部的相关规定，这种模式不失为当时多快好省解决优质本科不足的一个途径。令人遗憾的是，由于监管不严、办学观念不端正等，在具体实施过程中出现了一些偏差。例如：一些不具备办独立学院资格的高校也办了独立学院；一些高校不顾质量和自身的办学条件，竟同时举办了多所独立学院，参与举办的高校没有很好地承担起教学与日常管理的责任……对于这些偏差，教育部虽陆续采取了各种措施予以坚决纠正，但依然不尽如人意。后来又经过几年的整顿治理，这些独立学院都陆续转变为一种新型的高等本科院校。同时，大力支持民办高校的发展。在1995至2005年期间，在继续支持专科层次民办高校发展的同时，我们又陆续审批了几十所本科层次的民办高校。

采取的第三大举措，是在量的发展同时，始终狠抓质量。为此，在高校人才培养、学科建设、科学研究、教学管理等方面，教育部均采取了一系列措施。在继续加强“211工程”建设的同时，瞄准世界一流高校的标准，立足于21世纪国家对高等教育的需求，又推出了“985工程”。

采取的第四大举措，是在不断推动提高高校教师工资待遇的同时，千方百计解决当时尤为突出的高校教师住房困难。记得是在一个夏天，李岚清同志到东南大学看望老师，目睹一位老院士在狭小的房间里赤膊冒汗审查学术报告，他感触极深，也动了感情。后来他到清华、北大慰问老教授时，又看到一些青年教师甚至有不少副教授、博士还住在简陋的筒子楼里，心里十分不安。为此，他多次找教育部、财政部、发改委研究对策。后来，在北大、清华各改造一栋筒子楼作为试点的基础上，作出了要对高校筒子楼全部进行改造的决策。为此，中央财政拨出了21亿元专项资金，成立了由教育部、财政部、发改委组成的工作小组，由我任组长。之后，我和教育部规划司，财政部、发改委有关司局的同志，逐一对各高校的筒子楼进行现场核查。通过两年多细致认真的工作，顺利完成了中央部属高校3 000多栋筒子楼的改造工作。这项工程在一定程度上缓解了高校教师特别是青年教师的住房困难。在解决了筒子楼问题后，岚清同志又指示教育部，要充分调动各方的积极性，采取各种办法（包括允许高校利用校内的土地，自筹资金盖房，以成本价出售给教师），下大力气推动高校教师住房问题的解决。通过几年的努力，全国高校教师的住房困难得到较好的解决，高校教师基本上都住上了较为体面的住房。

1995至2005年，中国高等学校的改革是全方位、多方面的。我在这里重点讲一下高校管理体制改革和高校后勤社会化改革。关于高校收费制度改革，我将在后边详述。

发生在世纪之交的中国高校管理体制改革，是新中国成立以来高校的第二次重大管理体制改革。改革的直接原因，是当时国务院的机构改革。国务院在机构改革的进程中，撤销了一大批部委。这样一来，原来由这些部委领导、管理的高等院校就没有了“婆婆”。失去“婆婆”，这些高等院校何去何从，自然成了一个必须马上解决的问题。改革的深层次原因，则是自我国实行改革开放和市场经济之后，高等教育原来的管理体制已无法适应深刻变化的新情况、新局面。鉴于此，根据国务院的总体改革方案，李岚清同志亲自部署，教育部、发改委、财政部通力合作，用了两年时间，顺利完成了这项重大改革。改革的主要内容：一是进一步理顺了高校管理体制，调整完善了部、省两级管理高校的格局。在中央一级，明确以后除教育部外，其他部委（个别部委除外）一律不再直接管理高校，其原来分管的高校统转由教育部负责。也就是说，在中央一级，日常管理高校的只有一个“婆婆”，即教育部。二是原来由中央其他部委管理的高校，少部分留教育部，大部分下放给地方。下放给地方的高校，其原有的事业费、基建费基数一律不变，作为“嫁妆”，转交有关地方，个别特殊高校，还另增加了“嫁妆”。为落实好这一具体政策，由我牵头，组织了三部委有关司局同志组成的工作小组。工作小组用了三天三夜的时间，同有关高校、地方领导，面对面当场逐一审核确定“嫁妆”。三是在推动管理体制改革的同时，将专科层次高校的设置审批权、招生权一并下放给省级政府。从此，高校每年的招生，实行两个计划：高校本科、研究生招生执行指令性计划，由教育部负责；专科、高职的招生执行指导性计划，由地方省级政府负责，报教育部备案。四是乘势推动一些高校进行合理合并。合并的原则是：有利于学校资源的优化配置，有利于学科建设的优势互补，有利于学校整体办学水平的提高。为了让典型带路，教育部经过认真操作，首先实现了四川大学与成都科学技术大学的合并。接着又推动浙江大学和浙江农业大学、浙江医科大学和杭州大学的合并工作。为了保证浙大合并工作的顺利进行，李岚清还派时任发改委副主任的陈同海和我赴杭州同各方面进一步交换意见、统一思想，发改委还为浙大的合并额外增加投入4亿多元。此后，全国各地一些高校的合并工作陆续展开。总的来看，对一部分高校适当进行合并是必要的，效果也是好的，合并的优势也在逐步显现出来。不可否认，在合并过程中，个别地方、个别高校，违背合并原则，出现了贪大贪全的现象，造成了不好的影响。这当然是应该引以为戒的。教育部在以后的实际工作中，亦对这些现象作了及时的弥补和纠正。

在1999至2002年间推行的高校后勤社会化改革，是一场具有重大意义的改革。这场改革的主旨是改变我国高校的办学模式，把学校由原来“包办一切、包办社会”的办学模式，逐步转变到学校只管教学与科研的办学模式上来（可惜到现在，还有不少人轻视这项改革），而对学校原来的后勤工作则采用社会化的办法办理。新中国成立以来，我国高校在发展过程中实际上已形成了一个“小而全”的小社会，用于后勤方面的人力、资源和经费，平均要占全校的一半左右，从而对学校的发展形成一种严重的制约。而国外的高校，由于没有后勤这个大摊子，故在相同条件下，其办学规模能比我们大好几倍。考虑到中国的具体国情，这次高校后勤社会化改革的重点是学校的学生宿舍和食堂。具体做法是：关于新建学生公寓，由政府或学校提供建设用地，国家提供相关优惠政策，社会力量出资兴建。建成后由社会力量管理并按规定向学生收取住宿费；关于学生食堂，则是由学校提供建设用地或交出原有的旧食堂，由社会力量筹资建设新食堂，或对旧食堂进行修缮改造，之后转由社会力量管理。对食堂日常所用的食材，国家实行优惠政策。食堂饭菜的价格则执行微利原则。这次改革，是国务院领导、推动的，由李岚清同志直接指挥，教育部负责具体实施。每年以国务院的名义，先后在上海、武汉、西安举行全国性的现场工作会议，交流经验，研究问题，制定相关政策，推动改革不断深入。据初步统计，在1999至2002年改革期间，利用社会力量新建、改造学生食堂1 000多万平方米，新建学生宿舍5 400万平方米，是过去50年的总和。通过这场高校后勤社会化改革，初步转变了学校的办学模式，大大改善了高校学生食堂、学生公寓的条件，使我国高校学生食堂、公寓的硬件水平，一下子跨进世界高校的前列。同时，在不增加高校额外投入的情况下，显著改善了高校的后勤服务质量，降低了办学成本，提高了学校的整体办学效益，并保障了高校扩招工作的顺利进行。全国高校的平均办学规模也由 1995 年的 3 000 人左右，上升到 2005 年的 8 000 人左右。

二

李铁映同志主持制定的我国教育的第一个发展改革纲要特别指出，到 20 世纪末，全国要基本普及九年义务制教育。朱开轩同志任国家教委主任后，进一步明确提出“基础教育是重中之重”“到 2000 年，全国必须实现双 85 的目标”。李岚清副总理分管教育工作后，也多次强调，蓝图已定，重点是贯彻落实。

在基础教育方面，我作为教育部分管规划、财务的副部长，主要协助李岚清和朱开轩、柳斌、王湛、陈小娅同志做了三项工作：一是尽力落实中央关于改善中小学教师工资待遇的相关规定，特别是及时严肃处理拖欠中小学教师工资的问题。二是组织落实了由中央财政专款支持的“中小学危房改造工程”、两期“国家贫困地区义务教育工程”、启动了“西部义务教育攻坚工程”。三是千方百计改善城乡中小学教师的住房条件。为此，在李岚清同志的亲自部署下，教育部、财政部、发改委努力工作，先后连续三年，在大连、昆明和北京召开了全国教师住房建设工作现场会议，通过榜样的力量带动全国，形成了一个各方面齐心协力解决教师住房困难的高潮，有力推动了中小学教师住房问题的快速解决。这件事，在当时可谓费尽心力，殊为不易。

教育部和我本人则主要负责发现典型、总结经验、检查监督和会议组织，并及时就一些政策性问题向国务院提出建议。

三

从1985年起，党中央、国务院就要求大力发展职业教育。教育部在何东昌、王明达等同志的领导下，以中等职业教育为主的职业教育有了长足的发展。在1995至2005年期间，我主要配合李岚清和朱开轩、王明达同志，在职业教育方面做了一项工作，即推动并发展了专科层次的高等职业教育。在1999至2000年，我们结合高校管理体制改革，根据李岚清同志的指示，将当时全国所有高等专科学校（医专、师专除外）都改制为高等职业技术学院，并一律转由地方省级政府管理。这项工作，在教育部是由我负责具体操作的。由此，全国一下子增加了近千所高等职业技术学院，从而改变了我国职业教育的结构层次，形成了比较完整的初、中、高职业教育体系。这项工作虽是水到渠成、势之必然，但对我国职业教育的全局来讲仍具有特殊意义。

四

办教育，一靠人二靠钱。1995至2005年是中国教育各项改革全面推进、事业规模大发展的阶段。而恰恰在这个阶段，由于种种原因，从中央到地方各级政府对教育的投入是没有完全到位的。虽然通过一些改革，可以弥补一些教育领域投入的不足，但从总体上讲，财政投入不足始终是困扰教育改革与发展的一个重要因素。

1993 年由党中央、国务院正式公布的《中国教育改革和发展纲要》,提出了以政府投入为主,多渠道筹措教育经费的指导原则,明确了“财、税、费、产、学、基”六种筹措渠道。但如何贯彻落实,则困难重重。根据李岚清、陈至立和朱开轩同志的指示精神,结合当时国内各方面的实际情况,我们会同有关部委,主要在“财、税、费”及贷款四个方面着力下功夫。

关于“费”,主要是进行了学校收费制度改革。大家都知道,新中国成立以来,学校基本上都是不收学费的。在城乡居民收入不断提高、教育成本日益增加,政府财政对教育投入不足,国家实行市场经济的情况下,为保证教育的持续发展,必须通过改革,建立起一个由国家、学校、个人合理分担教育成本的机制。关于高校收费改革,教育部 1989 年即开始起步,先后在 30 多所高校进行了试点。由于收费制度改革涉及千家万户的切身利益,涉及人们的教育观念,十分敏感,各方面的意见初期也很不统一。为此,我们对推进这项改革是非常慎重的。在李岚清和陈至立同志的谋划、指导下,教育部与财政部、发改委一起,做了大量的前期调查研究工作,召开了许多次研讨会,广泛听取各方面的意见,反复分析了改革中可能产生的问题与矛盾,同时也充分借鉴了国外高校的一些成功经验,在此基础上形成了收费制度改革的统一方案,于 1999 年在全国全面推开。改革的基本原则是:一是义务教育阶段不收费,但可适度收取一定的杂费。二是高等教育属非义务教育,应该收取一定的学费和住宿费。三是收费的标准,要充分考虑学生家长和社会的承担能力、学校的日常运行成本和城乡居民的总体生活水平。为此确定高校学费的收取标准,一般应掌握在学校日常运行成本的 1/4 上下,即每年 3 500 元左右,同时加收住宿费每年 800 至 1 200 元。医学类、艺术类等情况特殊的高校,可酌情适当提高收费标准。至于义务教育阶段的杂费的收取标准,则不作统一规定,由地方省级政府根据实际情况确定。四是收费是对学校办学经费不足的一种补充,政府财政不能因收费而减少对学校正常投入,更不能用收费顶替政府的财政投入。五是不管从哪方面讲,收费肯定会增加学生家庭的负担,提高上学成本。如果因收费而导致部分学生特别是农村贫困家庭的学生辍学,这就违背了我们改革的初衷,也意味着收费制度改革的失败。为此,在李岚清、陈至立的主持下,国务院制定了以“奖、助、补、减、贷”为主要内容的资助家庭贫困学生的配套政策,规定学校要从收取的学费中拿出一定的比例(当时要求是10%至15%)用于资助家庭贫困学生,学校还应尽力为这些学生设置或提供一定的勤工俭学岗位并对一部分学生的学费予以减免;从中央财政到地方财政每年都要加大对家庭贫困学生的资助力度,切实解决好家庭困难学生的问题;特别是借鉴了国外高校的成功做法,在8个城市试点基础上,于2000年在全国大力推行银行贷款助学制度……总之,必须做到不能让一个学生因家庭困难而辍学。六是为保证此项改革平稳、健康进行,对收费项目、标准实行集中统一领导:有关高校的收费项目、标准的制定和调整均统一到国务院。每年由教育部牵头,会同财政部、发改委提出方案,经国务院批准后实行。其他任何人、任何单位均无权制定或变更收费项目和标准。七是由教育部、财政部、发改委共同负责,加强日常监督和检查,发现问题及时纠正。对违规的单位或个人严肃查处。八是为加强对资助家庭困难学生的日常管理工作,经国务院批准,在教育部设立了专门的全国学生资助管理中心。实事求是地讲,为保证收费改革顺利、健康进行并不发生大的问题,财务司、规划司和我本人是花了大量心血的。由改革带来的每年几百亿乃至超千亿的学费、杂费收入,大大缓解了当时学校办学经费不足的压力,有力支持了教育事业的发展。

在“税”的方面,主要是在国务院领导下,经过努力,我们落实了“纲要”中提出的“教育费附加”,实现了从农村每年5%的三统筹经费中,拿出1.5%

至2%用于支持义务教育的目标。同时，推动各级政府财政落实“三个增长”政策。

在各级财政性教育投入增长方面，坦率地讲，没有实现重大突破。但根据李岚清、陈至立和朱开轩同志的指示，我率领财务司的同志们仍竭尽全力，不断推动各级财政对教育投入的增加。我们一再呼吁，要尽快落实“纲要”中提出的国家财政性教育投入应占国内生产总值（GDP）4%的目标。对此，我们始终念念不忘，不断讨论研究，反复向各方面提交实现4%目标的可能性方案。虽然4%的目标到2005年仍未能实现，但由于我们坚持不懈地工作，这个目标已得到了社会上各方面越来越多的赞同和支持。其间，我们还提出了对教育的投入要实现“三个增长”、教育经费要在中央、省级财政预算中单列的意见。

在中央和地方财政一时不能较大幅度增加教育投入的情况下，在李岚清、陈至立和朱开轩同志的筹划下，我们抓住机遇，就教育发展过程中一些急需解决的问题，向有关部门申请专项资金。据不完全统计，1995至2005年，中央财政先后设立了中小学危房改造资金，两期国家贫困地区义务教育工程资金，西部义务教育攻坚工程资金，部属高校筒子楼改造资金，“211工程”资金（后续），“985工程”资金，教育部驻外教育处、组馆舍购置改造资金（财政部先后为此拨出专项经费。我根据党组的决定，同外事司、财务司一起，后来居上，用了三年时间完成了我部驻外重点教育处、组的馆舍购置和改造工作），部属高校维修基金……另外，我部还从发改委争取到150亿元国债。这些专项资金加起来，总额逾千亿元。应该说这也是中央加大对教育投入的另一种渠道。其中的“985工程”专项资金值得一叙。这个专项是陈至立同志谋划并促成的。记得是2000年的某一天上午，在人民大会堂召开了科技方面的会议，朱镕基总理出席并讲话。陈至立同志应邀也出席了会议。会议中间，陈至立同志派人带话给我，要求我们马上提出一个希望中央财政增加教育投入的具体建议，由她向朱总理当面提出。根据我们平时讨论过的方案，我给陈至立同志写了一个纸条，内容是“建议中央本级财政对教育的投入每年增加一个百分点”。这个纸条由陈至立同志当面交给了朱总理。朱总理在大会上念了这个纸条并当场表示同意。之后，在陈至立同志的指导下，由我出面同财政部反复协商，落实了具体实施方案。据我所知，这项政策大约执行了3年，中央财政对此总共增加了300多亿元投入，重点用于支持高校“985工程”建设。

1995年以前，在党中央、国务院的支持下，教育部曾向世界银行贷款14批共14亿美元，用于支持高校购买重要的教学、科研设备。1996年我任副部长、分管财务工作后，除继续就贷款问题与亚行进行协商、贷到这一笔小额贷款外，这项工作整体上已进入收尾阶段。2000年前后，在李岚清和陈至立同志的坚决支持下，教育部落实了公办高校可以通过银行贷款搞建设的政策。公办高校是公共事业单位，过去历来是吃财政饭，靠国家投入为主的。向银行贷款，这是以前连想都不敢想的。这对有许多项目想办必办而又没钱办的高校来说，无疑是“雪中送炭”的良方。不过，这毕竟是一个具有开创性的事物，一时在社会上也引起了不同的反应。为了保证这项政策健康、顺利执行，我和财务司研究后，立即印发了一个指导性文件，主要内容是：公办高校可以根据需要，向银行贷款；贷款不同于财政拨款，是要还本付息的。因此学校对贷款工作必须慎重，必须经党委集体研究决策，且所贷之款亦必须用到最急需的地方；贷款额度要适当，要充分考虑学校的偿还能力并从严掌握；本届领导班子不能在此方面给下届领导留下矛盾与问题；不能用学校的房产，重要科研、教学设备作抵押贷款；不能为学校的下属单位担保贷款。在实践中，这个文件起到了较好的作用。据不完全统计，到2003年前后，全国公办高校贷款大约为3 000亿元。这项政策对改善高校的教学、科研条件、改造学校的基础设施,推动新校园、新校区建设,解决学校经费困难诸方面均发挥了不可替代的作用。

五

机关内部建设,是整个教育事业的重要组成部分。内部建设搞不好,是无法保证搞好战线工作的。不过机关内部建设又比较复杂,不易搞好,但又必须只能搞好不能搞坏。否则,就会招致非议,出力不讨好。正因为如此,朱开轩同志任部长后就明确提出:要一手抓战线,一手抓机关内部建设。在1995至2005年的这10年间,由于陈至立、朱开轩同志的支持和信任,我在分管战线的规划、财务工作的同时,又分工负责机关的一部分内部建设。老实说,这方面的工作占用了我一半以上的精力,所花费的心血唯有自知。归纳起来,我主要抓了以下几项工作。

第一,努力改善机关办公条件。我们先是进一步完善了机关的通信和网络建设,继而又改造了机关大院的水、电、气基础设施,整顿了大院的内外部环境,以较高标准对前后两座办公楼完成了内部装修。在此基础上,经陈至立同志创造条件、朱镕基总理批准,又盖了一座新的办公大楼。关于这座大楼的规划立项、资金筹措、施工建设,可谓困难重重、一波三折,个中艰辛,难以言表。我对整座大楼的建设要求是:不追求外表的华丽、漂亮,只要求内部的现代化。整个工程进展必须既保质量又保速度。经过两年的努力,这座大楼终于按要求完工,从而使机关的办公条件有了进一步的改善。

第二,统筹规划,下力气解决好机关干部职工的住房问题。何东昌、朱开轩同志任部长时,曾多方筹资,为机关干部职工购置、建设了多处住房。但种种原因,特别是机关干部职工队伍随着事业发展的不断扩大,年轻无房干部数量的迅速增加,到了1996年,住房问题仍十分突出,以致在机关“三讲”时,此事成了干部职工提意见的一个焦点。此事对我的刺激很大。为此,我向党组提出,力争用3年的时间,解决好这一问题。为此,我先组织了一个班子,对机关现有房源进行彻底摸底,对当下干部职工住房方面的缺口作了精详的计算,然后想尽一切办法,分步筹措房源。我们先在城南及其他地方购买了几处房子,接着又在教科所、人教厂院内合建了两栋体量较大的宿舍楼。经初步计算,这些新房源加上老房源,保证机关司局级、副处级、科级和一般干部的住房达标没有问题。但正处级干部的住房(90平方米左右)缺口却十分突出,怎么办?想来想去,找不到好的办法。后来我从教育部向世界银行贷款的办法中受到启发,冒出一个向银行贷款建房的想法。但一了解,银行向中央部委发放贷款绝无先例,国家当时也规定不准银行向政府部门贷款。最后,我们采取了一个折中办法,让人教社出面为我部贷款,由高教社出面担保。就这样,我们向工商银行贷款7 500万元(此款后来用房改售房款偿还),投入白石桥附近一座在建的宿舍楼。此楼盖成后,我们从中专门为正处级干部挑选了120套90平方米的房子。在房源基本解决后,就是如何分配。我个人多年的体会是:盖房固然不易,分配则更为困难。为此,我们首先成立一个由我为组长,各司局办公室主任参加的分房领导小组,领导小组召开了几十次会议,先讨论制定了一个比较科学、公正的分房办法,然后对一些特殊的申请住房户,逐一研究出针对性很强的解决个案。在此基础上,召开机关干部职工大会,向大家全部交底。进入分房操作阶段后,我们又成立了一个由刘家福、孟庆芬、王晓芜等人组成的操作小组。刘家福负责房源,孟庆芬负责房款核算,王晓芜负责解释政策、答疑解难。分房开始后,所有房源、所有申请住房者的相关信息一律在机关内部网上公布,分房操作每一步进展情况也随即上网，实现了百分百的公开、透明。这次机关分房和住房改革，共筹集了新房源近 900 套，涉及的干部职工超过 2 000 人。整个过程进展顺利、健康，得到机关广大干部职工及外部有关方面的广泛赞同。

第三，以改革开路，千方百计改善机关干部的福利待遇。首先是改革机关食堂的管理、运行办法。进入 20 世纪 90 年代以后，教育部的几届领导都很重视机关食堂的工作，也先后采取了不少改进办法，但收效甚微。机关干部职工对食堂的管理和饭菜质量一直有不少意见。在朱开轩同志支持下，我 1996 年任副部长后，对食堂的相关工作，根据稳中求进的原则，逐步加以改革。第一步是筹措资金对食堂内部硬件设施进行了装修和改造。第二步，按照自愿原则，邀请高校来承办食堂，每期一年（后延至一年半到两年）。承办期间，由承办高校对食堂进行独立管理与核算，原后勤机关的生活处只负责联络和协调工作，其他不予干涉。对食堂原来的职工除个别外，均妥善另行安排。第三步整顿在食堂就餐的人员。除在机关上班的干部职工外，其他人员一律禁止入内就餐。对住在院内的机关离退休人员及家属，食堂为他们另开专门窗口，提供主食服务。采取了这些措施后，机关食堂的面貌才发生了根本性改变。其次是逐步增加机关干部职工的福利补贴。在陈至立同志的支持下，在此方面，我主要做了两件事情。一是率先在教育部进行班车改革：取消班车，改发补贴。补贴标准以机关为圆心计算干部职工住处与机关的距离，每公里补助 40 元。应该说，这是一项带有福利性的改革，平均每人可得到几百元的补贴。但部领导一律不享受此项补贴。二是经同陈至立同志反复研究，加大了对干部职工的生活补贴的力度，平均每人 600 元。应该说，这两件事的动作是相当大的，做这两件事也是需要一些魄力和担当的。

第四，整顿改革老干部的工作。历史原因造成教育部离退休干部的数量大、学历高、资历深、素质高，因此，做好他们的工作既很重要又十分不易，但做好他们的工作又是机关内部建设的应有之义。然而据我观察,在一个相当长的时间内,老同志们对老干部局的工作不是十分满意。每年年底召开的老干部座谈会总是达不到预期效果。1996年我分管老干部工作后,认真分析、思考了老干部不满意的深层次原因,然后分步采取措施加以解决。一是首先进一步明确了老干部工作的指导思想,强调老干部工作的重点是服务,是为老干部提供生活服务和政治服务。所谓生活服务主要体现在看病就医、困难帮助和丧葬处理方面,我反复要求老干部局领导在此方面一定要做到几个"先到场":老同志生病要先到场;老同志有意见要先到场倾听并反映;老同志生活上有了特殊困难,一定要先到场了解解决;老同志去世后不管其子女如何,一定要先到场着手准备。为此建议对一些老干部执行党组成员分工包干制。对这些老干部在生活服务和政治服务方面提出的问题,老干部局一定要先向有关党组成员反映。为解决老干部生活中出现的一些特殊困难,部里为老干部局安排了一笔专项资金,由老干部局统筹使用,不用事事向我请示报告。所谓政治服务,则是定期组织政治学习,定期向老干部传达党中央、国务院的文件,定期向老干部通报教育部的各项重要工作,定期按党章要求认真安排好他们的组织生活,并在可能的条件下,让一些老同志参与部内重要工作的研究和调研。为此,我们十分重视离退休干部党支部的建设,每一位离退休干部都及时编入一个支部,并为每一个支部都安排了专门的活动场所。这样一来,政治服务方面的大部分工作都可以通过支部得到落实。我在职期间,每年都要向老干部局的支部书记、委员们作一至两次教育情况通报。二是打破惯例,坚持遴选服务意识强、对老干部有感情的同志到老干部局工作。为此,我向党组建议,按此标准,先后挑选了几位同志到老干部局担任领导。这些同志在工作中任劳任怨、不辞辛苦,认真落实了服务的宗旨,成了老干部的贴心人。他们的工作作风得到了老干部的广泛认同。三是进一步改善老干部的工作条件和老同志学习、娱乐、健身等设施。1998年，我从国管局争取到一笔修缮经费，用了近两年的时间，对老干部局大院的房屋进行了彻底翻修，同时又将和乐堂也交由老干部局管理使用。我刚接手分管老干部局工作时，有人曾建议取消老干部车队和医务室，将它们与机关的车队、医务室合并。经过一番调查研究，我认为不但不能撤销，而且还须加强。因为这是老干部局工作的特点所需要的。为此在1996至2005年期间，每年我都设法为老干部局车队更新部分工作用车，同时重视并确保医务室工作的正常开展。

回顾十年的工作历程，有欣慰，有感慨，有遗憾，有苦恼，也有一种淡淡的忧愁。在当下一些人的眼里，上述的诸多工作也许不算什么，可在当时的条件下，要做到这些，必须得殚精竭虑，呕心沥血，不能有丝毫懈怠。我始终认为，事情是干出来的，而要善始善终地干好一件事情是不容易的，需要境界，需要能力，需要决心和担当，更需要少私或无私。一个私心很重、终日为自己升迁谋划的人是绝不会去主动负责任的，更谈不上去积极承担困难大、风险高的工作。作为一名共产党员，应当常怀忧患意识，将忧党、忧国、忧民当做自己的责任和担当；作为领导干部，更要牢记对党和人民的责任，对事业和历史的责任，以实际行动体现党的先进性。在“第二个百年”的新征程中，每位共产党员都应将个人命运与党的命运紧密联系，保持清醒头脑，坚定理想信念，牢记宗旨、真抓实干、奋斗不息，为实现中华民族伟大复兴的中国梦贡献自己的力量。

年初与几位朋友品茶叙旧，不经意间谈及了这些往事，触动了心弦，一时兴起，当场填了一首小词，现录于后，权当这篇文章的结尾。《诉衷情·感事》：十载不辞事万般，独步千古难。春华终寄秋实，发轫催成篇。花成果，苦转甜，鬓染斑。寸心衔泪，浓淡自斟，有暖有寒。

进行“两个对比”，坚定“两个维护”

张天保

张天保，男，汉族，山西寿阳人，1939年5月出生，1965年1月参加工作，1961年11月加入中国共产党。退休前曾任教育部党组成员、副部长，原中纪委驻教育部纪检组长。

中国共产党1921年从上海兴业路76号出发，先后走过井冈山、瑞金、遵义、延安、西柏坡，于1949年到达北京，历经28年艰苦卓绝的奋斗，终于夺取了新民主主义革命的胜利，建立了人民当家作主的中华人民共和国。新中国成立后，又历经抗美援朝、反右斗争、60年代的三年困难、“文化大革命”、粉碎“四人帮”、改革开放等重大事件，直到2021年，抗击新冠肺炎疫情和脱贫攻坚取得重大胜利，党已经走过百年历程。从最初的50多名党员，到现在已经发展成为拥有9 000多万名党员的大党。一百年的奋斗史证明，中国共产党是伟大、光荣、正确的党，是唯一能够团结和带领中国人民过上

幸福生活、实现中华民族伟大复兴的党。我已是一名有60年党龄的老党员。在我们党百年华诞的今天，我想用“两个对比”来表达对党的热爱，坚定“两个维护”的信念。这“两个对比”，一个是“今昔对比”，一个是“中外对比”。

新中国成立前，我们是一个贫穷落后的国家，经常用“一穷二白”来形容，曾经遭受了帝国主义列强的侵略、掠夺和欺侮。全中国90%以上的人口是文盲、半文盲。我的父亲只念到小学三年级，母亲一字不识。经过几十年奋斗，如今我国已基本普及了九年义务教育，高中阶段教育已接近普及，高等教育已进入普及阶段。在经济发展和人民群众生活方面，更是发生了巨大变化。中国的GDP总量已过百万亿人民币，居于世界第二位。很多国外人士预测，到2028年，中国将超越美国，成为世界第一大经济体。

随着经济的发展，人民生活逐步富裕。记得20世纪60年代初的一段时间内，天灾人祸，粮食紧缺，我正在大学读书，在农村参加社会主义教育活动，常常吃不饱。当时，我每月粮食定量30斤，因为没有肉菜等其他食品，每天1斤粮食，早上喝玉米面粥就要7两，中午只有3两粮，只能吃玉米面和玉米棒子芯混合的粉做成的窝窝头，喝一碗白开水煮的红薯叶汤，直到第二天早上。当时很多同志腿都浮肿了。大学本科期间，因为有助学金，吃饭问题基本解决，其他零用则十分紧张。常常连8分钱寄信用的邮票，在学校露天广场看一场电影的5分钱都没有。今天，再看看我们的生活和孙辈们的吃、穿、用，和20世纪六七十年代相比，真可谓翻天覆地的变化。更可喜的是，在党中央的英明领导下，经过8年的攻坚奋斗，我国已基本消灭了绝对贫困，使近1亿贫困人口迈向了脱贫致富的道路，向着共同富裕的目标前进了一大步，创造了世界历史上的奇迹。

新冠肺炎疫情在世界范围内的蔓延传播，给各国人民的健康和生命安全带来了巨大伤害，也对各国的经济造成严重冲击。这一病毒的流行也像一块试金石，检验着各个国家的政府、各个政党应对危机的能力和水平，检验着他们奉行的制度、政策的优劣以及他们的价值观实践的效果。从这个角度，对中国共产党领导的中国和以美国为首的西方国家进行对比，将是认识两个政党、两种社会制度的好方法。

第一，在新冠肺炎疫情冲击下，截至2021年2月2日，以不完全精确的数据计算，美国确诊人数高达2 631万人，死亡人数44万多人。中国确诊人数只有8万多人，死亡人数4 000多人。美国确诊人数是中国的320多倍，死亡人数是中国的100多倍。美国总人口3亿3 000万，中国14亿人。如果用新冠肺炎确诊人数和死亡人数分别占中国和美国总人口的比例来计算，则可以看到，美国新冠肺炎的确诊人数和死亡人数占总人口的比例，要比中国高出惊人的数倍。显然中国对疫情的管控、诊治要大大优于美国。

第二，美国的经济实力、科技实力、医疗卫生的技术和装备在现阶段总体上要优于我国，为什么在新冠肺炎疫情的冲击下，美国却败下阵来，成为世界上确诊病例和死亡人数最多的国家？

首先，中国共产党和中国政府确定了人民至上、生命至上的理念与立场，心里始终装着人民，始终把人民利益放在最高位置，千方百计控制疫情，为患者免费治疗。而美国领导人却对病毒流行、患者诊治采取了漠视、放任的态度，不尊重科学，将疫情政治化，甚至采取编造谎言、欺骗群众、嫁祸于人、转嫁矛盾的恶劣行径，致使病毒传播处于失控状态。

其次，中国是共产党领导的社会主义制度的国家，能够发挥集中力量办大事的优势，团结群众，调动各地、各部门、各领域的力量，聚焦起强大合力应对危机。在武汉发生疫情后，党中央迅速调集军队和各地医护人员4万多人支援武汉。仅此一事，就彰显了坚持党的领导和社会主义制度的优越性。而在美国，多地自行其是、矛盾重重，暴露了其制度的严重缺陷。

再次，在我们党和政府的正确领导下，整个社会安定和谐。56个民族和谐相处；党派虽多，但都在共产党领导下，为国家强盛和人民幸福而共同奋斗。而美国贫富差距巨大，少数富豪拥有全国很大比例财富，而穷人食不果腹、露宿街头者众多；富人利用疫情大发横财，穷人生活更加贫困；种族歧视日益严重，多地发起的“黑人的命也是命”的抗议示威活动此起彼伏、绵延不断；政党严重对立，把人民利益置于脑后，只为党派私利恶斗，严重对立。政令不畅，国家严重撕裂，社会一片混乱。

最后，美国宣扬的价值观，是十分虚伪的。口喊自由、平等、民主，但实际执行的是“美国优先”的自私自利行径；高喊“平等”，实际却是分裂、欺凌，到处实行“双重标准”，对自己有利的就赞成，不利的就反对，没有正义与真理。在基层，由于长期宣扬自由主义，各行其是，像佩戴口罩、保持人与人之间适当距离等防疫措施，本是重要有益办法，很多人却不去遵守，致使政令不通，这是导致西方国家不能尽快控制疫情的重要原因，也是所谓“自由、民主”价值观导致的一个结果。我国强调自由与纪律、民主与集中的统一，尊崇集体主义、国际主义，广大群众信任党和政府，听从指挥，形成纪律严明的社会氛围，这是团结一致的思想基础和有力保障。

总之，通过“两个对比”，使我更加坚信，党是人民利益的忠实代表，党的领导是战胜一切困难、取得巨大成就、夺取胜利的根本保证。坚持党的领导，做到“两个维护”，是一个共产党员不忘初心、一生必须始终遵守的信念和行动准则，也是以实际行动向建党100周年献上的最好礼物。

为培养一批批青年马克思主义者而努力

朱新均

朱新均，男，汉族，江西上饶人，1938年2月出生，1956年7月加入中国共产党，1959年9月参加工作。退休前曾任国家教委党组成员、国家语委党组书记。第九、十届全国政协委员。

中国共产党1921年建党以来的一百年，团结带领全国各族人民经历了在新民主主义革命时期完成建国大业，在社会主义革命和建设时期完成兴国大业，在改革开放和社会主义现代化建设新时期推进富国大业，在中国特色社会主义新时代推进并将在本世纪中叶实现强国大业。我们在苦难中实现辉煌，在曲折中赢得胜利，我们也将在攻克新的艰难险阻中走向新的辉煌和胜利。

中国共产党在百年革命、建设、改革的历史进程中，积累了丰富的经验，首要的也是根本的是必须坚持党对一切工作的领导。而其必要条件是，从中央到地方、从各条战线的中央部门到各企事业单位的领导权必须牢牢地掌握在忠诚的马克思主义者手中。中国特色社会主义之所以充满强大生机活力，是因为有以习近平同志为核心的中国共产党这一马克思主义政党的领导；苏联之所以失败、瓦解，是因为背叛了马克思主义和人民的只顾自身利益的特权官僚集团篡夺了苏共领导权。可见，造就一代代忠诚的马克思主义者成为事关党和国家前途命运的重要战略任务。各级各类学校教育的根本任务是，为党和国家培养社会主义事业建设者和接班人。高等教育不仅如此，更要强调其发展方向同我国发展的现实目标和未来方向紧密联系，为人民服务，为中国共产党治国理政服务，为巩固和发展中国特色社会主义制度服务，为改革开放和社会主义现代化建设服务。

那么，我们培养的社会主义建设者和接班人应该具有什么样的基本素质和精神状态？应该如何培养？在 2018 年召开的全国教育大会上，习近平总书记用在六个方面下功夫，全面、系统、深刻地回答了这个问题。他说，要“在坚定理想信念上下功夫”“在厚植爱国主义情怀上下功夫”“在加强品德修养上下功夫”“在增长知识见识上下功夫”“在培养奋斗精神上下功夫”“在增强综合素质上下功夫”。众多革命先辈不为官、不为钱、不怕苦、不怕死，只为主义和信念奋斗一生的光辉形象，那些革命队伍中怕苦、怕死、为官、为钱而背叛革命的丑恶渣滓，从正反两面告诉我们，最重要的、第一位的是在坚定理想信念上下功夫。这是对各级各类学校教育教学的学生培养目标的要求，也是对全体在校学生努力学习达标的要求。当然，由于多种因素的影响，各个学生达标的水准是有差别的。如课程成绩，有的达到优秀等级，有的达到良好等级，有的达到及格等级，也有的达不到及格等级。思想政治也如此，有的树立了共产主义远大理想和马克思主义信念，这是少数；有的树立了中国特色社会主义共同理想，这是大多数；也有少数人停留在做遵纪守法的国家公民;也会有极个别的思想政治上不合格。在少数具有共产主义理想和马克思主义信念的学生中,有的成为青年马克思主义者,他们有一定的马克思主义理论修养,有比较坚定的理想信念,有比较扎实的学识和能力,有为人民谋幸福、为民族谋复兴担当历史使命的决心。他们当中的一部分人,在未来有可能成为党牢牢掌握各级领导权的忠诚的马克思主义者。从以培养少年儿童学生共产主义理想和中国特色社会主义共同理想为目标的政治启蒙教育,到青年学生以树立马克思主义世界观人生观为根本的思想政治教育,都肩负着培养一批批青年马克思主义者的神圣使命。而高等教育是青年成长为青年马克思主义者的最关键的阶段。

怎样把高校学生培养成青年马克思主义者呢?一言以蔽之,遵循青年知识分子成长规律,走青年知识分子成长道路。我们党的革命前辈和当今的革命者当中,不乏由正义的爱国主义有志青年成长为共产主义者。从他们的光荣历史可以清楚地看到,他们的成长离不开学习马克思主义、与人民群众相结合、在实际斗争中历练。简单讲就是学习理论、结合群众、实践锻炼。可以说,这就是青年知识分子成长为一个马克思主义者的规律、必由之路。“八九政治风波”平息后,当时教育部思想政治工作司总结了十位优秀大学生党员的事迹和成长规律。他们是在“风波”中立场坚定、头脑清醒、斗争坚决的一批大学生代表。他们成长过程的共同特点是,踏踏实实地沿着知识分子成长道路前进。

关于学习理论。所谓学习理论主要是指学习马克思主义基本理论,包括马列主义、毛泽东思想、邓小平理论、“三个代表”重要思想、科学发展观、习近平新时代中国特色社会主义思想。2018年,习近平总书记在主持十九届中央政治局第五次集体学习时指出,“学习马克思主义基本理论是共产党人的必修课”。对有志成为青年马克思主义者的青年学生来说,这还是确立共产主义理想和马克思主义信念的入门课。马克思主义是科学理论,是认识世界和改造世界的科学世界观和方法论。它揭示了人类社会发展规律,指明了资本主义必然灭亡,共产主义必然胜利。所以,有志为人民谋幸福、为民族谋复兴者,选择了对马克思主义的信念和共产主义的理想。崇高的理想,坚定的信念,是马克思主义者和共产党人的政治灵魂,是战胜一切艰难险阻,夺取胜利的力量源泉。培养青年马克思主义者必须在学习马克思主义理论上下功夫。

回想起来,大学阶段的中共党史、联共党史、马克思主义哲学原理、马克思主义政治经济学这四门政治理论课,以及根据老师建议课外阅读的主要相关经典原著,对我从理性上确立共产主义理想和马克思主义信念发挥了决定性作用;为我走上工作岗位后,在实践中和与工人农民接触中,深入系统学习马克思主义原著,进而坚定理想信念,奠定了重要基础。我从在大学求学,到结合工作需要和工作之余,特别是在中央党校为期两年的中青年干部正规培训班,读了不少马克思主义原著。我的体会是,除哲学社会科学专业学生外,作为有志成为青年马克思主义者的青年学生,一定要学好思想政治课,包括认真阅读老师指定和建议的马克思主义原著。此外,还要再参加马克思主义理论小组学习以及自学,深入精读一些重要原著。

20 世纪 80 年代末 90 年代初,在大学生中再次掀起了学习马克思主义热潮,涌现了一批在老师指导下学习马克思主义的小组。参加学习小组的大学生,普遍感到收获很大。当时,教育部思政司总结和宣传了一批高校开展学习马克思主义活动的情况。例如,长春地质学院、清华大学、重庆建筑大学的学习小组活动情况。当今,高校仍在普遍开展这种形式的学习活动。从他们的经验看,这是大学生学习马克思主义的一种好形式,对于培养青年马克思主义者发挥了重要作用。学习马克思主义基本理论一定要联系古今中外的历史实际和当今中外现实实际，特别是世界百年未有大变局的“东升西降”趋势和“中国之治”“西方之乱”局面，边深入读书边深入思考，学懂弄通，掌握其道理学理哲理，做到知其言更知其义、知其然更知其所以然。把马克思主义基本原理内化为自己的世界观人生观，并学习用它的立场观点方法去观察、分析、判断、处理遇到的各种问题，逐步锻炼和提高政治判断力、政治领悟力、政治执行力。

我建议青年学生选几本系统阐述马克思主义哲学、政治经济学、科学社会主义的最基本著作和马克思主义中国化的代表著作，读懂读通。例如，马克思和恩格斯的《共产党宣言》、马克思的《〈政治经济学批判〉序言》、马克思的《资本论》第一卷、恩格斯的《路德维希·费尔巴哈和德国古典哲学的终结》，毛泽东同志的《实践论》《矛盾论》《中国革命和中国共产党》《新民主主义论》《论十大关系》《关于正确处理人民内部矛盾》，《习近平重要讲话文章选编》《习近平谈治国理政》第三卷、《习近平论党的宣传思想工作》等。

1848年发表的《共产党宣言》（以下简称《宣言》）是马克思主义诞生和科学社会主义创立的标志。说《宣言》标志马克思主义诞生是因为，在1844年的《经济学哲学手稿》和1845年的《德意志意识形态》等著作论述的基础上，《宣言》论述了马克思主义形成时期的理论体系。说《宣言》标志科学社会主义创立是因为，《宣言》以历史唯物主义为理论基础，阐明了资产阶级和工人阶级的产生以及他们之间的矛盾和斗争，揭示了资本主义必然灭亡、共产主义必然胜利的历史规律，提出科学社会主义的一系列原理。一百多年前，《宣言》在中国开始传播，对早期马克思主义者确立共产主义信仰影响至深，在奠定中国共产党诞生思想基础中发挥了重要作用。可以说，《宣言》是学习马克思主义理论特别是科学社会主义理论的基本教科书。要以习近平总书记主持十九届中央政治局第五次集体学习的讲话《学习马克思主义基本理论是共产党员的必修课》为引领来学习《宣言》,把这一讲话和《宣言》结合起来学。

1859 年发表的《〈政治经济学批判〉序言》的基本内容是阐明唯物史观形成的过程及其基本观点,从中可以学习和把握唯物史观的基本内容。而唯物史观是马克思主义两大划时代发现之一(另一个是剩余价值论),它对创立科学社会主义具有划时代的意义。学习"序言"重点在对唯物史观的经典概括,主要是关于社会基本矛盾和社会基本结构(生产力、生产关系、政治上层建筑、社会意识形态),关于社会存在和社会意识的关系,关于社会发展的根本动力,关于社会经济形态(原始社会、奴隶社会、封建社会、资本主义社会、共产主义社会)演进的基本规律。

1867 年开始出版的《资本论》可以说是资本主义生产关系论,是马克思主义政治经济学的理论基础和最重要的代表作。它共四卷,作为有志成为青年马克思主义者的青年学生,可以先学好第一卷,它是整个《资本论》的基础部分。第二、第三卷可在以后的成长过程中学习。《资本论》第一卷第一编中心内容是论述劳动价值理论。第二至第五编的中心内容是分别论述剩余价值理理论、绝对剩余价值理论、相对剩余价值理论以及这两种剩余价值关系。第六编中心内容是论述资本主义积累和资本主义灭亡理论。只要读懂读通这一卷,把握了劳动价值理论和剩余价值理论,弄清资本主义生产关系的形成;把握了剩余价值生产理论和剩余价值规律,弄清资本主义生产关系;把握了资本主义积累理论和资本积累的一般规律,弄清资本主义生产关系必然灭亡,就可以把握马克思主义的理论基石——劳动价值论和理论主体——剩余价值论,进而学习和把握好马克思主义政治经济学。

1886 年写作并发表的《路德维希·费尔巴哈和德国古典哲学的终结》(简称《费尔巴哈论》)既概括了马克思主义哲学形成的历史,又阐明了马克思主义哲学的基本原理，可以说是恩格斯对马克思和他自己一生哲学研究的总结，是马克思主义最基本的经典著作之一。学好这本书，可以系统、完整、准确地把握马克思主义哲学理论体系。在书的前三章剖析黑格尔唯心主义辩证法，分析批判费尔巴哈旧唯物主义和唯心主义宗教哲学及伦理学的基础上，书的第四章，从正面系统、完整地阐述了马克思主义哲学的形成及其基本原理，可以重点学习这一章。

毛泽东思想、邓小平理论、“三个代表”重要思想、科学发展观、习近平新时代中国特色社会主义思想，是中国化的马克思主义，是当代马克思主义新的发展。学习这一新的马克思主义理论成果，是在当代树立和坚定马克思主义信念和共产主义理想，树立和坚定马克思主义世界观人生观的必修课。作为有志成为青年马克思主义者的青年学生，应当在学习思政课的基础上进一步下功夫读懂读通中国化马克思主义重要著作，牢牢把握其立场观点方法和思想理论。

无疑，崇高理想和坚定信念坚如磐石的基础和梁柱是深厚的马克思主义理论修养，但也需要丰富的科技文化知识滋养。所谓“腹有诗书气自华”。因此，在学习马克思主义理论的同时，应该学习必要的人文知识和科技知识。

习近平总书记指出：“纵观中国共产党成立以来的风雨历程，中华优秀传统文化一直是中华民族的力量之源、情感之源、动力之源和信心之源，它为马克思主义在中国生根发芽、茁壮成长提供了不可或缺的文化土壤，是中华民族实现伟大复兴的精神保障。”他还指出：古诗文经典已融入中华民族的血液，成了我们的基因。足见，阅读些中华优秀传统文化的经典著作，掌握其精华，以学益智，以学修身，对提高自身素养是十分必要的。读些什么呢？我觉得，应在精而不在多。例如，号称构成中国传统文化基本构架的《易经》(现存的只有《周易》)《道德经》《论语》。

《易经》相传为周人所著,其内容涉及哲学、政治、生活、文学、艺术、科学等诸多领域,是儒、道等各家的共同经典。《道德经》又名《老子》,相传为春秋时期道家鼻祖老聃所著,论述了道家在修身、治国、用兵、养生等方面的思想主张。《论语》是孔子弟子及再传弟子记录孔子及其弟子言行而编成的语录文集,儒家的代表作。它集中论述了孔子及儒家学派的政治主张、伦理思想、道德观念及教育原则等。

还可以选读些作为中华优秀传统文化的重要组成部分的中华辉煌灿烂的文学著作。例如,《诗经》《楚辞》、汉赋、唐诗、宋词、元曲、明清小说中的篇目或书籍。有一本书格外需要认真细读,那就是 2019 年 3 月出版的《平语近人——习近平总书记用典》。这本书收集了总书记一系列重要讲话、文章、谈话中所引用的古代典籍和经典名句,并结合习近平新时代中国特色社会主义思想做了生动阐释。习总书记多次在不同场合引经据典,阐述问题,从中华优秀传统文化中汲取治国理政的智慧与经验,展现中华优秀传统文化的精髓,是对中华优秀传统文化创造性转化和创新性发展的典范。信手拈来的华章佳句与朴素的大众语言一道彰显了一位卓越领导人的执政智慧与才思情怀。

习近平总书记说过,“历史是最好的教科书”,“历史是一面镜子,从历史中,我们能够更好看清世界、参透生活、认识自己;历史也是一位智者,同历史对话,我们能更好认识过去、把握当下、面向未来”。他还指出:“希望广大党员特别是青年党员认真学习马克思主义理论,结合学习党史、新中国史、改革开放史、社会主义发展史,在学思践悟中坚定理想信念。”总书记把学习历史的重要性和目的说得再清楚不过了,作为有志成为青年马克思主义者的青年学生应当学习历史,熟悉历史,努力增强历史意识,学会历史思维，培养历史眼光。我觉得，各选一本中国通史、党史、新中国史、改革开放史、社会主义发展史，认真读懂是非常有益的。党中央决定2021年在全党开展党史学习教育，做到学史明理、学史增信、学史崇德、学史力行。当前应当先在这次党史学习教育中认真学习总书记《论中国共产党历史》和新近出版的《中国共产党简史》。学习历史当然要学习和知晓中国自古至今的基本的历史知识点，例如，整个历史发展进程的脉络，各个历史时期重大事件和重要人物等。更重要的是，在此基础上，加深对历史唯物主义、历史发展规律、历史上“修身齐家治国平天下”经验和教训的认知，从中汲取更多的精神营养，坚定理想信念，提升全面素质，更好看清世界、认识过去、把握当下、面向未来。

马克思认为，“自然科学是一切知识的基础”。可见，应当不断学习自然科学知识，尤其是新科技知识。科技是第一生产力，科技的发展和革命对社会的生产力、生产关系、上层建筑、意识形态和人们的生活方式都会产生重大影响，甚至是引起革命性的变化。因此，作为有志成为青年马克思主义者的青年学生，应当不断学习和了解科技发展的新趋势和新成果，特别是新的科技革命和产业革命来临之际的当今。否则，难以认清和把握当前和未来发生的各种变化，难以站在时代前列，甚至落伍。我赞成学界中认为第四次科技革命与产业革命的动力和标志性的科技和产业是人工智能。所以，需要注意学习和了解人工智能及其相关的科技知识。例如，人工智能的算法、智能芯片、软件框架等三项关键技术知识；相关的大数据、云计算、物联网等知识。这些知识的科普文章、著作已有不少，可以选择阅读。

关于结合群众。所谓结合群众是指知识分子要与人民群众相结合。马克思主义认为生产活动是整个社会生活的基础，从事物质生产和精神生产活动的劳动者也就是人民群众，是社会生活的主人，是物质财富和精神财富的创造者,是历史的创造者,是真正的英雄。知识分子脱离人民群众将一事无成,更不可能成为真正的马克思主义者。中华优秀传统文化就很重视亲民。《礼记》是战国至汉初部分儒家著作文集,其中的《大学》开宗明义的第一句话“大学之道,在明明德,在亲民,在止于至善”。这里的“大学”是指博学或大人之学,“之道”是指大学的宗旨,其后的3句话强调的是它的三纲宗旨,亲民是三纲之一。亲民就是和人民站在一起、体恤民众。作为有志成为青年马克思主义者的青年学生要努力实现与人民群众相结合。

关于这个问题需要多说几句。早在1956年党中央召开的知识分子会议上,周恩来同志代表党中央第一次郑重宣布:我国知识分子的绝大多数已经是工人阶级的一部分。在1978年召开的全国科学大会上,邓小平同志重申知识分子是工人阶级的一部分。知识分子既然是工人阶级的一部分。那么,知识分子还存在与人民群众相结合的问题吗?从总体上讲,这个问题不存在。但是,知识分子每个个体都有一个从自在的人民群众中的一员向自为的一员转变的过程。作为人民群众的一员,能坚持人民立场,认清历史发展的规律,自觉地担负起人民群众推动历史发展的责任,为建设社会主义现代化国家而奋斗,才称得上是一位自为的人民群众。

在人民群众中,无论是从人数占比上讲,还是从在生产劳动中的作用上讲,工人农民都是人民群众的主体。由于知识分子是人民群众中具有自己特殊性的组成部分,知识分子要成为一位自为的人民群众,还要解决好与工农群众相结合的问题。应当看到,在社会主义建设时期,一方面,知识分子作为工人阶级的一部分,具有工人阶级的一般特点;另一方面,知识分子又是工人阶级中的一个特殊部分,又有它自身的一些特点。工人阶级队伍中主要从事脑力劳动的知识分子与主要从事体力劳动的工人、农民在生产劳动方式上有比较明显的差异。一般地说,知识分子主要从事科技研究、设计、创新和党政、企事业管理，以及其他精神产品的生产劳动，这是一种复杂的劳动，更富有创造性、探索性，更侧重于理论思维，以及更多的个体和自由地开展工作和完成任务。这些劳动特点构成了知识分子身上一些明显的优点和长处。例如，执着于真理，忠贞不渝。同时，一些知识分子由于对这一特点缺乏正确的认识和态度，也有可能产生某些缺点和不足。例如，由于知识分子很大程度上以个体方式从事脑力劳动，其劳动成果往往容易被完全视为个人的成果，因而强调个人的作用，自我意识比较强，也容易产生忽视和脱离群众的倾向，乃至不能认识和处理好个人与集体、个人与组织、个人与社会、个人与国家的关系。又如，在理论与实践的关系问题上，由于知识分子主要侧重于理论思维，如果不注意深入实际，容易产生忽视社会实践决定性作用的倾向和脱离实际的倾向。脱离群众、脱离实际，正是某些知识分子立场上动摇，为人民服务三心二意的根本原因。由于生产劳动方式的这种差异，知识分子从工人阶级和人民群众的自在成员转变为自为成员，需要比产业工人付出更多的努力。因此，知识分子需要更加注意在改造客观世界的同时努力改造主观世界，努力提高阶级觉悟，坚定工人阶级和人民群众立场。

当代青年知识分子生长在新社会，没有新旧社会对比的强烈感受；他们中不少人走的是一条从家门到学校门再到机关门的成长道路，缺乏社会生活和社会实践的经验，不大了解工农群众，也不大熟悉我国的历史和国情。因此，当代青年知识分子更容易产生脱离群众、脱离实践的倾向。从这个意义上说，自觉走与工农结合、与实践结合的道路，成为自为的工人阶级和人民群众一员，是当代青年知识分子面临的紧迫任务。

如何实现与人民群众相结合呢？对于在校生而言，应从增进感情、坚定立场、践行服务等方面久久为功，逐步与人民群众紧紧结合在一起。

增进感情就是要把自己视为人民群众的一分子，想人民群众之所想，急人民群众之所急，与人民群众同呼吸、齐奋斗、共患难、同幸福。“八九政治风波”后，有些学校学生到部队过军营生活，接受教育，经受锻炼。不少学生到太行山与老区人民同吃同住同劳动后，感受到了老区人民过去对革命的贡献，现在仍然过着贫困的日子，以及对幸福生活的渴望，深深地受到触动。他们深感不应心中只有自己，不能只想眼前念好书，将来有好收入、过好日子，而要为贫困地区的人民群众着想，为他们谋幸福。他们对人民群众由同情，到形成决心为他们谋幸福的情感，增进了与人民群众的感情，把人民群众放在心上，把人民群众的利益放在第一位。当今，高校学生下乡支农支教，在农村生活一段时间后增进了与人民群众的感情，也屡见不鲜。这种感情的转变是根本的转变。有了这种感情转变，就有了与人民群众相结合的思想基础。

坚定立场就是在任何时候、任何问题上都要站在人民的立场上观察、思考、判断、解决所面临的问题，经得起处理个人与集体社会国家关系、求学目的、学习态度、就业选择、敬业尽职、大是大非的考验；就是要不断追求“我将无我，不负人民”的精神境界，把维护和尊重人民利益，为人民谋幸福，为民族谋复兴作为自己的终身使命和历史担当。有了坚定的人民立场和为人民服务的宗旨，就有了与人民群众相结合的政治基础。

践行服务就是践行服务人民群众。是否做到为人民服务是检验与人民群众相结合的最终标准。在学校，为人民谋幸福、为民族谋复兴而努力学习，德智体美劳全面发展，掌握真才实学，塑造美的心灵，练就强壮体魄，传递正能量，团结同学，积极向上，就是在践行为人民服务。走上社会后，为人民幸福、民族复兴而努力工作，做有理想、有本领、有担当的社会主义建设者和接班人，激发正能量，团结同事共同奋斗，就是在为人民服务。为人民服务之心显现在自己的一言一行、一业一绩，为人民鞠躬尽瘁、死而后已，就完全地与人民群众结合在一起了。

关于实践锻炼。我们都知道，认识是一个从实践到认识又到实践的不断反复螺旋式上升的辩证过程，使认识水平和实践本领都一步步升华和提高。其中，实践是源泉，并且要由实践来检验认识。实践锻炼就是践行认识辩证过程的基本形式。无论是不断提高马克思主义理论水平，增强马克思主义世界观方法论修养，坚定马克思主义信念和共产主义理想，还是提高科技文化素养，都要高度重视和自觉加强实践锻炼。知识分子要克服容易脱离实际的倾向，更应自觉加强实践锻炼。在校学生和学校教育的实践形式主要是，包括课堂教学、课堂讨论、教学实验和实习、科研活动、校园生活、党团和社团工作等在内的校园锻炼；包括参加生产劳动，接触工农群众，开展社会调查，参加社会活动，学习分析、认清形势和任务等在内的社会实践。无论是在校园还是社会的活动中，每个人都会遇到各种矛盾、困难，甚至困惑、挫折。正确看待和处理好面临的各种问题，都是对个人立场观点方法的砥砺和考验，都是学习和坚定马克思主义世界观人生观的过程。有志成为青年马克思主义者的青年学生，都要自觉地，有心用心地投身社会实践，自觉地锻炼成长。

实现第二个百年奋斗目标，亟须有更多中国人进入各类多边国际组织

章新胜

章新胜，男，汉族，江苏沭阳人，1948 年 11 月出生，1964 年 8 月参加工作，1979 年 6 月加入中国共产党。退休前曾任教育部党组成员、副部长。第七、八届全国人大代表，第十一届全国政协委员。

2021 年是建党一百周年。自 1964 年参加工作以来，我曾多次系统学习过党史和中国革命史相关内容。而当下正值世界百年未有之大变局，再次学习党史，使我更加深刻地坚信，没有共产党就没有新中国，没有共产党就没有中国在世界变局中的重要地位和使命。这其中的关键是，“领导我们事业的核心力量是中国共产党，指导我们思想的理论基础是马克思列宁主义”。当前世界的变化之广之深刻是过去难以想象的，特别是在新冠肺炎疫情全球大流行的背景下，世界变革正在加速，“东升西降”越来越显现为世界变局的一大特点。面对“东升西降”以及美国特朗普当政后引发的全

球逆潮流，我们更要在国际斗争中高举多边主义的旗帜，维护国际的公平和正义，推动世界向多极化方向发展。不言而喻，国际多边组织在国际治理的大体系中发挥着不可替代的重要作用，特别是在影响世界趋势、目标、各类标准和规则的制定、政策和策略的形成等诸多方面。根据中央要求，我国今后还要有更多人进入到国际多边组织，以维护我国的利益、发展中国家的利益，维护和推进国际的公平正义和世界秩序的稳定，维护和平发展的世界格局。对此，教育战线采取了积极的措施，加快培养进入国际多边组织的合格人才。

我到教育部工作后，因为党和国家工作需要，组织安排我先后多次竞选不同国际组织的领导职务。2003年，因世界自然遗产涉及我国在东北地区历史上的领土主权问题，组织上安排我首次竞选世界遗产委员会主席的职务。紧接着，为抵制台湾当局妄图利用在台北举办大运会之际搞“台独”的图谋，教育部和国家体育总局又安排我竞选世界大学生体育联合会副主席。为了将亚洲大学生体联秘书处从台北拉出来，设在北京中国大学生体联秘书处，我又竞选了亚洲大体联主席的职务。后来，考虑联合国教科文组织的重要性，在教育部和外交部的安排下，我竞选了联合国教科文组织的决策和监督高层治理机构——联合国教科文组织执行局主席一职。2012年，我已从教育部领导岗位退下来。当时党的十八大即将召开，并将推进“五位一体”总体布局和“四个全面”战略布局。出于自然资源保护对国家生态安全的迫切性和重要性，经五个部委协商提议，国务院及中组部批准，推荐我竞选了世界自然保护联盟总裁兼理事会主席一职。经过以上五个不同国际组织的考验和历练，我在组织和同志们的支持下，努力在这些国际组织的领导岗位上维护我国的利益、发展中国家的利益，扭转长期以来以欧美为主宰的国际多边组织基本格局。实践证明，我国要进一步崛起，实现中华民族的伟大复兴，就必须要有更多党和国家信赖的人进入到国际组织中，特别是按中央文件所说的，进入到关键岗位和领导岗位。这是势在必行的。

在国际组织的磨炼使我体会到，21 世纪人类必须要处理好三个难以回避的重大关系。一是人与自然的关系，即保护与发展的关系；二是人与科学技术的关系；三是守成大国与崛起大国的关系。我更深刻体会到，对于崛起大国和守成大国的博弈之艰巨，不可存在丝毫懈怠和幻想，常常是树欲静而风不止。特别是在开始阶段，要能忍耐，在斗争中学会斗争，善于建立统一战线，以少胜多，以弱胜强，来逐步扭转态势和基本格局。这对在国际各相关领域的有关规则、标准及政策的形成和制定，进而影响国际趋势的走向并取得话语权，是极其重要的。现回顾我在联合国教科文组织担任执委和执行局主席九年间几个案例加以说明，以资借鉴。

在非洲教育领域的争夺

美国于 2003 年重返教科文组织以后，和有些西方国家采用各种形式、找出各种理由大力宣扬，非洲国家经济落后，只用普及六年义务教育就够了，其实质是阻挠非洲创办自己的职业技术学校和大学。

20 世纪 70 年代以来，非洲 54 个国家纷纷获得了独立，紧接着就开始了经济建设，像我国改革开放之初一样，大力发展“三来一补”加工工业，农副业、渔业产品初级加工、纺织品等各类加工贸易企业都蓬勃发展起来，但是西方此时却给非洲各国提出了一个重要的咨询“良方”。他们用西方经济学家大卫·李嘉图的“比较优势”理论来阐述，非洲国家应以出售原材料以凸显自己的比较优势，这对非洲国家最为有利。这是一个“毒药方”。非盟和非洲多数国家都接受了这套理论和建议方案。在非洲许多国家已经兴起的加工工业，比如服装加工、农副渔业产品粗加工等，都几乎全部下马了。

从这个侧面就可以清晰看出，为什么美国等西方国家宣扬非洲只要抓好六年义务教育就足够了。他们阻挠非洲创办自己的职业技术教育和大学，破坏其加工业和制造业发展的目的是显而易见的，就是要控制非洲高层次人才和职业技术人才的培养，进而让非洲国家的经济和文化始终不能真正独立起来。当时，非洲国家每年都要花20多亿美元在欧洲印刷其中小学教材，让我非常吃惊。

经过一段时间的工作，我们广泛介绍中国等发展中国家的实例，联合大多数发展中国家，在教科文组织的政策制定和计划安排上，极力主张非洲不仅要搞好义务教育的普及，还要同步抓好职业技术教育和高等教育的发展。这受到非洲国家和所有发展中国家的热烈欢迎。

在任职期间，我与同事们还具体抓了一个项目，即在教育部有关司局和天津市教育局的支持下，由天津的有关职业技术学院援助，成功在埃塞俄比亚首都亚的斯亚贝巴办起了第一个职业技术学院，受到当地人民的欢迎，让他们看到了希望。当我以联合国教科文组织执行局主席的身份访问非盟，与非盟主席以及埃塞俄比亚总理会谈时，他们专门提到了中国帮助他们援建了第一所职业技术学院，对他们的农业、渔业和工业的现代化建设起了重要的推动作用。他说中国不仅真心支持他们的发展，而且是真诚地努力提高他们的国民水平和能力的。

此外，经教科文组织内部反映和揭发，新上任的来自美国的教育助理总干事以权谋私的腐败问题败露，引起大多数成员国不满，东道国法国也有同感，为此，总干事让其引咎辞职。客观上，这也为后来我们推动中方人员首次担任教育助理总干事提供了机会。

《保护文化内容和艺术表现形式多样性公约》建立

美国学者塞缪尔·亨廷顿有一个理论推断，21 世纪世界的一个重要趋势是“文明的冲突”。对此，联合国教科文组织伸张正义，针锋相对地提出，不是文明的冲突，而是文明的对话、交流和互鉴。

在经济领域的争夺中，世界贸易组织在美国的主导下，将全球的贸易产品分为三大类。第一类是可贸易的物质产品，如茶叶、汽车、仪器、家具、服装等。第二类是服务产品，不仅包括通信服务、商务服务、分销服务、金融服务等，更是把教育服务和文化类产品的服务也统归于可贸易的产品。第三类是知识产权。世贸组织将教育和文化通通归于可贸易的服务商品，引起了联合国教科文组织的警惕以及许多国家的质疑和担忧。对此，我们在教科文组织已经形成共识的《保护文化内容和艺术表现形式多样性宣言》的基础上，发起要形成一个有约束的国际公约，即《保护文化内容和艺术表现形式多样性公约》（以下简称《公约》），以维护世界的公平正义、平衡世贸组织这一举措。

除了绝大多数发展中国家支持《公约》的建立以外，我们还运用了党的三大法宝之一——统一战线的方针，找到了利益的汇合点，去争取了包括法国、意大利、德国、荷兰、芬兰、西班牙等在内的欧洲大多数国家的支持，建立了最广泛的“统一战线”。经过几年的艰苦努力，使得这一《公约》得以通过。《公约》的重要性和意义是显而易见的。一是迅速发展的全球化进程特别是经济全球化进程，给文化多样性带来了新的挑战。要对教育和文化这两个涉及国家主权的重要阵地和领域加以保护，以平衡世贸组织将教育和文化归为可贸易的产品的做法。这维护了大多数发展中国家的利益，也维护了新兴文化产业不够发达的一些欧洲国家的利益。二是《公约》强调了文化具有两重性，即公益性和商业性，而不单纯是商业性这一面。这样也有利于大多数发展中国家和相当多欧洲国家来发展自己的文化产业，应对以美国为主的新兴的大众强势文化、商业文化的冲击。三是维护世界和平发展的格局。《公约》强调了文化多样性是人类最基本特征之一。文化多样性和生物多样性、世界多极化是一脉相承的。针对亨廷顿等人提出的“文明的冲突”理论，强调“万物并育而不相害，道相异而不相悖”“己所不欲，勿施于人”，世界是由不同文明构成的，不同文明进行对话、交流和互鉴是推进世界的发展的重要动力。四是针对一部分西方国家推崇的“技术至上”以及科学本身具有的“双刃剑”的两重性，提出文化内容和艺术表现形式多样性与科学技术本身同等重要，同时多样性的文化也是科学发现和技术创新的不竭源泉。

后来，当我向中央领导同志汇报这个公约的重要性和作用在于有利于保护我国的教育主权和新兴文化产业的发展时，他们特别称赞并强调，这对我国也是极其重要的，要充分利用好联合国这一有约束力的公约，保护和促进我国教育事业的发展和传播，维护和促进我国文化新兴产业的发展。

现在回顾起整个《公约》历经众多艰难曲折、最终取得成功的过程，有一个事例我至今记忆犹新。这个事例也说明了国际多边斗争的复杂艰巨以及经验积累的重要。在《公约》投票前的关键时间，美方意识到《公约》的通过将是大势所趋，为此派了一个由 20 多位法律、文化等领域高级专家组成的代表团来做最后一搏，企图修正公约，将其核心内容掏空或淡化。这个代表团针对公约草案给执行局提出了 20 多条修正案。我当时仔细阅读了这些修正案，觉得其中有几条的修改没有触及核心条款，还是有可采纳的余地的。我在征求意见时，与法国国家级大使基格努咨询商议。基格努有多年与美方打交道的经验，他表示：“你说得对，有几条不涉及核心内容，不是不可以修改。但是，根据我们和美方打交道多年的经验和教训，一个字也不要再动了。因为对美的谈判，好比门关紧了就再也不能被撬开。一条门缝也不能闪开。否则，他们就会像旋风一样，力图将整个门都吹掀掉。”最终，当大会以 148 票赞同、2 票反对、4 票弃权的压倒性优势审议通过了《公约》时，会场响起了雷鸣般的欢呼声和掌声，不少代表不禁热泪盈眶。当时的场面很是震撼和感人。由此看来，统一战线确实是一大法宝，只要不畏艰辛、不气馁，结合教科文组织实际，求大同、存小异，在会前会下花时间做工作，善于团结绝大多数人，并对极个别西方大国，既敢于斗争、又善于斗争，斗而不破，就能够最终取得成功。

《保护非物质文化遗产公约》正式生效

在我任联合国教科文组织执行局主席期间，另外一个重要的公约就是《保护非物质文化遗产公约》。这是国际社会第一次将文化多样性定位为人类共同的遗产，承认它与生物多样性一样，对人类社会的可持续发展具有同等重要的意义。

现代化为人类社会带来了高度物质文明的同时，改变着人类原有的生存环境，使非物质文化遗产逐渐失去其生存基础和条件，加之强势文化以及文化单一化的猛烈冲击，非物质文化遗产遭到前所未有的威胁，面临着退化甚至消失的危险。如果把《保护世界文化和自然遗产公约》与《保护非物质文化遗产公约》（以下简称《非遗公约》）的法文版进行比较，大家就会发现，两个公约所用的“保护”一词是不一样的。前者的“保护”（protection）是中性意义上的“保护”，后者的“保护”（sauvegarde）隐含“抢救”的意思，具有时间性与紧迫性。非物质文化遗产的保护实际上是以人为本，以人为核心展开的。人类为了自己的未来和可持续发展,就必须重视非物质文化遗产并肯定其价值,守护好我们的精神家园。

《非遗公约》于2003年10月通过,但是2006年4月才正式生效,这期间有近3年的艰苦历程。我是2005年当选执行局主席的,上任后除了要应对联合国中期战略规划以及大量复杂的工作外,我在主席的岗位上还要加大力度推进公约正式生效的进程。这也表明,掌握领导岗位还是十分重要的。我当时与一些欧洲国家接触,他们担心非洲西海岸的法语区国家、东海岸的英语区国家和一部分西语区国家和少数葡语区国家等原殖民地非洲国家,一旦有了公约的提倡和保护,恢复这些非洲民族国家自己独立的语言、文化、节庆、礼仪、艺术、音乐、舞蹈、诗歌和手工技艺等重要非物质文化遗产,不再传承殖民时代其宗主国的文化、艺术和语言等,原宗主国将会失去对这些非洲国家在社会、文化、教育及精神领域的控制。在了解了这个问题的实质后,我采用刚柔并济的方法,强调"己所不欲,勿施于人""同则不济,和实生物",求大同、存小异,努力建立统一战线,团结一致向前看。最终在我主持理事会期间,于2006年4月使《非遗公约》批准生效。我国于2004年8月批准加入了《非遗公约》,成为第6个加入《非遗公约》的国家,在世界上起了带头推动的作用。相比之下,"五眼联盟"的五个国家迄今都未加入该《非遗公约》,稍加思考就不难看出,《非遗公约》的穿透力、威力以及深远的影响力,让"五眼联盟"国家担忧《非遗公约》将会动摇其历史上立国之本的基础,文化、思想、精神家园的基础,挑战其现行文化价值体系的延续。

有关教科文组织社会科学学部生存和发展的博弈

还有一个难以忘却的故事,就是教科文组织社会科学学部能否生存和发展的问题。尽管在教育和《公约》等方面不断受挫，但美方瞄准联合国教科文组织核心领域咄咄逼人的攻势仍是一个接一个。美国重返教科文组织后的另一大举措，就是提出要把该组织的社会科学部合并到自然科学部。美国以第一大缴费大国的身份，以教科文组织经费紧缺等理由，妄图强行通过这一提案。虽然许多国家并不赞成，但敢怒不敢言。我印象极深的是，当许多国家大使在讨论这个问题时，都表示担忧，有的大使讲话时甚至称得上“慷慨激昂”。而当美国大使来到该会议室时，会议室马上就鸦雀无声。这充分说明，在现实的国际关系中，难以像我们在国内那样去理解和解决问题。来自日本的教科文总干事的应对方法，是所谓按国际惯例建立一个由13位各类专家代表组成的独立的评估机构来审议这个提案。这看上去是独立评审，实际上是在美国的强势要求下，在打太极拳。经过一年多专家评议，仍然无果而终，不了了之。

因而，在中国人担任主席期间能否解决这个问题，显然是一个考验。如何用取得共识的方式解决这个问题，我想起我国在有关自然遗产国际斗争中采取的方式，要把工作尽可能地做在会前、会下，争取大多数国家的理解和同情。为此，我们开展了大量的艰苦的工作，一方面利用联合国体系内的“77国集团和中国”机制来广泛地开展工作；另一方面，发扬过去我们在地方工作时总结的乡镇企业的“四千四万”精神，也就是“千言万语、千山万水、千方百计、千辛万苦”。我们首先在发展中国家中取得共识，再争取了一些发达国家，在充分准备的基础上，选准时机，在教科文执行局提议下由我主持召开了一场关于本次提案的执行局全体辩论会，辩论长达6小时之久，其间不间断、不休息，也开创了先例。真金不怕火炼，真理越辩越明。会上，阿尔及利亚公使、墨西哥大使、巴西大使、中国大使、印度大使、巴基斯坦大使、南非国会议员、塞内加尔大使、贝宁大使等立场坚定，在辩论中冲锋陷阵,他们普遍具有多学科和跨学科专业知识和工作经验,熟练掌握两门以上的外语。最终没有经过票决,而是以取得广泛共识的方式,成功否决了这一提案。

当天晚上,我邀请一些发展中国家大使餐叙,其间,巴西大使、阿尔及利亚大使等人一致赞扬道:中国主席主持会议,大面上按规则保持主席应有的中立,不授人以柄,实质上是立场坚定,指挥游刃有余,用东方人和谐、包容的睿智,求大同、存小异,把东方人的智慧带到了教科文组织。

联合国教科文组织是一个出思想、出理念、出规则、出标准的组织,是建立全球计划的重要组织。在强势经济、科技、军事和文化以及霸权的冲击下,教科文组织作为国际多边组织,提出了社会科学领域的各种思想、政策、计划和解决方案,这也是少数大国害怕的地方。他们企图以其一国的社会科学来代替联合国组织下的世界多级、多样化社会科学的存在和发展。第二次世界大战后,几大国协商构建了雅尔塔体系、布雷顿森林体系等国际治理体系,某种意义上起到了一定维护世界秩序的作用,但实质上是以保护美国独大以及少数西方大国利益为其根本出发点而建立的体系。保护联合国组织中唯一的社会科学学部,在今天看来更显得异常重要。

结语

回顾以上几个亲身经历的案例,我深感能够取得这些成功,是因为背后有越来越强大的国家作为后盾,因为有党和人民多年来对我的培养和锻炼,更因为有足够的政治自信和文化自信。因此,我能够坚持正确的政治方向和灵活机动的战略战术,并将我们党和老一辈革命家经过长期艰苦卓绝的斗争所积累的宝贵经验,马克思主义的分析问题和解决问题的立场、观点和方法,我国东方文明和智慧的结晶,以及国内两次高校学习及党校和军校学习、三次出国留学深造期间对外部世界和西方及南方国家的深入和知彼知己的了解结合起来,得以见山开路,遇水搭桥,在风云多变的国际形势中保护好中国和广大发展中国家的利益。

经过我们党一百年的奋斗,中国已越来越走近世界舞台的中心,党的十九大提出"推动建设相互尊重、公平正义、合作共赢的新型国际关系",我国要积极参与全球治理体系改革和建设。在这百年未有之大变局中,抚今追昔,我更加深刻地认识到,国际多边主义和多极化的发展需要中国,中国的智慧和经验能使世界受益。希望有更多中国人进入国际多边组织发挥作用,高举构建人类命运共同体旗帜,秉持共商共建共享的全球治理观,倡导多边主义和国际关系民主化,推动世界向多极化方向发展,推动构建更加公正合理的国际治理体系,为21世纪人类和平与发展而奋斗。

一个共产党员的几点感悟

田淑兰

田淑兰，女，汉族，河北昌黎人，1945 年 10 月出生，1965 年 6 月参加工作，1972 年 6 月加入中国共产党。退休前曾任教育部党组成员、原中纪委驻教育部纪检组组长。

人是社会历史的主体，每个人都是历史的参与者。2021 年是中国共产党建党一百周年，作为有 49 年党龄的我，是党的历史的见证者、受益者，也是参与者、贡献者，我为此感到骄傲。我 1965 年参加工作，到 2015 年退出全部工作岗位（含退休后在教育部关工委和中国下一代教育基金会做公益工作 7 年），实现了为祖国健康工作 50 年的心愿。在历史长河中，50 年弹指一挥间，但对于个人来说，工作 50 年几乎就是一辈子。回首自己成长历程中的每一步都离不开党组织的关心培养，从创造条件，让我到基层锻炼，到立足培养，让我有机会 4 次进中央党校学习，再到多岗位任职，压担子上平台见世面。可以说没有党组织的培养就没有我的今天。我愿借党的百年华诞之机,把我的一点人生感悟分享给青年朋友。

学会做人

在我的成长历程中,父亲对我影响很深。他是一名普通的建筑工人、共产党员,是他的言传身教为我的一生打下了善良朴实的底色,并让我明白,共产党员就是要吃苦在前享乐在后。有两件小事让我印象深刻。

1961 年国家困难时期,父亲所在的建筑工地要从工人中选一名工会主席。父亲平时工作一直非常努力,从不计较苦累,责任心也很强。他总是想着用实际行动感谢党的培养,从不求回报,很有翻身工人阶级的自豪感和责任感,他对党的感激之情是发自内心的。当时他是工会主席的提名人选,组织酝酿时,家里人都不明白这是个啥职务,觉得组织信任、工人拥护是好事。但面临的一个严峻的事实是,工会工作属于企业里的事业编制,工资虽然与爸爸的六级木工差不了多少,但是当时最珍贵的粮食定量,要从重体力劳动标准的每月 42 斤,变成干部标准的 29 斤,每月少 13 斤!这下全家犯难了,当时三个弟弟正在长身体,我这个老大在家里做饭,最清楚情况,家里的粮食每个月都不够吃,需要贴补一些野菜、甜菜渣子度日,13 斤粮食对全家可不是个小数。最后还是爸爸自己下了决心,决定服从组织安排,家里的困难自己想办法解决。

还有一次父亲主持福利分房工作,这份工作并不好做,矛盾尖锐,僧多粥少,工人们都眼巴巴盼望着自己的住房条件能有所改善。当时我们祖孙三代一家八口人,挤在 20 平方米的板加泥平房里,早就属于困难户,可是当他了解了全队困难户的情况后,主动把自己的名字在分房名单中划掉了。他说:咱们是党员,是宣过誓的,不能跟群众争利益,让人瞧不起。没想到这次分房进行得很顺利,工人们说,谁家能有他们家困难,咱啥也别争了。每次在紧要关头,他都能抛弃私心杂念,很好地化解矛盾,从大局出发,为群众利益着想。这让我深深感到,一个人的觉悟高低与文化程度无关,共产党员不仅要有坚定的信仰、远大的理想,更要知行合一,在群众中做榜样,在行动上为群众服务,为群众着想,不怕吃亏,尽自己力量成全别人并以此为荣。父亲临终前对我们几个说:"我这辈子虽然没作过什么大的贡献,但没做过对不起党的事,我知足了……"

我想,当一个人内心能包容所有的困难,并专注于自身责任而不是利益时,那么他的精神就是高尚的,这也是作为一名共产党员应有的担当意识和无私品质。

读好"无字之书"

我因为家庭经济困难,失去了读大学的机会。参加工作以后,我深知自己理论功底不够,知识储备不足。所以我一直坚持自学,在国家实行成人自学考试制度后,我立即报名参加,在不影响工作的前提下,用两年半的时间通过了大专学历考试。后来根据工作的需要,我又在职参加了北京大学社会学系实用社会学专业研究生课程的学习。我坚信学习是一辈子的事,不可能一劳永逸。读好有字之书固然重要,但是对我成长影响更大的是读"无字之书",即"社会"这所"没有围墙的大学"。

1969年、1970年,我连续两年主动要求参加黑龙江省统一组织的抓基层打基础驻村工作队,分别进驻了绥化地区肇东县宋站公社宋站大队、四方公社四方大队,参加整建党和整建团工作。两年间,我们工作组一行三人住老百姓家的火炕，吃派饭（每人每天向派饭的农民交一斤粮票三毛钱）。每年春耕前进村，秋后交完公粮出村，白天抽空和社员一起劳动，面朝黑土背朝天干活，积肥、播种、铲地、修水利……样样都干过，晚上还要组织党团员开会。当时北方农村的卫生条件很差，连像样的厕所都没有，跳蚤臭虫更是常见。那段时间我的身上被咬得到处是包，伤痕累累，我只能咬牙熬着，让自己慢慢适应环境。我在这里还见证了困难年代，四五月份北方农村闹春荒，有些农民家里缺粮食，有时候甚至吃不饱饭，冬季家里缺柴草，取暖困难。有时我们会从家里给房东带几斤挂面，他们舍不得吃，放在柜子里，说是等着过年吃。老乡还说，等以后日子好了，天天吃挂面。

待得时间长了，我们有时候会和农民坐在炕头上谈谈话，心里觉得很踏实。老党员们回顾自己当年入党的情景，回顾当年东北抗联的英雄们在极其困难的条件下，顶风冒雪、忍饥挨饿坚持战斗，为民族解放牺牲的往事时，都还是那么地激动。党员在这过程中忆昔抚今，对照党章检查"船到码头车到站"半截子革命思想，表示要振奋精神、牢记使命，带领大伙尽快致富，让乡亲们过上好日子。这两年的经历使我真正地了解了农村、农民，懂得了我们党领导群众翻身解放多么地不容易，更让我感受到了农民对在党的领导下过上好日子的渴望。我也从中体会到，一个政党只有不断反思才能保持向上的活力，增加凝聚力和战斗力。

1991 年，我被组织调到广西南宁市任市委副书记，我是哈尔滨人，去工作前从未到过南宁，对南方农村不了解。我先从调查研究、了解实际情况开始，逐步开展工作，当时南宁市有五个区、两个县——邕宁和武鸣，两个县下辖 50 多个乡。在南宁的这一年时间里，只要市里不开会我就会到乡里去，把 50 多个乡全都跑了个遍。每到一个乡我都会去一个生产队，会进村看一两个五保户，到他们家里看一看，聊一聊，了解他们的生活情况。这些下乡入户的经历让我初步了解了南方农村是什么样子，南方的农民最需要什么，也让我对整个国家的城乡差别的基本情况有了更深一层的认识。

有了这些亲身经历，再看到今年我们党取得的脱贫攻坚的全面胜利，特别是总书记提出的精准扶贫方略，找到“贫根”，对症下药，靶向治疗，这是人民至上负责任的大党的作为，这是一个伟大的胜利，将彪炳史册。“小康不小康关键看老乡”，没有农民的小康就没有全中国的小康。从我个人体会来说，青年干部在成长过程中，深入群众、了解社会，决定了其看问题的立场、观点、情感，对社会了解越深越透彻，对党的各项方针政策的理解就会越深刻、越自觉。只有读懂中国社会这本“无字之书”，才能更好地为人民的利益坚持真理，修正错误，这也是我们党的光荣传统。

只管耕耘

我的工作经历比较丰富，先后在黑龙江省教育厅、共青团黑龙江省委、共青团中央、中国儿童少年活动中心、广西南宁市委、全国妇联和教育部等7个单位工作过。我深知自己不是天才，也不是什么能人，不敢奢求自己在工作岗位上做出什么丰功伟绩，但可以问心无愧地说，我一直在努力做到干一行、学一行，干一行、爱一行，干一行、钻一行，不辜负组织对我的信任。我很欣赏“上善若水”的境界，希望自己能像水一样有包容力、适应力，可以在不同岗位尽绵薄之力、发挥作用。

2002年3月，我从全国妇联副主席岗位调到教育部，担任纪检组组长，这是我职业生涯最后一站，我把这个岗位当作党交给我的最后一块阵地。责任重、压力大，但静心想想，我也有自己的优势：一是我在共青团岗位工作多年，对学校并不陌生；二是我有在三个单位担任党委书记的经历，又是中央纪委委员，因此对做好这项工作还是有信心的。我从认真学习、准确理解中纪委对纪检工作的总体要求入手，结合教育战线实际情况，深入调查研究，跑遍了教育部 75 所直属高校及大部分省市。通过了解情况、摸清现状、研判问题和工作重点，我之前几十年积累的工作经验在这个岗位上得到了充分的融合。回首在纪检组组长岗位工作的七年，是在中纪委和部党组的双重领导下，在陈至立、周济、袁贵仁三任部长的理解支持下，在当时全党开展反腐倡廉逐步深入，以及本世纪初教育大发展、教育系统反腐败面临巨大挑战的背景下，坚持为教育健康发展、人才健康成长服务，坚持实事求是、稳步推进的原则，纪检组全体同志遇山开路，遇水搭桥，共同努力作出了一系列应对举措，在原有工作的基础上把教育系统的纪检监察工作往前推进了一步。比如：

2002 年，为加强学校管理，第一次与全国总工会联合召开全国校务公开工作经验交流会，提出校务公开“六个环节”和“十项内容”，建阳光校园，提出“校务公开是常态，不公开是例外”的总体要求，使这项工作逐步走上制度化轨道。2003 年，按中纪委部署第一次在教育系统提出建立健全预防和惩治腐败体系，制定工作规划，努力推进不敢腐、不能腐、不想腐的体制、机制、制度建设，堵塞各种腐败漏洞；为提高纪检干部素质，第一次建立教育系统纪检干部定期培训制度，并纳入教育部内有经费保障的培训计划，建立境外考察制度；第一次建立由教育部牵头，联合财政部、发改委、审计署等七单位召开部际联席会议，共同调研、协调合作、分析研究提出治理教育乱收费的对策，实事求是地提出建议政府加大教育投入、规范教育收费政策、建立收费公示听证制度、严明纪律、坚持责任追究等，使教育乱收费问题有了明显好转；第一次建立直属高校书记校长任职廉政谈话制度，签订廉政责任书，把党风廉政建设责任制落细、落实，坚持严管与厚爱结合，加强廉政责任追究。2005年，第一次与最高人民检察院共同开展预防教育系统职务犯罪工作，联合下发《关于在教育系统开展预防职务犯罪工作中加强联系配合的意见》，开展警示教育；第一次提出廉政文化进校园，并在广州召开全国青少年廉洁教育研讨会，这是具有教育特色、体现学校教育育人为本，建立廉洁光荣、腐败可耻的社会氛围，铲除腐败滋生的土壤和条件的治本之策，这次尝试具有开创性意义。2006年，第一次建立教育部直属高校巡视制度，解决直属高校战线长、分布广、信息不灵的问题。第一批聘请30位德高望重的高校老书记、老校长、纪委书记担任巡视专员。每次行前动员，明确重点，回来直接向部党组汇报，已形成常态化机制。为方便工作，坚持高校纪委书记由党委副书记担任。2008年，第一次由教育部联合中纪委、监察部召开“加强高校反腐倡廉建设工作会议”，并联合印发《关于加强高校反腐倡廉建设的意见》，对“象牙塔”的廉政建设进行全面部署。根据巡视中发现的问题和工作实际需求，建议并得到部党组支持，在高校建立总会计师制度，对本校财务管理负总责。

虽然我们做了一些工作，但是教育系统党风廉政建设任重道远，反腐永远在路上。让我欣慰的是，这些举措当时在教育系统是实事求是的，是有针对性、管用、行得通的，我们把党中央关于纪检工作要惩防结合的总体要求在教育系统进行了落实，最大限度地维护了党纪，保护了干部。这七年的教育纪检监察工作为我的职业生涯画上了一个句号。

岗无贵贱，重在尽责。不论组织安排我去哪个岗位，我都告诫自己要踏踏实实、默默耕耘、莫问收获，努力做到尽心尽力、问心无愧。我认为，虽然工作环境不同、工作基础不同、工作内容不同，但是认识问题的立场格局、思维逻辑、领导艺术、识人善任等都是相通的。我们都是在前人工作的基础上，坚守脚下阵地，尽职尽责、扎扎实实地做好本职工作。一代人有一代人的责任，一代人有一代人的作为，个人的作用是有限的，不过是历史进程中的一块铺路石，希望青年一代能沿着我们党的百年正道继续前进，为实现“两个一百年”奋斗目标顽强奋斗！

我在战火烽烟中的几次历险

李　滔

李滔，男，汉族，陕西潼关人，1922年6月出生，1936年11月参加革命，1938年12月加入中国共产党。离休干部，抗日战争时期曾任冀热辽军区教导团政委，解放战争时期曾任四野十二兵团军政干部学校副校长，离休前曾任教育部党组成员、外事局局长。

我是1936年11月参加革命的。那时我在西安读中学，受东北地区大学生抗日热情和一些进步校友的影响，我参加了民族解放先锋队，积极参与抗日宣传活动。在之后的革命和工作生涯中，我多数时间是从事党务、教育和外事工作，但在抗日战争和解放战争时期，我也曾在对敌作战的一线，与同志、战友一起直面敌人，多次经历生死考验。

一

1943年7月，我党将晋察冀边区第十三地委即冀东地委改建为冀热边特委，李运昌同志任特委书记，周文彬同志任宣传部长，我爱人蓝森的哥哥李彬同志任秘书长。我担任党员训练班主任，主要负责县、区级干部培训。那时，特委机关主要在冀东地区的遵化、丰润、玉田一带活动。1944年10月，特委到丰润县召开扩大会议，特委和行署机关分别住在杨家铺及附近几个村子里。

一天拂晓的大雾中，驻地哨兵发觉日寇部队包围了村子，村外枪声密集，敌人数量不少。特委机关只有一个警卫连和由路南工委书记丁振军同志带领的一个连，其余人员大部分是机关干部和党训班学员。当我们转移到一个山头上时，发现敌人数量很多，可能有三四千人，都是日军正规部队。周文彬趴在山顶用望远镜观察，发现敌人人数众多，从三面逐渐逼近，我方战士们已有伤亡，当即决定沿山沟突围。当时山沟里还有些高粱秆，可以作隐蔽障碍，在一个排战士的开路下，机关人员从山沟冲下，敌人则从两侧山上夹击我们。我紧跟周文彬前进，路上还帮助他焚烧随身携带的文件，他让我继续前进，向前突围。

我连续急奔后疲惫不堪，趴在沟沿边休息边观察，发现敌人已从山沟左侧冲下来，与我相距只有一二百米了。我身边有个战士负伤倒地，我随即抄起他的步枪向敌人射击，一小会儿枪筒就打得发热烫手了。看到敌人前进速度慢了下来，我正准备转移，突然被一颗子弹擦撞头部侧面，当即昏了过去。当我苏醒时，大部分敌人已经下到山沟里，正在搜寻我方人员，用刺刀将我们负重伤无法转移的战士刺死。敌人也来到我的身边，踢了我几脚，看我没动，以为我已经死了，就走了。我发现，沿着山沟倒卧了很多牺牲的同志和战士，身下的泥土全都混杂了鲜血，旁边河沟里的水都被血染红了，可见战斗是多么惨烈。敌人撤退后，我爬到一堆高粱秆下隐藏起来，后被当地群众救起，带到村里换掉血衣、包扎伤口，由两名民兵用毛驴把我送到突围成功的行署副主任朱其文同志处。

杨家铺战斗中，特委机关损失惨重，机关干部和两个连的战士大部分牺牲了，只有少部分突围出来，周文彬、李彬、丁振军，还有宣传部的吕光等同志都牺牲了。日寇为这次战斗大肆宣传，散发传单，欺骗群众，声称中共冀东领导机构全部被消灭等。事实上，以李运昌、朱其文等同志为首的特委和行署仍然领导着冀东地区的抗日斗争，各地委、县、区、村党员更加积极地发动群众，开展对敌斗争。

二

1945年8月，日本帝国主义投降，抗日战争胜利。冀东的部队随即被调往东北，部署在沈阳、锦州一带。我也奉调赶赴东北，搭乘火车于9月初到达沈阳，被分配到军区教导团任副政委兼政治部主任。当时，教导团驻地在沈阳师范学院，规模已有一千多人，主要任务是在沈阳地区招收青年知识分子参军，对他们进行政治教育和军事训练。我开始工作不到一个月，教导团便接到了从市区转移去新民县的命令。开始转移前，召开了全团干部、学员及学员家属大会，分析革命前景，对比国共两党不同，说明当时形势，动员学员理解并随军转移出沈阳，继续学习。不愿意转移的可以留下，完全自愿。后来有二三百人选择留下。教导团带出约七百人转移至新民县城，与冀热辽军区军校合并，分成三个团，我担任人数最多的一团政委。

在新民县集中学习训练一段时间后，正值国民党军队占领锦州并向沈阳方向进犯。学校决定撤离新民县城，向北边的法库县方向转移，命令我带领一个班作为先遣队，乘坐卡车前去联络。我们行进到新民县城东北方向的兴隆台一带时，突然被一支我军收编的地方警察队伍拦截。我以为是友军之间发生误会，未做战斗准备，上前与他们交涉。没想到对方突然发难，收缴了我们的武器，还把我们关押到警察局里。事后我了解到，这支伪满警察队伍虽被我军收编，但当他们听说国民党军队向沈阳进犯时，就想扣留我们向国民党邀功请赏。后来，国民党军队受我军阻击，迟迟无法到达沈阳，他们害怕了。同时我也向他们做大量工作，说明形势和利害关系。两天后，他们终于不再有侥幸心理，把我们全部释放。他们这小股队伍也四散而去。

后来，我与警卫员和战士们一起回到在新民县以北公主屯修整的军校队伍。之后的 1946 年春节，我与蓝森就在日寇残留的一间房屋内结婚了。我还记得，新婚之夜的房间内非常冷，只有一个小土炉子取暖，盖的被子外面都结霜了。第二天一早，警卫连全体战士敲锣打鼓来向我们贺喜，让我们非常感动。这也说明人民军队官兵之间关系亲密无间。

三

1947 年初春的东北地区寒风凛冽。作为刚组建的昌北昌图联合支队(即联合县)支队书记兼政委(也是县委书记)，我带着支队干部战士，随军分区的队伍向康平、昌平、昌图一带挺进。队伍身着棉衣皮帽，从辽西省委所在地白城子出发，经内蒙古哲里木盟、开鲁县、奈曼旗、库伦旗，抵达康平县，与康平县的伪保安队打了一仗，消灭了敌人，解放了康平县城。属于康平县的干部留下来工作，我们支队则继续东进，过辽河进入昌图县。

抵达昌图县后，正式成立了昌北昌图联合县，我任县委书记，白洁同志任县长兼县大队长，肖刚同志任县委副书记，领导开展针对敌伪政权和伪地方武装的斗争。辽河在当地有个小的河套地带，县机关就在这个河套内安营，有辽河主流和支流包围着，只要守住渡口，敌人就很难进来。河套内土地肥沃，群众对我们十分友好，加上有县大队驻扎，敌伪军不敢随便进犯，生活总体比较稳定。

那时我们经常派出小分队渡河在古榆树、金家屯、宝力镇一带活动，制造声势，趁机打击当地敌伪势力。有一次，我与肖刚同志一起渡河返回县委时，摆渡船突然侧翻，我落入河中，猛烈呛水后被冲走，在河水中漂浮了几百米才被警卫员罗国光同志救起，差点没命。

古榆树南侧有一处敌人的武装据点，驻扎的敌军经常骚扰、欺压附近群众，老百姓叫苦不迭。我带领县大队一个连，围着这个据点对敌人展开攻坚战，后因敌人据点建设较为牢固，未能攻下，只好率队撤出。虽没有攻下据点，但此一役对敌人产生了很大威慑，此后这个据点就老实多了。这场战斗中，我所在的位置被敌人多次集中攻击，我虽没有受伤，但在身边警卫的罗国光腿部中弹负伤。因当时缺乏药品，他的伤口始终无法愈合，只好伪装后送到四平医治，我后来听说他的腿伤因治疗延误而落下残疾。全国解放后，我曾多次寻找小罗未果，实为憾事。

我1922年出生，1938年入党，如今已近百岁，一辈子跟着党，见证党走过的光辉历程、付出的巨大牺牲。一路走来，身边很多领导、同志、战友抛头颅、洒热血，为共产主义远大理想献出了宝贵生命。在伟大的中国共产党成立100周年的日子里，我无比想念他们！永远怀念他们！也将继续铭记他们的遗愿，永志不忘他们为之流血牺牲的伟大理想，永远跟党走！

党指引我走上革命的道路

沈友益

沈友益，男，汉族，浙江嘉兴人，1928年9月出生，1948年2月参加革命，同年加入中国共产党。离休干部，离休前曾任国家教委教材和图书情报管理办公室主任（正局级）。

我是浙江嘉兴人，1928年9月出生。我的父亲沈孝凰早年毕业于南京高等师范学堂地理系，我的父亲是中国第一批做天气预报工作的专业人员之一。他是竺可桢先生的学生。经竺先生推荐，他于1932年赴德国留学，不幸于1935年病逝在德国。我的母亲原是小学教师，当时已经生育了我和两个弟弟。父亲病逝后，她不得不带着我们三兄弟回到老家，在乡村小学任教度日生活。后来竺先生知道我家的情况后，甚为悯恤，把我母亲介绍到浙江大学工学院任抄录员，月薪大洋40元，我家的境况立即有所改善。

可是，好景不长，1937年7月7日日本全面发动侵华战争，我们全家随浙江大学西迁，颠沛流离。我母亲一个寡妇，带着三个孤儿，艰难困苦至极。我作为长子，从小目睹母亲的痛苦，所以常常想早点挣钱帮她一把，有的亲友也多次介绍我到公司里去做练习生。但我母亲在浙江大学这个著名学府里耳濡目染，决心培养我们三兄弟都读大学。

我于1947年9月考入上海交通大学铁路运输系。当时铁路被称为“铁老大”，职业比较稳定，待遇也比较好。我正是抱着早日为寡母分忧的心态进入上海交大的。可是，一进校门就遇到麻烦。学校规定上海本市新生一律走读，外地新生自行解决住宿问题。我们外地学生就一致行动起来，与校方交涉，要求解决住宿问题，我也被推为代表。几经努力，校方同意将中院一层的一间装有地板的大教室给我们住宿。我们好几十人，人挨着人挤在这间大教室内。

后来，全校举行迎新大会，我被推为学生代表致辞。当时国民党反动派已发动全面内战，上海当局在1946年“反内战”学生运动后，对各校进步学生进行镇压和迫害。我在一些进步书刊上看过支持进步力量的文章，所以在致辞的最后，说出了“乌云遮不住太阳，光明一定会到来！”的呼唤。会后，我们年级(47级)地下党分支部的支委严祖礽同志紧紧地握住我的手，连声赞扬说:“讲得好极了！”

过了几天，他邀请我参加了47级党分支的外围积极分子组织“星光集”的一个会。后来，他经常带我参加“40社”(47级党分支组织的群众组织)和“星光集”的各种活动，推动班上和管理学院47级各系的进步活动。1948年年初，他跟我说学校有地下党组织，问我愿不愿意参加。我当时告诉他，参加了有较大的危险，我还要帮助母亲解决家庭经济的困难。他对我讲了许多道理，但有一句话，我想不通。他说:“全世界的母亲解放了，你母亲的问题也就解决了。”我想，那要等到何年何月呢！当时交大是上海学生运动的“民主堡垒”，进步、革命的氛围很浓厚。他拿了一些材料、文件来给我看。我自己也买了一本《钢铁是怎样炼成的》来看，其中主人公保尔·柯察金的“人的一生应该这样度过的：当他回首往事时……可以自豪地说，我已经把自己整个生命和全部精力都献给了世界上最壮丽的事业——为人类的解放而奋斗”让我印象很深。1948 年 1 月 29 日，交大和上海多校都派了很多同学去支援同济大学的学生斗争。在同济大学大礼堂内与反动军警对峙。午夜以后，反动派动手抓人了，各校都有特务前来指认。特务害怕被本校人认出来，戴了“罗宋帽”，只露出两只眼睛，凶狠得很。我们交大前去支持的人多达数十人，第二天被学校训导处带回。后来，学校公然出布告，每个人被处以“记小过两个，取消公费”的处分，我也在列。经过了多次斗争和一些学习后，我向严祖礽表示，我决心参加地下党了。过了几天，他告诉我入党申请已经被批准，让我与区委组织员吕甦在校内一处地方持标志物接头宣誓。后来我如约与吕甦接头，他代表组织领我宣誓。

誓言的内容我记得最主要的有：终身为共产主义奋斗；在党的领导下，努力工作；在当时白色恐怖的形势下，要准备牺牲自己的一切，包括生命，决不向国民党反动派投降，绝不出卖同志和组织；严守机密，不得向任何人泄露自己的身份和党的机密等。我在地下党时期和新中国成立以后，对这几条誓言始终牢固记在心头。我不知吕甦是这位组织员的真名还是代号。但这个名字很好，“吕”表示只有两口人在一起，宣誓时是一对一的；“甦”代表人生的升华，从一个普通的学生成长为决心为共产主义事业奋斗的革命战士。新中国成立以后，我在一个场合遇到过吕甦。人还是那个人，名字还是那个名字，一切都好像回到地下斗争的年代。

入党以后，我觉得自己成长了不少，处处对自己要求更高，工作更加积极努力了。我入党初期在班上做群众工作。当时交大管理学院地下党工作是比较薄弱的。后来我们“47级”运输系发展了3个地下党员,电管系发展了2个地下党员,财管系发展了1个地下党员。1948年秋季开学以后,48级的运输系新生来了3个地下党员,加上管理学院46级原有的2个地下党员,人数够多了,交大地下党总支就建立了管理学院分支部,我担任支委之一。后来交大地下党总支考虑到斗争愈来愈尖锐,学生自治会执委有被反动派迫害的危险,决定以“班级”名义出任执委,并成立学生自治会第二线党组,指派我担任党组书记。我在斗争中比较坚决,引起了国民党特务的注意。解放后在我们发现的特务机关的“黑名单”上,3张上有我的名字。其中有一张上,名单上的人都被扣以“思想左倾,活动积极”的罪名,毛森亲自在名单上批了“逮捕枪决”的字样。

1949年4月26日夜,反动军警在全市各大学实施大逮捕。交大被包围后,装甲车冲入校内,反动军警先到我住的宿舍里抓我,未找到,又到我藏身的交大上院五层阁楼来抓我。幸好阁楼有一小门通到四楼屋顶屋架上,我们躲在屋架旁边。来搜捕的军警也曾打开小门,用电棒向屋架上照,但我们纹丝不动。后来只听到有一个军警说“没有人”,他们就撤走了。国民党反动派的疯狂镇压没有打垮我们,党又领导我们展开迎接上海解放的各种斗争。

令人感到无限欢欣鼓舞的是,就在国民党反动派对上海各高校大逮捕之后一个月,即1949年5月27日,大上海就回到了人民的怀抱;之后,10月1日,毛泽东主席就在天安门城楼庄严宣告“中华人民共和国中央人民政府今天成立了”,并亲手升起了第一面五星红旗。新中国成立以后,党又领导全国人民迈上了如火如荼地建设新中国、发展新中国的征程。

2021年是中国共产党成立100周年。全国人民都满怀激情地隆重庆祝这个光辉的日子,歌颂我们党百年来所建立的丰功伟绩。我们每一个在党的教育、培养下成长起来的党的儿女，莫不心情澎湃。我情不自禁地再次高歌一首解放前每一次进步学生集会都会高唱的革命歌曲《你是灯塔》。你是灯塔，照耀着黎明前的海洋；你是舵手，掌握着航行的方向，伟大的中国共产党，你就是核心，你就是方向。我们永远跟着你走，中国一定解放；我们永远跟着你走，人类一定解放！

党引领我在新中国熔炉里成长

卓晴君

卓晴君，女，汉族，浙江奉化人，1934 年 11 月出生，1955 年 7 月参加工作，1956 年 4 月加入中国共产党。退休前曾任中央教育科学研究所所长。

我是上海人。1949 年 5 月上海解放时我 14 周岁，可以说，我从少年时期起就是在党的引领下、在新中国的熔炉里成长起来的。

1951 年我报考大学。新中国建立初期，百废待兴，需要大量各类人才，发展教育事业刻不容缓，师资的需求量大增，在这种背景下华东师范大学成立了。我当时考取的是复旦大学教育系，由于院系调整该教育系并入华东师大，我便成为华东师大首批新生。1955 年毕业后留校工作，在母校待了八年半。

入大学前，我不问政治，只想留美学习。入大学后，由于学校党委的坚强领导，坚持正确的办学方向，思想政治教育工作深入细致，既严肃又活泼，既生动又具体,使我的思想有了积极的变化。对我思想进步起决定作用的是以下三个方面。一是学校引领学生参加火热的社会实践。入校后的第三个月,我们就到安徽省宿县鹤北乡张圩子村参加土改。在面对面批斗地主和与贫下中农接触过程中,我真正懂得了旧社会剥削阶级的丑恶及推翻剥削制度的必要性,也真正懂得了共产党、人民政府领导的新中国的性质及其建立的必要性。入校第二年,我们又相继参加了教育社会调查以及思想改造、“五反”“三反”等运动。在政治运动中,学生主要是接受正面教育。对我来说,最大的收获是,在思想上提高了对美帝国主义本质的认识,同时初步有了将来要为人民服务的愿望。二是学校安排系统的政治理论课学习。当时学习的课程有中国革命史、马列主义基础、哲学、政治经济学和联共(布)党史。这些课程帮助我初步了解和掌握了马克思主义基础知识及其基本观点、立场和方法,初步懂得了社会主义和共产主义必将代替资本主义的社会发展基本规律,初步了解了中国共产党伟大而光荣的历史,初步树立起全心全意为人民服务的人生观和世界观,使我终生受益。三是学校教师和党务工作者以身作则的榜样作用。当时有一批著名教授,他们是全国著名的教育家,如校长孟宪承、刘佛年等,他们亲临教学第一线讲课,严谨的学风、深厚的学术造诣和职业的敬业精神,树立了极好的榜样。学校还拥有一批经过培训、经历过革命战争锤炼的革命干部,他们主要从事党务工作,与学生交朋友,细致耐心地做思想政治工作,深受学生欢迎。由于他们的辛勤工作和全体师生的共同努力,全校形成了讲纪律、讲道德、讲思想、讲政治,艰苦朴素、团结和谐、生动活泼、奋发向上的氛围。我就是在这样的氛围中,在理想信念、思想品行、性格意志等方面受到了潜移默化的教育,从而积极要求进步。我在入学后的第二年加入了共青团组织,在毕业后的第九个月加入了中国共产党。从此,我把为共产主义事业奋斗终生的誓言牢记在心,并在动荡的岁月里经受住了各种政治考验。党领导下的母校的经师人师之恩我永远铭记。

1960年我通过了赴苏联进修考试，但在北京留苏预备部学习期间，正值中苏论战，文科专业赴苏进修被取消了，我就被调到中共中央宣传部教育处工作。当时大家的组织性很强，我接到通知后即去报到，一直干到“文化大革命”“五七”干校劳动结束后离开中宣部，前后共计13年。这个时期，正是以毛泽东为核心的党中央领导全党全国人民积极探索走我国自己的社会主义建设道路的重要阶段。从基层学校调到党中央机关，虽然都是从事教育领域工作，但工作性质任务和方式方法截然不同。中宣部工作涉及意识形态领域，面向全国和国际，政治性、政策性、战略性很强，文笔的要求也高。当时，教育战线有两件大事：一是全国开展了学制改革试验和教学改革试验，部长陆定一以《教学必须改革》为题作了报告、发表了文章，毛主席多次对教育教学改革作出指示。二是中央亲自指导认真总结新中国建立以后社会主义教育事业建设的正反两方面经验，制定和发布了建国以后第一个具有法律性质的大中小学三个暂行工作条例，建立了适合我国国情的教育管理制度，这也是探索我国教育走自己道路的重要成果。当时，还处在“以阶级斗争为纲”的年代，中宣部工作中的“左”的偏差，我尚未认识到。我记得当时领导曾让我整理了题为《高考中的阶级斗争》一文，刊载在中宣部的《宣教动态》上。但是，在中宣部工作以及“文化大革命”中在中宣部“五七”干校劳动期间，我受到了极为深刻的政治上的锻炼，提高了政治意识、大局意识，深刻认识到党自觉纠正的“左”的和右的错误的危害，进一步坚定了我坚持正确的政治方向和政治立场的决心，提高了我政治上分辨是非的能力。当然，在这期间也提高了我的业务能力。

1973年1月我从干校被分配到国务院科教组从事中小学教育工作，直到我1998年9月退休，共计在教育部工作二十五年半。其间，党的十一届三中全会的召开，形成以邓小平为核心的第二代中央领导集体，作出把全党的工作重心转移到以经济建设为中心的现代化建设上来的战略决策，开启了我国走中国特色社会主义道路的新阶段。教育战线经过拨乱反正，实行改革开放，通过中央直接领导和部署的对教育战略地位和指导方针的确立、进行以教育体制改革为核心的教育教学全面改革、推行九年制义务教育、实现教育跨越式发展、加强教育法制建设、繁荣和发展教育科学研究事业等重大举措，大大促进了我国教育事业的发展和质量的提高，使我国在20世纪末形成了中国特色社会主义教育体系的基本框架，并在本世纪初一跃成为教育大国（1949年新中国成立时全国80%的人口是文盲，高等教育在校生只有11.7万人，每年仅毕业2.1万人，小学学龄儿童净入学率约为20%。到21世纪初，九年义务教育基本普及，2007年高等教育毛入学率已达23%，在校生人数居世界之首）。这是中国特色社会主义道路发展史上的教育奇迹。我经历了上述历史过程并参与了中小学教育方面的一些实际工作，还亲身感受到了教育事业各项胜利成果带来的喜悦。这一切，归根结底来自于党的英明、睿智、创造性的、强有力的领导和社会主义制度的无比优越性；这一切，使我对党的认识有了进一步的提升，更加热爱和忠诚于党。

1998年9月我正式退休。退休后，在党的老干部政策的阳光沐浴下，我一方面继续关心政治，努力学习党和教育方面的有关方针政策，学习习近平总书记的重要讲话和论述，学习党史；另一方面，我发挥余热，曾参与编写由老部长何东昌主编出版的《中华人民共和国教育史》，作为第一作者合著出版《中小学教育史》。因为做了一点事情，我被授予“优秀共产党员”称号，感到光荣的同时也下定决心要继续努力发挥作用。

我对党引领我在新中国熔炉里成长之恩永远铭记在心。我为我党百年永载史册的各项不朽功勋无比自豪！我将继续在有生之年跟随以习近平同志为核心的党中央，在全面建设中国特色社会主义现代化国家的新征程中，进一步增强“四个意识”、坚定“四个自信”、做到“两个维护”，继续跟党不断前进！

优良传统的创新性继承和发扬

杨瑞森

杨瑞森，男，汉族，河北赤城人，1936年3月出生，1961年7月加入中国共产党，1961年8月参加工作。退休前曾任国家教委社会科学司司长。

2021年是我们党建党一百周年。这在人类文明史上和马克思主义发展史上都具有特殊重要意义，值得隆重庆祝和永久铭记。庆祝党的百年诞辰，要同学习党的历史、同学习和继承发扬党的优良传统结合起来。作为一名长期从事马克思主义哲学教学与研究的理论教育工作者，我想就继承和发扬党的优良传统问题简略地谈几点看法和体会。

马克思主义中国化根本历史经验和本质内涵的深刻揭示

2013年12月3日，习近平同志在十八届中共中央政治局第十一次集体学习时的讲话中深刻指出，学哲学、用哲学，是我们党的一个好传统。要赢得优势、赢得主动、赢得未来，必须把马克思主义哲学作为自己的看家本领。这段话深刻地揭示了马克思主义中国化的根本历史经验和本质内涵，为中国特色社会主义事业的前进和发展明确了根本指导方针。

马克思主义中国化是中国共产党历史活动的主题和主线。用马克思主义科学世界观和方法论认识和改造中国，是马克思主义中国化的核心内容和本质内涵。中国共产党自成立之日起，就确立了马克思主义哲学在中国共产党历史活动中的指导地位，就开启了马克思主义中国化的历史进程。但是，如何把马克思主义普遍真理同中国革命的具体实际紧密结合起来，正确制定和实行符合中国具体实际的理论、路线、方针和政策，这是中国共产党当时面临的一项崭新的时代性理论课题和实践课题。应该指出，我们党在建党初期尚处在幼年时期，由于诸多复杂历史条件的限制，很难思考并解决这一课题。这样，在我们党领导和推进的马克思主义中国化的历史进程中，就很难避免“左”右倾机会主义思想对党的影响，很难避免党的事业在一定时期内遭受损失。党的正确思想路线问题的解决，只能在经历长期的艰苦卓绝的斗争实践中去逐步实现。

马克思主义中国化是一个历史过程。中华民族是一个具有悠久历史和丰厚哲学文化传统的民族，中国共产党是一个富于哲学思维、并善于把哲学思维运用于实际工作指导的党，毛泽东则是其杰出代表。马克思主义中国化的历史过程，正是以毛泽东为代表的中国共产党人将中国革命丰富的历史经验加以科学总结，并上升到理论的过程，是毛泽东哲学思想逐步形成和发展的过程。马克思主义中国化的历史过程，也是我们党由幼年时期发展到成熟时期的过程，是毛泽东思想被确立为党的指导思想的过程，是我们党独具民族特色的思想方法与工作方法的过程。思想路线与工作路线等科学方法论的逐步形成和发展的过程，也是我们党所独具的高尚的政治品格、思想境界和行为方式在斗争实践中逐步锻炼和展现的过程。马克思主义中国化的历史过程，还是中国共产党学哲学用哲学优良传统逐步凝聚和形成的过程，“实事求是”则是这一优良传统的集中表现。在我们党领导和推进的马克思主义中国化的整个历史进程中，使用频率最高、内涵最为丰富深刻、影响最大和最为深远、最使人振聋发聩的关键词，就是“实事求是”。实事求是，作为马克思主义和毛泽东思想的精髓，作为毛泽东哲学思想的代名词，已经成为铭刻在党和人民心灵深处的经典名句。学习和运用马克思主义哲学是我们党的立党之本、力量之源、胜利之道，是中国共产党和中国人民须臾不能离开的看家本领。自觉地和创造性地继承和发扬我们党的学哲学用哲学优良传统，是当代中国共产党人和马克思主义理论工作者的历史责任。

习近平治国理政历史活动的鲜明思想理论特点

庆祝建党百年，要同深刻理解和把握习近平新时代中国特色社会主义思想对党的优良传统的创新性继承和发展结合起来。为此，首先应对习近平治国理政鲜明的思想理论特点有一个总体性了解和把握。

习近平治国理政的鲜明的思想理论特点是自觉地和创造性地学习和运用马克思主义哲学。比如，他特别强调马克思主义哲学和毛泽东哲学思想是我们党必须始终坚持的科学世界观和方法论，是中国共产党人的必修课。因此，他在中央政治局曾举办多次集体学习会，并多次作关于学习马克思主义哲学的专题报告。他在深刻总结我国新时期改革开放历史经验的基础上，创造性地提出了关于提高战略思维、历史思维、辩证思维、创新思维、法制思维、底线思维等六大思维能力的科学思想方法和提出关于创新、协调、绿色、开放、共享等五大新发展理念，以及一系列有效的战略、方略、策略原则，从而大大地增强了党对工作指导的原则性、系统性、预见性和有效性。他善于从哲学的高度总结历史经验，把学哲学用哲学概括为党的优良传统和看家本领，把中国独特的历史、文化和命运视为中国特色社会主义形成和发展的历史依据，把中国特色社会主义视为科学社会主义理论逻辑和近代中国革命实践历史逻辑相统一的产物，等等。他把马克思主义关于共产主义崇高社会理想的追求同努力实现中华民族伟大复兴中国梦的历史责任紧密结合起来，把马克思主义科学世界观和方法论同崇高的人生观和价值观紧密结合起来，从而凸现了中国共产党人崇高的政治品格和思想境界。他把马克思主义哲学这一科学世界观和方法论加以拓展，广泛应用于历史、经济、政治、文化、社会、生态、军事、外交、党建等领域，使习近平新时代中国特色社会主义思想成为一个全方位、全领域的指导思想。在习近平同志的一系列重要文章、讲话和访谈中，他善于用通俗的语言讲深刻的哲学道理，善于借用古代典籍、经典名句，并加以改造，古为今用、推陈出新，不断激活传统文化，赋予其鲜活的当代价值与意义。

马克思主义哲学中国化的新成果和新形态

庆祝建党百年要同深入学习和研究习近平新时代中国特色社会主义思想紧密结合起来，要着力理解和把握这一思想理论体系所独具的时代性和创新性的理论特质，着力把握和宣传这一思想理论体系对我们党学哲学用哲学优良传统的创新性继承和发扬。马克思说过，“任何真正的哲学都是自己时代精神上的精华”。习近平新时代中国特色社会主义思想，作为当代中国的马克思主义和马克思主义中国化的最新成果，在这一思想理论体系中不但蕴涵着许多丰富而深刻的哲学道理，而且这些哲学思想也必然呈现出鲜明时代性和创新性特征。在这一思想理论体系中不但贯穿着马克思主义的科学世界观和方法论，而且这一科学世界观和方法论也必然呈现出新的"现实形态"，蕴涵着马克思主义哲学中国化新阶段的新成果。

近几年来，我国学界和思想理论界对习近平新时代中国特色社会主义思想的哲学创新问题，开展了广泛深入的学习和研究，撰发了许多科研成果，提出了许多深刻的论点和看法。这是令人十分鼓舞的社会现象。比如，有学者将习近平治国理政的独特和执政风格简要地概括为"自信、务实、为民"六个字；有学者将贯穿于习近平新时代中国特色社会主义思想体系中崭新的哲学思想或哲学精神概括为：深厚的为民情怀、强烈的忧患意识、坚毅的使命担当、顽强的实干精神和切实的政策举措等五项内容。这些论点和看法，都很有新意和深意，值得倡导和鼓励。在我看来，习近平新时代中国特色社会主义思想对马克思主义哲学中国化的理论创新，主要表现在如下三个方面：一是对当今中国面临的许多重大时代课题给予了哲学回答，提出了一整套新思想、新理念、新战略，并指导当代中国的革命实践取得了历史性成果和历史性胜利；二是将马克思主义哲学的一些重要原理转化为现实，在反腐、脱贫、抗疫等重要领域创造了人类文明史和马克思主义发展史上的奇迹，从而为世界提供了中国方案和中国智慧；三是我们党在领导和推进马克思主义中国化的历史进程中，产生了具有当今时代特征和创新特质的诸如人民中心论、知行合一论、科学方法论等哲学思想，为马克思主义哲学宝库增添了崭新内容，遂成为马克思主义哲学中国化的新形态。"人民中心论"是唯物史观关于人民群众历史主体地位原理和我们党全心全意为人民服务宗旨的实践提升；"知行合一论"是中国共产党人实干担当精神和优良思想作风的大力彰显；"科学方法论"是我们党正确思想方法和工作方法的进一步系统化和实践化。这些思想的产生或形成，是马克思主义哲学中国化发展到一定阶段的产物，是中国共产党在新时代或新时期在思想上政治和理论上发展的进一步成熟的显著标志，是我们党和中华民族具有理论自信和战略定力的哲学依据。

永感党恩，永跟党走

高爱玲

高爱玲，女，汉族，河北任丘人，1937 年 10 月出生，1963 年 8 月参加工作，1960 年 1 月加入中国共产党。退休前曾任中央教育科学研究所党委书记、副所长。

2021 年是建党 100 周年。在这举国欢庆的日子里，作为一个在革命家庭出生成长的、有 61 年党龄的老共产党员，我感慨万千，激动万分。我深深地懂得，没有毛主席，没有共产党，就没有新中国，没有我们全家。我们一家沐浴在党的光辉中，祖孙三代一心一意跟党走，不怕艰苦和牺牲、经受锻炼和考验，在党的带领下，为全国的解放、为社会主义建设、为共产主义事业奋斗了一生，贡献了力量。

我的祖父高士一，是一位共产主义战士。他 1894 年出生于河北任丘大苟各庄，1937 年参加革命，1938 年加入中国共产党，曾任国务院参事。祖父参加革命前，是一位爱国士绅，思想开朗，性格豪爽，为人正直，很受乡亲们的尊敬和拥护，人称“高四爷”。七七事变后，日本侵略者占领了家乡，到处烧杀抢掠、无恶不作，祖国的大好河山惨遭蹂躏、人民惨遭屠杀。祖父在党的抗日民族统一战线的感召下，在党的有力领导下，高举义旗、出钱出粮、举家抗日，组织起一支抗日武装队伍，与日寇进行殊死斗争，成为冀中的一支抗日中坚力量。后来祖父被中共保属特委任命为河北省人民抗日救国自卫军第五路总指挥。为了扩大抗日武装队伍，在上级党的领导下，第五路军收编了一些有武装的抗日商团、土匪、军阀队伍，由当初的3 000人发展到8 000人。1939年，贺龙领导的一二零师挺进冀中，成立了冀中军区军政委员会，决定把祖父领导的第五路军（不久后整编为第三纵队独立第四支队）和一二零师的七一五团合编成一二零师独立第一旅，祖父高士一任旅长，王尚荣为副旅长，朱辉照为政委。在贺龙师长的领导下，“独一旅”打退了日寇的五次围攻，参加了齐会战斗、阵庄战斗，有力地打击了日本侵略者，极大地鼓舞了冀中军民。抗日战争后期，祖父带领着“独一旅”严格执行中央命令，先转战晋西北，又奔赴延安，受到毛主席和周恩来同志的多次接见，对他由一个开明士绅、民主人士成长为一个共产主义战士，表示赞赏，对他在多次战斗中所起的作用给予了很高的评价。以后的岁月里，祖父根据组织安排，在多个岗位上工作，曾担任晋绥军区后勤部部长、陕甘宁边区交通厅厅长，担任西北财经委员会副秘书长、西北局建设工程管理总局副局长等，尽心尽力，作出自己的贡献。

祖父追随党参加革命、积极抗日并不是一帆风顺的，既受到了家族顽固势力的阻挠，又受到了国民党、日寇的诱逼。先是国民党第二战区司令长官阎锡山派郝鸿儒（曾与祖父共事过）的儿子郝世溶，带着自己的亲笔信来游说祖父，说如果第五路军听从阎锡山的指挥，就委任祖父为这支部队的司令，并发给部队军饷、枪支弹药和电台。而后国民党中央监察委员邵洪基

（曾任任丘县县长，祖父的朋友）恳切希望祖父听从国民党军队的指挥，军饷粮食武器装备及电台都给提供，还许诺由蒋介石亲自发委任状。所有这些引诱都被祖父严词拒绝。驻守天津的日军把打击的矛头也对准了祖父，他们首先进行软攻。赵北口有个地主王二爷，过去与祖父有过交往。七七事变后他跑到天津当了汉奸。日军利用他与祖父的私交，派他的老婆以借钱为名与祖父见面，婉转地传达了日军对祖父的看重、恭维，希望祖父脱离共产党。没等她把话说完，祖父把脸一沉说：其他的事你就不要说了，你不是来借钱的吗？给你，没有别的事就请回吧！日军见软的不行，便采取武力制服。1939 年 1 月，从保定派来近 500 名日军突然包围了高家场，因有人及时报了信，所以大部分人都提前转移了，祖父两个侄儿高万玉、高万峰没来得及离开，被日军所俘。日军严刑拷问万玉、万峰，要他们供出祖父的下落，兄弟俩拒不回答。日军无奈，决定把年纪较小的万峰放回，并让他带信给祖父，信上说：为了中日亲善，建设大东亚共荣圈，希望高士一与皇军合作，这样可以确保高氏家族的生命财产安全，否则就杀掉高万玉，烧毁高家场，并威胁限三日内答复。祖父接到信后，面临两种选择：一是为保小家亲骨肉妥协投降，一是毁家舍骨肉坚决抗日。祖父毫不迟疑地选择了后者。他一把将信撕得粉碎，愤怒地说："不要说杀一个，就是杀十个，我也要抗日。鬼子的目的是要咱投降，当亡国奴，咱绝不能干。不跟共产党走，不抗日，哪里还有家。"三天过去了，日军见招降无望，为发泄对祖父的仇恨，让狼狗一口一口地咬死了高万玉，并放火烧毁了高家场。这把火是对高氏家族的严重考验，更是高氏家族追随共产党抗日爱国热情的烈焰。

祖父始终坚信党的领导、坚信毛主席的正确领导，在革命队伍的大熔炉里得到了锻炼、经受了考验，树立了坚定的共产主义信念，成长为一位坚定的共产主义战士。1968 年，在"文化大革命"中受到冲击和迫害的祖父，在生命的弥留之际，告诫我们这些儿孙后代："今后不管中国以后发生什么情况，你们要跟着共产党，永远跟着共产党。"这是祖父对我们说的最后的话，我们永远记在心里。

我的父亲高万德1912年出生，1937年参加革命，同年加入中国共产党，是我们家第一个共产党员。父亲从小就有强烈的爱国主义情怀。1932年，父亲积极参加了保定第二师范学校的抗日救国学潮。"学潮"被国民党反动派镇压，父亲也被学校开除，在这期间与地下党有了接触。父亲和同村同学杨琪良一起，坚持抗日宣传，积极组织抗日武装队伍，他们办了《群声报》小报，发动各村成立抗日救国会，并与延安派来冀中组织抗日游击队的领导人孟庆山取得了联系。父亲被任命为冀中抗日游击队第十四支队队长。父亲在争取祖父接受党的领导、积极参加抗日后，与祖父一同战斗，抗日战争时期先后任第五路军锄奸科长、军政干部学校校长，独一旅二团政治主任、代团长等职。解放战争时期，父亲在天津做地下工作，提供了大量有价值的情报，为解放天津作出了积极贡献。天津解放后，父亲历任天津市公安局侦缉总队队长、公安七分局局长，在镇压反革命、整顿社会秩序、维护社会治安、保护人民生命财产安全方面做了大量的工作。当时人称"三不管"的南市区就在公安七分局的管辖之内，那里曾是妓院、大烟馆等聚集地，是反革命特务、地痞、流氓、小偷的大本营。父亲日夜忙碌，冒着生命危险在南市区的大街小巷搞实地调查，组织力量抓捕特务，取缔妓院、大烟馆，教育小偷、流氓。不到一年，南市区发生了翻天覆地的变化，社会环境得到了很大的改善，人们的生活也更加安全，群众都称赞共产党真有办法。

后来根据组织安排，父亲由公安战线转到工业战线，担任天津市重工业局局长、天津一机局局长等职。他在工业战线工作的这十几年里，是刻苦学习、努力工作的十几年，也是他最辛苦、最劳累的十几年。为了把天津市的工业搞上去，他是下了大功夫的，每天下班很晚才回家，每晚读书学习、处理工作到深夜。我记得那时夜里上厕所不用开过道的灯，因为父亲屋里射出来的灯光照亮了过道。父亲平时工作很紧张，周末、假期还去工厂、企业、郊区县搞调研。为了了解到真实情况，他下工厂前从不提前打招呼，下车直奔车间，与第一线的工人师傅直接交谈，了解掌握第一手资料。经常是他到车间都转了一大圈了，厂领导才得到消息追赶到车间。他掌握了大量的一线情况，既能立足实际很好地制定调整一些政策，又能很好地站在工人的角度想问题，解决工人们遇到的实际困难。父亲关心工厂、关心工人，心中想的一直都是人民群众，为天津市机械工业的发展作出了自己的贡献。

我就是在这样的家庭中出生成长的，深受祖辈父辈爱国主义和革命优良传统的熏陶和教育。我今年 84 岁了，回想我这一生，是受党教育培养的一生，也是努力接过祖辈父辈手中接力棒、尽心尽力为党工作的一生。我曾在北京市高教局、河南省水利厅工作。1979 年调入教育部，先在高教一司、师范司工作，后担任机关党委副书记兼纪委书记，1994 年起担任中央教育科学研究所党委书记直至退休。无论在哪个工作岗位上，我都始终牢记自身职责、牢记党员身份、牢记长辈教诲，服从安排、克服困难、尽心尽力。因此，工作上取得了一些成绩，多次被评为“先进党务工作者”“优秀党员”等。

我们这一代，虽然没有经历过祖辈父辈那艰苦卓绝、浴血奋战的岁月，但是我们知道今天的幸福生活是无数革命先烈用鲜血和生命换来的，没有党就没有我们的今天。我们是在党的哺育下，在五星红旗下成长起来的，我们热爱党，对党有着深厚感情。“永远跟着共产党”，这是祖父的遗嘱，也是我们家永远不变的心声。

回首过去，接续奋斗

李之保

李之保，男，汉族，天津人，1930年12月出生，1954年8月参加工作，1956年7月加入中国共产党。退休前曾任国家高级教育行政学院副院长。

中国共产党建党100周年的重大节日即将到来。我已年逾90，在有生之年赶上这次盛典，甚感荣幸。我第一次为党工作，是在1949年天津解放的前夕。当时，正在外国教会主办的学校读高中三年级的我，在地下党同学的引领组织下，参加了“护校和为师生维权”的活动。我第一次得到和阅读了地下党同学送给我的毛主席的几篇著作，初步领悟了共产党领导中国革命的道理，开始树立了对共产主义的信仰，开启了自己有意义和有价值的、为党和为人民服务的人生。

回首我这一生，是沐浴在党的光辉下的一生，始终得到党的关心关怀、教育培养，也是为党工作的一生，在教育战线上围绕教育改革发展尽到自己的一份力量。其中一些记忆让我印象深刻。

北京师范大学的教育影响

1950年,我考上了北京大学地质系和北京师范大学地理系,但是得“二选一”。当时,北师大地理系主任是著名学者黄国璋先生,系里名师云集,并且在中国传统观念中,老师的地位很崇高。尽管有人说“穷师范”,但我还是毅然地选择了北师大,事实证明我的选择是正确的,是适合的。

北师大的教育培养,让我更加坚定了听党话、跟党走的信念,更加坚定地为共产主义奋斗。在入学之前,我对党的认识是感性的,只知道“共产党是为人民服务的,对人民好”,直到上了学校的理论课,知道了什么是劳动和剥削、什么是阶级、什么是阶级斗争,以及人类社会发展规律等,才从理性层面上认识了党,树立了拥护党、跟党走的坚定信念。同时,在学校时,我还积极参加社会运动,例如“三反”运动等,在实践中亲身感受到党的先进性、党“全心全意为人民服务”的宗旨意识。对党的信仰让我不断追求进步,积极向党组织靠拢,申请加入党组织。1956年7月,我永远难以忘怀,党组织批准我入党,我成为一名光荣的共产党员。

北师大还培养了让我一生受益的三个习惯。第一是上进的意识。学校校训“学为人师,行为世范”虽是在1997年由启功先生正式提出,但这八个字的寓意和精神在学校一直都存在。学校对学生的培养非常严格,要求学生们积极好学上进。在这种教育下,我认识到无论是学习还是工作,都应该对自己有所要求,努力做出成就。第二是好学的习惯。北师大的学术气氛一直很浓,受益于众多名师治学的熏陶,学生晚上去图书馆看书每每都需要“抢”座位,即使在周末同学们也很少外出,都钻到图书馆里去。那时,老教授白寿彝先生的“治学如积薪”一直激励着我们。我至今都还保留着剪报的习惯,也就是不断积累新知。第三是简朴的作风。北师大是比较简朴的,师生的服装、追求都很质朴。学校领导经常来到食堂和宿舍,与同学们亲密接触。从上到下,简单朴素,蔚然成风。

见证、参与教育改革发展

1954年毕业后,根据组织安排,我留校任教并先后担任科研处处长、教育管理学院副院长等一些行政职务。“文化大革命”后,我调入国家教委科学技术局,负责科技规划编制、组织科研项目等;后又调到新成立的国家教育发展与政策研究中心,与教育部政策研究室合署办公,从事当代国际高等教育改革的比较研究工作。1989年下半年,调到国家高级教育行政学院任职直至退休。在这30多年的工作中,我有幸见证、参与了新中国教育事业的改革发展。

印象很深的是在北师大工作时参与的师范教育体制改革和教育大革命。新中国成立初期,我国没有来得及建立自己的教育制度,于是全面向苏联借鉴,照搬了苏联的教育制度。1956年以毛主席的《论十大关系》等著作为指引,扭转了过分照搬的偏向,提出要从中国的实际出发,办中国自己的学校。此后,教育改革如火如荼地开展起来。1958年,我留校工作的第4年,担任地理系副主任,参与了高等师范地理教育改革,又赶上了教育大革命。那时候有一些非常偏激的做法,例如在高校校园里大炼钢铁,过多安排劳动时间,既打破了教学的正常秩序,也违反了学习规律。为了扭转改革中的激进偏向,中共中央于1961年针对教育战线制定了新方针,提出了《高教六十条》等,整顿了违反教育规律、打乱教学秩序的做法。我积极参与地理系新教学计划的制订，构建新的课程结构，将地理系课程细化，改变以往只有一门综合性“普通自然地理”基础课的情况，分门别类开设地质地貌、气象气候、水文等课程。这些举措一定程度上提高了教学水平，促进了学科的发展。60年代，受教育部指派，我与人民教育出版社编辑室有关负责同志共同主持了九年一贯新学制学校地理新教材的编写工作。80年代与北师大地理系有关老师共同组织和主持了高中地学（地球科学）试用教材的编写工作。这些经历，让我即使后来离开了地理教育岗位，仍然关心地理教材改革的工作。

退而不休，接续奋斗

党教育培养了我，我一直认为，退休不意味着工作的停止，只要自己身体还行，只要组织上有需要，就要退而不休，积极发挥作用。临近退休前，经教育部推荐，我接受了联合国开发计划署的聘任，担任中国教育项目的专职总顾问，直至70岁，负责推动10个省市自治区的干部教师培训和普及西部地区义务教育等。同时，我还研究中学地理教材，收集两极考察、太空探索、科技创新、经济发展和生态文明建设等有关地理领域的新成就。我一直在思考如何在地理教材中反映这些中国特色社会主义建设的新成就，如何用这些新成就来描述中国的新面貌。只有让下一代真正看到祖国的新成就、了解取得新成就的原因，他们才会从内心感到社会主义的优越性和中国共产党的正确领导。现在已有一些研究心得，形成了一些建议，主动送有关部门参考。

百年来，为中国人民谋幸福、为中华民族谋复兴的伟大的党，不畏艰难险阻、不惧流血牺牲，带领人民，英勇奋斗，终于实现了中华民族从站起来、富起来到强起来的伟大飞跃。同时，为世界科学社会主义和人类社会进步事业,作出了巨大贡献。我入党65年,受党教育、被党栽培、能够为党和国家的事业服务,深表对党的感激,也感到无比光荣!虽然我年过九旬,水平有限,但我始终牢记对共产主义的信仰,坚决响应党和国家对老干部的号召,坚持学习、提高认识,永葆政治本色。同时,争取以自己所学专业为基础,为新的教材建设做一点事,以自己不虚度晚年的行动,庆祝党的百年华诞。

我的信仰是如何形成的

胡龙孙

胡龙孙，女，汉族，安徽黟县人，1938 年 8 月出生，1960 年 4 月参加工作，1960 年 6 月加入中国共产党。退休前曾任国家教委科技司副司长、教育部“211 工程”办公室副主任。

我经常被亲友们称为“马列老太”，被老同学称为“是很马列的”。细想起来他们所说的也的确符合事实。我是一个有着 61 年党龄的老共产党员，是一个坚定的马克思主义者。我信仰马克思主义、信仰中国共产党，始终听党话、跟党走。今年是伟大的党的百年华诞。回顾自己的一生，我也曾自问，为什么我对党的信仰如此坚定呢？我仔细地梳理了我从孩童时代起的有关记忆，找出了我的信仰是如何一步步地注入了我的心灵、进入我的生命、在我的头脑中牢牢扎下根的。

传统教育为我树立坚定信仰打下了坚实基础。在我孩童时代，一般知识分子家庭都会对子女进行传统教育，如介绍“精忠报国”的岳飞生平，讲述为坚守气节而在大漠上牧羊19年的苏武故事，赞扬为保家卫国而奋战在沙场的花木兰、穆桂英、梁红玉等妇女英雄；此外还以二十四孝、孔融让梨等故事教育孩子们要孝敬父母、做到长幼有序，以头悬梁、锥刺股、凿壁借光和王维借放牛之机学画荷花成为大画家等故事，说明学习要刻苦和坚持不懈，用曹冲称象、司马光砸缸等提倡做事要多动脑筋、要讲究有智慧。我不仅对这些故事耳熟能详，而且对这些英雄人物都钦佩备至，奉为学习的榜样。这个基础使我非常容易接受正面教育，并坚信不疑。

日伪、国民党统治期的记忆让我思考并认清了旧社会的腐朽本质。日伪和国民党统治时期，北平人的记忆是痛苦的、不堪回首的。那时我虽然只是个十来岁的孩子，但感受也与大人一样，除此之外我还另有一份用女孩子的眼睛观察到的记忆。1945年，我家安徽同乡范某某为其第五个儿子举办盛大的结婚典礼。听父亲讲此人原为中华民国驻朝鲜的大使，日本占领朝鲜之后他就投降成为一名汉奸。我随父母去他家，看到他家住在一座像王爷府那么大的宅院中，并且有五位太太，大太太、二太太都是大烟鬼，她们见人面无表情也不讲话，完全是一副面色灰黄、衣装不整的老太婆相。三太太是二太太的妹妹，负责主持全部家务，四太太不知是谁，五太太是唱大鼓出身。四儿子和五儿子都是三太太所生，四儿子是一个满脸长疙瘩的很丑的年轻男子，但却娶了一位非常漂亮的妻子。听哥哥、姐姐说那位女士是一个小汉奸的女儿，在日本留学时被老四看上硬娶回了家。还有一件事印象也很深刻，我表哥的一个中学同学是国民党空军的一名飞行员，因为驻军北平经常来我家玩。一次他被美军吉普车撞伤，下巴缝了好几针，他说当时他就拔枪想向美军吉普车开枪，国民党宪兵劝他别这样做，说“咱们惹不起美国兵”。还有一次他带来一张他与一位年轻女子的合影给我们全家看，说这位女士是他中学同学,已嫁给国民党一位年纪很大的将军,并说她一见他的面就失声痛哭,哭诉自己不幸福,看来他和她绝不是一般的同学关系。虽然国民党空军在国民党军队中是佼佼者,但也斗不过美国兵,斗不过老将军。这些记忆让我看不起那种因为利益、权势的关系而结合的婚姻,认为这种婚姻不会有好结果。由于年幼并没有什么叫"信仰"的概念,对于自己该怎样生活也没想法,但是上述的记忆却使我暗下决心,决不要像他们那样过日子。临解放之前那位空军飞行员带着另一位飞行员来我家作告别拜访,他们表示国民党大势已去,共产党就要进城了。这一切使我开始对解放军进北平城之后的生活充满期待。

新中国成立后受到的"革命英雄主义"教育使我终身难忘、受益匪浅。我们学榜样、爱榜样,并通过革命者、英雄模范的光辉事迹了解了他们的信仰、他们的自我牺牲精神和奋斗精神。直到现在我对这些英雄的事迹仍然记忆犹新。如《革命烈士诗抄》诗词作者李大钊、王若飞、夏明翰、闻一多、秋瑾等,抗日战争时期妇女英雄赵一曼,中国的"保尔"吴运铎,"生的伟大死的光荣"刘胡兰,现代花木兰郭俊卿,抗美援朝战争中的黄继光、邱少云等,还有苏联的夏伯阳、布琼尼、奥斯特洛夫斯基、卓娅、马特洛索夫等。我清楚地记得被国民党反动派摧残得不成样子的帅孟奇大姐坐在椅子上给我们做报告的样子,记得卓娅和舒拉的母亲到学校做报告所引起的轰动,记得在天安门广场看到新中国第一批女飞行员驾机飞过时的激动心情,记得读到魏巍所写的《谁是最可爱的人》时的感动……我永远忘不了保尔·柯察金的名言,"当他回首往事的时候,他不会因为虚度年华而悔恨,也不会因为碌碌无为而羞耻;这样,在临死的时候,他就能够说:'我的整个生命和全部精力,都献给了世界上最壮丽的事业——为人类的解放而斗争。'"也忘不了毛主席在《纪念白求恩》中所说的"我们大家要学习他毫无自私自利之心的精神……但只要有这点精神，就是一个高尚的人，一个纯粹的人，一个有道德的人，一个脱离了低级趣味的人，一个有利于人民的人”。我们这一代人就是在这种氛围和环境中成长起来的。我们崇敬他们的高尚情操，钦佩他们不怕困难、不怕牺牲的英雄行为，决心走他们所走的道路。

在革命英雄的精神感召之外，学校较为系统的思政课教育(包括时事讨论、学习原著)教会了我分析世界、认识世界、改造世界的思路与方法，使我逐步树立了几个基本观点。一是人类的发展史就是不断调整生产关系及相应的上层建筑，以适应、推动生产力发展，并要相应地为不断提高劳动者(包括体力劳动和脑力劳动)生活水平而努力的历史。广大劳动者的生产能力与积极性才是生产力发展的决定性因素。我确信人类社会必将迈入社会主义、共产主义。二是应该用“一分为二”的方法去分析人和事。正如毛主席所说“金无足赤，人无完人”，人总会有缺点、失误和错误。历史的发展不可能是直线发展的，关键在于正确对待、解决缺点、失误和错误，使之由坏事变成好事，从而推动历史继续前进。三是还要用两种不同分辨率的视场，即要用望远镜、显微镜的两种视角去看待人和事。只有把两种视场结合起来，把宏观与微观结合起来，才能做到既不迷失方向，也不会看不到必须改进的缺点和错误。四是相信存在决定意识。世界上没有无缘无故的爱，也绝没有无缘无故的恨。立场问题是客观存在的，需要用实践结果来证明一切。应该坚持“实践是检验真理的唯一标准”来发展中国特色社会主义道路，解决前进中的问题，做好我们自己的事。

更重要的是，在校时全身心参与的社会实践使我更坚定了自己的信仰。我以饱满的热情参与的行动使我产生了当家作主的感觉，并为所取得的成果感到自豪，有强烈的使命感与成就感。我至今还清楚地记得义务参加1954年八大处亚洲学生疗养院建设、1958年十三陵水库建设以及每年参加学校附近农村夏收秋收时的热火朝天的场面,这些都是我生命中美好的记忆。同时我们十分关心祖国的建设与安全,关心世界上被压迫民族的解放斗争,关心世界共产主义运动的发展与壮大。我们传承着先烈们的伟大精神、开创着前人所没有进行过的伟大事业。党团结带领全国各族人民取得了社会主义建设发展的伟大成就,创造了伟大奇迹。国家取得大发展、民族不断进步、人民逐步富裕的事实,让我的信仰愈加坚定,中国共产党是光荣的、伟大的、正确的党!

从我个人坚定信仰的过程来看,党史教育、优秀传统文化教育、思政教育、实践教育、榜样教育是非常重要的。从我走出校园、走上工作岗位到现在的这 60 余年,我一直不断坚定、积极践行着我的信仰,始终牢记信仰、牢记初心、牢记使命,在职时努力为党工作、兢兢业业,退休后不改党员本色、努力释放正能量。我清楚自己并不算是个优秀的共产党员,但我绝对是一个坚定、忠诚的共产党员。祝愿伟大的党永葆青春,祝福伟大的祖国繁荣昌盛!

中国共产党与出国留学一百年

苗丹国

苗丹国，男，汉族，山东威海人，1954 年 11 月出生，1970 年 12 月参加工作，1977 年 12 月加入中国共产党。退休前曾任教育部国际合作与交流司出国留学工作处调研员。

毛泽东同志指出："中国产生了共产党，这是开天辟地的大事变。"习近平总书记指出："这一开天辟地的大事变，深刻改变了近代以后中华民族发展的方向和进程，深刻改变了中国人民和中华民族的前途和命运，深刻改变了世界发展的趋势和格局。"正是由于找到并接受了马克思主义，中国的历史命运才发生根本性改变。而作为建党前期马克思主义传入中国的重要载体，留学人员群体对引进、传播马克思主义和筹建共产主义组织起到了不可低估的作用，对科学社会主义在中国的生根、发芽、开花、结果具有深远影响。留学人员群体与中国共产党的创建、成长与壮大更是密切相关，对中共百年的发展历程产生了重要的影响,发挥了卓有成效的作用,建立了不可磨灭的功勋。

以马克思列宁主义为理论基础的中国共产党成立一百年以来,在其伟岸精神、英烈壮举、崇高奉献和果敢作为的引领之下,具有强烈现实关切、较高知识水准和领先创新意识的留学人员群体与其始终结伴而行。这一群体不但改变着中国人的教育观念,促进中西文化交流与合作,为中国科教文卫事业注入新的活力,并且在很大程度上影响着中国的政治走向,进而谱写了一部可歌可泣的百年留学壮丽诗篇。

留学生与马克思主义在中国的早期传播

经历鸦片战争洗劫、遭受外来侵略并饱尝民族耻辱的近代中国,各种思潮激烈竞争,各种政党频繁立废,各色人等先后尝试了君主立宪制、议会制、多党制、总统制等各种制度模式,但均以失败而告终。恰逢此时,科学社会主义于19世纪40年代由马克思、恩格斯创立于欧洲。19世纪末,马克思主义作为一门学说由资产阶级改良派在日本影响到中国留学生,进而于20世纪初经由在日留学生间接传入中国,但尚处于零散、自发、无序与不自觉的状态,且主要徘徊于资产阶级革新派或小资产阶级知识分子各自的狭隘圈子里。他们或一鳞半爪地介绍马克思主义,或只言片语地引用马克思、恩格斯的言论,或是热衷于传播外国资产阶级学者歪曲和批判马克思学说的观点,却没有也不可能真正地理解马克思主义的精髓与要义,这就导致十月革命前马克思主义在中国的传播缺乏系统性、科学性和完整性。

受到辛亥革命、十月革命和五四运动的影响,爱国知识青年热情高涨,纷纷留学国外追求新思想新学说新主义,寻找救国出路,以至在中国共产党成立前夕，于留日、留欧、留苏俄学生中的马克思主义研究和传播出现新的热潮，其中留学生出身的早期共产党人对传播马克思主义尤为努力。一是作为中国共产党创建群体的留日学人李大钊、陈独秀、李汉俊、李达、陈望道等人，均对马克思主义经典学说在中国的传播作出重要贡献。二是毛泽东等虽未赴法勤工俭学，但却对留法勤工俭学运动的发展起到极为重大的作用，作出巨大贡献。在以毛泽东、蔡和森为骨干的湖南新民学会及社会主义青年团等各地进步团体共同推动和组织下，20世纪初的一二十年代陆续有20批次1 900余人赴法(欧)勤工俭学。新民学会成员于1920年7月在法国率先提出建立中国新民主主义政党的主张，并建议命名为中国共产党，同时还翻译马恩著作传回国内。三是由毛泽东、何叔衡等于1920年9月发起组建的革命团体“湖南俄罗斯研究会”，于其“简章”中明确规定要推动“赴俄实地考察，提倡留俄勤工俭学”，旨在研究苏俄革命经验，身临其境研学马列主义。

俄国十月革命的胜利以及五四运动的爆发，改变了整个世界的政治格局，并成为马克思主义在中国早期传播进程中的重要转折点，在中国社会引发激烈震荡，进而对中国共产党的诞生与成长产生了重大且深远的影响。“十月革命一声炮响，给我们送来了马克思列宁主义。”毛泽东的这段著名论述生动阐明了马列主义在旧中国时代从早期传播到立足渐稳的历史性演变，一批先进知识分子进而认定马克思列宁主义正是关于全世界无产阶级和全人类彻底解放的科学论断。

三大留学生群体参与中国共产党的创立与巩固

李大钊、陈独秀等一批具有留学经历的先进知识分子与毛泽东等具有初步共产主义思想的知识分子一道，从马克思主义中找到批判旧世界的思想武器，看到帝国主义制度的腐朽性及其灭亡的必然性，懂得了社会新陈代谢的客观规律不可抗拒。留学生群体不但分别从日本、苏俄、欧洲三个不同渠道引进科学社会主义理论，组建研究马克思主义学术团体，筹建早期政党萌芽状态的共产主义小组，并且直接策划组织了全国性共产主义政党——中国共产党。创建初期的中共党员及早期高层领导主要由四部分人组成：一是以陈独秀、李大钊、李达、李汉俊、董必武、林伯渠、彭湃等人为代表的早期留日学生群体。二是瞿秋白、罗亦农、王一飞、刘少奇、任弼时等自 1920 年起陆续赴苏俄工作或留学的共产革命骨干群体。三是以蔡和森、周恩来、赵世炎、李维汉、李富春、向警予等为代表的旅欧勤工俭学生群体。四是张国焘、邓中夏、毛泽东、何叔衡、陈潭秋等没有出国留学经历的国内先进知识分子。

中国共产党以其新型政党的姿态登上历史舞台，以其鲜明的理想信念、价值取向、愿景追求以及先进的思想武器创造了别开生面的政治发展道路，给百孔千疮的近代中国带来峰回路转的希望。成立不久的中共中央在共产国际的帮助下，从 1923 年开始陆续批量派遣领导干部以及党团员骨干赴苏联留学，其中董必武、林伯渠、吴玉章、徐特立、何叔衡，以及张闻天、叶挺、关向应、王稼祥、博古、王明、左权、乌兰夫、师哲、杨尚昆、陈赓、伍修权、刘伯承、凯丰、叶剑英等人是这批留学群体的主要代表。与此同时，成立于 1922 年的中共旅欧支部也于 1923 至 1926 年先后安排数批留欧勤工俭学生转赴苏联留学，其中有赵世炎、陈延年、王若飞、刘伯坚、李富春、蔡畅、朱德、邓小平、聂荣臻等人。他们后来均成为中国共产党的高级领导人。

中国共产党领导下社会主义中国的留学事业再创辉煌

新中国成立伊始，党和政府在来自国内外异常复杂、重重困难的巨大压力之下，依然坚定实施重点向苏联和东欧社会主义国家大量派遣留学人员的重大方略。20世纪60年代初期，又拟定向多个西方发达资本主义国家适量派遣留学人员的重要决策，为新中国的出国留学活动有序发展打下牢固的政策根基，同时也为留学事业的持久建设积累宝贵经验。党的十一届三中全会确定实行改革开放路线之后，特别是党的十八大以来，我国不断完善和持续调整并延展推动了更大规模、更高站位、更宽视野地扩大派遣出国留学人员的政策方针，为我国当代出国留学事业的繁荣发展输入强劲动力，引领出国留学进程步入全面发展的新时代，进而使得具有中国特色社会主义本质特征的留学活动展现出前所未有的生机与活力。

在中国共产党的正确领导下，72年来，我国的出国留学整体规模从小到大、从点到面、从弱到强，成为全球最大的留学人员输出群体，累计高达1 000余万人次的各级各类留学人员的足迹踏至世界几乎所有国家和地区，留学后回国人员的身影也已遍布国内几乎所有地域和职业。72年来，在我国出国留学事业建设的结构框架内，多层次、多学科、多领域、多国别、多类型的留学人才培养模式齐头并举，已系统形成“国家财政公派出国留学、单位经费公派出国留学、个人筹资自费出国留学、境外奖学金资助出国留学、中小学生出国留学、留学完成学业后回国就业”等六项既各自独立、自成体系，又互为关联、相得益彰的运行体制和政策机制，并不断将这种制度优势转化为充满动能的社会效益。72年来，我国的出国留学事业已经进入全新的“繁荣发展期”，开拓空间和运行轨迹越发广泛与精准，并逐步形成了一整套“各类风险管控、彼此相互借鉴、协力融合调整、科学兼收并蓄”的进取模式，同时持续强化构筑了以“各路有序并举、综合效益掘进、多维合作共建、整体安全保障”为基本导向的境外求学之路，进而使之成为“人类命运共同、多元文明共鉴、全球文化共赏、先进模式共享”的国际化研学载体。

结语

在中国共产党诞生百年之际,我们清晰地看到:百年前一个极端落后、支离破碎、虚弱不堪的旧中国,在中国共产党的领导下如凤凰一样涅槃重生,并在实现民族伟大复兴的征程上不断奋进。中国之治和西方之乱形成的鲜明对比,使得中国在全球率先控制住新冠肺炎疫情的同时,成为唯一实现经济正增长的主要经济体,进而为疫情防控之下的世界复苏带来信心和希望。中国共产党以其高度自觉的使命意识、百倍坚定的人民情怀、永不言败的责任担当、艰苦卓绝的实践探索、无比辉煌的发展成就,充分表明自身不愧是经典的马克思主义政党。

当今世界正面临政治多极化和有限全球化的新趋势、新考验和新风险,地缘政治与大国关系面临前所未有的种种变局,进而在凸显留学安全发展战略权重的同时大大削弱了中外教育交流的互利性潜能,这对于战略大环境持续动荡的中国留学事业既是严峻的挑战也是调整的机遇。百年来的中国留学发展史无可置疑地表明,中国共产党是引领中国留学事业从以往辉煌迈向更大辉煌的旗帜。在以习近平同志为核心的党中央领导下,作为具有“更加公平、更高质量、更为均衡”的全球最大规模教育教学体系借以支撑的出国留学事业,必定能够在重置期的世界格局中积极应对错综复杂的国际形势和艰巨繁重的国内发展任务,进而在服务于中国现代化建设的进程中赢得优势、赢得主动、赢得未来。

把个人融入党和国家事业中

雷克啸

雷克啸，男，汉族，湖北江陵人，1936年11月出生，1964年8月参加工作，1982年8月加入中国共产党。退休前曾任国家教委城市与农村教育综合改革办公室副主任。

2021年，是伟大的中国共产党的百年华诞。作为党员，要把个人融入党和国家事业中。我是沐浴成长在党的光辉之下的，没有共产党就没有现在的我。

我1936年出生于湖北省荆州市沙市区岑河镇。13岁父亲病故，母亲含辛茹苦，把我抚养成人。由于家境贫寒，我是靠人民助学金完成了学业。从初中、高中，到大学、研究生都是吃人民助学金。我把党来比母亲，党和人民的乳汁养育了我。我从内心深处感恩党的培养教育，一直都积极申请入党，希望成为一名光荣的共产党员，尽自己所能为党工作、为人民服务。

1954 年我在湖北沙市新沙中学读书,参加征文比赛,获评全市一等奖,当时奖给我三本书:奥斯特洛夫斯基《钢铁是怎样炼成的》、方志敏《可爱的中国》、吴运铎《把一切献给党》。我细心研读这三本书,对党的朴素感恩之情逐渐清晰明了,从感性上升到理性信仰。我认识到一个人必须把自己的追求和祖国、人民的利益联系在一起,才会实现人生价值,我立下志愿要把自己的一切献给党、献给祖国、献给人民。这为我一生打下了坚实的政治思想基础。1982 年 8 月,我如愿加入中国共产党,成为党的一分子。多年请求入党的愿望终于实现。我入党的初心是什么?就是为伟大的共产主义事业而奋斗,为人民谋幸福!我不是要在执政党中去捞取什么好处,而是要把一切献给党、献给人民大众。人生有涯路崎岖,理想信念乃动力。明确了这个理想信念、这个初心,就有了前进的方向和动力,就要一以贯之、坚决践行。

我 1965 年从北京师范大学中国教育史研究班毕业。师大校训"学为人师、行为世范"成为我的座右铭。在党的光辉照耀下,我人生前 30 年受到了比较完备的系统的教育,也让我初步掌握了马克思主义立场、观点、方法,掌握了辩证唯物主义、历史唯物主义的世界观、人生观、方法论。这为我后 30 年的工作生涯打下了良好基础。我在北京师范大学、河北张北师范学校当过老师,用自己的学识培育学生;也在北京市长毛绒厂当过纺纱工,坚持与工农相结合的正确方向。来到教育部后,在《人民教育》《中国高等教育》《中国教育报》编辑部当过记者、编辑,也当过《中国教育报》职业教育部主任、外国教育部主任和新闻研究室主任。在这期间,我在真理标准讨论、推倒"两个估计"、恢复高考制度、在教育上拨乱反正等方面很用心地做了一些工作。1996 年,我从国家教委城市与农村教育综合改革办公室("燎原办")副主任岗位上退休。这 30 年,在党的教育培养下,我做了一些工作,也取得了一点成绩,尤其是在"燎原办"的工作经历让我终身难忘。

1985年，中共中央作出了《关于教育体制改革的决定》，全面分析了教育的形势，既肯定了教育所取得的成绩，也指出了教育存在的主要问题。1988年，国家教委正式部署实施“燎原计划”，推动农村教育综合改革发展。1990年，我由国家教育发展研究中心调入“燎原计划”办公室工作，任“燎原办”副主任。“燎原计划”是经国务院批准在全国实施的计划，通过改革和发展农村教育，大面积提高劳动者素质，增强农村吸收和运用科学技术的能力，加快农村科学技术和生产经营知识的普及和推广，促进农村生产和经济的发展，促进农村社会文化和精神文明建设。其核心是通过改革使农村教育真正转到主要为当地经济建设和社会全面进步培养人才，使农村经济建设转到依靠科技进步和提高劳动者素质的轨道上来。在国家教委党组领导下，我们抓了116个国家实验县(市区)和504个省级实验县的农村教育综合改革，做好“三教统筹”和“农科教结合”，取得了良好成效，促进了当地发展。我们还用5年时间，完成了《农村教育综合改革与社会全面进步》的课题研究。研究成果由人民教育出版社出版了八卷本丛书，并获得全国哲学社会科学优秀成果类一等奖。

无论是在工作岗位、还是退休后，我都坚持用奋进之笔，写奋进之我，写奋进之时代。我进行了一些教育基础理论研究，形成了一些成果。比如，撰写发表了《关于教育功能若干问题的探讨》(《求是》1991年第7期)，当时引起了较为强烈的反响；撰写了《论孔子与孔子学院》(《教育史研究》2014年第2期)，得到了教育部时任部长袁贵仁的批示肯定。我还先后到多所高校讲学，撰写发表论文，编著出版了《实践与探索——雷克啸教育文选》《陈嘉庚精神》《中外著名教育家》等书籍。我深知自己能从一个“渔村之子”成长为国家干部、“半个”学者，都是党教育培养的结果。入党时我宣誓要“为共产主义奋斗终身”，我就应该实践自己的诺言，在自己所擅长的领域贡献自己的微薄力量。

2021年,我们迎来了中国共产党建党100周年。我把自己摆进去,写下这样的心得:勿忘昨日苦难辉煌,无愧今日责任担当,不负明日美好梦想。我人老了,但思想上不能滑坡,精神上不能松懈。我坚信,只要我们每个共产党员不忘初心,牢记使命,永续奋斗,我们的党就会永远年轻。只要我们团结一心、苦干实干,中华民族伟大复兴的巨轮就一定能够乘风破浪,顺利驶向光辉的彼岸。我谨以此文作为向党的生日的献礼并表达一个共产党员的赤子之心。

初心永不改，夕阳别样红，鲐背之年成为新党员

沙培智

沙培智，男，回族，河南郑州人，1927 年 10 月出生，1951 年 9 月参加工作，2019 年 9 月加入中国共产党。退休前曾任国家教委外资贷款办副处级调研员。

“我志愿加入中国共产党，为共产主义事业奋斗终身，这是我一生不变的追求……”2019 年 9 月 11 日，是一个平常的日子，但是对于我而言，却是人生中最重要的日子。这一天，离我满 92 周岁的日子只相差 36 天。这一天，本来该在医院的病床上休息的我，怀着激动的心情穿着病号服，在子女的搀扶下来到了支部大会现场。进入会场的时候，在场所有党员的目光齐刷刷转向了我，我的眼眶顿时湿润了。这一天，在党支部发展党员大会上，我光荣地加入了中国共产党。

入党初心不动摇

信仰是人生的旗帜，是生命的绿洲。几十年来，我追求入党的愿望一直深藏心里，从河南大学的一名大学生到成为一名会计干部，从青年到老年，一生跨越 5 个省市，历经 7 个工作岗位，魂牵梦绕的党员梦始终没有改变。我于 20 世纪 50 年代、70 年代先后 3 次申请入党，因历史因素、家庭出身、工作频繁调动等原因都未能如愿，其间甚至发生不少误会，但是我仍坚持初心不改，咬牙经受一次又一次考验。退休前，我始终要求自己做到听党的话，追随党的脚步跟党走，兢兢业业、认真踏实、任劳任怨。退休后，我要求自己积极参加党支部活动，自觉加强理论学习，与党中央保持高度一致，与党保持一条心，入党的心愿也越发强烈。共产党员形象在我心目中是神圣的，年龄再大也不能阻止我一心向党的步伐，反而促使我加快步伐，争取早日加入党组织。

在支部班子以及同志们的关心帮助下，在家人的支持和鼓励下，2018 年 7 月 8 日，我郑重地向党组织表露了心声，又一次递交了入党申请书，我们第 10 支部的书记高炳章同志表示全力支持，入党介绍人岳光鑫、陈福康也是我多年的好朋友、好同事，都很乐意指导联系我，帮助我实现人生夙愿。

理论学习不间断

几十年来，我一直坚持看新闻、读党报，努力做到思想上与时俱进，跟上时代发展的节奏，虽然身在家里，但是要求自己心里装着国家事、天下事。在共产党的英明领导下，国家愈加昌盛，人民愈加幸福，我对党的信心更足，对党的向往也与日俱增。虽然我的双手写字不太灵活，但是在入党志愿书中，我怀着激动的心情一笔一画饱含深情地写道："七十余年的工作实践，使我亲身体会到中国共产党是一个光荣、伟大、正确的党，因为有了中国共产党，我们国家才从一穷二白走向民主富强，从站起来到富起来，再从富起来到强起来，让我们奔向了小康大道。"

支部特别照顾我，考虑到我年高体弱多病，行走困难，每次发布活动通知时都会善意提醒我根据身体情况量力而行，但是我觉得自己不能落后，要坚持克服困难参加学习，每次都争取提前到达会场，即使是雨雪天，也早早赶来，活动结束后，也想为支部做点事情，主动向支部询问还有什么要求，有什么需要我做的。当支部把《习近平谈治国理政》第一卷送到家里之后，我爱不释手、如饥似渴地阅读，还做了笔记，并抓住每次活动的机会与支部同志们分享学习体会。向支部提交入党申请后，我克服书写困难，坚持每季度写一篇思想汇报，每一次提笔对我都是一种体力的考验，汗水一次次浸透了衣背，但是我的内心荡漾着层层的波澜，有太多知心的话想对组织讲，想掏心窝地向党汇报。抗击疫情期间，我积极响应号召做好居家抗疫，时刻关注抗疫的新闻报道，读书看报，坚定抗疫信心，积极参与抗疫捐款，用实际行动把理论知识转化为实践动力。

踏实工作不懈怠

我毕业于河南大学，算是新中国成立后的首批大学生，1951 年参加工作，身体不是很好，40 多岁就患上高血压，后来心脏又出了问题，腿部做过几次手术，但是心里一直藏着入党梦，工作上要求自己一丝不苟。我虽然做的都是平常的工作，但是精神追求很重要，一辈子听党话、跟党走，为党和人民工作，一直在平凡的岗位上努力挥洒汗水、发挥作用。1951年，我毕业参加工作，先后在东北人民政府、东北局组织部、财经工作部、沈阳教学仪器厂等单位从事财务工作，1960年调入教育部生产供应管理局，在这里工作了9年；后来在教育部“五七干校”工作了5年、在北京钢铁学院工作了4年，也都从事财务会计管理工作；1978年回到教育部生产供应管理局，依然从事财务会计工作。我这一辈子都是跟财务打交道，不管在哪个岗位上，我总是默默提醒自己，一定要熟练掌握会计方面的各项法规和业务，有强烈的法律意识和原则性，要及时掌握新知识，做到一丝不苟、精益求精，不然稍有不慎，就会“失之毫厘，谬以千里”，甚至会给单位造成严重损失。

作为一名会计干部，我没有什么骄人的业绩，但是回首过去，我问心无愧，内心是踏实的。作为一名新党员，我要求自己用行动践行使命，用担当诠释誓言，在党的领导下，好好生活、振作精神，保持思想常新，坚持以一名共产党员的标准过好每一天，在学习上不懈怠，在生活中播撒阳光，努力成为一名有作为、有进步、有快乐的新时代老人。

能量传递不消退

我永远不能忘记，从预备党员转为正式党员的那天，支部32位老同志从各城区聚集到方庄活动站，不能赶到现场参会的老同志也通过线上视频方式参加，支部全体党员全票通过同意我转正。教育部离退休干部局党委书记、局长于虹在会上表示，“虽然支部高龄老同志多，但是学习非常认真，每次参加老同志支部活动都很受教育、很受触动、很有收获。10支部严格按照党章要求的程序，认真做好组织发展工作，显示了老同志党性觉悟高，支部党建质量高。从沙老几十年坚持要求加入党组织看到了老同志们坚定的信念和毕生的追求，是对在职干部的一次非常生动的党性教育。”第 3 支部 92 岁高龄的张玉池、第 28 支部的支委杨宣等老同志还专门给我打来了祝贺的电话，老友们和在职同志们对我的肯定和鼓励，让我深受感动和鼓舞，也让我更加增强了幸福感、归属感。

“花甲耄耋已暮年，老树根深信仰坚。多年夙愿终实现，激情感恩心向党”。我深深感到，习近平总书记带领全党全国人民心往一处想、劲往一处使，全国人民都有干劲、有奔头、有光明的前途。我也要赶上趟儿，虽然离开了工作岗位，但是决心在尽情展示阳光心态、用心体验美好生活、源源不断传递正能量方面发挥党员先锋模范作用，用实际行动向建党 100 周年献礼。

心路

母亲的歌

中央电化教育馆　郭忠民

郭忠民，男，汉族，河南内黄人，1956 年 8 月出生，1974 年 12 月参加工作，1978 年 11 月加入中国共产党。退休前曾任中央电化教育馆党委办公室主任。

"唱支山歌给党听，我把党来比母亲……"这首歌道出了党和母亲在人们心中那非比寻常的关联。我懵懂时就跟着母亲学会哼唱这首歌了。在我幼小的记忆里，还经常听母亲情不自禁地唱起一首抗战老歌："同胞们，向前走，别退后……"当时年幼的我并不理解这些歌词的含义。后来，我正是通过母亲和她唱的歌开始认识伟大的党，并渐渐理解了这些歌词后面饱含的丰富内容和真正意义。

从小父母就教育我们姐弟，咱们家是因为跟着党闹革命才聚在了一起，没有党就没有咱们一家，也没有现在的幸福生活。父母的话像种子一般默默种在了我单纯稚嫩的心田里。随着年龄的增长，我们渐渐了解了父母早年跟着党闹革命的故事。

当年，母亲还没有成年就参加了抗日妇救会。那时，日本鬼子实行残酷的“三光政策”，每次扫荡过后许多村子里都是火光四起，尸横遍地。为了躲避鬼子的扫荡，她和战友、乡亲们经常要躲进苇子坑，整天泡在齐腰深的水里，至今身体多处都有那时落下的毛病。有一年，家乡一带闹起了瘟疫，加上鬼子的屠杀，许多亲人惨死，活下来的人经常要趁着夜色潜回到村里去掩埋逝去的乡亲们。母亲说，她亲手掩埋过家里好几位亲人的遗体。我真是难以想象，当时还是小姑娘的她是怎样一天一天挺过来的，如何面对那穿心刺骨的寒风、那诀别亲人的深夜。母亲说，那时她们经常唱着一首歌相互激励着：“同胞们，向前走，别退后，拿我们的血和肉，去拼掉敌人的头，牺牲已到最后关头！”“亡国的条件我们决不能接受！中国的领土一寸也不能失守！”原来，在母亲心中有着这样的情怀，有着时刻为祖国、为党献出一切的准备！当年，母亲和她的战友们真正是在拿自己的“血和肉”与鬼子拼杀呀！她不仅是在唱着这首歌，而是用鲜血和生命在践行着歌中的每一句话。

如今母亲已经年逾90了，记忆力也越来越差。她参加过孙女雪儿的婚礼，重外孙也抱过了，可是每次见到我还总是问：“雪儿结婚了吗？”然而，令我们惊奇的是，她却依然会常常唱起那首抗战老歌：“同胞们，向前走，别退后……”还情不自禁地自己打着拍子，神态总是那么坚毅，音调还是那么准确，歌词也从来唱不错。

还有一件事也让我们颇感意外。几年前，有一位老太太从家乡来，拿了许多新鲜的大枣、花生，说是专程来找母亲的。老人家满脸深深的皱纹尽显沧桑，看上去比母亲岁数还大，但身体挺硬朗。我不认识她，心想，老家的亲戚我都熟悉，这是谁呢？母亲从里屋出来，相觑少许，竟一下子就认了出来，两人紧紧地抱在一起，激动得老泪纵横，半天说不出话来。从她们的攀谈中我才渐渐知道，原来这位老太太竟是母亲当年的救命恩人，叫王素林。当年，父亲在敌后做地下工作时意外被捕，音信全无（幸好不久被组织营救出来），赶上母亲生我姐姐，若不是藏在王阿姨家里，得到掩护和细心照料，早就没命了。可是在之后鬼子的多次扫荡中，母亲和王阿姨一家又都走散了。解放后，母亲一直在找她们，都没有找到，不想这一别60多年还能相见。

我很吃惊，因为那一年母亲已经80多岁了，家里大事小事全都忘，昨天的事可以忘，刚刚的事也可以忘，可是这60多年前的事她竟然没有忘，没有被岁月磨灭。渐渐地，我有所领悟：国家仇民族恨不能忘！有恩之人不能忘！这就是母亲这代人的价值取向。我就是在这样的家庭熏陶中成长，最终也加入到光荣的党组织中来。党在我心中不是抽象的名词，而是如母在上，如日在天，鲜活、亲切、明亮……

“同胞们，向前走，别退后……”这歌母亲唱了70多年了，而我也听了有50年了，这歌声也早已深深地印在了我的记忆里，无法磨灭！

中国共产党是中国人民的领导核心

教育部民族教育发展中心　张　强

张强，男，回族，山东济南人，1957 年 6 月出生，1977 年 2 月参加工作，1991 年 11 月加入中国共产党。退休前曾任教育部民族教育发展中心党支部书记、主任。

2021 年是伟大的中国共产党成立 100 周年。中国共产党带领中国人民走过了整整 100 年的奋斗历程，实现了第一个百年目标——全面建成小康社会，开启了全面建设社会主义现代化国家的第二个百年目标的新征程。2021 年对于我个人来说，也是一个值得纪念的年份。30 年前的 1991 年 11 月，我光荣地加入了中国共产党，成为一名中国共产党党员。

我在 60 余年的人生过往中，也和同时代大多数人一样，经历了许多人生坎坷。20 世纪 50 年代，早年参加革命的父亲被打成右派，年仅 46 岁就因病早逝。当时我还没上小学，母亲是个家庭妇女，母子二人相依为命。多亏了有党和政府的好政策,我们每月能够拿遗属家庭困难补助维持生活,从最初的几元钱到后来每月几百元,直到母亲2009年去世,从未间断。我从上初中开始,按月从学校领取助学金,这才顺利完成了初高中和大学学业。从很小的时候开始,在我的内心深处,我就始终心怀感恩,是党的阳光雨露哺育了我,给了我生活下去的动力,如果没有党的好政策,就没有我的今天。参加工作的40年光阴里,我也经历了很多令人震撼、深受教育且有深刻感悟的事件。所有经历过的一切,都让我一次又一次深刻体会、感悟到,当暴风雨袭来时,中国共产党就是中国人民克服一切艰难险阻、暴风骤雨的最可靠的“主心骨”,是中国人民干革命、搞建设、谋幸福的领导核心,这种感悟认识在今天尤为深刻。

刚刚过去的2020年必定会是被载入史册的一年。最不能忘怀的就是全国人民在党的领导下,齐心协力,共同抗击新冠肺炎疫情。这场突如其来的疫情打乱了所有人的生活节奏,是新中国成立以来传播速度最快、感染范围最广、防控难度最大的一次重大突发公共卫生事件。在党中央的坚强领导下,一场抗击新冠肺炎疫情的总体战、阻击战打响了。当人们坐在电视机前惬意地欣赏节目的时候,当许多家庭在为准备晚餐忙碌的时候,党中央一声号令,人民子弟兵、全国各地的白衣天使、来自各方面的志愿者们逆风而上,自觉、迅速、主动地加入到了这场与病毒殊死搏斗且不能输的战役之中。全国人民团结一致、共克时艰、不计成本、齐心“抗疫”,每一个乡村、每一个社区,随处可见佩戴党徽的共产党员、群众志愿者、下沉干部的身影,他们辛勤工作,守护着老百姓的健康安全。共产党员交出“特殊党费”,少年儿童拿出自己的零用钱,为在前线的勇士们捐献医用口罩、生活用品等,教育战线也努力克服困难,为“停课不停学”做了大量工作。全国人民都用行动彰显着一个中国人的良心和社会担当,涌现出像钟南山、张定宇、张伯礼、陈薇等一个个令人敬仰的英雄人物,弘扬了可以彪炳史册的抗疫精神。

在党中央的坚强领导下,全体中国人民团结一心抗击疫情,我们国家的疫情基本得到控制。虽然零星的病例在一些地区还时有发生,但相比之下,其他国家和地区的疫情还在扩大、反复、蔓延,甚至在某些国家人们还在为戴不戴口罩争吵得喋喋不休,把防控疫情这样一件本应尊重科学的事情,当成自己手中的政治筹码,死亡人数一再创出新高,医护人员疲惫不堪,再度“封城”的举措也让人们惊恐不已。全球各国对于中国抗击疫情的表现,总体评价多是赞许之声,特别是看到我们复工复产,经济指标由“负”迅速转“正”,更是羡慕中国政府的组织能力和中国老百姓齐心协力、抗击疫情的精神。2020年10月山东青岛突发疫情,几天之内,一座近千万人的城市就完成了全部居民的核酸检测,这一速度震惊了世界,狠狠给了那些对中国持怀疑态度、抹黑中国的人一巴掌。我的一位大学同学毕业后就去了国外,已经待了几十年了,当她被困在国外时感叹道,一旦结束了“封城”,她将第一时间回到北京。

这次我国抗击疫情的实绩,再一次诠释了一个真理:有党中央的坚强领导,中国人民没有克服不了的困难,没有迈不过去的坎儿,也充分证明了社会主义制度集中力量办大事的政治优势。最生动的爱中国共产党、爱社会主义祖国的教育莫过于亲身经历的事件告诉我们的事实,亲身感受比讲道理更能深入人心。

2020年还是全面脱贫攻坚的收官之年。党的十八大以来,习近平总书记走遍祖国的山山水水,访贫问苦,问计于民,作出了“一个也不能少”的庄严承诺,提出了“精准扶贫”的伟大战略思想。更有千千万万的扶贫干部和老百姓同吃同住,一起奋战在田间地埂上、沟壑高山中,不获全胜决不收兵!在精准扶贫、精准脱贫的战场上,到处飘扬着鲜艳的党旗,一个党员就是一面旗帜，一面旗帜就是一个阵地！坚决打赢脱贫攻坚战，消除贫困，这既是中华民族的千年梦想，更是中国共产党践行以人民为中心发展思想的具体体现。如今，经过不懈奋斗，新时代脱贫攻坚目标任务如期完成，现行标准下农村贫困人口全部脱贫，贫困县全部摘帽，消除了绝对贫困和区域性整体贫困，近1亿贫困人口实现脱贫，取得了令全世界刮目相看的重大胜利。

2020年10月召开的党的十九届五中全会对“十四五”规划和2035年的远景目标进行了谋划，绘就了全面建设社会主义现代化国家的宏伟蓝图。站在“两个一百年”奋斗目标的历史交汇点上，以习近平同志为核心的党中央谋划长远，为中国擘画了一幅波澜壮阔的新图景。在中华民族伟大复兴的征程上，十九届五中全会恰好是一个承前启后、继往开来的时间节点，一头接续即将挥就的百年史诗，一头开启第二个百年的恢宏篇章。作为中国人，作为中国共产党党员，我们要做的就是坚定不移地听党话、跟党走，做一个合格党员，做一个守法公民，不论是“50后”“60后”还是“90后”“00后”，为了中国人民的美好未来和幸福生活，“撸起袖子加油干”，用自己的实际行动迎接建党100周年！

初心永存，欢得满园春色

中国教育出版传媒集团　杨启楠

杨启楠，男，汉族，广东汕头人，1932 年 3 月出生，1952 年 6 月参加工作，1954 年 12 月加入中国共产党。退休前曾任人民教育出版社政治编辑室主任。研究员。

2021 年，中国人民迎来了中国共产党成立 100 周年。我是一名有 67 年党龄的共产党员，从新中国成立之初就参加到建设有中国特色社会主义的征程中来，对人民热爱共产党、共产党为人民谋幸福的初心事例，深有体会，感触颇多。

新中国成立初期，我还是一个刚读高中的青年。当时人民群众对共产党普遍反映有三个“难忘”。一是党进城后所办的大事小事都是为大众谋幸福，群众拍手称快，积极参与，非常令人难忘。二是干部，特别是高级干部都能以身作则，严以律己，艰苦朴素，一心扑在公务上，其事迹令人难忘。三是经常开展生动活泼的人生观和世界观教育，如讲社会发展史、人类进化史，感到社会主义看得见、摸得着，憧憬和向往伟大的共产主义，理想之花已印在脑子里，深刻难忘。正因为如此，尽管后来遇到各种艰难险阻，我也从未动摇过对美好理想的追求和为人民谋幸福的初心，这种对初心的坚信不疑和对理想的追求不懈，逐步变成一股推动我进步的动力和不断坚定跟党走、听党话的自觉意愿。

记得 1952 年夏季，正当我准备进入高考现场圆我幼年想当医生的梦想时，接到党组织要从应届毕业生中挑选一批学联骨干充实中学政工队伍的通知，并点名要我前往报到。当时我毫不犹豫地服从组织决定，被调到广东省政治辅导员培训班学习，结业后被分配到千里之遥的海南华侨中学担任高三政治课教师，为南海边陲的教育事业作了点微薄贡献。1958 年秋天，我在北京师范大学读完三年制哲学研究生，即将毕业之时，恰好党中央发出支援边疆建设的号召。我想自己是一名共产党员，责任在肩，责无旁贷，愉快地报名到当时条件较为艰苦的青海，被分配到新建的青海师范学院任教，几年之后又转到宁夏大学。我在这两所大学从事教学，默默耕耘二十个春秋，与西北人民同呼吸、共命运，付出了心血，度过了三年自然灾害饥饿的考验，经历了各种艰难险阻的磨炼和冲击，献出了宝贵青春的美好时光和辛劳汗水。这一切都成为我自身成长的财富，昔日高原的荒凉和宁夏塞上的漫沙已经一去不复返了，现已成为生机勃勃、欣欣向荣、熠熠生辉的美好壮丽河山。

如今，党在领导人民继续建设中国特色社会主义的关键时刻，提出“不忘初心，牢记使命”，要在未来 30 年内实现第二个一百年奋斗目标的宏伟蓝图。这个伟大目标和理想，再次勾起我们这些老党员回忆当年追求理想的青春热血。作为一名在基础教育教材编写战线上工作几十年的老兵，我深深体会到，要实现全面建成社会主义现代化国家这一百年伟大中国梦的愿景，确实是任重而道远，需要作出巨大艰苦的努力，关键要在全国范围内培养出成百万、成千万具有较高科学知识水平和技术才能的各类专业人才。

培养人才是“十年树木，百年树人”的根本大事。回顾过去，人民教育出版社在党中央的正确领导下，70年里始终不渝地努力提高教材编写的质量和水平，创造出卓越业绩，也为国家的基础教育教材建设事业，培养出一批又一批的优秀专业人才。但是，在进入新时代新发展阶段的今天，我们的教材面临许多新情况、新问题，亟待去研究、探索和解决，这样就迫切需要我们建设一支具有高水平的编写教材的专业人才队伍。这项巨大培养专业人才工程，需要有足够的精神和物质准备，需要有几代人的坚忍不拔、前赴后继的努力，既要有智慧才能的开发、知识学问的积累，又要有思想境界的提升，才能逐步落实实现。

今天，新时代赋予我们培养新的人才的使命，已经落到人教社新一代青年人身上。我们迫切希望，在不远的将来，人教社的每个学科中都能涌现出更多既忠于党的教育事业、勇于担当、全心奉献，又有真才实学、勇于创新的一批专业领军人物和学问家，形成新时代人教社一支坚强有力的新教材编写队伍。

最近，有人说：“中国共产党已是一个百年的老店了。”不错，中国共产党是一个有着100年辉煌历史成就和丰富斗争经验的成熟政党，也可以称为“老店”。中国共产党在世界近代政党史上，是一个独一无二的，不断与时俱进、矢志为人民谋幸福、与人民血肉相连的政党。我们赞誉中国共产党：“艰辛耕耘载满情，全心为民丰收景。共谋伟业任负身，血肉相融民族兴。”因此，我们坚信中国共产党定会在坚持为人民谋幸福的道路上，以人民为中心，与人民紧密团结一致，一起艰苦奋斗，发扬逢山开路、遇水架桥的大无畏战斗精神，夺取全面建成社会主义现代化强国的伟大胜利，实现中华民族伟大复兴的中国梦，为人类社会再作出新的历史性贡献。到那时，人们迎来的将是一个更加灿烂辉煌、满园春色的中国！

心路

踏入北大门，走上革命路——回忆我在新中国成立前后的岁月

北京大学　王学珍

王学珍，男，汉族，浙江龙游人，1926年8月出生，1948年1月参加革命工作，1948年7月加入中国共产党。离休干部，离休前曾任北京大学党委书记。中共第十二届、第十三届中央候补委员，第八届全国政协委员。

1937年秋，我考上老家龙游县城的中山小学高小。但是很不幸，日寇侵略的战火也烧到了那里。我们邻县衢州（现衢州市）有个飞机场，日本飞机常飞经龙游去轰炸机场。为躲避战火，小学从县城搬去乡下，我半年后才去念了两年小学。1940年春，我考上金华中学。金华中学同样也搬到了乡下，我们在村子里上学，占用了一座祠堂，一半用作教室，另一半用作宿舍。1943年秋，金华中学搬到缙云，也在一个山村里，条件异常艰苦。我们吃的饭叫做“沙米”——米里面沙子太多，吃的时候不能细嚼，只能嚼几下就往

下咽。然而，即使这样也不得安宁，不到一年，日寇又把战火烧到了缙云，我们只能又逃回家去。

1944年秋，我考上衢州中学读高中。1945年8月，抗战胜利了。第二年，学校搬回衢州城里。在乡下的时候，最匮乏的是“精神食粮”——除了教科书，没有其他书，买也买不着，借也借不到。学校搬回衢州城后，城里有一个小图书馆，我为终于有书可读而感到兴奋。晚上其他同学要做习题，而我已经提前把习题都做完了，可以自由阅读。记得图书馆里有一套《胡适文存》，我读后很受启发，认为胡适的文章讲得很有道理，内心很佩服胡适。胡适那时是北京大学校长，所以我就十分渴望将来到北大读书。正是在衢州图书馆里，我心里逐渐种下一颗北大的种子。

高中毕业，我报考了四个学校，分别是北大、浙大、武大和复旦。虽然被四所全都录取，但我最渴望上北大，因为北京大学是五四运动的策源地，校长又是我敬仰的胡适先生，所以我坚决要到北大读书。我北上时乘坐的轮船，名叫“元培”号，我特别高兴。北大老校长是蔡元培先生，我去北大上学坐的是“元培”号，多么有缘！

那时候，北大学生的活动很丰富，学校里有很多社团在搞活动，学生们朝气蓬勃，求索着国家和民族的未来。我参加了两个社团，一个叫风雨社，一个叫新文学社。与同学们一起读书学习、讨论时事、唱歌跳舞。

在新文学社里，我和十几个同学组成小组学习哲学。大家一起学习贝克莱的主观唯心论，先是各自阅读书籍，然后每周聚起来讨论一次。后来，我又阅读其他进步书籍。我看完了马克思《资本论》的第一卷，也读了列宁、斯大林、毛泽东的一些著作和文章。我对毛主席非常敬佩，他写的《实践论》《论持久战》《新民主主义论》，我都读了，也很赞成。除了理论学习，现实也对我有很大的触动。国民党统治非常腐败，通货膨胀，物价飙升；街头美国军人开着吉普车，横冲直撞，肆无忌惮，令人愤慨。就这样，在参加学生运动的现实斗争中，在社团的活动和学习中，我的思想在慢慢转变，逐渐追求进步，开始向党靠拢。

我先加入了党的秘密外围组织——民主青年同盟。地下组织成员互不知情，最多是三个人一个组，联系人也会经常变更。

尽管盟里工作很忙，但我学习成绩还不错。由于家里经常寄不来钱，有时连伙食费也不能按时交，于是第一学年结束后，我申请了奖学金，获得批准。那时奖学金不是用钱来计算的，而是用面粉。因为通货膨胀，物价上涨厉害，头一天一袋面12块钱，第二天12块钱可能半斤都买不了，所以奖学金就是发面。我的奖学金是一个月$1\frac{1}{3}$袋面，其中一半面当伙食费，剩下的一半面可以买学习和生活用品。就这样，从第二学年起，我就不需要家里寄钱了。

经过一段时间的考验，1948年暑假，我光荣地加入了中国共产党。1948年，国民党垂死挣扎，于8月19日公布了一份进步学生的“黑名单”，并大肆逮捕，其中北大学生最多。党组织通过内线知道了国民党的“黑名单”，提前把这些同志转移了。当时，北大很多同志被安排到解放区，我的两个室友就被安排转移。我本来也被安排转移到解放区去，身份证都做好了，准备出发时，组织通知我留在学校，准备迎接北平解放。

为了迎接北平解放，我们的主要任务是团结同学，反对南迁，宣讲政策，保护校产。1948年冬，北平城被解放军包围。我们希望老师同学留在北平，不要跟着国民党南下。这其实并不难，像法律系的老师、同学，大部分本来就没打算南下，个别家在南方不愿留在北平的同学，暑假回家后就再也没有来学校。一些有名的教授，由党员讲师、助教和校学生会人员去做工作，不需要我们去做。我们还坚持宣传党的政策，如党的城市政策、文教政策等，消除大家对共产党的误解。地下党印刷了很多宣传单,我们组织同学把传单送给有关人员。保护校产,防止国民党进行破坏的工作也不难,我们法学会主要负责藏好一些书,如《列宁选集》、毛泽东著作等。另外,如果打仗会有断粮、断水、断电的可能,学生会组织各膳团储备粮食、油灯,还在红楼前打了一口水井。

1949 年 1 月底,北平和平解放,古老的京城迎来了新生。我继续为学生会效力。当时的学生会所做的工作和现在很不一样,办食堂、养猪、做豆腐等,很有趣味。学生会首要的工作是宣传党的城市政策。那时候学校很多人对共产党不了解,有的还有一些误解,需要我们宣传介绍。学生会就请一些延安来的老干部做报告,讲解党的政策、党的历史等。再一项工作是根据新民主主义的教育方针进行课程改革,其中法律系课程的改革任务尤其重,之前的国民政府法律课程当然无法继续,于是我们根据党的方针,结合同学们的意见,和系里的领导、老师一起研究推进课程改革。

1950 年 3 月,组织要求我“脱产”专职做党务工作。1951 年,我担任北大党委副书记兼组织部部长。起初,我虽在北大工作,但编制不属于北大,属于北京市委组织部。1952 年院系调整,我从党务工作转向做教务工作,1984 年又去做党务工作,任北大党委书记。

时光飞逝,我们即将迎来中国共产党一百周年诞辰,回顾百年建党伟业,我深深感受到中国特色社会主义道路是我们党和全国人民历经千辛万苦、付出各种代价才取得的成果,这条道路来之不易,我们要倍加珍惜,并继续沿着这条道路奋发前进。正如习近平总书记所说,我们已走过千山万水,但仍需跋山涉水。作为过来人,我希望青年人珍视这条道路,坚定“四个自信”,成长为国家的栋梁之材,成为可靠的社会主义事业建设者和接班人。

透过历史的烟尘看人生

北京大学　乐黛云

乐黛云，女，汉族，贵州贵阳人，1931年1月出生，1948年11月参加革命工作，1949年7月加入中国共产党。离休干部，离休前曾任北京大学比较文学研究所所长。教授，博士生导师，享受国务院政府特殊津贴。

我出生于一个大家庭，父母都是新派人。住家附近没有小学，父母就亲自教我念书。父亲教英语、算术，母亲教语文。小时候，父亲曾被聘为贵州大学英文系讲师，我们一家高高兴兴地搬到贵州大学所在地花溪。我在花溪快乐地度过了我的初中时代，接着进入贵州中学。高中三年我被文艺深深地吸引。那时候，我宁可摸黑走路回家，也要在星期六下午赶场看两三部电影。每个星期六我一定会参加唱片音乐会，听著名的音乐史家萧家驹先生介绍古典西洋音乐。我也喜欢写散文、念故事，国文课上，总是得到老师的夸奖。我就这样走上了我的文学之路。

1948年,我考上了北京大学,我向往去进步的、革命的北京大学。一路向北奔波,终于到达了我日思夜想的北大。其实我原本投考的所有大学志愿全部是英文系,但是北大把我录进中文系。后来我听说是因为沈从文先生颇喜欢我那篇入学考试的作文。那时我最喜欢的课便是沈从文先生的“国文兼写作”课以及废名先生的“现代文学作品选”课。让我最为盼望的是作文评讲课,一旦得到了先生的夸奖,仿佛过节一样,好多天都感到甜甜的。

1949年1月,正值平津战役,我们被组织起来巡逻护校,分头去劝说老师们不要南下,我的劝说对象就是沈从文先生。那时,我怀着一腔热血,加入北平城内的地下党。每天深夜,革命工人在北大印刷厂加班印刷秘密文件和传单,我们就负责校对。我印象最深的是校对一本小册子《大江流日夜》,扉页上醒目地写着:“大江流日夜,中国人民的血日夜在流!”这是一个被国民党通缉的北大学生到解放区后的所见所闻,称得上文情并茂,感人至深。

1949年1月31日,中国人民解放军光荣进入北平城,我们全校出动,到大街上迎接解放军。我们唱着歌,踩着舞步向前挤。我努力挤到了最前沿,给半身探出车窗的解放军战士递上一杯早已准备好的热水。解放军战士接过晃动的水杯,对我微微一笑。我从心里感到那么幸福,那么荣耀!

我的生活自此翻开全新的一页。新社会给我的第一个印象就是文工团带来的革命文艺——响彻云霄的西北秧歌锣鼓和震耳欲聋的雄壮腰鼓。文工团派人到我们学校来辅导,并组织了小分队教学。我们学会之后,就到大街上去演出。有时腰上系一块红绸扭秧歌,有时背着系红绳的腰鼓,把鼓点敲得震天响。我们个个得意非凡,都自以为是宣告旧社会灭亡、新社会来临的天使和英雄。还有什么能比这更伟大、更神圣呢?

1950年暑假,我参加了第二届世界学生代表大会。我们从满洲里出国门,将近十天,火车一直穿行在莽莽苍苍的西伯利亚原始森林之中,贝加尔湖无边无际地延伸开去。作为社会主义大家庭的新的一员,我们在沿路车站都受到了极其热烈的欢迎。到处是红旗飘扬,鲜花环绕。人们欢呼着,高唱《国际歌》,双方都感动得热泪盈眶!

我从北大毕业后留校工作,担任北大中文系秘书,协助系主任工作,同时,我也做一些学术研究。我选定现代文学作为我的研究方向,想突破当时盛行的"思想内容加人物性格"的分析方法和"思想意义、教育意义和认识意义"的研究模式。我的长文《现代中国小说发展的一个轮廓》在当时发行量最大的文艺杂志《文艺学习》上连载。后来,我开始给大学生授课,教授我的第一次高班课——大学四年级的"中国现代文学史"。

1957年我被安排"下乡",被分配了一份比较轻松的工作,赶着几只小猪漫山遍野寻食。我每天日出而作,日落而息。一早迎着太阳赶着小猪,往核桃树成林的深山走去。我喜欢这种与大自然十分贴近的孤寂感。随遇而安,自得其乐。后来,我与家人来到江西鲤鱼洲,种稻、种菜、打砖盖房。我被指定为工农兵草棚大学的教员,后来又随工农兵学员返回北大中文系。这期间我陆续到北京日报社、河北日报社、大兴天堂河等地劳动实习,边教边学,半工半读。

20世纪70年代后期,我承担北大留学生现代文学课的教学工作。未曾想到这全然改变了我后半生的学术道路。为了讲课,我突破了当时教中国现代文学的传统模式。为了让学生较深刻地理解作品,我进一步去研究西方文学对中国现代文学的影响以及它们在中国传播的情形。这一在学术界多年未曾被研究的问题引起了我的极大兴趣。我开始系统研究20世纪以来西方文学在中国如何被借鉴和吸收,又如何被误解和发生变形。1984年秋天，深圳大学聘请我担任中文系主任，并同意我在那里建立中国首个比较文学研究所。以后几年，中国比较文学有了长足发展。1985年，教育部正式批准在北京大学设立比较文学研究所，并任命我担任所长。往后几十年，我一直在北大研究我所热爱的比较文学。

2021年是中国共产党成立一百周年，透过历史的烟尘看人生，生于乱世的我之所以能幸存下来，能投身自己所热爱的事业，并取得一点成就，都是因为伟大、正确的中国共产党解放了全中国，将人民从水深火热中拯救出来，又坚持走中国特色社会主义道路，带我们走入新社会。回顾几十年的人生历程，我深感党的恩情不能忘，作为一名老同志，要继续为党的事业贡献自己的绵薄之力。

红色中国万里行
——寻踪红军长征路

清华大学　谢小平

谢小平，男，汉族，安徽濉溪人，1938年12月出生，1964年6月加入中国共产党，1965年9月参加工作。退休前曾任清华大学电机系副主任。副教授。

光阴似箭时如梭，岁月如歌瞬息过。暮年心高志更远，爬过雪山渡江河。退休后，如何有意义地度过下半生。我思来想去，决定拿起相机国内外走一走、转一转，饱览祖国的大好河山和外面的精彩世界。几年来，我怀着美好的憧憬，深情地走遍了祖国的大江南北、长城内外，真实领略了“江山如此多娇”“风景这边独好”的真意。后来，我逐渐感到随团游已经不能满足我的需求，于是萌生了一个想法：沿着当年红军的足迹去寻踪红军长征路，以实现我今生的夙愿：“红色中国万里行——寻踪红军长征路”。

为实现这一愿望，我从78岁开始，和老伴王嗣敏一起乘车加徒步，从福建的古田出发到江西的革命摇篮瑞金，再到红军长征集中出发地于都，然后一路向西。沿当年中央红军的长征路线，我们走走歇歇，历时4年，途经11个省，重温长征史的血染湘江、通道转兵、遵义会议、苟坝会议、四渡赤水、强渡大渡河、飞夺泸定桥、爬雪山、过草地、陕北吴起镇会师、会宁胜利大会师，直至长征胜利结束。在走完了中央红军所走的二万五千里长征路之后，我又联想到长征路上还有其他几个方面军也在为策应中央红军，争取中国革命的成功，于不同的时间、从不同的地点、沿着不同的路线，百折不挠地进行长征。尤为感人的是西路军的将士西征丰碑、风雪祁连山，甚为惨烈，我们不能忘记他们。于是在我们走完中央红军走过的二万五千里长征路之后，又于2020年开始去走任弼时、贺龙等领导的红二方面军走过的路，从湖南省桑植县的刘家坪出发，行程二万里；走张国焘、徐向前等领导的红四方面军走过的路，从四川省苍溪县的“红军渡”出发，行程一万里；走徐海东、程子华领导的红二十五军走过的路，从河南省罗山县的徐家冲出发，行程一万里。至此，我们终于走完了四路红军走过的长征路，由于路途遥远、曲折，全部走下来已大大超过两万五千里。

震惊中外的中国工农红军85年前的万里长征不仅深受中国人的崇敬，也引起一些外国友人的兴趣，也想来中国亲自经历一下。因此就有一些外国朋友从不同地点、时间，用不同方式来中国试走长征路。英国的历史学博士李爱德和马普安、以色列的朋友武大卫、美国著名战略理论家、前国家安全事务助理布热津斯基，还有美国《纽约时报》前副总裁、作家索尔兹伯里都曾先后来中国走长征路。当然在我们的行程中也遇见过不少中国徒步拜谒者。在去往云南扎西的路上就遇到一位从陕北定边推着小车，名叫“小毛”的小伙子，已经走了5个多月了，终点要走到云南大理。他不畏艰难困苦的精神，对我们也是莫大的鼓舞。

在“长征”途中我们有幸参观了10余处革命纪念馆和20余处中央政治

局会议纪念地。每到一处,当管理人员知道我们的年龄和来意之后,对我们都十分热情,尽量提供方便和帮助,以满足我们的要求。尤其是在 2018 年 11 月,我们千里迢迢,好不容易来到六盘山下时,因下雪路滑而封山,所有车辆一律停运,眼看我们想登上六盘山的愿望就要落空了。情急之下我抱着试试看的想法,找到了一位不知身份和姓名的同志,说明来意,恳求帮助。他看了我的身份证后,耐心地对我说:“老人家你别着急,让我想想办法。”几分钟后他就为我们找到了一辆越野车,两位男司机和一位女同志一起把我们送上了白雪皑皑、冰雪覆盖的六盘山。我小心翼翼地拍下了有江泽民同志题写的“长征精神永放光芒”和“不忘初心走好新的长征路”的大字标语,内心无比激动,我抓紧时间拍下了许多珍贵照片。而我再去找那位同志表示感谢时,早已不见他的身影。

在沿途的参访中,我了解到当年红军在苏区第五次反围剿失败、被迫实行战略转移的征途中,受到蒋介石几十万大军的围追堵截,如在广西的湘江战役、四渡赤水、四川名山的百丈关战役中红军都遭受了严重损失。他们为理想信念而前仆后继、英勇献身。想到那些为争取中国革命胜利长眠在雪山、草地的英烈们,我的内心受到了极大的震撼,久久不能平静,每当想起他们就十分难过。国家的强大,人民生活的幸福安康,都是无数先烈用鲜血和生命换来的,来之不易,我们应当珍惜。

为继承先烈的遗志,我们要重温这段苦难辉煌的历史,在新的历史时期,不忘初心,砥砺前行,为把我国建成伟大的社会主义强国而努力奋斗。红军长征取得了胜利,靠的是什么?靠的是党的领导和正确路线,以及革命者的理想、信念。新时代我们又要开始新的长征。红军长征靠的是两条腿,走得悲壮、走出苦难、走向辉煌;沿着主张、沿着信仰,一步一步往前走,走出亿万人的梦想。我们今天走好新的长征路要靠民族精神,靠技术创新,靠科学家的聪明智慧、发明创造，靠稳定的社会环境和全国人民的团结奋斗精神。“吃水不忘挖井人，幸福不忘共产党，不忘为革命而英勇献身，长眠在地下的英烈们。”

长征体现的是革命的英雄主义精神。它穿越历史长河，照耀未来。红色的历史画卷，映在我们的眼前，刻骨铭心的记忆永远刻在我们心中。我们要缅怀先烈，继承和发扬光荣的革命传统，弘扬爱国主义精神。在波澜壮阔的历史长河中，我们要永远记住这些震惊世界的中国工农红军两万五千里长征中的可歌可泣的英雄人物。不忘初心、牢记使命，我们要发扬长征精神，沿着当年红军开创的道路奋勇前进。

正是本着这种精神，我回来之后，曾在学校等多个单位讲过10余次长征路上的体会，并展示了所拍摄的历史照片。后又受相关部门委托到湖北黄冈阳新一中给中学生作过讲解，2019年9月又受深圳部分同学之邀为他们做过汇报，都受到热烈欢迎。没想到在耄耋之年我还能为党、为人民作点有意义的事。应该说：一个共产党员要做到，“活到老、学到老、干到老，直至生命停息”。

2021年是建党一百周年，长征胜利八十五周年。我们要永远不忘入党时的誓言，跟党走，和党中央保持高度一致，在新的历史时期继续奋斗。

我永远是中国共产党的一个兵

中国人民大学　龚志发

龚志发，男，汉族，浙江宁波人，1927 年 7 月出生，1942 年 2 月参加革命，1944 年 2 月加入中国共产党。离休干部，抗日战争时期曾任新四军六师十八旅五十四团团部特务员，解放战争时期曾任渤海军工三局运输队队长。离休前曾任中国人民大学信息系计算站主任。

2021 年的 7 月 1 日，我们将迎来中国共产党的 100 岁生日。这个日子对我有着非常特殊的含义。我是在抗日战争时期加入中国共产党的，在党的领导下先后参加了抗日战争和解放战争，亲眼见证了党带领人民建立了新中国，开启了新时代。那段日子已经过去数十年，我现在也已是一个 90 多岁的老人，但我对那段岁月始终记忆犹新。正是在那段炮火纷飞的战乱年代里，我遇到了党，找到了一生为之奋斗的方向。

我幼年失了双亲，年仅11岁便到了上海一家机械厂做学徒养家糊口。也许是上天眷顾，我对机械有着天生的热爱和敏感，干活勤快麻利，做学徒得心应手，甚至带我的师傅也常常对我赞不绝口，总愿意把一些技术上的小窍门告诉我。因此，没上过学的我虽然对于一些理论知识并不知晓，但一颗热爱钻研的心弥补了这方面的缺憾，我在技术上取得了飞快的进步。工厂的老板见我非常灵活，说我"还行"，就让我"描图"，也就是给工厂里的机械、车床绘图。久而久之，我就对机械、车床的整体构造和零部件熟记于心，哪台机器出了什么问题，我都能给修好。于是，十三四岁的时候，我便已经成了厂里可以带徒弟的师傅了。当时，我这个"小师傅"，因为个子小，够不着机床，要每天踩在凳子上去够机床。回忆起来，在机械厂的生活虽然有些苦闷，但也是这段岁月，使我能够有幸走到了党的身边。

上海是中国共产党的诞生地，很早就沐浴着马克思主义的春风。彼时的上海还是敌占区，地下党便偷偷地到工厂为我们讲课，讲资本家的剥削，讲工人的劳苦。新四军、毛泽东这些名词和名字，在不知不觉间便进入了我的脑海。因此，在做学徒的那几年，我不仅仅学习机械技术上的知识，也接收着共产党在思想上的洗礼和教育。在上课的过程中，我心里默默地种下一颗种子，萌生了加入中国共产党的想法，同时也坚定了以后的人生道路。我想要加入新四军，赶走日本鬼子，推翻资本家的剥削，让广大劳苦群众过上幸福自由的生活，为共产主义奋斗终身。于是在15岁的时候，我便和同行的工友在地下党的带领下一起加入新四军，开启了属于我们的戎马生涯。

我记得那时候的新四军正处于刚刚起步阶段，军用物资十分短缺，发给我们当兵的每个人5颗子弹和1杆枪，但这5颗子弹我只能用4颗。我要留着1颗子弹，一旦被日本鬼子抓去拿刺刀折磨死，倒还不如我自行了断。其余那4颗子弹也不能白白打出去，要争取做到每颗子弹都能消灭1个敌人。子弹用完的时候,我们就只能到日本鬼子和伪军们那里“要”,我们叫他们“运输大队长”,而每一次去“要子弹”,往往都伴随着一场恶战。

我印象最深的是车桥战役中的碉堡攻坚战。那是个晚上,风沙很大,大家能很好地将自己隐蔽起来。我们摸黑到了敌人的碉堡外围,通过之前地下工作打探到的暗号,轻易进入了整整36个炮楼的碉堡群里。敌军的守门士兵对我们的进入感到十分意外,很快被我们俘虏了,并且交代出了另外3道防线的暗号。随后,我们潜到其中6个炮楼上,准备把手榴弹从炮楼的枪眼里扔进去,从而攻下整个炮楼。但是战斗总不会按照计划进展得那样顺利。地面隐蔽的战士不小心惊动了马棚里的马,大家的行动全都暴露,战斗不得不提前打响。幸而提前做好了准备,我们很快攻下了这6个炮楼,并以此为据点,利用这6个炮楼的机关枪攻击其他的炮楼。与此同时,地面部队则用镐凿穿墙,扔手榴弹进去,这样里应外合经过两天两夜的鏖战,才最终胜利结束了这场战斗。车桥战役的胜利为之后攻打县城提供了强有力的战略支援和后方支持,这也是我最为之骄傲的一场战斗。

抗日战争胜利后,解放战争打响,作战对象变成了国民党军队。国民党军队有着精良的美军装备,我印象最深刻的便是汤姆逊突击枪,这种枪能连发50颗子弹。如果我们跟国民党军队面对面地硬抗,会吃很大亏。当时我所在的战斗区域是苏浙皖地带,山地非常多,我方部队就化整为零进入山丘树林中。那片区域是“口袋山”,四周是山,只有一条道。我方部队利用对山地的熟悉,引诱敌军深入,将其包围在“口袋”中。汤姆逊突击枪虽然猛烈,但是射程有限,我方部队居高临下,而且步枪的射程更远。国民党部队被我们打得示意投降。但是没想到,这次投降是诈降,等我方部队下山接收降兵时,竟遭到国民党部队袭击。战士们都忍无可忍,最终歼灭了这支部队。

在战争的岁月里,军与民的鱼水情也给我留下了深刻的印象。共产党领导的军队严格恪守三大纪律八项注意,不拿老百姓一针一线。日本鬼子来扫荡或国民党部队来搜查的时候,老百姓将共产党士兵隐藏得严严实实。每次战斗结束后,缴获的枪和炮弹归部队,罐头、衣服就给百姓,因此老百姓都念着共产党部队的好,让自家儿孙去参军,保卫家乡和祖国。每当想到这些,我就深深地感悟到什么叫"人民子弟兵",战士都是从老百姓当中来的,自然要时时刻刻保护老百姓的利益。日本鬼子烧杀抢掠,国民党部队为非作歹,这都不得人心,唯有共产党领导的人民军队,才是中国最广大群众拥护的部队。

战争是残酷的,当年与我同行参军的12人,到新中国成立时仅有2人活了下来。能在战争中幸存下来靠的绝不仅仅是运气,还有身经百战所积累的战斗经验。仗打得多了,经验自然就有了。子弹一打过来,我基本上听声音就能判断它是近是远,以及打来的方向,自己也就该躲躲该滚滚,不能在那儿傻站着等死。我一直说,在战场上激情和热血是需要的,但是不能急躁。有一次战斗,身边的一个战友被子弹打中了。我跟他说先把伤口捆住,待在那儿别动,因为子弹实在是太密集了。但战友害怕在那干等没有出路,就想站起来往后退,结果敌人机枪扫射过来,他就这么牺牲了。能在战乱年代幸存下来是一件非常不容易的事情,每每想起当年的战争岁月,我都会对如今的太平生活更加珍惜。

作为一名共产党员,我永远记得难事先揽着,好事让一让。我们共产党员都是冲锋在前,撤退在后,吃苦在前,享受在后。在战争年代,战士们看到的都是首长冲锋在前,那自己又还有什么理由躲在后面呢?因此我们共产党的部队总是有着不怕死的革命战斗精神,这种精神明显地体现在我们每一位党员的身上。

我仍然清晰地记得,第一次申请入党的时候,我还是共青团员,也是大队长。等到我虚岁18岁、达到年龄标准时，被组织批下来了，那是1944年的2月7日。由于在共青团里的时间算候补期，我直接成为正式党员。在那段枪林弹雨、炮火纷飞的艰难岁月里，正是靠着共产主义的信仰，靠着党组织的教育和帮助，我才坚持到了战争结束，迎来了光明。此后在中国人民大学求学和从教的日子，在战争中沉淀的对党的热爱和忠诚一直熔铸在我的灵魂和血液里，我一生不敢忘记，也时刻提醒自己用一生去践行，我永远是中国共产党的一个兵！

不忘初心坚定跟党走

北京师范大学　李秀蓉

李秀蓉，女，汉族，辽宁盖平人，1926年12月出生，1948年12月参加革命工作，1952年12月加入中国共产党。离休干部，解放战争时期曾在中国医科大学附属医院任护士长。离休前曾任北京师范大学校医院秘书、党支部书记。

我叫李秀蓉，今年95岁，已是一名有着近70年党龄的老共产党员。2021年是建党100周年，我非常激动。回顾自己的一生，就是听党话、跟党走的一生。

幼年苦难受侵略者压迫

20世纪三四十年代，我的家乡曾是日本帝国主义的殖民地，我从小就深受日本侵略者的殖民统治和压迫。那时的中国人没有地位,没有做中国人的尊严,不敢随意外出,必须外出时,家里的老人常常叮嘱,遇到日本兵不要说自己是中国人啊,说了可要掉脑袋!而且,中国人不能吃白米、白面、白糖,只能吃掺了野菜等的糙粮、高粱米甚至发酵的豆饼。当时经常有日本人的狗腿子伪保长挨家挨户地掀开锅盖查看,一旦发现谁家煮食白米饭,即将此户定罪为“经济犯”而惩罚。如今,每当吃起香喷喷的白米饭时,我都对孩子们说,一吃这白米饭我就想起小时吃的发酵菜饼子,我们那时哪有这白米饭吃呀!今天的好日子来之不易,你们可得珍惜!

认识、坚信并加入中国共产党

1948 年中国人民解放军和平解放沈阳后,我工作的沈阳医学院由政府接管,并入中国医科大学,我在该校附属医院担任护士长。当时听到共产党、解放军要接管医学院的消息后,许多大夫护士内心忐忑不安,不知被接管后的结果如何,有的医护人员在接管前就吓得擅自离开医院,躲到北京等地。接管前我们接到通知,在接管过程中要尽力保护好医院的医生护士,保护好各项设备设施,争取实现和平接管。实际上,接管的过程非常平稳,解放军医护人员在我们正常工作中就进驻了医院各科室,顺利地融入了各项工作。之后,医院党组织在全院开展了政治学习教育,我参加了 3 个月的脱产政治学习,主要学习了毛主席的《为人民服务》《新民主主义论》等著作,听取了党组织领导讲授的政治报告等。通过学习提高了对党的认识,认识到中国共产党是一个为人民服务的政党,代表着最广大人民群众的利益,多年来为中国革命而奋斗,就是要建立一个人民当家作主的新中国,我们只有跟着共产党才能够翻身作主得解放。政治学习和教育使我坚定了听党话、跟党走的决心和信心，以高度的政治觉悟和饱满的工作热情投入到接管后的各项医务工作中。经过我的申请和组织的考察，1952 年我加入了中国共产党，立下了“随时准备为党和人民牺牲一切”的誓言。

为国际友人提供医疗保障

1949 年 10 月 1 日，毛泽东主席在天安门城楼上宣告中华人民共和国中央人民政府成立，中国人民从此站起来了。新中国的诞生为世界所瞩目。1950 年春季，部分友好国家的 20 多名进步青年组成了世界青年代表团，取道苏联，冒着生命危险秘密到访中国。我受医大附属医院派遣到满洲里迎接代表团，并陪同代表团到东北、北京及南方各大城市参观学习两个多月，为代表团成员的医疗护理提供保障。这一任务使我一生中初次接触到国际友人，既感荣幸又觉紧张。代表团成员都是各国的爱国青年，渴望国内和平与发展，希望学习新中国成立后的建设经验，所到之处受到当地政府和人民的热烈欢迎。和他们在一起，我感受到了世界进步青年爱好和平、主张正义、积极向上的国际主义精神，也为他们向往和敬仰新中国而自豪，进一步增强了作为新中国医务人员的光荣感和使命感，激励自己圆满完成了医疗保障护理任务。

参加抗美援朝医疗救护

新中国成立后不久，美国入侵朝鲜引发了朝鲜战争。我从报纸上、广播中了解到这场战争直接威胁新生的中国，威胁千千万万革命先烈用鲜血和生命换来的和平环境，毛主席作出了抗美援朝保家卫国的重大决定。作为一名医务工作者，为了祖国，为了和平，我一定要响应党和政府的号召，为抗美援朝出力，随后就报名参加抗美援朝医疗救护。1950 年 10 月志愿军抗美援朝出国作战开始后，我被党组织派到北安临时战地医院参加抢救伤员工作。初到医院时，在医疗物资不足、救治设施尚未健全的情况下，伤员就被陆续送到，我们不得不用剪刀把伤员的棉衣裤剪开暴露伤口，由于手术及时，挽救了伤员的性命。见到为了祖国和平与人民幸福不惜抛头颅洒热血的志愿军英雄，我深深地感到他们真是最可爱的人。在半年多的时间里，我们从搭建临时医院开始，边建医院边救伤员，不分昼夜地连续奋战。我曾经为了抢时间救伤员三天三夜未睡觉。由于救治伤员工作出色，1951 年“三八”国际劳动妇女节时，我被评为中国医科大学北安战地医院抗美援朝优秀医务工作者。

考入大学转行教育工作

新中国成立之初，百废待兴，社会主义建设事业急需大批各领域专门人才，当时在校大学生数量不足以满足需求。为了培养更多的社会主义建设人才，党和政府号召有条件的在职干部报名参加大学入学考试。为了掌握更多的知识，更好地为人民服务，我响应号召，下决心放弃当时每月 80 多元工资待遇的护士长岗位，报名参加大学入学考试。由于当时文化知识基础薄弱，只能边工作边上夜校补习数理化等知识。经过刻苦补习，1954 年 8 月，我成功考取东北师范大学生物系。后为兼顾学习和家庭，大学二年级转学到北京师范大学继续学习直至毕业。当时的信念就是，自己是一名共产党员，服从组织需要，党指向哪里就奔向哪里。

1958 年我在北师大毕业时被评为优秀毕业生，留校任生物系学生政治辅导员。我们负责班级学生的思想政治工作，与学生同吃、同住、同劳动。1960年3月下旬，预产期当天我还在坚持工作，参加学生干部工作会议。会后，为落实会议要求连夜工作，凌晨4时因腹部多次阵痛而被紧急送往医院，直接进产房生下了孩子。在学校工作期间，我一直都牢记共产党员的身份，认真完成工作，发挥党员的先锋模范作用。

2021年是中国共产党成立100周年。作为一名荣获“庆祝中华人民共和国成立70周年纪念章”和“中国人民志愿军抗美援朝出国作战70周年纪念章”的老党员、离休干部，我很欣慰地看到在习近平新时代中国特色社会主义思想指引下，中国共产党人不忘初心、牢记使命，打赢了脱贫攻坚战，实现了全面小康。我坚信只有中国共产党才能救中国、领导中国、发展中国、捍卫中国，在当今中国，也只有中国共产党才能团结带领全国各族人民，实现中华民族伟大复兴的中国梦。

一心向党

北京师范大学　周之良

周之良，男，汉族，安徽至德人，1933年1月出生，1952年12月加入中国共产党，1953年4月参加工作。退休前曾任北京师范大学党委书记。教授，博士生导师。

迎接党的百年华诞，我最想说的一句话就是——感激党的教育培养。

我开始对中国共产党有所认识是在北平解放之后。那时已经常听大人说国民党腐败，祸国殃民，北平和平解放后，老百姓普遍对共产党心存感激。解放军纪律严明，也给我们这些年轻人上了生动的一课。当时，我正在北平宏达中学读高二。教我们英语课的王老师毅然决定改换英语教材，学习毛主席刚刚发表的《论人民民主专政》的英译本。逐字逐句的研读，不只让我们学到了英语，还让我们初步了解了阶级、政党、国家和民主等，开始有了一点政治意识。也是在那时，我第一次走进西单新华书店，看到那么多新书，心情格外激动，于是我成了书店的常客。赵树理的几部小说、阮章竞的长诗《漳河水》等，就是我站在书店里读完的，通过这些书我对解放区的生活有了大概的了解。我还在书店发现了一本讲人生观的小册子，书中列举了各种不同的人生观，使我茅塞顿开，我才知道人是社会的人，人要思考"为什么活着"的问题。不久，学校办墙报，我就按照那本书的思路，写了一篇关于人生观的稿子。这是我第一次在课外写文章。墙报的主编(后来才知道他是一位地下党员)送给我一本《唯物史观精义》，我才了解到这些观察社会、思考人生的新观点就是"历史唯物论"。从此我开始学习一些马克思主义理论，同时我目睹到京城的巨变，思想亮堂了，逐渐有了主心骨。党的教育让我开始懂事了。

读高三的那一年，我跟随学校的队伍参加了新中国的开国大典。典礼之后，我们的队伍从广场走到天安门前欢呼"中华人民共和国万岁！""毛主席万岁！"毛主席在城楼上喊"人民万岁！"这句自古以来从未有过的颂词就永远刻在了我的心中。

上大学不久，赶上抗美援朝。"抗美援朝，保家卫国"的口号振奋人心，我和同学们多次一起讨论如何肃清崇美、媚美、恐美思想，如何正确地认识"国"与"家"的关系等从未遇到过的大课题。这时我又想起了毛主席在《论人民民主专政》中讲的武松打虎的故事。毛主席说，对付国内外反动派即帝国主义者及其走狗们，并不发生刺激与否的问题，刺激也是那样，不刺激也是那样，因为他们是反动派。"我们要学景阳冈上的武松。在武松看来，景阳冈上的老虎，刺激它也是那样，不刺激它也是那样，总之是要吃人的。或者把老虎打死，或者被老虎吃掉，二者必居其一。"我从现实生活中感悟到党的力量。因为有党的领导，我们真的是站起来了！

在大学，我参加了两期积极分子培训班，上党课，接受组织的培养，后来入党。我庆幸，在成长的初期就受到了革命的启蒙；我感激，精神的洗礼使我有了前进的方向和动力。当时受益最深的几个基本观点——“走历史必由之路”“组织能使力量倍增”“做人民的勤务员”等一直激励着我。后来，无论是在什么岗位上，无论是在什么样的环境中，我都相信生活中要有追求、有阳光，要认真地做人、做事，这不是做给别人看的，而是因为我是社会主义事业中的一员。现在，我学习领悟习近平总书记关于“系好人生的第一个扣子”的教导，真的是倍感亲切，我怎么能不感恩呢！

建设社会主义是前无古人的伟业，前进途中也会有曲折。正如习近平总书记所说的：中国共产党的伟大不在于不犯错误，而在于从不讳疾忌医，敢于直面问题，勇于自我革命，具有极强的自我修复能力。在“自我修复”的过程中，党和人民都得到了历练，改革开放应运而生，社会主义事业驶入快车道。改革永无止境，恒久不变的是党为人民服务的宗旨。这句话不知见过、说过多少次，唯有经历了风雨，我才对它有了越来越深的感悟。“只要我们为人民的利益坚持好的，为人民的利益改正错的，我们这个队伍就一定会兴旺起来。”

我长期在学校从事思想教育工作。虽然工作的方式方法在不断更新，但基本内容还是和青年一道学习用马克思主义理论观察社会、思考人生，从而坚定理想信念，明确责任担当。工作是有难度的，各种思潮的干扰连连不断，但这也恰是磨炼立场、观点、方法的好机会。我在党的领导下，边学边干边总结，不断在实践中锻炼成长。1982 年北师大创办“共训班”（后来改名为党校），我从那时开始讲党课，从 49 岁讲到现在 80 多岁。站在讲台上，看似是在教育别人，其实也是在教育自己。讲党课，就不能不想清楚自己对党是否忠诚；讲理想信念，就不能不想清楚自己是否存在消极思想……习近平总书记总结得好，最重要的就是“不忘初心”。他指出：“一个人也好，一个政党也好，最难得的就是历经沧桑而初心不改、饱经风霜而本色依旧。”

思想教育是铸魂育人的工程，也是净化自己灵魂的场所。在这个岗位上，经常会遇到新问题，学习思考永远不能停止，特别是探究青年成长的特点和规律，是理论与实践结合的、充满活力和乐趣的课题。

这些年，我获得了一些奖励。可是冷静下来思考，这一切是从哪里来的？说到底，都是党教育培养的结果。我是伟大的党的一个小小的成员，我所做的事，只是把党的宗旨纲领、党做思想政治工作的优良传统、党对我的教育再传递下去。党是力量的源泉。

落实立德树人根本任务任重道远。进入新时代，中国特色社会主义事业的蓬勃发展，是最有说服力的思想教育。现在，人民的道路自信、理论自信、制度自信、文化自信在不断增强；新时代的广大干部和青年渴求进步，思维敏捷，勇于创新，这一切都使我深受鼓舞。长江后浪推前浪，一代更比一代强，这是社会发展进步的必然。常温“青蓝”之说，常颂“后浪”之歌，红色基因一定能够代代相传，革命传统一定能够发扬光大，中华民族伟大复兴的中国梦终将在一代又一代青年的接力奋斗中变为现实。

人是会衰老的，但党的事业会长盛不衰。

不忘初心，做合格的共产党员

中国农业大学　艾荫谦

艾荫谦，男，汉族，河北昌黎人，1933年7月出生，1950年5月入党，1953年1月参加工作。退休前曾任中国农业大学党委书记。

我是入党71年的共产党员。71年来党一直培养、教育、关怀我，是党送我上大学，把我从一个普通中学生培养、教育、锻炼成为能承担一定责任、完成一定任务的党员干部。

在建党100周年到来之际，回顾自己入党71年，我问自己，我是否做到了不忘初心、牢记使命，是否一个合格的共产党员。什么是不忘初心？就是永不忘记自己入党时下定为共产主义事业奋斗终生、树立远大的共产主义理想的决心，是践行为人民服务的宗旨、一辈子为人民服务的决心，是能用自己的实际行动来证明、能全面按党章要求自己、履行党员的义务。这才是不忘初心，才是合格的共产党员！要做到无论是顺利的时候，担负重任的时候，还是身处逆境、遇到困难的时候，都能不忘初心、牢记使命。我做到了吗？

回顾过去几十年，我担任高校党委副书记4年多，党委书记近15年，在特殊年代也曾受到批判、斗争，参加劳动改造十几年，被停止党的组织生活12年，甚至险些被开除党籍9年（因上级没有批，我自己也不断申诉，所以开除没有生效）。我想通过两个小故事来说明，我做到了始终不忘入党时的初心，不违背入党时的誓言，在任何情况下都坚持按党员的标准要求自己。

2020年5月，一位同志告诉我，她的一位1970年毕业的学生发给她了一篇文章，其中提到大个子艾荫谦冒着危险去抢救解放军伤员，而当时他还是反革命身份的事。事情其实是这样的。1969年10月到1970年6月，北京农业机械化学院大部分师生到太行山参加铁道兵修铁路劳动，当时，戴着“反革命”帽子的我作为被监督的劳动改造者和师生一起到太行山修铁路。1969年12月5日夜，一处正在施工的现场发生大爆炸，并起了大火，我正赶上这场重大事故。我想到自己是一名共产党员，无论处于什么情况也必须去救伤员，于是立即奔向大火现场。到了现场，有些伤员已停止呼吸，有些在爬行，有些处于昏迷状态，伤员大多衣服被烧，有的轻伤者在参加救护。我当时脱下自己的棉服披在一名轻伤员身上，背起一名重伤员走出火场并放在救护的敞篷卡车上，自己也跳上卡车，在零下20度的寒夜身穿秋衣行驶百里到铁道兵某部卫生营。抬完伤员后，我又献了血，返回驻地时已是次日中午。回到驻地，有的监督我的师生及专案组的人批判我：“救解放军伤员，没有安好心，是捞取政治资本，是反革命两面派行为！你盼着事故，你正好用救伤员行动来证明自己不是反革命分子！”虽然受到批判，但我始终不后悔抢救伤员的行为，我觉得自己仅仅是做了一个共产党员该做的事。

第二个故事是，前几年我到洛阳参加一个活动，在会见校友时，有的校友一见到我,就笑着说:“欢迎老单身来看我们!”我问为什么叫我“老单身”。他们告诉我说:“我们上学时,你经常和我们一起吃饭,经常参加我们的活动,有时还到宿舍来看我们,和我们一起过节,所以我们认为你是个单身汉!”我担任学校党委副书记、党委书记期间,经常在学生食堂和同学们一起排队买饭,一起就餐。我从任党委常委到任党委书记期间,至少有18个新年和除夕是和同学们一起过的,大年初一早上才回家。20世纪80年代至90年代初,北京农业工程大学大部分校舍被外单位占用,用房紧缺,很多教工住在棚屋。这些棚屋冬天寒冷,夏天炎热,透风漏雨。每遇大风大雨,我都不敢入睡,唯恐哪位教工住的棚屋出事。我始终认为作为党委书记,要做好工作,必须首先关心师生、深入师生,了解师生的生活、学习、工作和思想情况。

我已退休22年,但退休不褪色、离岗不离党,一个共产党员的自我要求不能减,对党的信念、对共产主义理想、对中国特色社会主义的坚定信念永不动摇,自己仍应在力所能及的情况下做对党对人民有益之事。在刚退休的几年里,上级党组织分配我做过几年巡视工作。除此之外,20多年来我主要做了4件事。一是做好群众工作。自己看到的特别是群众反映强烈的涉及群众切身利益的、该解决也有条件解决的问题,及时向现任领导反映、沟通,求得解决。二是除2020年受到疫情影响外,每年我坚持讲几次党课,与入党积极分子谈话,已累计百余人。三是参与并主编3本书,主要是有关校史和办学方面的,其中两本公开出版,我是主编之一。另有一本由我独立完成,作为内部资料使用。四是从临近退休至今,为学校联系到各方面捐款约2 000万元人民币。现在每年有20万元作为学生的奖学金。

我认为,一个共产党员必须一辈子对党忠诚,坚定共产主义理想信念,践行全心全意为人民服务的宗旨,这才是不忘初心。不论是受到重用、肩负重任还是身处逆境、遇到困难,都必须做到。越是遇到困难,越是在逆境中,越要坚定共产党员的理想信念,越要按共产党员标准要求自己。共产主义理想信念、对党的信任、为人民服务的初心是力量之源,是共产党员的魂,是精神支柱,这是我入党71年来的切身体会。个人利益与党和群众的利益发生矛盾时,共产党员必须做到个人利益服从党的利益,服从群众利益。这是当前共产党员经常面对的最大考验,党员应该经得住这种考验。

回顾过去,自己有很多不足。最大的不足是学习不够、读书少。现在虽老了,但应该做到活到老、学到老。我平时常看党章、宪法。过去学刑法,现在学民法典。我要增强"四个意识",坚定"四个自信",做到"两个维护",一辈子不忘初心,做合格的共产党员,以此来迎接建党100周年。

百年鏖战结硕果，创制引领新征程

中国农业大学　靳　晋

靳晋，男，汉族，山东菏泽人，1929 年 6 月出生，1953 年 5 月参加工作，1987 年 1 月加入中国共产党。退休前曾任北京农业大学副校长、北京市政协副主席。中国致公党中央委员会第九届委员、第十届常委，第八届、第九届全国政协委员。教授。

2021 年是中国共产党建党一百周年。中国共产党成立之后历经了短短几十年的艰苦卓绝奋斗，就在贫穷落后的世界人口最多的中国取得了革命胜利，建成了中国特色的社会主义国家，这是举世震惊的人间奇迹！

我今年 92 岁。1929 年端午节我出生于南京，取名“端生”，即“端端正正做人，生龙活虎做事”。高中快毕业时，我在地下党的影响下参加了“反饥饿，反迫害，反内战”加“反独裁”的学生运动，又正式加入党的外围组织“敢能团契”，从此开始走向进步。1947 年，我在作地下党时改名靳晋，才得以躲过国民党的黑名单。1949年解放后，我正式走上革命之路，而后70年和农业结下不解之缘，与中国农业大学结成“命运共同体”。1987年，经过了40年我才通过党的考验，正式加入中国共产党，入党宣誓时我感恩党的培育、泪流满面、泣不成声。

在党的教育下我逐步认识到：一个政党不在于它的规模有多大，有多少党员，也不在于它发表过多少篇慷慨激昂的政纲文告，而在于他代表谁、是干什么的。中国共产党从第一次代表大会就鲜明地提出“以无产阶级革命军队推翻资产阶级”，把社会主义和共产主义定为党的奋斗目标。中国共产党为什么能带领中华民族走向解放和富强？因为中国共产党从一成立就是马克思主义的革命政党，就确立了中国工人阶级先锋队的领导。中国共产党富有革命创新精神，勇闯逆境，坚持真理，不断修正错误，历经磨难而不衰。而党员是党的细胞，是先进性的载体，是走在前列者，许多党员虽然没有在党百年艰苦卓绝的斗争中付出鲜血甚至生命，但在中国特色社会主义新时代，为实现中华民族伟大复兴的中国梦，脚踏实地，作出了自己力所能及的贡献。

1987年前，我还不是共产党员，但在工作中我从来没有感觉到党把我当做党外干部看待，总是委我以重任，我知道这也是党对我的考验和锻炼。而我也从来没有把自己当做非党人士游离于党外，我感激党对我的信任和重托，特别在我主管的工作中许多同事都是共产党员，他们也非常主动地与我合作共事。因此，我只有努力完成党交给我的任务，包括党没有交给我而我自觉认为应该完成的任务。多少个没早没晚，多少个一周七天，从不抱怨，于是在农大我就有了“拼命三郎”的称号。

我在致公党北京市委工作时直接住在了办公室，周一早去，周六晚归，日夜工作。致公党员们信任我，晚上会来找我倾诉工作和人生中的困惑，甚至要我“保密”。其他民主党派北京市委的负责人也来找我这个“交叉党员”谈心，有的人还通过我向共产党北京市委统战部提意见，我都隐其名如实转达。市委统战部把我作为和其他民主党派沟通的一个渠道，我想这也是我作为共产党员的一项责任。在北京市委工作期间，我又有了“拼命四郎”的称号。

2002年我73岁，有媒体来采访我的长寿秘籍。我说长寿的方法很简单，就是在党的怀抱里学习、工作、顺其自然。2004年我75岁才正式退休。退休后我“退而不休，离职有岗”，从不言“老”，从不言“退”，从不言“累”，“小车不倒只管推”，越推越有劲，越推越健康，越推越心明眼亮，推进社会主义，推向共产主义！我始终坚信，事是干出来的，要干的事太多了，人生苦短，要干就干好！

经过深思熟虑，我把“学习”作为退休后的第一要务。只有学习才能坚定信仰、站稳脚跟。现在要学习的很多，抓什么？我认为首要任务是加强党性锻炼，做一个真正合格的共产党员。我常常背诵党纲第一自然段，时时重温入党誓言，不忘初心、牢记使命，做好力所能及的社会服务工作。我做过十年北京市人大代表、常委，同时是第八、第九届全国政协委员，一直尽自己所能为人民群众解困除忧。此外，我还坚持做好“大家长”的工作。在北京，靳家人平时来往虽不多，但每年元旦我都以大家长身份召集聚会，告诫大家绝不允许有任何“出轨”之举。

中国共产党虽然百岁了，但仍是一个年轻、先进、充满活力的政党。我们的党员已近亿名，十八大又开启了中国特色社会主义新时代。我们有充分的理由相信：在以习近平同志为核心的党中央的坚强领导下，中华民族一定能够继续披荆斩棘，勇往直前，创造更多的人间奇迹，最终实现共产主义。

让心中的党旗永远鲜红

北京外国语大学　雷　航

雷航,女,汉族,四川达州人,1947 年 8 月出生,1970 年 3 月参加工作,1993 年 4 月加入中国共产党。退休前曾任外研社总编室主任。编审。

2021 年在我们的热切期盼中到来了,今年我们将喜迎党的百年华诞,同时庆祝北京外国语大学建校 80 周年。作为北外的一名退休党员干部,我心情非常激动。

我是 1965 入学的大学生,1970 年 3 月从北京大学毕业,是老五届毕业生中最小的一班,由外交部安排到唐山军垦农场储备锻炼,1971 年 9 月回到北外进修。记得刚回北京不久,我就参加了到机场欢送乔冠华外长一行赴美参加联合国恢复我国合法席位的活动。那一天是我见到周恩来总理距离最近,看得最清楚、最真切的一次,我当时站在正对领导们走过来到我面前、再向右转弯的好位置。敬爱的周总理正朝着我走来,最近时距离不到两米。

“九一三”事件后总理明显消瘦了,看着让人心疼。也许是我格外激动的表情引起了总理的注意,他一直看着我,目光炯炯有神,我激动得差一点就跑上去和总理握手了。1976 年总理逝世那天,听到广播我悲痛不已。硬是一个人边流泪边打听找到北京医院。我的真诚感动了工作人员,他们让我在正式吊唁之前进去,我独自一人面对总理慈祥的遗容,深深地三鞠躬,泣不成声,用最深的敬意向敬爱的总理做了最后的告别。

1973 年我正式分配留京工作。曾经当过高校教师、外语翻译和部队参谋。1986 年转业到北外。在外研社 20 多年奋斗过来的日日夜夜,我默默奉献,无怨无悔,用学到的知识创造性地自觉做好工作。记得我在担任大学英语部主任时,一天听说教育部高教司要在深圳开会讨论推广一套高职高专的英语教材。我得知后二话没说,让部门秘书马上订机票,和同事赵东岳一起飞赴深圳,打听到会议地点后,直奔会场。“闯会”! 这已经是我不止一次的成功经验了。我在会议室门口请工作人员向主持会议的领导通报外研社来人了。他们借会议休息时约见了我。对比几家激烈竞争的出版社,我们以积极的态度和优良的教材质量,再次获批教育部推荐教材在全国推广使用,又取得成功。老社长李朋义曾在一次全社大会上赞扬了我这种锲而不舍、雷厉风行的工作作风。

在担任大学英语部主任的四年里,我倾情投入,先后策划了 10 余个系列的英语教材,受到全国许多高校英语师生的欢迎,不少教材多年后依然在各大高校英语教学中使用,为出版社创造了可观的社会效益和经济效益。记得有一套教材出书前,正赶上儿子高考,我连续 3 天早出晚归,和两名同事到印厂去核红,半夜才回到家,都没有机会问儿子一声考得怎样。那时我经常出差,常常周五出门,周一一早赶回上班。有一次太累了,血压高到 200 以上,可已经安排了上海的会议发言,我服药后坚持出差,接站的同事直接送我去了医院，就这样也没有耽误工作。有的干部说雷老师不管干什么，都能落地开花。有的老作家来我社出书，点名让我为他们作责任编辑。多年来，我就是觉得作为一名共产党员，应该这么做，应该向老一辈革命家学习，向优秀的共产党员学习。逢年过节时，同事们都下班了，我经常最后一个离开，感觉总有干不完的工作，共产党员就是应该吃苦在前，享受在后！我凭着这股精气神超负荷地完成了各种项务，我给自己规定的工作量总要大于部门其他人员。退休前一年，在承担繁重的总编室全面管理工作外，我还经手完成了8本图书的责编工作，差不多是一名全职编辑的工作量。2007年退休前，外语教学与研究出版社授予我“终身成就奖”。

退休以后，我受出版社领导委托担任了国家重点出版项目《大中华文库》中的首辑译作《老子》《论语》等9种图书的项目负责人。国家领导人出访一些国家时都会选此系列作为国礼。我负责组织图书的编译出版，要物色高水平的译者，有的语种反复找了十来个人才最后选定。我与译者们一起反复研究原文，像上班时一样严格要求自己，花费近四年的努力终于圆满完成了任务，受到了文库工作组同行们的好评。我也为自己还能发挥余热，有所作为而自豪。

2016年，我所在社区的党组织邀请我在社区开展国学讲座。这一讲就是四年。从“老子”到“唐诗”“毛主席诗词”和“经典品读”，我把传承国学、读懂中国的公益活动看作自己的一项使命。对每堂课事先精心设计、认真准备。选择最经典的文段和诗词，穿插有趣的故事典故，雅俗共赏。把传播知识、丰富信息量、注意趣味性融为一体。一小时的课往往要花三到五倍的时间来准备。国学课堂在社区很受欢迎。我觉得这种共同学习和互动传递，听讲的人收获大，讲课的我受益更多。能与大家分享自己的知识、心得，对社会有用，是一件特别幸福的事情。我也因此获得了“海淀学习之星”，单位

“乐为之星”、海淀街道地区向上向善“榜样人物”等荣誉。

2020年，一场没有硝烟的战役轰然打响。面对突如其来的疫情，我作为党支部副书记，义不容辞地担负起了应尽的责任。我们要负责掌握和报告外研社100多名退休人员每日的健康状况。我觉得自己即使不能像白衣天使们一样奋战在第一线，也要把基层的工作认真做好，这样心里才踏实。

为共产主义事业而奋斗，是我入党的初心，也是我一生的理想。我是党和新中国培养出来的一名大学生。1965年我18岁时向党组织递交了第一份入党申请书，但直到28年后才正式加入党组织。在此期间我没有一天动摇过入党的信念。而今这漫长的28年已然成为我的一笔宝贵精神财富。“我将无我，不负人民”。入党以后，我先后被选为党的支部书记，副书记和党总支委员。建党85周年时，还被海选为北外的优秀共产党员。在我心目中共产党员是最高的荣誉，我珍视这一称号，不断鞭策自己不忘初心，牢记使命，努力奋斗一辈子，用自己的实际行动为党旗争光。

历尽千帆，回首往事，我感到自己前进的动力一直是飘扬在心中的那面党旗，我要让心中的党旗永远鲜红！

关于抗美援朝的回忆

北京语言大学　谷远中

谷远中，男，汉族，四川大足（现属重庆市）人，1931年11月出生，1950年8月参加工作，1954年4月加入中国共产党。退休前曾任北京语言大学外国人短期汉语进修部主任。

我于1931年出生在四川省大足县。1949年刚刚解放，我到川南高级工业职业学校（相当于现在的专科大学，新中国成立后和重大合并）机械科学习。老家来了解放军，给老百姓做好事，一心为人民服务，给我的触动很大，提高了我的觉悟，我决定加入到他们中间去。1950年8月我参军了，先入军校学习，10月份动员号召抗美援朝，我积极报名。转年元旦我们到河北省进行整训改装。3月份入朝时换装成苏联造的武器，每个人1支步枪，80发子弹，4颗手榴弹和一个月的干粮（压缩饼干，炒面，炒米等）。朝鲜的冬天有时候零下30多度，非常寒冷。

我们于1951年3月作为第三批抗美援朝部队进入朝鲜，我属于15军44师131团，是担架连文化教员。我们有3个班100来人，主要任务是抢救伤员。我的主要任务是做宣传工作，鼓舞战士的斗志，保持士气高昂。打仗时，我和大家一起救助伤员，把伤员运往后方，重伤员送回国内治疗，中轻伤员在当地治疗，休息时做宣传工作。

入朝后的第一次战斗是第五次战役中的上田里战斗。经过两天的激烈战斗，我们首战告捷。第二战是五劳里战斗。美军和中国军队之间有一条“照阳江”，江宽100多米，美军用飞机护江，我们很难渡过。当天下起了雨，天很黑，飞机无法参战。没有接到军部的出发命令，师长擅自决定让部队提前吃午饭，然后过江。没想到部队正在过江时，突然雨过天晴，美军几十架飞机飞来，进行猛烈轰炸。我方的战士、马车和大炮无处可躲，损伤惨重。当时我在部队的前方，刚刚上岸，找到一个在水塘边的战壕躲起来，因为轰炸得很厉害，我的腿被飞来的石头砸中，受了伤。因损失惨重，军部马上又派来援军，打过江，打败了美军。战斗结束后师长因不执行命令被处分。

这里有一个小故事。那天，我们抬着伤员往回返，傍晚走到山沟里的一个破草房里休息吃饭，房梁上躲着三个美国兵，我们当时并不知道。吃饭时罐头盒碰出响声，那三个美国兵以为我们发现他们了，就在上面哇啦哇啦说英语，意思是投降，把我们吓一跳。用手电一照，叫他们下来，他们就乖乖地下来当了俘虏。

我们继续前进，向汉城进军。美军的战略是以防守为主，想让我们把战线拉长，好把我们歼灭在各个战场。在离汉城60公里处，我们受到美军强烈的反击，无法向前，只能退到“三八线”附近防守。之后双方僵持不下，进行停战谈判，但因双方条件不对等，打打谈谈，以打促谈的状态一直持续。

1952年秋季我参加了战术反击战和规模较大、持续时间较长的上甘岭战役。上甘岭村庄前面有两个山头,有500多米高。我们挖了很深很长的战壕,和美军在这里僵持。打上甘岭时在最前线参战的部队不多,只有几个连,很多部队是承担后勤运输等其他工作。当时我们师抽了一部分人去搞运输。上甘岭后面有一座山叫五圣山,很高很险,粮食、弹药都需要人背,从后面爬上五圣山,然后再通过一片开阔地带送到上甘岭前沿。因为敌人用大炮和飞机封锁得很厉害,所以那时运输部队的伤亡是很大的。当时很缺水,我们搞运输的还好一些,但前边担任直接战斗的部队就非常缺水。坑道里面没有水,只能利用敌人不容易发现的晚上的时间偷偷出来到山下去抢水,然后背回坑道里去用。我们送粮食、弹药的部队有时会送水去,有时也把自己带的水给坑道里的战友喝。在最困难的时候,没有水,战士嘴唇都裂了,就吃牙膏,用舌头舔石头。打了40多天,我们进行了顽强抗争,与美军反复争夺阵地,尽管美军武器装备先进,但我们的战壕很深,击退他们多次进攻,敌军伤亡惨重,我们最终守住了阵地,取得了胜利。

抗美援朝最后的一战是"金城反击战",持续15天,突破敌军坚固阵地,促使朝鲜停战的实现。1953年7月27日停战协定的签署,标志着朝鲜战争彻底结束。

停战后我们在原地休整,参加帮助朝鲜人民重建家园的工作。我还利用休息时间,组织文化学习,帮助不认字的同志们认字。1954年4月份我们回国,到湖北应山县驻扎休整。我就在这个4月加入了中国共产党,成为了一名党员。

在朝鲜牺牲的战友很多,现在想到这些战友,心情还是久久不能平静。我是抗美援朝的幸存者,感觉能活到今天非常不容易。如果没有无数先烈的鲜血,就没有我们今天的幸福生活。抗美援朝的胜利,沉重地打击了美帝国主义的侵略政策,保卫了国家的安全,巩固了政权,极大地提高了我国的国际威望,增强了世界被压迫人民争取独立和解放的信心和勇气,对国际局势产生了深远的影响。

胸怀祖国，献身科学

北京科技大学　方祖烈

方祖烈，男，汉族，浙江淳安人，1935年2月出生，1957年8月参加工作，1975年7月加入中国共产党。退休前曾任北京科技大学矿业研究所采矿研究室主任。教授，博士生导师，享受国务院政府特殊津贴。

2021年是中国共产党成立100周年。蓦然回首，自己已经参加工作逾60年，往事历历在目，不禁令人思绪万千、心潮澎湃。虽然我并没有虚度年华，但距离优秀共产党员的要求，仍然有许多不足。衷心希望年轻一代把建设科技强国、实现中华民族伟大复兴的中国梦这一伟大工程不断向前推进！

树立初心　牢记教书育人使命

1935 年，我出生在浙江省淳安县一个偏远山村，这里是革命老区原中共淳安县委所在地，我很早就接受了革命思想的熏陶。1951 年，我在高中时就加入了团组织，并担任了严州中学的青年团总支书记。1953 年，我考入北京钢铁学院（现北京科技大学），在大学学习期间，我担任学校团委军体部长、学生会副主席，1955 年出席了全国学联代表大会，受到周恩来总理接见。1957 年大学毕业后，我经国家统一分配留母校任教。

北京钢铁学院素以治学严谨、注重实践闻名。秉承优良的校风，我从踏上工作岗位开始就努力钻研业务、优化教学方法，努力成为学生的良师益友，做一名优秀的人民教师。

最令我难忘的是在改革开放初期，我为由全国各矿区的干部组成的进修班（简称“矿干班”）上课。这个班 83 名学员都是矿山领导或基层技术骨干，他们带着巨大的使命感到校学习。他们在课堂上聚精会神、专心致志，课余时间废寝忘食、质疑解惑。他们刻苦钻研的精神深深地触动了我，让我又一次体会到自己肩上责任重大。教师的使命、教师的责任，鞭策和激励着我不断改进教学方法。1984 年，我荣获学校“教学改革成果二等奖”，1993 年又被学校授予“研究生优秀导师”称号。

深入矿区　全力攻关

改革开放之后，经济建设蓬勃发展，矿业生产迎来春天。作为一名科技工作者，还应为国家建设和科技创新贡献力量。我将自己的科研重心置于矿山建设前线，坚持深入矿山，把握矿山工程建设中的关键问题，全力攻关，陆续取得了一批重要成果。

在“金川资源综合利用”科技攻关中，我作为课题现场负责人，从理论和实践上提出了对软岩维护的一些新观点、新措施。1986年，我被评为在“金川资源综合利用”科技攻关中作出重大贡献的先进个人，受到国家科委表彰。

1986—1993年，我作为课题负责人，参与了冶金部“七五”“八五”重点攻关项目“西石门铁矿采矿技术攻关和采矿方法试验研究”和“西石门铁矿难采矿体综合生产能力攻关”。经过8年的拼搏，“垂直平行密集束状孔落矿有底柱崩落法”试验成功了，该项目先后获得“冶金部技术进步奖二等奖”和“河北省科技进步奖一等奖”，我也被冶金部授予“地下矿山科技攻关作出突出贡献专家”。

建言献策　助力国家重大工程

进入21世纪后，我用自己在教学与科研中长期积累的知识和探索出的经验先后为水电工程、南水北调工程、矿山工程、铁路和公路工程等多个领域的国家重点建设项目出谋划策、精心把关。特别是作为中国岩石力学与工程学会科技咨询团成员，在长达几年的工作中，我为三峡工程提供了多方面的咨询意见。能为三峡工程作点微薄的贡献，我深感荣幸。

南水北调是新中国成立后完成的超大型水利工程之一，我作为主要专家多次去南水北调工程中线的现场开展考察和研讨，就强化勘测、优化设计、优选施工方案、改善项目管理等具体事宜提出许多合理化建议，表现了一个共产党员科技报国的赤子之心。

开展第三方科技成果评估是中国岩石力学与工程学会开展科技服务的重要工作之一,我先后主持和参与的评估项目有上百个。2017 年 11 月 24 日,我在贵阳的“FAST‘天眼’工程开挖系统关键技术及安全性研究成果鉴定会”上,亲眼见证了这个世界上为数不多、利用大型岩溶洼地建设的重大工程。这项国家重大科技基础设施以全新的设计思路,在国际上开创了建设巨型射电望远镜的新模式,让我由衷地为中国当代科学技术工作者的才智与实力感到骄傲。

奉献余热　打造一流科技社团

2001 年,65 岁的我从北京科技大学退休,被返聘到中国岩石力学与工程学会工作。我有幸全程参加了中国岩石力学与工程学会第一次至第十七次学术大会。我不仅参与了学术大会的筹备工作,还坚持在会上认真聆听、学习并参与讨论,因此得以从全局把握我国岩石力学与岩土工程学科的发展现状与新动向,这不仅让我在各相关科技评估会议中有一定的发言权,而且让我有底气作为主要执笔人之一,三次参与《岩石力学与岩石工程学科发展报告》编写工作。

在学会,我积极协助理事长谋划学会的改革、发展、创新、提升,和秘书处年轻同志一起,按照理事会的部署,着手对学会整个学术活动进行了顶层设计,积极推动学会建设。中国岩石力学与工程学会正在成为具有国际影响力的优秀科技社团,向世界一流科技社团迈进。虽然我已经退休了,但我始终牢记自己是一名党员,要继续发挥余热,为把我国建设成为科技强国而努力奋斗。

回顾参加革命工作的 60 多年历程,是党把我从一个农民的儿子培养成为大学教授，我为祖国的教育事业和科学研究作出的一点成绩、为中国岩石力学与工程学会的发展作的一些贡献，让我由衷地感到，我是与党同呼吸、共命运的。现在，我除了平时参加中国岩石力学与工程学会的各种活动外，还参加了学校离退休处的老教授合唱团，经常参加各种纪念活动和歌咏比赛，用歌声表达对党、对祖国、对人民的深情厚意。现在我已年过85岁，我的信念是：生命不息，战斗不止。我会继续用我绵薄之力，为共产主义事业添砖加瓦。

北京化工大学　贾玉环

贾玉环，男，汉族，河北武强人，1944年12月出生，1969年9月参加工作，1976年12月加入中国共产党。退休前曾任北京化工大学离退休人员工作处党总支书记兼处长。高级工程师。

伟大的中国共产党自1921年诞生以来，至今已走过了一百年的光辉历程。她由最初的几十名党员，发展为今天拥有9 000万名党员的世界第一大党，由过去被压迫、被绞杀，发展到现在成为中华人民共和国的领导者。她带领全国人民把一个贫穷、落后、受欺凌、一穷二白的旧中国，建设成为从站起来到富起来、强起来的新中国。我国14亿多人民摆脱了贫穷，实现了全面建成小康社会的第一个百年目标，正在向着第二个百年目标迈进。我作为一名党员，为我党百年来历尽艰险、披荆斩棘所取得的辉煌成就感到骄傲，为我党不忘初心，心系人民，始终为人民谋幸福，深得全国人民的热爱和拥戴而感到自豪。我退休了,不能为党的事业担负更大的责任,但退休不褪色,党的奋斗目标、党的宗旨永远在我心中。党的培养和教导永远不能忘,党的恩情永远不能忘。她是我前进的动力,更是我政治生命的源泉。党的光辉照亮了我人生前进的方向。

生在旧社会,长在红旗下

我是一个普通农民的儿子。上小学时,我是新中国成立后第一批少先队员。我戴上红领巾,唱着《我们是共产主义接班人》,幼小的心灵开始崇敬为革命而牺牲的英雄。因为我们的红领巾是红旗的一角,是革命先烈的热血染成的。没有先烈的英勇献身,就没有革命的胜利,也就没有新中国的诞生。

1963 年夏天,我的家乡遭受了百年不遇的水灾,大水冲毁了房屋,淹没了庄稼,秋粮颗粒无收。大灾之年,我以为自己再继续读书是不可能了。没想到,大水尚未退去,我中学的校长就乘船来家走访,动员我不可失学,要相信中国共产党和人民政府。后来,正是在党和政府的帮助下,我继续读完了高中,并在 1964 年考上了大学,成为本村第一批大学生。这一年,我经历的事情深刻地教育了我。洪水刚刚淹没村庄,当天中午,从北京飞来的飞机就给乡亲们空投了白面饼。乡亲们手捧白面饼,个个热泪盈眶,对党和政府充满了感激之情。大水退去,政府下拨的生产自救小麦种子已提前发放到生产队。生产队养的牲畜送到没有受灾的其他生产队饲养,第二年春天春耕之前又送回来,保证了牲畜安全过冬。政府下拨的物资源源不断送到灾民手中,有盖房用的木材、苇席,有过冬取暖和做饭烧的煤炭,有老百姓生活需要的米面和蔬菜,有御寒的棉衣、棉被。尽管这一年我们灾区颗粒无收,但广大灾区没有一个人因受灾而冻死饿死。我目睹了这一切,从思想上认识到社会主义制度的优越性,一方有难,八方支援。我从内心里更加热爱中国共产党,热爱社会主义祖国,感谢党和政府。

读大学和参加工作的初期,是我一生中最好的年华,也是世界观形成的重要时期。这个阶段,我经历了全民向雷锋同志学习的过程。毛泽东主席亲自题词“向雷锋同志学习”,为我们青年人指明了前进的方向。雷锋同志的事迹深深打动了我,使我在行动上向着为人民做好事、做实事的方向努力。毛主席的光辉著作《为人民服务》使我认识到,为人民的利益而死比泰山还重,我决心把自己的一生献给为人民谋幸福的伟大的共产主义事业。后来,我被学校选送到北京师范大学哲学系学习。这期间我有幸聆听了中国人民大学哲学系教授讲授的马克思主义哲学思想,拜读了马克思、恩格斯、列宁和毛泽东的哲学著作,学习了辩证唯物主义和历史唯物主义,弄懂了马克思主义哲学原理,树立起辩证唯物主义和历史唯物主义世界观。这为我人生道路奠定了坚实的思想基础,让我在加入中国共产党前首先从思想上入党,树立正确的人生观、价值观、世界观。1976 年 12 月 26 日,也就是毛主席诞辰纪念日这一天,我加入了中国共产党,开启了我的政治生命。

回顾我成长的历程,我深深感到自己每前进一步,都离不开党的培养教育,是党为我指明了前进的方向。

甘作共产主义事业的螺丝钉

我主要从事党务工作,长达 30 年之久。无论在党委组织部当干事,还是走上领导岗位,我都牢记党的教导,认真贯彻党的路线、方针政策,全身心为人民谋利益,从不以权谋私。我多次被学校评为“先进工作者”“优秀共产党员”“优秀党务工作者”。从毕业分配到多次调动工作岗位，我做到了像雷锋同志那样，做一颗小小的螺丝钉，党把我拧到哪里，我就在哪里发挥作用，干一行，爱一行，干好一行。我认为，一个人的能力有大小，但只要尽心尽力，认真做好每一件事，就是难能可贵的。无论在什么岗位上，我都自觉地用共产党员的标准要求自己，把工作岗位当做实现自己为共产主义理想奋斗的具体实践。在我主持北京化工大学离退休工作处和党总支工作期间，始终把思想建设和政治思想工作放到首位，带领广大离退休党员退休不褪色，离职不离党，始终与党中央保持一致。我把离退休老同志当亲人，怀着一颗感激他们为祖国教育事业作出贡献的心来关心他们的生活，热心为他们服务，帮助他们解决实际问题，得到了他们的信任和称赞。

牢记为党育才使命

退休以后，我受聘到北京化工大学北方学院工作，担任过其经济管理学院党总支书记和党委组织部长。这是一所全新的民办学校，工作环境有了很大不同，但我作为党培养的干部，初心不改，坚持党的教育方针，坚持党的政治原则、组织原则不动摇，很好地完成了任务。我认为，无论是公立学校还是民办学校，都是在共产党领导之下，在社会主义祖国大地上办学，虽然办学模式不同，但培养的都是社会主义建设者和接班人，必须坚持德、智、体、美、劳全面发展。当时，学校的工作模式是由一位党总支书记直接带领刚刚走上工作岗位的辅导员，每位辅导员分管200名左右学生，全面负责学生的思想教育和日常管理等工作。由于是建校初期，各种规章制度有待健全，学生素质参差不齐，管理难度大，工作繁杂，千头万绪，但我们有党的教育方针在胸，工作有方向，有动力。我们深知，每一个学生背后都是一个家庭的希望，父母的血汗钱来之不易，我们必须千方百计、尽心尽力把他们培养成才。只有这样，才能不辜负国家、学校和家长的嘱托与希望。当第一批学生毕业走向社会参加工作时，我们感到这是党的教育方针的胜利。

我在担任组织部长工作的过程中，发展党员工作是重头戏。当时，各基层党组织面对万名以上的青年学生和100多名青年教师，有大批要求加入党组织的积极分子。做好发展党员的工作，保证发展党员的质量是工作的关键。我们认真贯彻发展党员的工作方针，坚持标准，保证质量，改善结构，慎重发展。首先做好积极分子的培养教育工作，为他们开办党校，学习《中国共产党章程》，组织教授党的基本知识，严格考核学习效果。经过一段时间培养后，一批批青年教师和学生走向成熟，成为党的新生力量。这些新生力量大大提高了党的影响力和战斗力，促进了学校各方面工作。上级党组织派专人到北方学院调查，亲自找新党员谈话，了解发展党员的质量，对我们发展的新党员非常满意。我也对为党的事业作了自己的贡献倍感荣幸。

回顾以往，我感到自己为党做的工作太少了。在历史的长河中，每一位党员就像一滴水，无数滴水就会汇成浩瀚的长河，成就伟大的党的辉煌事业。没有党的培养，就没有每一位党员的政治生命。正是党的教导与指引，一代又一代的共产党人，像跑接力赛一样，把党的事业一棒又一棒地传承下去。今天，我们在党的领导下实现了第一个百年目标，党的十九届五中全会又为我们实现第二个百年目标指明了方向，绘就了蓝图。展望未来，我们信心百倍，中华民族伟大复兴的中国梦，一定能在伟大的中国共产党的正确领导下实现！

党的光辉指引我的一生

北京交通大学　李士群

李士群，男，汉族，天津人，1945 年 12 月出生，1965 年 7 月加入中国共产党，1969 年 8 月参加工作。退休前曾任北京交通大学党委副书记。教授、硕士生导师。

1949 年，伴随着平津战役的隆隆炮声，我的家乡天津市解放了。不满 4 岁的我，牵着姐姐的手，拥到街上，惊喜地看到兴奋的人们手擎彩旗，敲锣打鼓，扭起秧歌，高唱“解放区的天是明朗的天”，心中有说不出的高兴。不知不觉中，党的第一缕阳光照进我的心田。从那时起，党的光辉指引着我的一生。

少年时代，做毛主席的好孩子

1956 年“六一”儿童节，我戴上了红领巾。老师教我们唱少年先锋队队歌，那歌词、那旋律，令我心潮澎湃，热血沸腾，油然产生投身新中国的建设事业的冲动。1957 年我上三年级时，参加了全国扫盲运动。当时由于校舍紧张，小学生上课实行“二部制”，半天上课、半天组成小组轮流在同学家学习。12 岁的我被选作“小教员”，每周用一个半天去教一位大嫂识字。经过一年的努力，大嫂达到了规定的识字数量。我完成了任务，也得到了锻炼，并被学校评为“扫除文盲先进分子”。这是我为新中国做的第一件好事，心中充满了自豪。此外，我还参加了少先队组织的植树造林、清理河堤、为学校办好事等公益劳动，六年级时被评为天津市级三好学生，被授予“毛主席的好孩子”奖状。

青年时代，做毛主席的好学生

1963 年 3 月 5 日，毛泽东主席发出“向雷锋同志学习”的号召。在学习雷锋的过程中，我和同学们一起思考着：雷锋是一个农民出身的普通战士，为什么会引起毛主席的高度关注并号召全国人民向他学习？雷锋在日记中写道，“人活着就是为了使他人生活得更美好”。雷锋无论身在哪里，做什么工作，始终怀着一腔赤诚，毫无保留地响应时代的召唤。这构成了“雷锋精神”最核心的部分。雷锋之所以成为全国人民学习的楷模，最根本的是努力学习毛主席著作，解决了“怎样做人，为谁活着”这个根本问题，努力践行把有限的生命投入到无限的为人民服务中去。作为 60 年代的热血青年，我们以雷锋为榜样，认真学习毛主席著作、积极参加社会实践活动，争做毛主席的好学生。

1965 年，我考入北京铁道学院（现北京交通大学）就读。入学之初，全校 65 级同学就参加了“京密引水工程”颐和园段的开挖劳动。同学们热情高涨，干劲十足，汗流浃背，挖土的、推车的、平整的、夯实的，工地上呈现一派热火朝天的景象。为期一周的劳动成为我们上大学的第一课，我和同学们在劳动中得到了锻炼，更为融入首都的建设感到自豪。

按照教学计划，我们经济系65级全体同学于1966年5月乘火车用5天时间到云南禄丰参加修建成昆线的劳动实践，同铁道兵战士同吃同住同劳动一个月，住帐篷，吃粗茶淡饭，用钢钎打炮眼。我们的手磨出了血泡，既锻炼了筋骨，更磨炼了意志。

勇于担当，做名副其实的共产党员

1970年7月，我参加了与铁路工人、民工一起修建焦（作）—枝（城）线的社会实践，奋力会战8个月通车。之后，我被分配留校工作，决心为培养有理想、有道德、有文化、体魄健康的社会主义建设者和接班人而不懈奋斗。

留校工作后，我做了2年组织部干事、7年团委干事、5年校办党办秘书。这其中有工作顺利的欢乐，有得到肯定的喜悦，也有不受重用的苦闷。有一位老领导在我遇到苦恼时，送我“厚积薄发”四个字，于是我把这种经历作为磨砺意志、积蓄本领的机会。1984年是共和国成立35周年，是改革开放的春风吹遍神州大地的第六年，中央决定在天安门广场举行盛大集会游行。当时，我被调到经济管理系担任党总支副书记，分管学生工作，我与同学们一起冒着炎炎烈日整整练了一个暑假的队列，出色完成了国庆35周年天安门广场的游行任务。

1994年我校成为首批列入国家“211工程”评审的高校，1995年成为全国高校文化素质教育试点学校。我作为校班子成员分管文化素质教育工作。我们开展了丰富多彩的文化活动，包括推进校园文化环境建设、推进文化素质课程进课堂、健全和加强学生艺术团、开展“高雅艺术进校园”活动等，营造了浓厚的校园文化氛围。1997 年 5 月，我们邀请由北京京剧院院长率领的“风雨同仁堂”剧组来校做了第 100 场精彩演出。以赵葆秀为代表的主要演员的精湛演技、剧中展现的中华民族的精神风骨都深深打动了师生，演出后举行的演员、专家与师生的座谈会反响热烈。中央电视台在《新闻联播》做了相关报道。2000 年，我校被教育部授予“全国大学生文化素质教育示范校”。

老有所为，致力于关心下一代

2004 年，我退出了学校领导岗位，但我还是积极为学校贡献自己的微薄力量。我受邀参加了校史研究工作，主持编辑出版了《拼搏与奋进——北京交通大学百年办学历史回顾与思考》《北京交通大学重大历史事件记述》等校史资料。我还担任了学校关心下一代工作委员会（关工委）主任，带领关工委一班人，充分发挥“五老”作用，多方式开展关心教育培养下一代工作。我校关工委被授予“全国教育系统关工委先进集体”称号。

2012 年我还牵头主持了“关工委对青少年进行社会主义核心价值体系教育工作研究”课题，对来自 18 个省、54 所高校、52 所中学的 1 万余份调查问卷进行了分析，调研报告肯定了青少年思想政治状况积极向上的主流态势，总结了经验，分析了存在的问题，特别是对青少年在意识形态领域存在的亟待解决的问题，做出具体分析，并提出了 5 项积极建议。该项工作得到了中国关心下一代工作委员会、教育部有关领导的充分肯定。

回顾几十年的人生经历，我深深体会到，从小夯实红色根基对一生的政治取向至关重要，美好的理想要靠不懈的奋斗才能实现，党的光辉像灯塔一样照亮我人生的路，使我目标明确，笃实前行。

北京邮电大学　殷熙和

殷熙和，男，汉族，山东文登人，1930年11月出生，1949年3月参加革命工作，1953年2月加入中国共产党。离休干部，离休前为北京邮电大学社会科学系党总支书记。副教授。

我1930年出生在山东文登县一个小村庄，今已年过九旬。90年，对历史，对国家，并不算长，但这90年，我们国家发生了天翻地覆的变化。我们党领导全国人民推翻了几千年的封建制度，赶跑了帝国主义侵略者，消灭了国民党反动派，创造了一个全新的"人民共和国"，就像毛主席在《北戴河》里写的"萧瑟秋风今又是，换了人间"。

我出生的那个年代，就我们那个地区来说，已处于旧社会的末期。1930年，国民党正在南方"围剿"红军，欲摧毁我党领导的革命根据地；在北方，山东半岛成为国民党反动统治最薄弱的地区之一；在东北，日本帝国主义于

1931年制造了“九一八”事变，开始了对中国长达14年的侵略战争。到我七八岁时，国内局势发生了重大变化。1937年，日本帝国主义发动了全面侵华战争。1937年年底或1938年年初，侵略者的铁蹄踏上了我们的胶东半岛。

1938年，我8岁，对时势也能略知一二，并产生了一点懵懵懂懂的模糊印象，如“八路”“抗日”“鬼子”等。不久，我们当地便建立了抗日民主根据地和抗日民主政府。由于根据地较快巩固，各村的抗日群众组织也逐步建立起来。各种新的文化教育机构也相继出现，各类宣传队、文艺演出队也开始走村串乡，进行抗日的宣传演出。就在这样的抗日环境中，我迈出了人生第一步——上学读书。

我是1941年春开始上学的，1947年底高小毕业（因贫休学一年）。1946年，国民党反动派发动反革命内战，他们在山东战场屡遭严重失败。1947年，他们重兵向胶东半岛进攻，企图把山东解放军压缩在胶东半岛地区，聚而歼之，以挽回他们在山东的败局，但人民解放军主力迅速地转到外线，配合内线部队，很快就粉碎了敌人的重点进攻，并扩大了解放区。敌人的这次重点进攻，并未来得及到达文登、荣成为主的胶东东海分区，我们也就免遭敌人的战火破坏，使我们学校能在一个相对和平、安全的环境中继续上课。到了年底，我们这一届六年级学生按时毕业，完成了“完全小学”的学习任务。

1948年，解放战争节节胜利。解放军在山东粉碎了敌人对胶东地区的重点进攻后，先后进行了胶济铁路西东两段战役，解放了胶济铁路沿线广大城乡，使鲁中、渤海、胶东三个解放区连成一片。随着解放战争的胜利，解放区面积的扩大，各项工作的开展，对各类干部的需求也在增加。在这种情况下，华东解放区各级领导机关开办了各级各类学校，培养干部。1948年9月，胶东财政学校招生，我知道后，立即报名参加。两三天后即集中出发至胶东栖霞县某驻地。没过几天又被调到华东财政经济办事处卫生处所办的卫生学校。随后又从栖霞到了山东益都县(现为青州市)。

这里是卫生学校,但更像是一所政治学校。我们到达驻地后,并无医护人员组织教学,卫生处也不在我们附近。这很可能与当时的战争形势有关。在我们到达驻地前不久,济南刚解放,我想医护人员的首要任务必定是救治济南战役负伤的伤员。更重要的是,辽沈战役在1948年9月12日已经开始,同时,华东野战军在济南战役后,正全力准备淮海战役(11月6日正式打响)。在这样重要的历史时刻,卫生处的工作重点绝对是随野战军行军。这时他们无暇顾及我们这些"学生兵",是很正常的。

我们的主要任务有两项。第一是政治学习,学习革命理论。请上级领导给我们讲理论、讲革命形势,主要是解放战争形势。除领导作报告外,就是读报讨论,看前线的"捷报"和"号外"。因此,我们虽然没有学到医疗卫生知识,但我们却学到一点点最基本的革命理论,对当时的战争形势,特别是从1948年9月12日至1949年1月31日的"三大战役"的胜利进展,还是相当了解的。第二是简单的军训。我们这些"学生兵"绝大多数都是十七八岁的青年,从未离开过老家,没有任何与军事相关的知识。所以还有一点简单的军事训练,如队列动作、步枪射击要领等。就这样,我们在益都驻地住到1949年2月。

1949年1月10日,淮海战役胜利结束,华东野战军(四月改称"三野")迅速消灭了国民党在长江以北的残部,向南推进到长江北岸,进行过江的准备。这些消息或是我们从报纸上看到的,或是卫生处领导给我们讲的。这使我们大致知道野战部队的动向,但不知我们将向何处去。1949年2月的某一天,全体学员紧急集合。会上,一位领导宣布,要在卫校抽调一些符合条件的同学南下,并当场宣布了名单,我在其中。几天后,我们从山东益都站乘车南行,到安徽省固镇车站下车,随后即整队出发,步行三天,来到了怀远县。我被派到华东南进纵队第三大队，就是华东邮电管理局卫生所，从此便离开了卫生学校。

不久，队伍开始东进、南下，于 1949 年 6 月进入上海。此后，我先后工作于华东邮电管理局卫生所、上海邮政局医务室，1951 年参加了上海邮电医院的筹建工作，并担任该院的见习“司药”。在医院的筹建工作中，我只是个“跑腿”的。那时还没有电话，找人、往病房送发药品的事，我没有少干。

更重要的是，我在邮电医院时，光荣地加入了中国共产党。在这个过程中，院长、支部书记说了几句话，对我影响很大。因为我入党申请书有一段大意是我的一切都是党给的，党对我“有恩”，我一定会“报恩”。对此，他说，你有一种“报恩”的思想是不对的，参加共产党不是为了个人“报恩”，而是要为共产主义奋斗，要执行党的决议，完成党交给的各项任务，更好地为人民服务。此话影响了我一辈子，我一直都记在心里。

我虽是卫生学校的学生，但没有来得及学习医疗知识，在医院工作完全是个外行。只能暂时应付，却难以持久。1953 年 9 月，医院领导决定让我报考“复旦大学附设工农速成中学”（以下简称为“速中”），我有幸被录取，离开医院前往“速中”所在地苏州。“速中”校址在苏州人民路北寺塔院中，北寺塔的一层及其南侧的“大雄宝殿”便是我们的餐厅。塔北侧的数十间配殿，是我们的教室。原来这些大小殿堂中都有菩萨像。我们去时，已被清空。北寺塔东侧紧邻苏州著名的园林“拙政园”。我们在苏州只住了三学期，于 1954 年寒假后便迁回上海。

1957 年“速中”毕业，我参加高考并被北京邮电学院工程经济系录取。9 月我来到首都北京，到了邮电学院。报到后，我发现在我所在的班中，我年龄最大，比一般同学大八九岁，因此我获得一个“光荣”的称号“老大哥”。这个称呼一直传到现在，老同学见面都不称呼我的名字，而仍然以“老大哥”

来打招呼。可是功课方面，我却成了“小老弟”。因“速中”只有四年，功课进度较快，知识学得并不牢固，又加上年龄大，记忆力远不及一般同学，学习困难不少，各门功课只能勉强及格，但我还是积极努力、争取迎头赶上。

1959年9月，我刚刚读完大学二年级，事情突然发生了变化。在秋季开学之际，系党总支书记找我谈话，大意是国家处于“大跃进”时期，学校也要大发展，要扩大招生，需要增加教师，因此决定把我调到马列主义教研室任政治老师。我表示，自己刚读完大学二年级，怎能做大学教师，我干不了。他说这是“组织决定”。对一个党员来说，组织决定就要无条件服从。这样，我们几个大学“肄业”的同学，就随着“大跃进”的步伐，“跃”到了高校教师的队伍中。在高校工作的几十年，我边干边学、兢兢业业、努力工作，没有辜负党对我的信任。

回首90年所走过的漫长之路，我感慨颇多。我每前进一步，所做的每一项工作，都离不开党对我的教育和培养。我能够上高小、“速中”和大学，都是党组织的关怀。党对我工作“跳跃式”的安排，虽使我感到“任重难堪”，却都是对我的信任和大胆使用，让我在工作中得到锻炼。党对我这一辈子是恩重如山。对此，我会一生铭记，永志不忘。

中国地质大学(北京) 李紫金

李紫金,女,回族,河南民权人,1936 年 11 月出生,1953 年 6 月加入中国共产党,1959 年 9 月参加工作。教授,博士生导师。

随着岁月的流逝,很多记忆已经忘却或变得模糊不清。但党对我的培养,以及老师们的谆谆教诲,让我终生难忘。

感党恩

忆往事,是党的教育和培养,使我成为我们村有史以来第一位大学生、教授。我深深感到没有共产党,就没有新中国,就没有自己的今天。这不是空话,如果按照家乡落后的农村习俗,我根本上不了大学,或者可能成为一个只知念书、挣钱,追求富裕生活却一生碌碌无为的人。

我的家乡在河南黄泛区一个偏僻贫困的农村小镇。我的小学就是在镇上读的，当时学校里有共产党地下组织，好几位负责老师都是当时的地下党员，甚至有我们家的至亲，老校长是地下党员、党支部书记，我两位表兄和大姐夫也都是共产党员。那时学校教我们学习《满江红》《精忠报国》《母亲》等文章或歌曲，表演反映贫穷落后、同情劳苦大众的小话剧，对文化学习要求很严，还经常组织学生参加农田劳动。那时的我一心念书，每次考试都是班上前三名，平时表现好是为了让人夸，让老师、家长、同学喜欢自己，至于国家和社会上发生什么事不太关心、也不理解。

我的中学时代，新中国刚刚成立，政治运动很多，假期我经常参加各种形式的宣传队、工作队及青年团组织的各种培训班。青年的我了解到什么是旧社会，了解到共产党领导革命的艰苦奋斗历程，热爱共产党热爱新中国的情怀愈发炽热。1949年，我加入了中国新民主主义青年团。高中时，我被选为校团委委员，假期常去参加县级校团干部培训、专区团组织培训、省团代会等，听到很多优秀的党员、团员及英雄人物的先进事迹，学习了不少党的基本知识，这对我的成长帮助很大。1953年，我光荣地加入中国共产党，成为一名预备党员，并立下了要为共产主义奋斗终生的理想。1954年，我考入北京地质学院，刚读完大学一年级，就服从组织需要，被抽调到系党总支工作，虽然这一年的工作多是跑腿服务性质的，但列席各种会议、作记录和整理材料，使我对党的各项方针政策、党的纪律以及对事物判断的分析认识能力和思想方法有了很大提高，我好像迈上了一个新的台阶，理想与奋斗的理念在心灵深处有了根。

1956年，我复学读大学二年级，被选为专业年级党支部委员、支部书记，直到大学毕业。那时候学生中没有政治辅导员和班主任，全是学生自治，由专业年级党支部领导各班选出“三角组织”（团支部书记、班长、班主席3

人)。我们当时有6个班,同学的政治思想工作、学习、文体活动、社会活动等都得管,加上当时政治运动比较多,学生干部基本上没有礼拜天和假期。我在繁忙的学习和生活中,经风雨见世面,锻炼了自己,明白了一个共产党员要为人民服务的初心,从思想深处扎下了革命理想的根。

念师恩

忆往事,感到自己平凡的一生一路走来,在重要的节点上,都碰到了非常好的导师。年幼时,党的教育和培养使我有了为人民服务的理想,党员老师不仅教给了我作为人民教师的本领,更坚定了我人生的价值取向和理想信念。

读大学时,给我们讲课的都是国内地质界知名教授,他(她)们很多都是早早投身革命工作的同志,身上既有知识分子的风骨,更有坚定的党性修养和“从群众中来,到群众中去”的工作作风。

1959年夏,我读大学四年级,参加专业生产实习,被分到江西队李万亨老师主持的项目组。那时候我们还没有学习“找矿勘探地质学”课程,无论业务水平,还是生活社交能力都很差,我们去了六七个矿床(矿点),每到一地,吃住行都是老师安排,野外地质工作也是老师带我们进行。印象最深的是进行岩芯编录时正值酷热的盛夏,老师亲自动手将一箱箱沉重的岩芯搬上抬下,闷热潮湿的岩芯库房里,滋生着很多比蚊子厉害得多的“小黑虫”,老师被咬后,手臂和两腿都抓得血淋淋的,致使皮肤感染、脓肿和发烧,实习后期他住进了当地医院,但在医院里还指导我们如何进行资料整理。

1960年3月,我读大学五年级时,我国在青海发现了急缺的镍铜矿床。该矿床的勘探工作被原地质部列为重点项目,学校组织师生赴青海省化隆县拉水峡参加勘探。拉水峡海拔3 200米，四周寸草不生，荒无人烟，勘探队住在山顶上的帐篷里，恶劣的气候和缺氧导致的高原反应，让很多同学气喘无力，还流鼻血。由于处在三年自然灾害困难时期，矿区粮菜短缺，又严重缺水，饮用水和钻机用水全靠一辆水车从20公里远的化隆县城拉过来，大家喝水都是定量的。在这种极端困难的生活条件下，我们除了完成应做的地质工作外，还经常参加搬钻杆的重体力劳动，老师们都是带头参加。几十年过去，我总忘不了在拉水峡一年半的野外地质工作情景，尤其忘不了老师们忠诚党的教育事业、重视理论联系实际、勤恳敬业、艰苦朴素、求真务实的奋斗精神。

年已84岁的我，衷心感谢党感谢老师的培养，正是老师们的言传身教，让我从一个懵懂青年转变为一个有着坚定理想信念的共产党员，接过革命的火炬，在地质教育战线上燃烧自己，奉献一生。在建党100周年之际，我看到，即使面对错综复杂的国际形势，艰巨繁重的国内改革发展任务，又遭遇新冠肺炎疫情的严重冲击，但在党的坚强领导下，中国特色社会主义事业的航船仍在继续乘风破浪，坚毅前行！我深深庆幸，这辈子的选择没有错！

在党的领导下，煤矿安全生产健康发展

中国矿业大学（北京） 周心权

周心权，男，汉族，江西吉安人，1945 年 6 月出生，1967 年 9 月参加工作，1983 年 8 月加入中国共产党。退休前曾任中国矿业大学（北京）资源与安全工程学院党总支书记、院长。教授、博士生导师。

2021 年，我们喜迎中国共产党的百年华诞！在党的领导下，自新中国成立以来，我国煤矿安全生产发展经历了巨变，成为我们国家发展进程中必不可少的组成部分。它关系到人民群众的生命财产安全，关系到改革发展和社会稳定大局。搞好煤矿安全生产工作，切实保障人民群众的生命财产安全，体现了最广大人民群众的根本利益。做好安全生产工作是实施可持续发展战略的组成部分，是国家治理体系和治理能力现代化的必然要求，是全面建成小康社会、统筹经济社会全面发展的重要内容。而我，有幸成为新中国煤矿安全生产“扭转乾坤”的践行者之一。

1967年，我毕业于重庆大学采矿工程系，之后一直在煤炭战线从事安全方向的工作，见证了我国煤矿安全生产显著好转的历程。多年来，我作为国务院煤矿安全事故调查专家组副组长、组长，参加了多次事故调查。我参加的煤矿事故调查逐渐从一次死亡百人以上的特别重大事故，到一次死亡30人以上的特别重大事故，再减少到10人以上的重大事故，最后减少到3人以上的较大事故，形象说明了我国煤矿安全生产形势的显著好转。从2009年11月以后，我国煤矿10多年来没有再发生死亡百人事故；从2016年年底起，我国煤矿未发生特别重大事故，而在2020年，我国煤矿自新中国成立以来首次未发生死亡10人以上的瓦斯事故。

据不完全统计，改革开放之前，全国煤矿一年死亡人数达1万多。2005年全国煤矿生产死亡人数减少至6 000人；2020年，全国煤矿共发生死亡事故122起，死亡和被困224人。从另一关键指标，即百万吨死亡率来看，2005年百万吨煤死亡人数指标为2.73，2020年降至0.058。可以看出，我国煤矿安全形势在十几年时间里发生了巨大的变化，已经实现显著好转，并接近根本好转。

改革开放以来，我国煤矿安全生产状况发生的变化，首先体现着国家的发展壮大。国家社会经济的发展对煤矿安全生产提出了更加严格的要求，形成了“以人为本、生命为天”的安全生产理念。习近平总书记强调，发展决不能以人的生命为代价，这是我们不能逾越的红线。这充分说明党和国家的重视以及我们社会经济发展是煤矿安全生产状况发生重大变化的首要原因。其次，我国建立了比较完善的国家监察、地方监管、企业负责的煤矿安全生产管理和监察监管相结合的体制，把搞好煤矿生产安全上升到党和政府治国理政的政治责任高度，这在促进国家煤矿安全遵照法律法规正规性生产方面发挥了非常重要的作用。第三，技术装备的进步促进了煤矿安全生产的发展，打下了重要的科技支撑基础。改革开放初期，邓小平同志就提出应该采用综合机械化采煤技术，极大地促进了煤矿安全生产效率的提高。我国综合机械化采煤技术的发展从引进装备、技术仿制，再到根据我们国家煤矿的特点进行技术改进、研制，最终达到了国际领先水平。现在，我国的综合机械化、自动化、智能化采煤技术的发展已世界领先。在国家监察、地方监管的督促下，我国绝大部分煤矿企业已逐步形成了搞好安全生产的自觉性和主动性。各个方面的有力支持成为我国煤矿安全生产发展的重要推动力量。

从大学毕业到现在，我已经工作 53 年了。我在美国密歇根理工大学留学并从事科研工作 8 年后，回国从事博士后研究，后在中国矿业大学(北京)留校任教至 2010 年退休。多年的严谨治学，我有两点心得。一是通过多学科的结合，来提高技术装备开发的创新。只有脚踏实地、不断前进，才能使科学技术得到发展。煤炭安全专业具有自然科学的属性，同时也带有强烈的社会科学属性。在专业研究中将哲学、辩证分析的相关观点应用其中，对于安全专业将会发挥重要作用。二是安全专业也是工程实践性很强的理工科专业，在这种情况下，要十分注重理论与实际相结合。在实践中往往会遇到困难和麻烦，遇到艰苦的环境，但往往在这种境况下，也可能是我们收获最大的时期。这不仅仅是我多年的心得总结，更是一种对当下青年人的勉励，是我们继续前行的宝贵财富。

奋斗的人生是美丽的。在我看来，我不是为出人头地，更不是为荣华富贵，而是脚踏实地为党、为国家、为人民在工作，在奋斗。但是，没有广博的基础知识，没有孜孜以求、为党为国的情怀，奉献国家、服务人民将难以完成。

回顾风雨历程，正是在党的坚强领导下，正是因为有与党同呼吸、共命运的社会主义事业的忠实实践者,有一代又一代各行各业的奋进者、开拓者,才有了今天的伟大成就。我衷心地希望新时代的青年人,能够始终听党话、跟党走,接过历史的接力棒,积极投身伟大的社会主义新时代建设,为中华民族伟大复兴的中国梦奋力前行!

铸“红魂”，为党为国唱响石油赞歌

中国石油大学(北京)　刘耀芳[1]

刘耀芳，女，汉族，江苏靖江人，1938年8月出生，1961年9月加入中国共产党，1965年5月参加工作。退休前曾任中国石油大学(北京)化工系系主任。教授、博士生导师。

人民领袖毛泽东在社会主义建设初期指出，要进行建设，石油是不可缺少的，天上飞的，地下跑的，没有石油都转不动。身为一名中共党员，一名石油专业的老师，我始终牢记着毛主席的话，用教书育人和石油科技来回报党和国家对我的培养，始终与党同呼吸、共命运，以“艰苦创业”的革命精神奋战在石油事业的最前线。

① 本文为刘耀芳口述，鞠斌杰、何志华记录整理。

无畏险阻，勇闯石油征程

家庭教育对我的影响很大，令我从小就有了深厚的爱国情怀和强国之心。抗日战争中，我的家乡受到了日本侵略者的摧残，父母长辈们经常对我讲述日本帝国主义的残暴，以及中国人民生活在水深火热之中的残酷景象。那时的我非常迫切地希望中国能够强盛起来。记得当时有本苏联小说名为《远离莫斯科的地方》，对我产生了很大的影响，让我意识到，石油是工业血液。没有石油，国家不可能发展，不可能实现工业化和现代化，更不可能真正强大起来。因此，我就决定选择石油专业，参与石油强国事业。

当年我的家庭经济困难，女孩子上学上到高中是一种奢望。但在党和国家的关怀下，我每年都能免学费，因此顺利完成高中学业。考上大学后，我甚至凑不齐北上念书的路费，又是国家对我进行了补助。缺少行装，家中一位亲戚拿出了钱，给我做了几件衣服，我才启程赴京，晚了一个月赴校报到。进入大学后，我又得到了全额助学金……在那个时代，上大学的青年只占同龄人中的极小比例，而能上大学的农村女孩更是少之又少。为了感谢党与国家的培养，我努力学习，用知识和能力武装自己，报效祖国。国家需要什么人才，我就学什么专业。石油能强国，我就报考学习石油专业。

我明白石油大多产在人烟稀少的边远地区，甚至是毫无人烟的荒芜之地，但我并不惧怕，也不会退缩。我想干事业总得吃苦，别人能吃的苦，我也能吃。建设国家和打仗一样，总得有人冲锋在前，先艰苦创业，攻坚克难，开创局面，为后人铺路。为了不辜负党与国家培养，我不怕到艰苦地方去干艰苦的工作。

光辉引领，唱响五爱之歌

新中国成立初期，党大力进行“五爱”思想教育，即爱祖国、爱人民、爱科学、爱劳动、爱护公共财物。这“五爱”为广大人民所真心接受，也深深植入了我的内心，引领我的思想，匡正我的言行。记得我在留美学习后期与台湾同学聊天时，台湾同学提到他们十分钦佩大陆青年强烈的国家责任感。我解释这是由于我们从小接受“五爱”教育。台湾同学对“五爱”进行了多种猜测，当我将真正的“五爱”说给他们听时，他们一一点头并真诚地称好。

党提出的“五爱”思想指引着我们这一辈人的成长、成熟，直至永远。在我看来，它既不是空洞的口号，也不是高不可攀的指标，它是踏踏实实在我们身边看得见用得着的言行准绳，应该刻在心里一辈子，并以此教育学生和下一代，让他们自觉担负起对国家与人民的责任。

勇攀高崖，摘采石油之花

《钢铁是怎样炼成的》中有这样一句话：人的一生应当这样度过，当他回首往事时，他不因虚度年华而悔恨，也不因碌碌无为而羞愧。我将此作为自己的人生信条，不断奋进，永不停歇。1961 年 8 月，怀揣一颗为党为国多作贡献的心，我加入了中国共产党，实现了多年来的愿望。那一年，我正值大学毕业。分配工作时，我首先志愿报名到最艰苦的大庆去，第二志愿是服从分配。没有想到的是，辅导员老师来找我谈话，说我成绩优秀，建议继续深造，攻读研究生。我考虑到自己家庭经济困难，便回绝了。老师又说：“如果党要你读研，你怎么样？”我立即回答：“我坚决服从党的安排。”就这样，我在大学毕业后又读了3年的研究生。

1979年，教育部从大学教师中选派出国访问学者，我经学校推荐，通过了5门课的考试，又参加了全国英语统考，最终被录取。1981年元旦，我启程赴美国犹他大学，学习了两年的时间。在留学的这两年中，我不仅学到了更多的专业知识，开阔了眼界，还看到了中美两国在科技、生产以及人民生活水平之间的差距，这更增强了我为祖国发奋学习和工作的决心。

学习期满后，我义无反顾地返回祖国。之后我在石油大学的教学和科研工作中，以只争朝夕的精神干劲十足地工作。在教学上，我为石油化工的研究生开发了“催化原理”的新课程。为了推进石油化工专业科研发展，我积极投入学校的第一个重点实验室——重质油加工国家重点实验室的申请、筹建和建设工作。之后我和我的团队为提高我国重质油生产的汽油与柴油质量、使其与国际接轨而刻苦研究，取得了多项科研成果，并广泛应用于大型工业生产，获得了显著的经济效益。这些成果先后获得了国家科技进步二等奖(催化裂化汽油降烯烃保辛烷值新工艺)，北京市科技进步二等奖，中国石油总公司科技成果一等奖，中国石油和化学工业联合会技术发明奖特等奖。

立德树人，培养石油人才

作为一名教师，我始终把为祖国培养优秀的石油人才作为首要职责，坚持用“德才兼备”原则来严格要求学生。在“德”方面，学生要以“五爱”为准绳，指导自己的一言一行，还要对国家兴旺有责任感，对人民要有爱心；在生活中应该戒奢以简，勤奋工作，做有文化高素质的人才。在“才”方面，学生必须认真学习，打好扎实的理论基础，练就善于理论联系实际、分析解决问题的真本领。我十分关心学生的学习和生活情况。对经济困难的学生采取适当的方式给予帮助,对学生的不良行为敢于批评指正。曾经受过批评的同学心服口服,真心实意赠予我“严师慈母”的称号。有的研究生在科研工作中,表示对我的严格要求又怕又爱,怕我找出毛病,重新开展实验,又爱我及时指明方向,使其打开科研思路,提高研究进度,取得实验成果。在爱国主义教育方面,我在留美学习的经历中明白“华人只有自立自强才能不受歧视”,因此在对学生的教育中反复强调读书终是为了报国,国家越是艰苦,就越需要我们去努力奋斗的道理。

在党的光辉引领下,我把青春年华献给了党,献给了石油事业。我听党话、跟党走,用对石油行业倾注的心血来回报党对我的培养。今年正值中国共产党成立 100 周年,党领导中国人民创造着一个又一个历史性的成就,完成了一个又一个飞跃。我们坚信,不久的将来,中国共产党带领全国各族人民,一定能把我国建设成一个富强民主文明和谐美丽的社会主义现代化强国,一定会实现中华民族的伟大复兴!

礼赞中国共产党领导的美丽中国建设

北京林业大学　郝建华

郝建华，男，汉族，山西曲沃人，1958年3月出生，1982年7月参加工作，1993年3月加入中国共产党。退休前曾任北京林业大学苗圃和树木园管理办公室主任、苗圃办校友会联合党支部书记。正高级工程师。

2021年，我们将迎来建党100周年。伟大的中国共产党诞生于中华民族危难之际，领导人民打败了日本侵略者，推翻了三座大山，建设了繁荣富强的新中国。如今，在中国共产党的坚强领导下，我国已成为世界第二大经济体。国家强盛，人民富裕，“两个一百年”的目标正在实现，社会主义现代化即将到来。

作为一名普通的中国共产党党员，在党的百年华诞到来之际，我衷心地为我们党取得的伟大成就点赞。

中国共产党是伟大的党，正确的党，为人民谋幸福的党。她有科学的指导思想,她有正确的纲领,她有伟大的理想,她有远大宏伟的目标。

从毛主席的“为人民服务”,到习总书记的“人民对美好生活的向往就是我们的奋斗目标”,中国共产党始终把人民放在第一位,这就是共产党的执政基础,这也是这个执政大党始终保持先进的法宝。

中国人民从半殖民地半封建社会备受奴役和压迫,到成为新中国新社会的主人,从站起来到富起来,每一步都是在党的领导下实现的,“没有共产党,就没有新中国”,这首歌唱出了全体中国人的心声。

中国共产党不仅要建立一个繁荣富强的新中国,而且要建立一个山川秀美的崭新的家园。

新中国成立,百废待兴。当时中国的森林覆盖率只有 8.6%,国土荒凉,然而经济建设需要木材,需要森林资源。1955 年,毛主席发出了“绿化祖国”的号召。随后党中央提出要从 1956 年开始,在 12 年内绿化一切可能绿化的荒地、荒山,一边开发利用森林资源,一边大规模营造森林,扩大森林资源。从 1949 年到 1978 年,我国森林覆盖率终于保持在了 12% 左右。森林资源为新中国建设作出了巨大的贡献。

1978 年,改革开放伊始,在经济条件比较薄弱的情况下,国家开始建设第一个大型三北防护林体系工程。这不是以生产木材为主要目的的工程,而是一项生态建设工程。我们林业人都知道,生态工程投入大、见效慢、时间长,但我们党为了改善生态环境,改善人民的生活环境,下大决心,投入巨资进行三北防护林工程建设。工程横贯西北、华北北部和东北西部,形成横跨整个北方的一条绿带,在占国土面积 42% 的土地上进行防护林体系的建设。这是一项巨大的生态工程,也是一项国土美化工程,最终要建成一条绿色长城。现在看来,工程极大地改善了三北乃至全国的生态环境和面貌,体现了中国共产党的魄力和毅力。

邓小平同志在1981年提出全民义务植树的倡议，号召全民义务植树，绿化祖国，改善生态环境。第五届全国人大常委会将3月12日定为我国的植树节。在全国人大第五届四次会议上，人大代表审议通过了《关于展开全民义务植树运动的决议》。

在党的领导下，我国建设了一系列生态工程，这其中的大型工程包括长江中上游防护林工程、珠江上游的防护林工程、太行山绿化工程、平原绿化工程、平原的农田防护林工程和沿海防护林工程等。我国森林覆盖率从20世纪80年代初的12.98%，增长到现在的22.96%，每五年可以增加2到3个百分点。森林覆盖率逐渐增长，极大地改善了生态环境，造福了全国人民。

习总书记提出“绿水青山就是金山银山”的科学论断，保护、建设生态环境的理念深入人心，得到全国人民的积极响应。党的十八大报告指出，要把生态文明建设放在突出地位，纳入“五位一体”的中国特色社会主义事业总体布局，全面推进经济建设、政治建设、文化建设、社会建设、生态文明建设，实现以人为本、全面协调可持续的科学发展。

经过生态环境建设，我们有了秀美的塞罕坝、华美的库布齐、壮美的八步沙、丰美的右玉县这些闪光的明珠，有了绿色的山川大地、辽阔的草原和斑斓的湿地，有了美丽中国，有了美丽家园。

美丽中国建设是中国共产党为人民服务、以人为本执政理念的具体体现。

我作为一名普通党员、曾经的林业教育工作者、生态环境建设的老兵，从青年时的不畏艰苦、中年时的奋力向前，到退休前的不忘初心，能为国家生态环境建设工作并作出贡献，感到十分荣幸。我曾经组织领导北京林业大学校园绿化工作4年，为改善校园面貌、绿化美化校园作出了应有的贡献，组织建设、管理新教学实习苗圃8年，为培养大学生的实践创新能力提供了良好的平台。近两年,我为《中国绿色时报》撰写多篇文章,普及树木知识,宣传生态文明,传播绿色生活理念,继续为生态文明建设作出力所能及的贡献。

党对生态文明建设的强有力领导让我们这些生态环境建设的老兵备受鼓舞。生活在美丽平安的中国大地,我们深感幸福!

为党献人生

中国传媒大学　孔德明

孔德明，女，汉族，山东曲阜人，1937 年 1 月出生，1959 年 8 月参加工作，1996 年 11 月加入中国共产党。退休前曾任中国传媒大学电视学院影视人物造型设计专业负责人。教授。

我出生于 1937 年，已经进入老年，真正是“80 后”。在迎来中国共产党百年华诞的时刻，回顾过去，深深领悟到，我一生中的酸甜苦辣都与党紧密相连。党与我共命运，我为党献一生，这就是我的人生。

入党初心

我们这些生在旧社会、长在红旗下的知识分子，青少年时代思想意识上都深受苏联的影响。当时，苏联是社会主义阵营的老大哥，因此都要向苏联学习。我们放下了手中《三国演义》等传统小说，看上了《卓娅与舒拉》等苏联小说。学校非常重视共产主义理想教育，《我的理想》《我最敬爱的人》等成为语文课上必写的作文题。敬英雄、学榜样成为社会的主旋律。

我和很多同龄人一样，把《钢铁是怎样炼成的》中“人的一生应该这样度过……”那段话工工整整地抄写在自己笔记本的首页上，当做人生的座右铭。我想，我也应该像保尔·柯察金那样度过自己的一生，做一个坚定的布尔什维克，为人类最壮丽的事业而奋斗。我的脑海中有一个念头越来越强烈，那就是一定要争取入党，成为无产阶级革命事业的先锋战士，才能像保尔那样不负此生。在20世纪60年代，我向组织提出了入党申请。这就是我的初心。

这一年我23岁。

小车不倒只管推

毛主席一贯主张不唯成分论，重在个人表现。但是在20世纪六七十年代，由于我的特殊身份——孔子第77代嫡系子孙，我被大家另眼相看。组织上找我谈话，询问我与孔德成的关系。孔德成是最后一代孔子奉祀官（相当于衍圣公），时任台湾“考试院”院长。尽管他不认识我，我也不认识他，但是远房“堂兄”这层血缘关系，我否认不了。再加上一些类似情况，我成了“社会关系复杂”的另类。我的入党之路变得漫长而艰辛，比一般人要付出更多的努力。

那时，我在位于北京南口的地下铁道工程学校任教，家住市区南礼士路广播电视局宿舍，上下班都要坐一个多钟头的通勤火车，真正是顶着星光去，踏着月光归。但十几年来，我从来没有缺过一堂课，大多数时间都能拿到年度全勤奖。“文化大革命”停课后，我们被下放到了工厂劳动。在一次参加大型宣传壁画绘画工作时，我不慎从脚手架上摔了下去，小半边身子都青紫了。我只在床上躺了一两天，就咬着牙又爬上了脚手架。在南口工作的18年中，我多次被评为“先进个人”。但我还是入不了党。我时常自我反省，觉得自己确实有许多地方做得还不够好，离共产党员的标准还有一定的差距，“革命尚未成功，同志仍须努力”。

转变出现在1976年之后，党中央粉碎了“四人帮”，开始拨乱反正。“批林批孔”中被打倒的“孔老二”，复原了思想家、教育家的历史称号。“文化大革命”中被打成“反动学术权威”的父亲，也还原了“志愿军功臣”的本来面目（抗美援朝时，父亲作为中国人民志愿军铁道兵赴朝参战，负责东线铁路技术工作，荣立集体三等功）。那些所谓的复杂社会关系也都随风而去，我也如愿以偿地调入北京广播学院（现中国传媒大学）工作。卸下了肩上沉重的包袱，我入党的信心更加坚定，进一步提高了工作的积极性，党叫干啥就干啥。

那时提倡“一专多能”，我根据工作的需要，前后开设过9门课程，内容涉及语言学、文学、新闻学、艺术学等学科门类，最后定位在形象设计（又称“人物造型设计”）专业。通过课程实践，我自身的学养也得到极大地提升，学术研究结出了硕果。我共出版26部专著（含合著），发表50多篇论文，还获得过多种奖项。

1994年，我被广播电视部授予“精神文明建设标兵”称号，同年晋升为教授。1996年，我有幸进入中南海，参与中央领导同志形象设计工作，这是党对我极大的信任。同年，我终于光荣入党。

这一年，我59岁。

最美夕阳红

入党之后，又是我的一段激情燃烧的岁月。如果用一句话来形容，那就是，最美夕阳红。

1994年，北京广播学院创办影视化妆专业，急缺教师。上级要求我转行，并指定要我开设形象设计课程。当时高校未设形象设计这个专业，未开形象设计这门课程，可供参考的资料少之又少，一切都要从零开始，艰难可想而知。1999年，我在教案基础上撰写的专著《形象设计》一书正式出版。当时，为了规范市场，文化部文化艺术中心正在开展形象设计水平测试活动，但3年多还没有编写出统一的测试教材。他们找到我后，我以《形象设计》一书的理论体系为骨架，与20多位专家学者一起，撰写出《形象设计基础教程》《形象设计操作技能》教材。专家学者们一致推举我为专家组长。2000年，我被聘请为全国形象设计水平测试专家委员会首席专家。从此，我由一个不起眼的“小人物”变成了领军全国的行业带头人，被业界誉为“我国形象设计理论的开拓者和奠基人”。

2004年，中国传媒大学南广学院成立，我又参与了一次影视形象设计专业的创建工作。还是一切从零开始，逐步形成一套集通识教育、专业教育、生涯教育三位一体的办学机制，建立起封闭式（课堂）与开放式（实践）教学融汇互补的教学模式。我们还重点做好三个接轨，课堂教学与专业实践接轨、专业设置与社会需求接轨、教学质量与社会考评接轨，收效极好。到2013年为止，师生们共获奖120多项，从省级金奖，到全国全能冠军，再到国际特等大奖，实现了“三级跳”。2009年，影视形象设计专业从全校36个本科专业、90个专业方向中脱颖而出，被评为南广学院三个特色专业之一。

党肯定了我的工作成绩,2010年,我被授予"江苏省高等学校优秀共产党员"称号。我一生曾获得20多种奖项,其中不乏国家奖、国际奖,但是我心目中最珍视的还是这个奖。

2013年,我离开中国传媒大学南广学院,正式退休。这一年,我76岁。

上面分三个年龄段回忆了我一心向党的人生历程。这是一个普普通通知识分子的一生,但也是我这一代知识分子与党同呼吸、共命运的真实写照,具有代表性、典型性。因此,我要把它当做珍贵的礼物,献给中国共产党建党100周年。同时,我还要用它对儿孙辈进行革命传统教育。今年我唯一的孙子保送进入清华大学学习。我告诉他,现在国家已经进入"十四五"时期,你们遇到了"高质量发展"的好时代,学成之后,定可尽展才华。但最重要的是,一定要握紧前辈的接力棒,接好革命的班,走正人生的路,紧密团结在以习近平同志为核心的党中央周围,为实现民族复兴的伟大中国梦努力奋斗!

在党的领导下，我国税制改革与税收法治建设蓬勃发展

中央财经大学　汤贡亮

汤贡亮，男，汉族，浙江诸暨人，1945 年 12 月出生，1968 年 7 月参加工作，1980 年 6 月加入中国共产党。退休前曾任中央财经大学税务学院院长。教授，博士生导师，享受国务院政府特殊津贴。

伟大的中国共产党 100 周年诞辰即将来临。我在改革开放之初的 1980 年入党，我想以自己从事财税教育工作、参与财税改革几十年的经历和亲身体会，讴歌在党的领导下，我国财税改革与财税法治蓬勃发展的历史。

1978 年，在党的十一届三中全会精神指引下，我国进入改革开放新时期。我们党开始以全新的角度思考国家治理体系建设问题，以 1992 年 10 月党的十四大正式确立社会主义市场经济体制的改革目标为契机，按照 1993 年 11 月党的十四届三中全会通过的《中共中央关于建立社会主义市场经济体制若干问题的决定》，从 1994 年起，中国的财税体制改革率先踏上

了制度创新之路。

我们这一代人是幸运的，我1968年毕业于中央财政金融学院财政系，在我1992年回到更名为中央财经大学的母校后，恰逢财税改革大潮的蓬勃兴起和发展，使我有机会于1993年年初参加了由国务院研究室主持的“财税改革研究”课题组的研究工作，后来又有机会直接参加财政部、国家税务总局、中国社会科学院、世界银行等组织的“关于中国增值税分项目实施方案”“加入WTO后中国税收法制体系的改革和完善研究”“个人所得税费用扣除项目及标准问题研究”等课题。1994年以来，在我国经济体制、税收体制改革快速推进的过程中，我国财税制度不断创新，我国的财税法治也取得了令人欣喜的重要成就，如《农业税条例》的废止，增值税转型试点工作的推进，个人所得税法立法听证会的召开，企业所得税“两法合并”的成功等，都是我国税制改革与税收法治积极推进的显著标志。我们深深地感受到气势恢宏的中国财税改革和财税法治建设脉搏的跳动，深深地感受到中国财税改革和财税法治对于建立和完善我国社会主义市场经济体制、实现国家治理现代化的无比重要性。

1997年党的十五大提出的“依法治国”方略被写入宪法，在财政领域就相应表现为“依法理财”与“财政法治”，在税收领域就相应表现为“依法治税”与“税收法治”。

2003年10月党的十六届三中全会通过的《中共中央关于完善社会主义市场经济体制若干问题的决定》推出了新一轮税制改革。这就是我们亲自经历的个人所得税改革、增值税转型试点以及内外资企业所得税“两法合并”等多项改革。

特别振奋人心的是2013年11月党的十八届三中全会通过了《中共中央关于全面深化改革若干重大问题的决定》(以下简称《决定》)，吹响了中国全面深化改革的号角。《决定》指出，“财政是国家治理的基础和重要支柱，科学的财税体制是优化资源配置、维护市场统一、促进社会公平、实现国家长治久安的制度保障”，提出要“落实税收法定原则”“完善立法、明确事权、改革税制、稳定税负、透明预算、提高效率、建设现代财政制度”，提出要“改进预算管理制度”“完善税收制度”。《决定》从国家治理的总体视角，站在前所未有的历史高度给予财政税收全新的定位，并以建立与现代国家治理体系和治理能力相适应的现代财政制度的全新理念，对深化财税体制改革作出了全面、系统的部署。正是在这样的背景下，我国“营改增”改革、房地产税改革、环境保护税改革、资源税改革等全方位展开，积极推进，税制改革对中国社会经济生活的影响正在日益显现出来。《决定》将“落实税收法定原则”在党的文件中第一次公开表述，意义非同寻常，这使我国财税与财税法学界感到分外振奋。我们欣喜地感受到了税收法定原则的时代张力，税收法定原则已被我国现行立法实践所确认。2015 年 3 月 15 日，十二届全国人大三次会议表决通过了《立法法修正案》，其中第八条原先规定的实行法律保留的“税收基本制度”被进一步细化为“税种的确立、税率的确定和税收征收管理等税收基本制度”，且单列为第六项，位次居于公民财产权保护相关事项的首位，这使税收法定原则在法律层面得到更为清晰、更为明确的确定。而后经党中央审议通过的《贯彻落实税收法定原则的实施意见》明确提出“税制改革依法前行”，明确新开征的税种（及原三个已经全国人大立法的税种）须经全国人大立法，并大致规划在 2020 年前后全面落实税收法定。这就从法律上框定了税制改革必须遵循的原则。

在党的领导下，在“落实税收法定原则”的政策导向指引下，改革开放以来，我国在税收立法方面取得了重大进展，税收立法进程明显加快，税收立法规则已提上日程，税法体系比改革前已大为发展。

2017年，党的十九大确立了要形成税法统一、税负公平、调节有度的税收制度体系，并根据“两个一百年”的奋斗目标，以及我国经济已由高速增长阶段转向高质量发展阶段的科学判断，明确提出，要坚持质量第一、效益优先的总政策，以供给侧结构性改革为主线，按照建立现代财政制度的目标，调整和完善新时代的理财治税方略，全面启动第三轮大规模税制改革。

在税收立法层面，截至2019年8月全国人大审议通过资源税法，我国18个税种中11个税种已经立法，包括企业所得税、个人所得税、车辆购置税、资源税、耕地占用税、环境保护税、车船税、烟叶税、船舶吨税、契税、城市维护建设税等。目前尚以国务院暂行条例形式存在的税种还有7部(增值税、消费税、土地增值税、印花税、关税、房产税和城镇土地使用税)。由于正在立法中的房地产税将取代上述房产税和城镇土地使用税，当前和未来需立法的税种只剩6个，现都已启动了立法程序，正在按党中央“落实税收法定原则”的要求和全国人大的立法计划，积极推进税收立法，为实现税收法治化、推进国家治理现代化而不断向前迈进。

改革开放40多年来，在党的领导下，我国税收改革与发展成绩斐然，税收改革与发展的实践经验主要可以概括为以下三个方面。一是坚持党对税收工作的领导，自觉服从、服务于党和国家的工作大局。发展中国家现代化进程的难题之一，是不具备现代国家的治理体系和治理能力，因而难以建立起有效动员国内资源的财政收入体系。财政收入匮乏和缺乏弹性，又影响着对教育、卫生、养老，以及公共基础设施的投入，从而阻碍了工业化进程和国家治理能力的提升。如何突破这种“两难困境”，是发展中国家治理和财税制度现代化面临的一大挑战。在我国，中国共产党是国家经济与社会现代化事业的领导核心，为人民服务是她的根本宗旨，这不仅为我们提供了应对国内外挑战、深化改革的勇气和纠错能力，还提供了中国现代化进程的政治和组织保障。因此,不论是税收改革还是税收政策,都必须服从、服务于党和国家的工作大局。这是我国税收工作必须坚持的一条基本经验。二是坚持借鉴国际经验与立足中国国情相结合,不断改革和完善我国税制体系。回顾改革开放 40 多年来税收改革的历程,其中的一条重要经验是借鉴国际经验与立足中国国情相结合,用改革的思路和办法推动税收改革与税收法治、税制建设。三是坚持科学的方法、积极稳妥地推进税收改革与发展。注重积极稳妥地推进改革,注重顶层设计和基层试点相结合;注重税制体系和税收征管之间的协调配套。

我国当前正在进行的深化财税改革、加强财税法治、建设现代财政制度的努力,正是在打通由法治财税走向法治中国的圆梦之路上的探索。让我们在党的领导下,为中国财税改革与财税法治建设事业的蓬勃发展而不懈努力!

回顾我担任三任支部书记的心路历程

中国政法大学　庞　本

庞本，男，汉族，北京昌平人，1946年2月出生，1970年8月参加工作，1985年7月加入中国共产党。退休前曾任中国政法大学管理干部学院副院长。研究员。

作为高校党组织，纪念建党100周年的最好形式莫过于真正抓好基层党支部建设，筑牢党的基石；而作为一名高校党员，纪念建党100周年的最好形式，则莫过于发挥先锋模范作用，履行党员义务，永葆纯洁党性。好的党支部书记既是党支部建设的第一责任人，更应该以身作则发挥好示范带动作用。我在不同时期担任过3任支部书记，任党建督导员11年。在庆祝建党100周年之际，我想好好回顾参与党支部建设的历程，回忆担任党支部书记工作的经历，希望能有助于下一步工作的开展，同时也算是为党和国家的事业发展增添正能量。

首任支部书记,抓好传统促“四建”

1995 年,我任中央政法管理干部学院学管、保卫联合支部书记,行政上任学员管理处处长。这个时期的党支部建设与当时的形势、任务密切相关。90 年代初期,东欧剧变,苏联解体,国际共产主义运动严重受挫。高校是思想政治领域的重镇,是境外反动势力渗透、和平演变的重点对象。加强党对高校的领导,坚持党委领导下的校长负责制,加强思想政治工作,坚定树立共产主义信仰和建设中国特色社会主义的信念,增强基层党组织的凝聚力和战斗力,尤其是克服党支部软懒散等问题,不仅能在平时改革、发展、稳定等工作中发挥积极作用,而且能在遇到突发事件、面临各种政治风浪时显示出强大的战斗力。

我们支部始终把思想建设放在首位。针对崇洋媚外、矮化甚至诋毁党和政府形象、理想信念淡漠、组织观念淡化、组织纪律松懈、一切向钱看等不良倾向,组织党员重点学习邓小平建设有中国特色社会主义理论、党的十四届六中全会文件及江泽民同志“七一”重要讲话,学习谭彦、李素丽同志先进事迹。通过学习,支部同志坚定了理想信念,提高了执行党的路线、方针、政策的自觉性,以及与党中央保持一致的自觉性。这时期党支部的工作特点是结合党员思想实际和工作开展活动。由于本人是行政领导兼任支部书记,党建和行政工作结合得比较紧密,易于两手抓两手硬。但也有缺点,主要是没有深入研究党建规律,工作方式方法传统单一,也谈不上创新。

再任支部书记，加强理实结合

1998年，我任中国政法大学管理干部学院（对外仍称中央政法管理干部学院）教务、学管联合支部书记，行政上任副院长兼学员管理处处长。这一时期我的工作特点是加强了理论学习和对工作的研究，党建和行政工作有了新起色、新亮点。几年里，我结合工作学习了党建理论、教育法律法规，并基本学习了14门法律核心课程。我的体会是，工作要创新、思想要解放，就必须不断学习充实自己。教育思想观念不创新，改革就迈不开步子，就不会有正确方向。另外学习要紧密结合工作和个人思想实际，这样才能推动工作，提高思想修养。

当然，现在想来，那时的我工作也有不足，比如理论学习不系统不深入，遇到问题找依据的自觉性和理论水平还不高；深入研究工作规律，创新精神尚待加强；辅导员工作研究还不普遍，缺乏深度和新意；很少主动听取系部意见建议，与辅导员、学管处工作人员个别谈心帮助他们解决工作和生活中的困难不够等。我认为自己应在联系群众、关心群众切身利益、改善他们的工作和生活条件方面予以重视，并切实改进工作作风，真正成为群众的贴心人、发挥党员的先锋模范作用。

三任支部书记，建规范创新支部

2013年，我任离退休干部分党委第16党支部书记。此时我已身兼管院校友会常务副会长，还兼任学校党委党建督导员，这样就三职在身。面对老同事信任和组织依托，我还是满怀热情迎难而上，毅然挑起了这副担子。离退休党支部党员普遍年老，体弱多病，一些人要照顾老人，还要照顾孙辈生活，家务缠身，还有一些党员居住偏远往返参加支部活动不便。此外，支部经费不足、缺乏资源，理想信念淡化、组织生活涣散、执纪不严、党员先锋意识薄弱等问题在支部也不同程度地存在。虽然困难不少，但多数老同志的党员意识、组织观念还是很强的，盼望能有一个温暖的组织，希望能得到关爱，发挥余热。我努力团结大家创建和谐党支部、规范党支部、创新党支部。

党支部的工作首先是做人的工作，要以人为本，和谐团结很重要。我上任伊始，恰逢八一建军节，支部适时组织了“庆八一、慰问转业干部”群众路线教育实践主题党日活动。支部里有过军旅生涯的同志聚在一起，忆夕论今，大家感慨支部给他们过了个有意义的建军节。暖人心送爱心不但要锦上添花，更要雪中送炭。为践行全心全意为人民服务的宗旨，始终保持与党员与群众的紧密联系，支委们自觉做到党员和群众病重住院力争要在第一时间看望慰问，帮助协调解决困难。同时积极关注和解决涉及党员和群众切身利益的急事、难事。努力做到支部和党员平时看得出来，关键时刻站得出来，危急时刻冲得出来。我们还有意识地发现、宣传和树立正面典型，弘扬党的优良传统，营造团结和谐氛围。积极推荐老有所为、尊老敬老好家庭、离退休工作先进工作者等人选。在优秀党员带动下，逐步形成院脏有人扫、桌椅坏有人修、下雪及时铲、有事众人帮的团结和谐型邻里社区关系。经过不懈的努力，支部凝心聚力，建立了威信，扩大了影响力。

严谨规范的组织生活是党支部进行党员队伍建设，发挥政治核心和战斗堡垒作用的保障。在新形势下，“三会一课”、组织生活会、民主评议党员等制度必须坚持，并且要丰富其形式充实其内容。支部主要通过抓主题党日活动和实践活动，进行理想信念、党的纪律、为民宗旨教育等活动。

我们注重把支部建设同其他工作相结合，推动支部的创新发展。将支部建设与关工委工作相结合，坚持与学生党支部携手共建开展系列活动，共建活动发挥了老同志阅历丰富、入党时间长、对党感情深、立场坚定的政治优势，而学生党员朝气蓬勃，渴望进步，有初生牛犊不怕虎的锐气，老少共建相得益彰；将支部建设与校友会建设相结合，组织党员以开展主题党日活动的形式走访调研宣传校友中的优秀人物和事迹，许多校友也感恩母校的培养和老师的栽培，捐资助力离退休党支部开展党建活动。此外，我们还将支部建设与社团活动相结合，与新技术新技能相结合，将理论学习与实践活动紧密结合。

2018年中共中央印发了《中国共产党支部工作条例(试行)》。条例的制定和实施，对于加强党的组织体系建设，推动全面从严治党向基层延伸，全面提升党支部组织力，强化党支部政治功能，巩固党长期执政的组织基础，具有十分重要的意义。相信我们的基层党支部建设一定能更加标准化规范化、落到实处见到实效，以实际行动献礼建党100周年。

春蚕到死丝方尽，蜡炬成灰泪始干

中央音乐学院　赵寒阳

赵寒阳，男，汉族，江苏常州人，1954年12月出生，1970年3月参加工作，1985年12月加入中国共产党。退休前曾任中央音乐学院民乐系主任、党总支书记。教授、博士生导师。

我叫赵寒阳，1954年出生于江苏省常州市。我自幼酷爱音乐，师从刘逸安老师学习二胡，从1970年3月开始在常州市歌舞团做二胡独奏演员。我非常幸运，1977年考入中央音乐学院民乐系，追随著名二胡演奏家、教育家王国潼先生学习了7年。1982年本科毕业后，我留校任教，担任二胡教学任务，并于1985年光荣加入中国共产党。

2021年是建党100周年。看到祖国日新月异的飞速发展，我心中无比自豪。我去过很多国家，也曾有机会移民海外，但我坚定地回绝了邀请单位，说："我从事的专业，根在中国。我如果离开了根，那必将是会逐渐枯萎的。

我作为中华儿女，炎黄子孙，决不会背离我的祖国！”如今，我们的祖国日益强盛，人民的生活蒸蒸日上，我们要感谢中国共产党的领导，感谢以习近平同志为核心的党中央，感谢为建设祖国付出智慧和辛劳的全国各族人民。

是国家恢复高考这一惊天动地的举措改变了我的命运，回想1977年11月底，当时情景仍历历在目。当年，我国教育史翻开了重要的一页，因“文化大革命”中断了10年的高考恢复了！当我从《人民日报》上看到“中央五七艺术大学音乐学院即将在北京、上海、广州、成都设点对全国招生”的消息时，仿佛听到了在遥远的天际，有一个声音在召唤：来吧！这就是你梦寐以求的地方，你的理想在这里！但当时人们的思想还远远没有跟上形势，我报考中央音乐学院就受到了地方单位的重重阻挠，甚至为此事还受过全市文化系统的点名批评。但我仍是不屈不挠地为之争取，终于原单位允许我去试一下。

1977年11月20日早晨将近5点钟时，我乘火车来到上海，到达中央五七艺术大学音乐学院的招生点，当时天还没有大亮。进了招生点的大铁门，只见院子里摆开一溜课桌，各地考生挤了个水泄不通，十几名工作人员忙着发表、收款、开票。我们好不容易报上了名，按报名顺序已经排到1971号了。后来我们得知，那年报考中央音乐学院的考生多达两万人，其中仅二胡专业的考生就有6 000人，而我们班就录取了8名二胡学生，可见其录取率是非常低的。经过几轮艰难的专业和文化课考试，我终于完成了所有的报考程序，只等学校的录取通知书了。谁知这一等，就等了4个月，其间的煎熬可想而知。等到我拿到入学通知书时，早已是春暖花开的季节了。

这次划时代的高考，改变了我们这届大学生的命运。从常州到北京，从地方文艺团体到中央音乐学院，从此，我们与国家一起，昂首阔步地向着远大的目标前进。

我们这一代人经历得太多，可以说是看着新中国从弱小渐渐变得强大的。学校一代一代的音乐人默默坚守在讲台上，努力培养出优秀的音乐家。“立德树人、为党育人、为国育才”就是我们高校教师的初心，我也在坚守着这样的初心。我于2001年至2004年担任中央音乐学院民乐系系主任，2004年至2015年任系党总支书记，这10多年正是民乐系建设发展的关键时期。当时，正值学院“211工程”建设、“985工程”建设、教师更新换代、教学改革等一系列重大任务阶段，我团结民乐系领导班子，共同努力，出色地完成了所有重大任务，我系多次受到院领导和有关部门的表扬，系党总支也被评为院先进党总支和北京市先进基层党组织。

民乐要与时代同步、与世界同步，就要进行艺术创新，复兴与繁荣民族音乐是每一位音乐工作者在新时期的历史使命。身为民乐教师，我除了自己每天勤奋练习二胡技艺之外，还一直努力探索二胡在现代的教学传承。二胡是我国的传统乐器，有着一千多年的历史。过去，二胡的演奏技艺一直是在民间艺人中以口口相传的方式存在。它真正的发展，是从100年前的民族音乐家刘天华先生开创了现代二胡演奏学派开始的。在这100年中，众多的音乐家为二胡艺术建设贡献了自己的智慧和才能。这些年来，我以继承、提高、推广民族文化，传承发展弘扬华夏文明为主旨，在搭建不同层次国内外学术交流平台、创建学术交流品牌、培养器乐艺术教育人才、开展器乐公益活动、扩大音乐人口等方面作出了积极的努力，取得了不错的成果。在中国文化大发展大繁荣背景下，我出版二胡教材和专著70余部，发表学术论文100多篇，演奏录制了大量音像制品，为二胡教学工作作出了贡献。

为了让更多的普通人走进艺术殿堂，了解民族音乐，感受中国民乐的艺术魅力，同时提高国民的艺术素养和个人素质，坚定文化自信，更加热爱自己的祖国。我在音乐普及和艺术教育方面也作出了许多努力。

国内二胡爱好者非常多,为了让更多人能受到优质的二胡演奏教育,我创建了二胡视频教育新模式,多年来一直努力地在网络上进行二胡教育。最近,我参与了“廊坊市全民艺术普及二胡慕课”项目,在课程设置、教材编写、课程录制等全过程都竭尽全力给予了指导和帮助。

针对社会普及专业教师匮乏的现状,我积极开展推广全国二胡系列教师研修班线上线下的培训工作,持续促进二胡师资人才培养,弥补社会二胡普及教育市场巨大的师资缺口。我还积极参与组织开展民族乐器行业专业人才和相关机构评价工作系列品牌活动,鼓励二胡专业创作、制作的创新与发展,推进二胡文化普及教育,大力倡导倡议“民族乐器知识五进工程”,使民族音乐走进社区、走进校园、走进机关单位、走进农村、走进军营。

从我自身学习二胡的经历中,我特别能理解业余爱好者没有好老师指点的困难。因此,只要二胡爱好者相求,即使素不相识,我都会热情地答疑解惑,无偿地提供帮助。就在新冠肺炎疫情发生期间,海南东方市的一位残疾二胡爱好者,对《二泉映月》这首乐曲非常喜爱,非要乘火车来北京跟我学习这首曲子。我考虑到残疾人经济困难,来一趟北京花费不菲,就专门为他免费录制了视频课发给他学习。而录制一节视频课,布置场地、换服装、拍摄、后期剪辑等花费的时间、精力我毫不在意。这样的事对于我来说经常发生,在我的微信中,每天都有很多人问各种问题,我都是有求必应,尽力给予帮助。平时只要有机会,不论是在海边、在公园,我总是和最基层的二胡爱好者们打成一片,给他们讲讲课,给他们拉上一曲。这样的视频传上网络后,广大二胡爱好者们都称我为“最接地气的平民二胡大师”。

我65岁时光荣退休,后又听从组织安排挑起了教师退休支部书记的担子。教师退休支部是比较特殊的,支部党员年龄普遍较大,平均年龄在70岁以上,个别老师已年过90。老师们居住比较分散,而且多多少少都有一些老年疾病，集体活动很难开展。我是这个支部中年龄最小的，在离退休党总支的支持下，一直兢兢业业、任劳任怨地开展工作。我还担任学院关工委委员，多次到各郊区中小学，为同学们讲解和演奏二胡名曲，弘扬中华优秀的民族文化，受到了学生和老师们的热烈欢迎。

在 2020 年疫情期间，我响应教育部和学校的号召，积极开展网络教学，认真完成 3 名硕士研究生的教学任务。每个星期五上午，我早早地守候在手机前，拨通“一起练琴”的学生账号，给研究生们上课，丝毫没有懈怠。学生为此感叹道：“我们遇到了一个最好的老师啊！”而我心里想的是：“春蚕到死丝方尽，蜡炬成灰泪始干。”

中国的二胡艺术是我国传统文化的重要组成部分，在世界上，二胡也代表了中国传统的音乐文化。我学习二胡是为了传承弘扬民族文化，这是我一生的追求。我现在有许多标签，但我最看重的仍然是人民教师这一身份，我由衷地感谢祖国和党对我的培养。我要不忘初心、牢记使命，紧跟党中央、紧跟习总书记，向更美好的生活目标奋斗前进，为建党 100 周年贡献自己的一份力量！

美好的回忆，感恩党的教育和培养

中央戏剧学院　罗锦鳞

罗锦鳞，男，汉族，北京人，1937 年 1 月出生，1961 年 9 月参加工作，1979 年 9 月加入中国共产党。退休前曾任中央戏剧学院副院长。教授，博士生导师。

1948 年年末，我在清华附小迎来了解放，迎来了共产党。我成了北京最早的“儿童团”团员，后转为“少年先锋队”队员。作为小学生的代表，我有幸在天安门广场参加了伟大祖国的开国大典，亲耳听到毛主席宣布中华人民共和国成立。至今我已 80 有余，经历了新中国 70多年的风风雨雨和伟大成就，始终追随着党，按党的要求和希望前进。1956 年我考入中央戏剧学院导演系本科，1961 年毕业前填写志愿为“祖国的需要就是我的第一志愿”，后来留校任教。2002 年我 65 岁退休，但是退而不休，被返聘担任博士生导师。

在中戏，我学习、生活和工作了 66 年。回顾这一生，我一直是在党的教育和培养下成长的。42 年前，也就是 1979 年，我是在中戏加入党组织的。入党介绍人是导演系党总支书记朱星南和支部书记徐晓钟。我之所以能有今天，能在戏剧战线从事教学、科研、导演创作、理论讲述和撰写、国际戏剧交流等工作，这都是党教育和培养的结果。在党的百年大庆之际，我必须对党表示感恩！不忘初心，牢记使命，继续为党的事业，为祖国奉献力量。

其实，我是从很小就开始接受党的教育的。少时对我影响很大的师长中，有好几位都是我们党的地下党员。在清华附小上五年级时，我们的教导主任王松生就是清华的地下党员。他参与了解放北京的有关工作，后又回到清华附小，他让我加入了儿童团，并派我参加了开国大典。考入中戏后，我在班上是年纪最小的，56 班的同学好多都是来自工作单位的调干生，其中很多是党员，如班长李世敏、学生会主席王树元。他们在我 5 年的学习和后来的留校工作中，从学习、工作、生活各个方面带领我、帮助我树立起正确的人生观。

留校任教后，我发现导演系有来自延安的老革命，有来自南京剧专的老地下党员，有留学苏联归来的党员。他们的言传身教对我们留校的青年教员的影响是巨大的。当时的系党总支书记朱星南，系主任洪涛，支部书记马彧和王大英，他们对教学的认真和对学生的爱，以及对我们的帮助和引领是我们永远不会忘记的。他们让我们懂得了“甘愿当一颗螺丝钉”和“小车不倒只管推”的为人民服务的精神，自觉地投入教学和社会工作中。洪涛老师经常把重要的工作交给我，并有意识地锻炼我。星南老师给我们办入党学习班，帮助我们建立正确的三观，坚定教书育人理念，教育我们严格按党员要求管好自己，从一点一滴做起，一步一个脚印地奔向远方的理想。这些都让我们有了正确的方向，影响了我们的一生。

回想求学工作的这些年，有几件事一直让我难以忘怀。

在求学的5年里,我得到过难得的实践机会。我们四个系的学生,在老师的带领下,从事了几个剧目的创作和演出,如《六十一个阶级兄弟》《北京的明天》《草木神仙》等剧目。我们在编剧、导演和表演上得到了难得的锻炼,增强了我们戏剧实践的能力。特别是有一次在《草木神仙》的演出中,周恩来总理突然出现在剧场,来观看我们的演出。我们当时兴奋得难以自抑,以致在台上紧张得无法入戏。因为总理来得晚,未能看到第一幕。于是,全戏结束后,我们又重新演了一遍第一幕。后来,总理在台上接见了我们全体演职员,对我们的演出给了充分地肯定,也提出了某些情节和台词的修改意见,让我们受益匪浅。我当时有幸和总理拍到的一张合影,成了我一生最珍贵的纪念之物。还有一次在北京饭店的晚会上,总理发现了我们,把我们叫到一起,和我们畅谈戏剧。他说:"表演艺术就是下边几个字,演员必须做到'以假当真,假戏真做,装龙像龙,装虎像虎'。"这句话让我们受益终生。

1984年,晓钟老师为了锻炼我,让我去带系里的重点班——导演84进修班和专修班。我和同事林荫宇、杜海鸥组成了教学小组,从招生时就开始注重寻找适合进入班委会和党支部的考生。后来,班级的党支部和班委会在近3年的学习中起到了重要作用。最后,此班成了学院的优秀班集体,并被北京市委授予"北京市优秀党支部"称号。

更让我难忘的是,在学院党组织的关怀下,我们排演了古希腊悲剧《俄狄浦斯王》并在1986年年初公演,这部戏成为第一部在中国公演的古希腊悲剧,当时在国内外引起巨大的反响。在我们演出的第5天,希腊驻华大使送来希腊政府邀请我们参加第二届国际古希腊戏剧节的邀请信。在文化部党组和学院党委的领导和支持下,我们以"中国戏剧演出团"为名,赴希腊演出了《俄狄浦斯王》。我们在戏剧节和雅典市内进行了演出,引起国际上的特别关注,希腊和美国报纸用整版进行了报道和评论,德国还拍摄了专题电视，介绍和赞扬我们的演出。之后我曾 20 多次带戏访问欧洲、拉丁美洲多个国家和地区，并获得希腊授予的“荣誉公民”和“希腊文化大使”称号以及“特殊贡献奖”。

特别要说的是，我们的演出团里建立了临时党支部，在出国的各项工作中，起到了关键的领导作用。我们在希腊期间，还得到北京市委授予我们“先进党支部”称号的消息。在党支部的领导下，我们顺利完成出访任务。值得一提的是在希腊戏剧节期间，有一位同学邀请参加活动的各国艺术家在戏剧节海报上签名，这张海报成了珍贵的纪念品，至今挂在中戏图书馆中。

66 年里，我见证了党领导下的中央戏剧学院的成长与发展，深深感受到中国共产党在建设伟大的社会主义国家中的地位和作用。是党培育了我们，让我们健康成长，成为建设祖国事业中的一颗螺丝钉，让我们能够尽到自己的责任和力量。在党的百年大庆之际，我虽然年事已高，但依然要做一个名副其实的共产党员，不忘初心，牢记使命，继续为祖国的建设服务，为人民服务，做一颗永不生锈的螺丝钉！

难忘的岁月，虔诚的追寻

中央美术学院　闻立鹏

闻立鹏，男，汉族，湖北浠水人，1931 年 10 月出生，1949 年 7 月加入中国共产党，1949 年 7 月参加工作。离休干部，离休前曾任中央美术学院油画系主任。教授。

一株会思想的苇草，总要历经狂风暴雨的洗礼。在 1946 年黑色的 7 月里，国民党反动派公然在 5 天之内，先后制造震惊全国的“李闻惨案”，暗杀了李公朴和我的父亲闻一多。那时，正是中国革命取得最终胜利前夕，也是黎明前最黑暗的时候。和谈破裂，中共代表团被迫撤回延安，一时间黑云压城。8 月里，国民党飞机疯狂轰炸延安。延安，是中国革命的灵魂。那些天它的“失守”，使善良的人们忧心忡忡，度日如年。但同时，它的“失守”也激发了人们的斗志与热情，使更多的人奋起投身革命的洪流。于是，解放战争时期又出现了知识青年纷纷奔向各解放区的高潮，晋察冀的华北联大、晋冀鲁豫的北方大学、东北的鲁艺、山东的建设大学……都成为革命青年日夜向往的中心。在我的坚定要求下，母亲支持我投身革命的想法，通过吴晗联系地下党的关系送我到解放区。由于那时张家口也被国民党军队占领，于是我来到了晋冀鲁豫解放区的北方大学。那时，我还不满 16 岁。

北方大学的那段生活可以说是在革命熔炉里锤炼的生活，同学们的出身和经历虽不尽相同，但都是抱着追寻真理、追寻民主、追寻光明的信念一路奔波而来的。当时的北方大学文艺学院，经过几次转移搬迁，最后在河北南部的邢台落定。我当时在全校年纪最小，是全校 3 个红小鬼之一，思想上、业务上都显得比较幼稚，大家都亲切地称我为小弟。知道我是不久前被特务暗杀的闻一多的儿子，更是充满了同情、怜爱的革命情谊，视我为烈士子弟，待我如亲人。罗工柳老师、王式廓老师从政治上、业务上、生活上给我父兄般的关爱与教导，更成为我艺术上的启蒙导师。

那时罗工柳老师大胆呵护同学们的艺术个性与创造力，多年后的今天回头看，我才发现他的敏锐、勇气、定力在当时是多么难能可贵！在 88 年的生命途中，他经历了风风雨雨，不断和命运搏击，和癌魔抗争，和时间竞走，艰难而坚定地走过漫漫征途，始终心向远方，志在高峰，一直是我心中的榜样。王式廓老师和罗工柳老师一样朴素亲切，他们都爱穿蓝色土布做的宽大工作服，口袋很大，能装下速写本。在我的心目中，他们都是革命美术家，总觉得他们神秘而高不可攀。那时，王式廓老师正在创作《改造二流子》彩色木刻，同学们说他是从日本留学归国抗战的大画家，我们都怀着兴奋、敬佩的心情去他的宿舍，好奇地观看一幅套色木刻是怎样完成的。王式廓老师耐心平和地给我们讲解，一点没有大画家的架子，他和蔼可亲的样子让我久久难忘。

后来，刘邓大军已经南渡黄河，开始战略反攻。当时条件艰苦，没有图书，没有教具，缺少画具绘画材料，正规的艺术训练很难展开。王式廓老师从延安撤退出来就身患肺结核，正在养病。但他仍负责上素描课，没有教具石膏像，他就亲自动手制作，用黄泥为我们做成立方体、球体、锥体，然后再用石灰刷成白色。没有炭条炭笔，他又教我们用柳树枝自己烧制木炭条。我记得和同学一起爬到树上摘柳条，折断后装入小铁筒密封，再到伙房灶火里烧，有失败后的沮丧，也有成功后的喜悦。这一切不断激荡着一颗颗热切盼望学习的心。

可惜，这样的学习条件也被战争的阴云破坏了。敌机的轰炸迫使我们转移到农村树林里上课，没过几天，我们又接到集体到冀南参加土地改革的任务。我当时主要负责访贫问苦，和贫下中农青年交朋友，发动青少年投入土改斗争。这期间我们确实受到了深刻的阶级教育，了解到中国社会最底层的实际状况，也获得了一些实际社会生活的体验。后来又遇到了大洪水，卫河水涨，我们需要动员民工上堤防洪。土改抗洪尚未结束，我们又接到任务，要即刻返校，前往石家庄附近的正定。学校与华北联大合并成立华北大学。

1947 年 11 月 12 日石家庄解放，母亲高真这时也带领全家来到邢台，妹妹闻名已编入文学系学习。作为烈士家属，母亲受到组织特别照料，她出席华北人民代表大会，又被选为妇代会的代表。两个哥哥很快就分配到中央团校，到阜平去了，最小的妹妹也辗转在井陆等地育才学校学习。我深深地为有这样的革命家庭而感到自豪！

华北大学的生活并没有安稳太久。1948 年 10 月里的一天，我正在街上画速写，突然从学校传来急促刺耳的警报声。我急忙跑回学校，原来是傅作义机械化部队偷袭石家庄，学校奉命紧急转移，要求大家连夜撤出正定城。我急忙打好背包，只见宿舍里、教室里一片狼藉，画板桌椅凌乱坍倒在地上，到处扔满了杂物、画稿、速写。我捡起几张不知是谁画的头像速写，是那么形象生动、笔意流畅，实在舍不得丢掉，就塞进速写本，装进了挎包。这土制黄纸的铅笔速写成了我的珍藏，时常能勾起我那段难忘岁月的回忆。

到1948年年底，平津战役即将打响。我们准备进城参加美术宣传活动，并准备接管北平艺术专科学校。当时我们都佩戴着解放军军管会蓝白色的布质胸章，精神焕发地行军。每到清晨，一轮红日从前方升起，大家都会不约而同地唱起那首激动人心的军歌："向前！向前！向前！我们的队伍向太阳，脚踏着祖国的大地，背负着人民的希望……"

当时我曾在太庙看过一次大型画展，徐悲鸿先生的大幅国画《愚公移山》给我留下极为深刻的印象。北平即将解放，我难以想象北平艺专会是什么样子，大画家徐悲鸿会留下来吗？其实，在平津战役中，北平被解放军四面包围，蒋介石曾派专机动员一些重要社会人士弃城前往台湾，徐悲鸿先生也在名单之中。在此关键时刻，中共地下党派田汉同志潜入北平，由冯法祀等人陪同，前往徐先生家中，转达毛主席和周恩来同志的嘱咐，让他一定要留在北平，保护艺专回到人民怀抱。徐先生当即欣然表示一定要保护好学校。

终于，北平和平解放，人们敲锣打鼓放鞭炮，一片欢腾。我还清晰地记得解放军入城之时，人们围满街头鼓掌欢迎，把红色、绿色标语贴在军车上，更有青年学生爬上坦克欢呼。在漫长的入城式队伍中，我忽然发现叔父闻家驷一家人和联大附中的同学吴明昌也站在欢迎的人群里，他们也惊讶地看到了我，我瞬间百感交集。后来叔父的家就成了我的家，我们在那里共同熬过了失去亲人的悲愤、痛苦的日子，获得了融融的暖意。

1949年10月1日，在庆祝中华人民共和国诞生的日子里，我作为中央美术学院第一届美术干部训练班的学员，兴高采烈地从北兵马司棉花胡同一直列队走向王府井校尉营五号的北平艺专。

北平艺专一年半的集体学习生活，紧张而活泼，严肃而有朝气。早自习时，宿舍里传出集体读报的声音，我们每天都能收到大军南下，众多名城重镇得到解放的消息。课间饭后，总会听到美干班同学高唱民歌《信天游》的声音。联欢会上大幕拉开，舞台上出现《伏尔加河上的纤夫》时大家的惊讶与振奋。还有课堂上第一次画石膏不懂用馒头当橡皮时闹出的笑话，第一次画人体时的尴尬，周末舞会上初次学舞跟不上脚步的欢快与狼狈……在那温馨和谐又激情燃烧的年代，我得到了老师们的教益，渐渐深入艺术的殿堂。

“月亮追赶着太阳，只给夜晚留下半小时的时间”，在那苍黄翻覆、陵谷变迁的时代中，在那风云变幻、波澜壮阔的动荡岁月中，历史的浪潮将知识分子推向风口浪尖，我们改变着自己的人生轨迹，不断寻觅着个人的初心。

让苦涩的记忆给人们以力量，愿美好的回忆激励人们前行！

大医精诚，医者仁心

北京中医药大学　田德禄

田德禄，男，汉族，北京人，1938 年 4 月出生，1963 年 8 月参加工作，1985 年 12 月加入中国共产党。退休前曾任北京中医药大学东直门医院脾胃病科主任、中医内科教研室主任。主任医师，教授，博士生导师。

我们伟大的中国共产党已经走过了 100 年，风雨历程，迎来百年华诞。百年沧桑巨变，百年翻天覆地。100 年来中国共产党领导中国人民实现了民族解放、国家富强。在这风雨兼程的路上，我跟所有中医人一样，辛勤劳作，磨炼意志，注重思考，传播经验。《大医精诚》说："凡大医治病，必当安神定志，无欲无求，先发大慈恻隐之心，誓愿普救含灵之苦。"从医不仅要医术精湛，更要医德高尚。从医 58 年，我一直秉承这一理念，对病人全身心投入，尽自己所能去帮助病人。"凡为医之道，必先正已然后正物。正已者，谓明理以尽术也；正物者，谓能用药以对病也。如此然后事必济而功必著也。"正是如此，我才能脚踏实地、潜心国医，坚持中西医结合，默默做祖国传统医药行业的坚守者。

一次偶然，认识中医爱上中医

我出生在北京，是一个地地道道的北京人，中学时期就读于北京市第二中学。高考填报志愿时，本想读理工科，但后来由于体检时身体原因，无法圆自己的理工梦，只能报考“农林医”相关专业。在当时班主任的推荐下，我报考了北京中医学院(今北京中医药大学)。最开始，我并没有对中医产生强烈的兴趣，甚至可以说不怎么感兴趣。一次偶然的机会改变了我对中医的看法，那是读大二时跟随老师的一次出诊。面对同样是感冒，对于不同的证型，风寒、风热、夹暑、夹湿、夹虚等，老师开出了不同的方子，对于病人都有效果，都能使病人很快痊愈。正是中医特色辨证论治的例子，给了我学习中医的兴趣与信心。我感觉中医比西医有意思，中医讲究比较多，冬天有冬天的方子，夏天有夏天的方子；中医有多种思维方法、认识疾病的方法以及处理疾病的方法，这些都非常值得钻研。这件事激发了我对中医的热爱。

中西医结合才能走得更远

党的十九大报告指出“坚持中西医并重，传承发展中医药事业”，这是对中医药未来发展方向的指导。其实在行医过程中，我一直秉持的就是“中西医并重”的理念。正如我经常告诫学生“中医要往前闯，西医要跟得上”“中医好，西医好，中西医结合会更好”。我一方面是中医科班出身，另一方面也接受了西医的教育，特别是将西医胃镜引入中医的望诊中，与舌苔舌质相结合，在消化系统疾病的诊疗中迈进了一大步，使中医学真正做到与时俱进，用实践证明中西医是能够结合的。

记得在读大学时，我曾因为使用胃镜被老师同学开玩笑说“不正经”。进入临床后，我成为最早一批中西医结合治疗的探索者。有一次我对着电脑在看胃镜结果，一边用中医的原理诊断病症，一边兴奋地对老师说，“你看萎缩性胃炎，黏膜变薄了，黏膜是苍白的，白的是不是虚？你看黏膜像蜘蛛网，紫蓝色的血管迂曲，这是不是血循环不好？血瘀。”我这位初出茅庐的学生，竟然能够在胃镜这个西医诊断技术上，看得出中医讲的“寒热虚实”，让老师十分惊喜和意外。这份独立思考的能力让我走上了属于自己的从医之路。中西医结合需要在高层次进行结合，将中医的望闻问切、望叩触听延伸扩大，利用西医的检查设备，使中医诊断可视化，扩展了中医“望”的视野，也为中医找到了具有说服性的证据，有助于中医向世界的传播。只有中西医互相配合，才能凸显中医的优势，取得更好的成绩。新时代，只有始终坚持中西医“两条腿”走路，才会更好地服务人民，此次新冠肺炎疫情防控、治疗再次证明了这一点。

医者仁心，要用真心对待每一位病人

医患关系是时下相当具有话题性的一个问题。对此，我有着自己的见解。我现在已经 80 多岁了，但是还可以每天出诊看病，为病人解除病痛的同时自己也有很大的幸福感。因为精力有限，一个上午只能看 10 位病人，但我对病人全身心地投入，让很多来看病的患者十分感动。我认为，医生与病人之间真的具有一种特殊的感情，尽管医患矛盾是客观存在的，但是如果对病人全身心地投入，通过彼此深入的交流，让患者明明白白地认识自己的病情，医生和患者之间甚至可以成为朋友。医生与患者之间的关系，不仅仅是医患关系，也可以成为互相帮助的好朋友，这才是人之常情。

从医几十年，我与很多病人都成了很好的朋友。最近让我印象最深刻的一件事便是，2020年受疫情影响门诊停了半年多。刚恢复正常后的第一次坐诊，一个从山西赶过来的患者看见我就开始号啕大哭，流下了激动的泪水，因为这一次看病他等了太久。对这位患者来说，医生就是他的希望。确实，很多时候医生在病人心里的分量是很重的，所以我们的一言一行都要对患者负责。有一次，一位农村的患者因为幽门螺旋杆菌无法消除来找我看病，在给病人号脉时，我看见病人的指甲盖里有一些污垢，就告诉他要剪指甲注意卫生，否则无法从根本上根治幽门螺旋杆菌，这也是治疗的一部分。我从未嫌弃过任何一位患者，都是站在他们的角度去想问题的。医生要做的不仅仅看病，帮助患者养成良好的卫生生活习惯也很重要。

疫情凸显了我国制度的优势

2020年新冠肺炎疫情暴发，深深牵动着每个人的内心。在党的坚强领导下，全国人民万众一心，精准科学防控，无不体现中国制度的优势。同时2020年又是全面建成小康社会的收官之年，以习近平同志为核心的党中央凝心聚力、攻坚克难，在疫情的挑战下，亦未停下发展前进的脚步。如今，在党的正确领导下，在全体中华儿女的共同努力下，中国疫情防控取得重大胜利，社会经济也有了发展。面对中国今天的发展变化，我感到骄傲和自豪。在这种特大的突发公共卫生事件面前，只有中国共产党领导的中国人民才能做到如此迅速地服从命令听指挥、集中力量办大事。为中国人点赞，为我们的国家点赞，为伟大的党点赞！在此次疫情防控中，中医药发挥了重大作用和巨大的优势，作为一名从医58年的医务工作者，更是为之自豪。我虽未能奔赴武汉一线，但是自己培养出来的学生有很多都加入到了抗击新冠肺炎疫情的工作当中，作出了突出贡献，让我深感欣慰。

重视中医药人才培养，积累知识，传承创新

习近平总书记提出“要遵循中医药发展规律，传承精华，守正创新”。中医药教育需要遵循中医药发展规律，强化中医思维培养，推进中医药教育高质量。我现在虽已八旬，但还在带学生，为祖国培育出的一批又一批优秀学生正在为中医的传承与发扬努力奋斗。在中医药人才培养方面，我强调“三基”结合，即基本理论、基本知识及基本技能相结合，要求学生多读书，打好知识基本功，也要多临床，在看病中总结规律。至今，我已经培养了6名博士后、38名博士及26名硕士，学生遍及海内外，他们中很多人已成为医学界的佼佼者，在自己的领域发光发热。

星星之火，可以燎原。中国共产党从红船发展到现在，带领中国人民不断走向富强。新中国成立中国人民站起来了，改革开放中国人民富起来了，如今中国又强起来了。没有共产党就没有新中国，我们切身体会到了社会主义制度的优越性和中国共产党的先进性。作为中医队伍中的星星之火，我们要把中医传承得更好。“医德要高尚，医技要精良；积累知识，传承创新；先学好，再发扬”，这是我给广大学子们的寄语。我们要不忘初心，牢记中医人使命，用心做一名“良医”，为中医的传承创新作出贡献。

水滴与江河

对外经济贸易大学　黄震华

黄震华，男，汉族，广西博白人，1941年9月出生，1964年8月参加工作，1966年4月加入中国共产党。退休前曾任对外经济贸易大学副校长、中国驻芝加哥总领事馆参赞级经济商务领事。教授，硕士生导师，享受国务院政府特殊津贴。

一滴水，离开了同伴，离开了引领，很快就会消失。与同伴一起汇成涓涓细流，被引领到江河之中，就成为不可抗拒的洪流。一个人，又何尝不如此，孤单一人，一事无成。有了众多同伴，把绵薄之力汇聚在一起，在党的引领下，就会形成气势磅礴的力量。

我是1966年加入中国共产党的，已有55年党龄。出生于工人家庭，我深知没有共产党、没有新中国，就没有我这个大学生。我亲身感受到新中国成立后天翻地覆的变化，对党有朴素的感情。1959年我考上北京对外贸易学院，那时学校全部都是保密专业，政治气氛很浓。我提出了入党申请，但因为年龄较小，有些幼稚，而且专心于学业，被视为是走“白专道路”，当时未能解决入党问题。毕业留校任教后，1965 年我带学生参加天津外贸“四清”工作团，再次提交了入党申请，才终于光荣地成为一名中共党员。

大学毕业留校任教时，校党委书记找我们谈话。我们庄重承诺，要努力做一名爱学生的好老师，为国家健康工作 50 年。我在学校待了一辈子，点滴成绩都离不开组织的培养，个人的成长和祖国的命运紧密相连。

1978 年 5 月 11 日，《光明日报》发表《实践是检验真理的唯一标准》，成为党和国家历史性转折的思想先导。此时，教育部举行了“文化大革命”以来首次全国大学英语教师出国留学选拔考试，我以全国笔试第一名的成绩被公派到英国爱丁堡大学攻读研究生课程。出国留学现在看来很普通，当时却反映着 1978 年开始的巨大变化。对我个人而言，这经过了 12 年的等待。1966 年我第一次通过了教育部的出国留学选拔考试，但因为“文化大革命”而未能成行，接下来经历了学校撤销、下放“五七干校”，然后又经过复校等，才迎来了这一次新的机遇。

在英国的第一年，面对讨论式的教学方法、浩瀚的英美文学作品、新鲜的英国文化、生疏的系统功能语法理论，我的学习遇到很多困难。抱着成为一名好老师的初心和补回失去时间的决心，经过不懈努力，我拿到全优证书，转入了论文写作阶段。

我在爱丁堡的第二年，从国内来了不少公派的科技领域的学者，我当时担任爱丁堡中国留学生联系人。爱丁堡大学的研究生会有一处场所就在我们系对面，国内来的研究生中午会在那里做饭。

1980 年夏天，我们成为中国改革开放后公派出国留学第一批取得硕士学位的学者，接受了《泰晤士报》高等教育副刊的采访。我印象最深的有两点:一是关于“文化大革命”,我很坦诚地告诉他们,那对中国是一场灾难,教育全都破坏了,但对于个人说来,经过那一段磨难,也使自己变得更加坚强,以后遇到的一些困难都算不了什么。二是毕业后的打算,我告诉他们学成后就回国服务,因为中国这样一个大国,不能靠别人,中国的事情还要靠中国人自己。

回国之后,我开出了几门新课,跟着老教授参与了教育部英语专业的教材编审工作。1984 年开始,担任了 10 年的外贸英语系主任和 5 年副校长,与老师们一起,对坚持和发扬我校国际化办学特点和外语加专业的教学特色发挥了应有的作用。同时还担任教育部专业外语教学指导委员会委员和英语组副组长,对全国的专业英语学科建设出了一点绵薄之力。1991 年,我获得国家教委和人事部等授予的“全国突出贡献的留学回国人员”称号,1993 年获国务院特殊津贴。

1999 年年初到 2001 年年底,我担任驻芝加哥总领事馆任参赞级经济商务领事。当时正值中国加入世界贸易组织(WTO)的关键时刻,我们联系领区的中资企业和华裔商界宣传中国加入 WTO 的意义,鼓励他们给美国议员打电话或写邮件,说明中国加入 WTO 对美国和世界的正面作用。当时中美没有签订关于中国加入 WTO 的贸易协议,接着又出现了北约轰炸我驻南联盟大使馆和中美南海撞机事件,美国的商界人士常问我:“中美贸易协定还能不能签,什么时候可以签?”我当时的回答是:“中美贸易谈判已经进行了很长时间,在大部分问题上达成了共识,在一些问题上还没有完全达成一致。如果双方纠缠在一些枝节问题上的话,那谈判可能无限期拖延下去。如果两国的最高领导人作出一个政治决定,认为中国加入 WTO,不仅对中国是有利的,而且对美国、甚至是对世界都是有利的,那么这个协议任何时候都可以签。”我们顶住各方压力继续做好工作,事情的发展也正如所料。

2001年年底，我任满回国，于2003年正式退休。如何做到退休后不失共产党员的本色？我参与策划了学校为发扬国际化办学特色的新项目——全英语授课的留学生应用经济学硕士项目，先后在其中讲授中国特色社会主义理论、中国经济概论和跨文化管理等课程。我从2012年开始参与校关心下一代工作委员会的领导工作，给新生和新入职的青年教职工讲校史，组织杰出校友回母校活动，在教育扶贫工作中为隆化县张三营中学创办“线上二三课堂”，连续四年为承德两所中学举办夏令营励志及英语培训班。利用红色资源，在董存瑞烈士陵园举行启动仪式，传承红色基因。2018年和2019年，先后为隆化县和围场县180名英语教师举办了为期7天的免费培训班，组织教学团队，制定教学方案、登台授课。此外，连续7年在我校与国家扶贫开发协会合作的项目中为陕北、云南和新疆等地的初中英语教师免费培训班作策划并亲自讲课。2016年，我获得北京教育系统关心下一代工作委员会授予的“有突出贡献的五老”荣誉称号，2018年又获得“北京教育系统关心下一代先进个人”荣誉称号。作为一名共产党员，退休后还能为党和国家事业贡献一点自己的力量，我感到很高兴。

亿万颗水珠聚在一起，在河道的指引下，冲破层层险阻，奔流向前。当今世界正处于百年未遇之大变局，在以习近平同志为核心的党中央领导下，我国有独特的政治优势、制度优势、发展优势和机遇优势，开启了全面建设社会主义现代化国家的新征程。风景这边独好。我现在身体仍然健康，心态仍然年轻，还要继续在岗位上发光发热，不忘入党时听党话、跟党走的初心，牢记作为一名教育战线工作者为党育人、为国育才的光荣使命，以“老牛自知夕阳晚，不用扬鞭自奋蹄”的精神，为培养德智体美劳全面发展的社会主义建设者和接班人，继续做好每一件事，为中国特色社会主义事业添砖加瓦。

责任之思考，工匠精神之延续

华北电力大学　关存和

关存和，男，满族，北京人，1936 年 1 月出生，1957 年 2 月加入中国共产党，1958 年 3 月参加工作。退休前曾任华北电力大学科研处处长、校学报主编。教授，硕士生导师，享受国务院政府特殊津贴。

我是关存和，今年 85 岁，1958 年清华毕业留校任教，1962 年来到北京电力学院，1998 年退休。

任教 40 年，我深深体会到，教师是一份神圣的职业，是人类灵魂的工程师。教书育人、为人师表、传道受业解惑，培养一代代青年，培养为我们伟大祖国奋斗和建设的人才，使他们德智体美劳全面发展，这是作为一名教师最重要的责任担当。

北京电力学院建校初期只有金工力学教研室，担负各专业的金属工艺教学和实习任务，包括理论力学、材料力学、机械原理和设计等课程的教学。

当时，十几位老师，尽心尽力教授学生，是一个团结奋进的集体。即便是“文化大革命”期间，学校搬迁到河北岳城、邯郸，又搬到保定，改名为河北电力学院，我们金工力学教研室仍然是一个团结的集体。我们实验室的设备一直处于保存完好、随时可用的状态，这正是我们后来开展各项研究的有利条件。

1975 年，河北马头发电厂要安装我国第一台 200 兆瓦火电机组。施工中，要用我国电力建设第一台百吨塔式起重机。起重之前，必须要做吊装检测。河北电建公司找到我们，因我们实验室的动态应力测试仪完好可用，所以我们答应帮他们做现场测试。我和教研室另外三位身体强壮、不恐高的老师，每天要爬上 120 米高的塔吊安装每个测试点的应力贴片，焊接测试导线，与现场工作人员同吃同住、同劳动，用 10 多天的时间完成了各项检测，为马头发电厂的机组安装提供了保障，同时还为百吨塔吊的设计、生产单位提供了可靠的实验数据。通过这次实践，我深深体会到信任、团结和责任担当的重要性。国家的工农业建设都要电力先行，我们国家研制出第一台 200 兆瓦的火电机组，不能因为我们不敢做百吨塔吊的测试，而无法进行机组安装，所以我们必须承担起这项任务，这就是我们对国家多年培养教育的回报与责任担当。

1975 年，我国第一次引进意大利的 325 兆瓦火电机组，安装在天津大港电厂。这个机组汽轮机的主蒸汽管道直径 610 毫米、壁厚 90 毫米，再热蒸汽管直径 813 毫米、管厚 32 毫米，用传统的灌砂、热弯工艺根本无法弯制。怎么办？必须自力更生，迎难而上，创造出新的弯管方式。天津电力建设公司找到我们，经过仔细论证，我们答应和他们合作，共同研制。我在学生时代曾经参加过高频电源齿轮表面淬火工作，20 世纪 70 年代曾参加中频电源加热炼钢劳动，这些实践的积累激发了一个新的构想，能否用适当的中频感应线圈将钢管加热到一定温度，同时用外力进行弯曲呢？我先后多次到北京国家图书馆查阅资料，并找到生产中频电源设备的厂家，在反复探讨、实验后，终于发现在300到500赫兹的交流可变中频范围内，可用感应线圈将钢管加热到800到1 000摄氏度，这时这一段钢管的弯曲力矩只相当于冷钢管的1/8到1/10。有了新思路，就要思考用什么设备去实现。于是，我们开始了弯管机床的结构设计与强度计算工作，我们教研室几个老师分工合作，夜以继日地埋头苦干，很快完成了机床的结构设计和受力分析与计算，并请天津电建厂家作出一个小模型，我们用实验仪器来进行实验验证。此时正赶上我校热力03班做机械设计，我们带领同学们对上百吨机床、数千个零件的重型设备进行设计，日夜加班，终于在四周之内完成了这项工作。当时，天津市和水电部都把大港电厂325兆瓦机组建设列为会战项目，大力支持，弯管机的加工进展顺利，1976年安装建成，并且一次试弯成功。为大直径厚壁钢管的弯制创造了新的工艺设备。这次厂校合作，既无合同约定，也无经济往来，靠的就是艰苦奋斗，自力更生的精神，靠的就是信任与责任担当。

1978年，中频加热液压推弯式弯管机床荣获全国科学大会奖，这是对国家改革开放的献礼，也是对我校建校20周年的献礼。随着改革开放步入以经济建设为中心的发展进程，我们接受电力部的委托要在全国五大区（当时电力部下属东北、华北、华东、华南和西南五大电力管理局）分别建设弯管机基地，便于全国大型火电、水电机组的建设。

当时高考恢复，学校招收了新学生，教研室的教学工作也更加繁忙，必须不断引进师资。大家共同担负起教学与科研两项工作，暂时没有教学课程的老师就全力投入中频弯管机床的改进研制。特别是在暑期，大家集中时间和精力进行图纸绘制和设计计算。通过不懈的努力，全国五大电力局都成功建设了中频弯管基地，后来各电力局都给我们颁发了奖励证书。

1983 年学校恢复了北京研究生部，我们也开始招收研究生，我指导研究生对中频弯管机的机电一体化方向开展研究。在不断积累的基础上，研制出微机监测中频弯管机床，1991 年获国家发明专利，1995 年获得国家科技进步奖，1997 年获得发明创新科技之星奖。

关于上述收获，要感谢国家改革开放、发展经济的好时代，要感谢学校的大力支持与关怀，还要感谢与我并肩战斗的团结奉献的集体。高考恢复后，我校教学也开启了新的征程，原有动力系和电力系都招收了新同学。这时，学校党委决定要扩大专业面，组建新系新学科，时任学校教学的副院长张瑞岐找到我，希望在金工力学教研室的基础上建立机械系。当时面临的困难很多，既缺乏师资，又缺乏实验设备，必须要得到水利部的支持和资金投入。张院长"文化大革命"前在水利部教育司工作，所以他去教育司汇报，而我去争取水利部基建司和机械制造局的支持。我和另外两位老师在院内成立了机械系筹备组。在师资引进上，除了留校的几位品学兼优的工农兵学员毕业生外，还从校外引进一些"文化大革命"前毕业的大学生。通过师资引进，建立起了机械系各个技术基础课教研室。在实验室建设上，更是投入了大量的人力物力。学校特别支持，把教学楼的一层南部半边给了机械系建实验室，后来又把教学楼北跨楼的一层做机床大厅。在水利部和学校的大力支持下，我们不断购入新设备，初步建立起了各实验室。1978 年正式建立了机械工程系，招收了第一批新生。

当时，我们金工力学教研室只有 4 人是机械工程毕业的，面对两三年后将开设的专业课，我们早做准备，一方面设法引进师资，另一方面根据要分担的课程教学、实习和专业设计，一起商量，勇敢面对困难，大家都愿意承担更多的任务，完成好教学任务。老师们的这种勇于担当、攻坚克难的精神，极大地鼓舞了教研室每一个人。如今，机械工程系已经走过了 40 年，经过一代代华电人的奋斗，如今的机械工程系有6个专业、十几个实验室，培养了数千名社会主义的建设者，我感到无限欣慰。

我们伟大的祖国已经进入中国特色社会主义新时代，在以习近平同志为核心的党中央领导下，实现全面小康，并将继续实现伟大复兴，建设强盛的中国。作为一个耄耋老人，我为伟大的祖国感到无比自豪，我要不忘初心，永远跟党走，做一颗永不生锈的螺丝钉。

一生中难以忘怀的两件事

南开大学　白鹤翔

白鹤翔，男，汉族，辽宁盘锦人，1927 年 8 月出生，1948 年 12 月参加革命，1986 年 5 月加入中国共产党。离休干部，教授。

1948 年，我在北京读大学一年级时接触到了进步思想，当时的北平还没解放。受地下党的影响，我秘密加入了党的外围组织“民主青年同盟”（共青团的前身）。在革命的摇篮中，我的思想有了很大的进步，秘密地阅读了许多进步书籍，如《钢铁是怎样炼成的》《中国走向何方》《新民主主义论》等，同时也偷偷地学唱了一些革命歌曲，如《东方红》《解放区的天》《大生产》《解放军进行曲》等。从那时起，我开始走上了革命的道路。

庆祝建党28周年

1949年1月,北平解放了,全市人民无不欢欣鼓舞,喜悦的心情难以形容,特别是青年学生,更是热血沸腾,扭秧歌、唱革命歌曲、街头小巷中演活报剧……用各种形式庆祝和宣传党的伟大胜利。在激情满怀的岁月中,最令我刻骨铭心的日子是1949年的7月1日,这是北平解放后党的第一次生日。

庆祝大会是在北平最大的先农坛体育场举行的,参加者为全市党员团员,有军队的、大专院校的、革命机关团体的等。由于北平刚刚解放,反动残余尚存,所以大会是秘密进行的,事先并不知道毛主席是否参加。当我们的队伍来到会场时,场上已是人山人海了,歌声此起彼伏,到处是红旗飘扬。这边唱"东方红,太阳升",那边唱"解放区的天,是晴朗的天",解放军队伍更不示弱"前进,前进,前进,我们的队伍向太阳"声音更是响亮。那天飘着小雨,但全场同志没有一个用雨具的,歌声不断,而且越唱越响亮!

正在大家无比兴奋的时候,主席台上出现了我们伟大的领袖毛主席、敬爱的周恩来同志、朱德总司令、刘少奇同志,还有任弼时等同志,霎时间全场沸腾了,从各个角落不断地高呼:"毛主席万岁!共产党万岁!"毛主席也不时地高呼:"同志们好!"我们的队伍在会场的东南角,距主席台较远,但当时我们都很年轻,视力好,能清晰地看到毛主席。毛主席身材魁梧,声音洪亮。这是第一次亲眼见到毛主席,喜悦激动的心情可想而知。会场上口号声、歌声、鼓声还夹杂着小号声,真是震天动地。这种场面是我有生以来未曾见到过的,现在回忆起来,仍是震撼不已。

大会正式开始后,首先由朱德总司令代表党中央发表了简短的讲话,接着是文艺表演、放烟花。那时的烟花没有现在的漂亮,可那是在解放初期,能有如此美丽而变化多样的烟花,已经很了不起了。庆祝大会结束后,参加会议的同志们心情都久久不能平静,很长时间还陶醉在美好的回忆中。这次大会是在党经过艰苦卓绝的奋斗解放全中国、建立伟大的中华人民共和国的前夕举行的,是党的 28 周年庆祝大会,有党的最高领袖及全市党团员参加,真可以说是前所未有、独一无二的隆重大会。当时我还年轻,能参加此次庆祝大会是我一生中永远难忘的第一件大事。

向周总理汇报

1952 年,我从北大物理系毕业。国家的第一个五年计划开始了,正需要我们这些青年去建设刚刚解放的祖国。虽然舍不得离开未名湖、北大红楼、革命广场,但好男儿志在四方,我服从分配来到了南开大学做一名普通教师。众所周知,南开大学是周恩来总理的母校,是一所对中国革命有很大贡献的知名学府。

在南开园半个世纪的教学岁月中,最令我难以忘怀的一天就是 1959 年 5 月 28 日,敬爱的周总理在百忙之中回母校视察,学校领导安排我在实验室向总理汇报我们的教学工作。那天,总理在学校领导的陪同下来到了 204 实验室,他进门后,首先与我握了手,并亲切地说"辛苦了!"总理身穿深色中山服,满面笑容,和蔼可亲,在握手的一刹那,我激动得热泪盈眶。当总理巡视了实验室之后,首先问我:"你们这两个专业(指无线电物理和电子物理专业)何时成立的?为什么在物理系中要成立这两个带有工科性质的专业?"开始我很紧张,但望着周总理那平易近人的面孔,我慢慢地平静下来。我回答说:"这两个专业是 1955 年 9 月正式成立的,主要是为了弥补理工分家后的不足。在不削弱这两个专业的技术性课程基础上，我们还让同学们必修了物理系的四大基础课，即量子力学、电动力学、理论物理及统计物理，这样做主要是为了把这两个专业办出特色，让学生们既有坚实的理论基础又有较强的实践能力。几年的实践证明，这样培养出的学生得到用人单位的好评。”总理还问了一些实验科目和内容，我都一一做了回答，总理十分满意。总理离开时还语重心长地说“你们重视实验，非常好！一定要理论联系实际。”总理走后我内心久久不能平静，充满着幸福感。后来听说总理没去招待他们的餐厅用餐，而是去食堂与同学们共进了午餐，吃的窝头。这就是我们人民的总理，一生艰苦朴素的总理，他为祖国的建设和发展立下了不朽的功勋，但他总是那样谦虚谨慎，不居功自傲，这种高贵的品格是后人永远学习的榜样。这件事已经过去60余年了，是我一生中刻骨铭心、永不能忘的第二件大事。

光阴荏苒，数十年过去了。2021年是我们党成立100周年，在以习近平同志为核心的党中央的坚强领导下，全国各族人民团结一心，众志成城，取得了脱贫攻坚、科技创新、抗击疫情等一系列伟大胜利，人民生活更加美好和幸福。我虽然已经是耄耋老人，但仍要不忘革命初心，牢记共产党员使命，继续努力把革命进行到底。

戎马倥偬康保情

天津大学　刘振昌

刘振昌，男，汉族，河北徐水人，1924 年 10 月出生，1943 年 7 月加入中国共产党，1944 年 10 月参加革命工作。离休干部，离休前曾任天津大学水利系总支书记兼系副主任。

从 1957 年到今天，我离开康保（河北省西北部的一个县）已经 64 个年头了。60 多年来，我无时不在怀念康保的山山水水和蓝天草原，怀念康保的乡亲和在康保的战斗生活。今年是建党 100 周年，在伟大的党的领导下，在康保人民的共同努力下，康保的工业有了飞速发展，农村经济繁荣兴旺，城乡人民生活明显提高，我非常欣喜激动，当年在康保的战斗岁月也不时浮现在眼前。

康保剿匪

1945年,我被派到康保县工作。1946年秋天,国民党反动派疯狂进攻我解放区,康保县的土匪也更加猖獗,情况十分紧张。匪首都是当地的反动大地主及日伪人员(大乡乡长、保甲长、警备大队人员等),对共产党有着刻骨的仇恨。他们四处活动,杀害村干部,破坏我基层组织,扰乱人心,无恶不作,妄图待国民党反动派卷土重来时混个一官半职。

根据当时的情况,县委决定,由当时的二区(三义公司)、三区(土城子)、八区(道尹地村)三个区的人员组成一个剿匪武工队,打击土匪的嚣张气焰。县委指派宣传部长靳克东同志领导三个区的剿匪斗争,随他一同来的还有县委组织部干事张继昌同志、县青会主任高翔同志、县公安局股长王志华同志。

9月下旬的一天,我们早早就出发了,在一个土匪经常出没的山上隐蔽起来。当时土匪多,活动也很频繁,我们常用这种办法打击他们。果然,不一会儿,30来个土匪骑着马,慢悠悠地顺着山沟来了。等他们到了跟前,我们就开了枪,"啪、啪、啪"一阵排子枪把这伙毫无准备的土匪打懵了。他们弄不清虚实,也没抵抗,骑马就跑。一部分冲过了我们的火力拦击,沿着山沟拼命向前窜,另一部分没冲过去,就调头往回跑。靳部长当即下令,"快,分两部分冲他们",我当时负责带领二区的武工队,听到命令,带着人就朝山下冲。没想到没跑多远我的马突然失蹄,把我狠狠地摔在地上,顿时动不得了。战士赶上来问:"怎么样,孙主任(当时都称我们区上的干部为主任,我化名叫孙荣)?"我被摔得心里发急,又眼看上钩的鱼要跑掉,便扯着嗓子嚷:"别管我了!快追!"

由于这伙土匪没恋战，跑得快，所以大部分漏网了，只在阁连村抓住了一个土匪。我立即赶到了这个村子。把捉住的那个土匪带上来一审，才知道他是二区有名的大土匪头子、地主恶霸贾生贵的弟弟。那小子跪在地下苦苦哀求。当时我一听他是贾生贵的弟弟，火一下上了脑门，不顾浑身像被摔散了架，疼痛难忍，丝毫也没客气，就叫人把他拉出去毙了。

康保战役

1947年1月，我参加了攻打康保的战斗。战斗前夕，我们正在赤城整顿，突然接到紧急出发的命令。当时，我们的战马正在十里之外钉掌，接到命令后，赶紧把马弄回来，当天下午四点多钟就出发了，整整走了一夜。第二天的中午，到达沽源县的一个村子里。我们二三十人分散在老乡家里，吃的是莜面“苦累”（莜面在锅中搅拌后制成的面食），餐具不足就拿帽子当碗，快吃、快走、不休息。中途还遇到被迫给敌人送东西的大车。赶大车的群众一看这么多的人民军队，心情振奋，主动要把东西给我们。我们没要，动员他们回去了。傍晚时分，我们到达康保的同垦区（村），立即发动群众准备担架，这时战士们才知道是攻打康保。当时我们的兵力是察北分区的3个骑兵团和各县的游击大队，共8个团。我们五团的任务是打援、破坏交通通信和战后接收处理俘虏。我们住在康保东关的青龙村，夜里接到命令，指示我们去打东关，走到半路又撤回青龙村，一直到天亮不见动静。派人去看，才知道其他兄弟部队早撤走了。

这次康保未打下来，主要原因是敌人有了增援。但从我方找原因，原定力量最强的一团担负主攻任务，后临时改成了二团，有些仓促、准备不足，另外我们的一个机炮连也未及时到达作战地点。

之后，我团不知兄弟部队去向，只得向北寻找。找到之后，我们被安排了新的任务。第二天增援康保的敌人机械化部队和骑兵向北来追击我们。三团与敌人交上了火，司令部命令我团随大部队后撤。后撤中，我的马失了前蹄，把我摔了下来。我在同志们的帮助下忍着周身剧痛，重跨上马，向内蒙古撤退。

司令部命令三团的一个连紧守一座小山。小山的四周有远近高低不等的大山，其他部队就埋伏在四周的大山里。当时正是黄昏，敌人看不清地势，误以为小山上就是我们的主力所在，倾全力攻击这座小山。等敌人主力进入了伏击圈后，我方部队一拥而下，向敌人猛扑，最后打起了交手仗，直打得敌人丢盔弃甲，东逃西窜，敌军伤亡100多人，而我方只伤了3人，没人牺牲。这一仗，大大地鼓舞了士气。

不久，我被调到多伦县大滩区，后又到大二号区任区长兼两个区武工队队长。当时有个土匪头子叫张殿喜，国民党封他为团长，坚守平定堡(即现在的沽源县城)。有一次，他把我们包围了，用密集的火力紧紧封锁了我们的驻地，我们冲不出去。他们的机枪，每排子弹都是急促速发。当时我对同志们说:他们机枪这样打，一会儿就要出毛病。果然，一会儿他们的机枪就不响了。我说:快撤。我下这个命令主要考虑到两点，一是敌人的机枪坏了，火力网破了口子;二是敌人久攻不下，必然重新组织力量，再行强攻。此时不撤，一会儿就撤不出去了。于是，我们走小路安全地撤出了包围圈，此时敌人还不知道，还在进攻。我们撤出包围后，又很快从外围回戈一击，敌人措手不及，被打跑了。由于保卫了群众的财产，县里表扬了我们，还奖励了几匹好马。

有一次，张殿喜带着匪徒到东窝铺抢掠，我们把他们包围了。我指挥集中火力打他们的机枪手，击毙了他的机枪射手中队长，最后，他们狼狈窜逃了。不久,张殿喜又公开给我下挑战书,让我指定地点与他决战。我立即回信应战:定在果果山打三天。我让人把回信送去,他立即就不敢出来了。

张殿喜还经常造谣,不是活捉了孙荣,就是孙荣被打死在多伦县。解放后,多伦县县委书记高介臣告诉我,在察北的敌档中有三个“土匪头子”,其中我是一个。

康保解放

1948年,我军解放了康保县,我从多伦调回康保,先后担任二区区委书记,康保县县委组织部副部长、部长,县委副书记、书记等职。看到群众生活困难,我们先后开展了土地改革、打土匪、搞互助等一系列工作。直到1957年我被派到河北省中学学习文化,1960年被分配到天津大学,工作至今。

时间过得飞快,康保的人民一天比一天康乐幸福,康保的山河一天比一天清秀壮丽。特别是当收到康保的同志们热情洋溢的来信时,我对这浸透了我们战士的热血和汗水的土地,更是情深意长。我想,有机会一定要再踏上曾经生活和战斗过的这片土地,向乡亲和同志们致以幸福的问候。

一个普通党员的七秩回眸

大连理工大学　于泽涛

于泽涛，男，汉族，辽宁大连人，1951 年 1 月出生，1968年10月参加工作，1977年6月加入中国共产党。退休前曾任大连理工大学离退休工作处处长。副研究员。

抗击新冠肺炎疫情取得决定性胜利并在全世界率先恢复经济正增长，脱贫攻坚任务如期完成，全面建成小康胜利在望。这样的成就令全体中国人兴奋不已。在党的百年华诞之际，中国共产党又交出了这样一份令人民满意、让世界瞩目、可载入史册的答卷。作为一名普通党员，我感到骄傲和自豪的同时，也思绪万千。

“马列主义指航向，共产主义是理想；奋斗一辈子，永远跟着党。”这是 1977 年我在入党志愿书中陈述入党理由时的最后一段话。至此，我扣上了人生第一粒扣子。这个誓言和初心，在我有了丰富的人生阅历后，得到了从感性到理性的升华，并在我以后的人生中不断得到涵养，逐渐坚定。

我对党的认识和热爱是从朴素的感情开始的。同千千万万个新中国的同龄人一样，我生在新中国，长在红旗下，童年和少年享受着新社会的新生活，沐浴着党的阳光，加上父辈闯关东的家庭经历，我很快认清了“没有共产党就没有新中国”的真理，并对党产生了感恩之情。我逐渐认识到中国共产党是为广大劳苦大众而奋斗的，代表着广大人民的根本利益；也逐渐明白了新中国是成千上万共产党人和革命先烈用生命和鲜血换来的，我们要高举先烈的旗帜，继续前进。

1971年知识青年回城，我到学校工作，在这蕴含着红色基因的沃土上工作生活了近40年直到退休。在党组织的培养教育下，在各级领导关怀和同志们帮助下，我做过党务、后勤管理和离退休管理服务等工作，由一个幼稚无知的青年成长为学校中层干部。

党组织和同志们对我的帮助教育，情真意切，历历在目，令人难以忘怀。我到校党委办公室工作的第二年，春节前，校党委书记周明在没有事先通知的情况下来到我家，学校的党委书记、红军时期参加革命的老前辈来看望一个刚到单位工作的年轻人，让我深受感动，同时，更激发起我努力工作的劲头！临走时，周书记操着浓重的四川口音对我爱人说：“小王，你要经常敲打敲打小于。”边说还边朝着我的后背拍了两下。我爱人忙说，“我哪敢打他呀！”周书记笑着说，“你看他年纪轻轻的就有点驼背，你要时常提醒他挺起胸膛。”大家听了都笑了。细致之处见真情，随着年龄的增长，虽然我的驼背没有矫正，但周书记那诙谐而情深意长的话语，那对于年轻人的关心和期望，是我永远难以忘却的。2005年我调任离退休工作处处长，早已离休的周书记得知后，专门买了《唐诗三百首》《古文观止》两本书送给我，并寄来了一封亲笔信。信中写道：“为什么要送你，我觉得应该懂一点古诗文。高校的老师和干部主要精力应该是学科学、教学生，但作为一个中国人，对我国优秀传统文化也应该有点常识。”这是周书记对我在新的工作岗位上的期盼和要求，更是老一代共产党人对年轻一代的关怀和教育，我感到沉甸甸的，更是热乎乎的。周明等老红军、老一代共产党人那种百折不挠的革命意志和坚定的理想信念，那种公而忘私和任劳任怨的奉献精神，那种深入群众、热心为民的朴实作风，那种践行初心使命的担当和责任心让我钦佩、让我折服，也已经蕴含在学校的传统和校园文化中，永远激励着我们继续前进！

在同志们的帮助和潜移默化影响下，我一直注重学习。现在回想起来，有两个方面内容是非常难忘的，也是让我非常受益的。一是称得上启蒙教育的党史、国史的学习。通过学习，我了解了中国共产党是如何奋斗和成长起来的，新中国是如何来之不易，从而进一步认识了党的性质、宗旨和任务，对党的认识更加理性，打下了初心使命的烙印。二是对马克思主义基本原理的学习。通过不断的理论学习，我真正懂得了中国共产党之所以伟大正确且历经千难万险却能一直勇往直前，在于有先进的理论来武装、指导，而且在斗争的实践中实事求是、与时俱进、不断创新。从而进一步认识到党的伟大正确，坚定了自己的初心。对我来说比较重要的学习时期是在1971年来学校工作后。那时学校重视对青年教职工的思想政治教育，有学习班、讲座，还组织业余学习小组。我积极参加，认真学习，努力思考，政教室老师讲课的情景至今我仍记忆犹新。学习的内容有《共产党宣言》《哥达纲领批判》，毛主席的《中国社会各阶级分析》《矛盾论》《实践论》《论十大关系》等。尽管当时学得并不深透，但还是了解了基本原理。通过学习辩证唯物主义、历史唯物主义，我基本树立了科学的世界观，也增强了分析问题和解决问题的能力。这段学习使我终生受益，也为以后思想认识的逐步提高、各项工作的顺利开展打下了好的基础。

2011 年 1 月我退休了,享受着父辈们想都不敢想的幸福新生活,同时也继续保持着关心时事政治、注重学习的习惯,力所能及地参加学校关工委、离退休基层党组织、退休教职工自我管理等工作。2013 年,校党委授予我“文化建设工作突出贡献奖”,这是对我的鼓励,也是对我的鞭策。

夕阳无限好,何惧近黄昏。入党 44 年来,“马列主义指航向,共产主义是理想;奋斗一辈子,永远跟着党。”这个初心未改,能做一个合格的党员,今生足矣。我坚信,在以习近平同志为核心的党中央的坚强领导下,在习近平新时代中国特色社会主义思想的指引下,我国“十四五”规划和“二〇三五年远景目标”一定能实现,中华民族伟大复兴的中国梦一定能实现!明天的太阳会更红,百年大党必将更加成熟和坚强,历史的车轮必将在共产主义的人间正道上继续滚滚向前!

一心一意跟党走，朽迈分享好时光

东北大学　周　武

周武，男，汉族，辽宁沈阳人，1927 年 12 月出生，1945 年 8 月参加革命工作，1949 年 7 月加入中国共产党。离休干部，解放战争时期曾任第 44 军 131 师文工团团员，离休前曾任东北大学武装部副部长。

2021 年是中国共产党成立 100 周年，100 年征途漫漫。想起自己入党 72 年来的所见所闻，我不禁心潮澎湃，思绪万千。归结为一句话，就是感恩中国共产党，感恩新时代中国特色社会主义！

记得那是 1945 年，高中毕业后我参加了冀热辽军区教导团，参军十几天，上级就要求我们转移到新民县。动员大会上，政委说不愿意离沈的可以回家，愿意跟着八路军走的，回家拿父母的同意信回来。18 岁的我对世界、对国家、对党还只有懵懂的认知，但那时起我就坚定地认为跟着共产党、跟着八路军走是绝对没错的！虽然幼年丧父，自小与母亲相依为命，无法割舍亲情，但身在沈阳，自懂事起眼见家国危难、同胞流离，早已心怀抱负的我更希望学报国之才、践报国之行。可我害怕面对抚养我长大成人的老母亲，便怀着忐忑的心情在小河沿公园里偷偷躲了两个小时，装作已经回家得到同意，跟着队伍到了新民县。

同样的事情，还发生在隔一年的春天。那时我在文工团做宣传工作，四平保卫战中随部队撤回留守的郑家屯，回来后才知道母亲从沈阳赶过来找我回家，已经等了好长时间。虽然留守处的同志们已经给老人家做了不少思想工作，可母亲依然坚持只有我这一个儿子，不能让我上战场，希望组织能批准我回家。团长见状，便帮我们找了个老乡的家，安排我与母亲同住，让我自己做母亲的思想工作，还安慰我如果有什么情况，可以随时找区政府的朱书记帮忙。当晚我与母亲彻夜长谈，但依然没有办法转变她的想法，只得等隔天再想别的办法。没想到天刚亮，村子里就枪声大作，原来国民党军攻入城里，我军留守人员也陆续撤离，我找不到文工团的首长和战友，急得团团乱转，却完全没有趁机离开部队随母亲回家的念头，只想尽快赶上大部队。天无绝人之路，终于让我在区政府大门附近遇到一位我军指挥官骑马而来，我赶忙上前拦住说明来意，他便让我上了跟在他后面的一辆已经坐满了战士的马车。我攀上车尾，被里面的小战士拽着，屁股都悬在了车沿外，想回头看看来时的路，却无法转身，想着母亲，又想着部队，满怀愧疚地随马车奔袭 60 公里，上了北上洮南的火车追寻我的部队。

那时我一直在四野四十四军文工团工作，除了帮助转移伤员、护理等，最主要的就是宣传了，宣传我党的理念，宣传我军的传统。宣传工作的重要性，是我自 1946 年就知道的。当时我们驻扎在白城子，在有利的形势下积极发动群众，建立东北最初的革命根据地。通过持续的宣传教育，老百姓受到极大鼓舞，人们的觉悟也大大提高了，广大的热血青年积极踊跃报名参军保家卫国，其中突泉县农业中学的张志学老师就是一位。在他的带动下，有20余名学生一起走上了革命的道路，成为民主联军骑兵师文工团的团员。1948年锦州会战后的一天，我和战友董家壁因帮助卫生员救助翻车受伤的战友而脱离文工团大部队，只好跟着随军后勤辎重营车队前行。虽然掉队，但我时刻不忘发挥文宣作用，走一路宣传一路。到了北镇县，我们立刻组织小分队上街书写标语。我和曹金龙两个人在一面土墙上写下了“共产党万岁”五个大字。当时还是繁体字，刚刚写到“歲”字最后一点时，就听“轰”的一声，我们所有人被震翻，倒在墙根下。短暂昏迷苏醒后，只觉得什么声音都没有了，脑袋里一片空白。我们很快意识到是有敌机扔了重磅炸弹，于是立刻互相呼喊搀扶着赶回营地。自此双耳发闷，很长时间才逐渐恢复，如今年迈耳聋成疾，想起来或许与当年如此遭遇不无关联。后来还有人开玩笑说：八路军就是不要一点“歲”，要“万歲”！

就这样，我怀揣着坚定不移跟党走的信念，拼命在前，吃苦在前，于1947年参加兵站工作立小功一次，1948年锦州会战在尖刀连做城市工作立小功一次，南下完成任务立小功一次，1949年累计大功一次，而后加入中国共产党，成为一名光荣的共产党员。对党的忠诚信念一路引导着我，跟着四野四十四军，参加了东北解放战争，入关攻打天津、南下广东，打败了国民党反动派，迎来了中华人民共和国的成立，而后加入中国人民志愿军，雄赳赳气昂昂地跨过了鸭绿江。

在朝鲜，我们部队的前线指挥部在朝鲜西海岸。每天晚上，美军都会出动百余架轰炸机进行定点轰炸，密集的炮弹像粥锅开了一样，经常是咕嘟咕嘟一阵“冒泡”，一个村庄就没有了。战场上炮火连天，血流成河，战士们死守防线。我们文工团为了给战士们鼓舞士气，在西海指的矿洞里设了一个“舞池”，战士们累了、痛了、想家了，我们便跟他们唱歌、跳舞、演话剧。有时，我们唱着唱着，外面的炮火就响了起来，战士们马上扔下乐器拿起步枪，迅速集结勇武参战。很多时候，刚刚还跟我们一起唱《中国人民志愿军战歌》的战友，一去就再也没有回来，只留下一句“中国好儿女，齐心团结紧”的歌声飘扬在矿洞中。就这样，指挥员们每天查地形、定计划，战士们听从指挥、奋勇当先，在我们的坚守下，美军甚至都没敢登陆作战，最终守住了朝鲜西海岸，这是只有中国共产党才能做到的事情呀！最后，经过三年抗美援朝保家卫国，我们一起把不可一世的以美国为首的联合国军打回了“三八线”，迫使他们在停战协定上签了字。

1969 年，军委总部抽调团以上干部支援新疆。我作为老革命、老党员当然要一马当先，接领了南疆阿克苏农一师四团政委的职务，带着我们六口之家一同奔赴新疆，屯垦戍边。在了解当地情况后，我更是以团结内部、尊重前辈、减少阻力为重，谢绝了团政委的岗位，申请转以副职的身份来四团工作，果然到职效果很好，很快就取得了老三五九旅老同志们的信任和支持。在兵团七年的工作中，最深的感受有两点。一是深刻体会到民族团结的重要性。尤其在新疆除维吾尔族同胞，还有蒙古族、哈萨克族、塔吉克族等十几个少数民族。党的民族政策深入人心。边疆巩固，繁荣昌盛，人民安居乐业。二是党的屯垦戍边政策，对于保卫边疆、建设边疆有着极其重要的战略意义。

1978 年我服从组织安排，脱下军装，从通化军分区海龙县武装部回到生我养我的故乡沈阳，转业到东北工学院武装部工作，1983 年离休至今。离休不能阻挡我想奉献的心。我参加了许多社会公益活动，曾在学生宿舍打更执勤，到街道办事处巡逻，到银行当储蓄员等。一切都是源自我对我们党、对我们国家的热爱。回顾我这一生，可以说走遍了祖国的大江南北，荒沙戈壁、山海边疆，党指到哪里我就去到哪里，正所谓“革命一生，为了人民，打小旗，跑龙套，一生无悔”。

我发自内心地要说，当年我参加人民军队，加入共产党，就是为了劳苦大众能过上今天的好日子，而这个好日子如今已经实现。我还要说，没有共产党就没有新中国，也就没有我们今天的幸福生活！正如习近平总书记所说，共产党一切都是以人民为中心。2020年年初的武汉疫情，一声令下，一千多万人口的城市一夜封城，十几天建成两所医院，全国医务人员逆行支援武汉，共产党员冲锋在前，两个月决胜对新冠疫情的阻击战。这些是只有中国共产党及其领导下的社会主义国家才能做到的奇迹！作为一名从战争年代走过来的老兵，我从未改过初心。伟大光荣正确的中国共产党即将迎来建党100周年，我祝愿红太阳永远照亮东方！我要一心一意跟着党，继续为中华民族的伟大复兴贡献微薄的力量！

吉林大学　金海俊

金海俊，男，汉族，辽宁辽阳人，1950 年 10 月出生，1968 年 9 月参加工作，1971 年 6 月加入中国共产党。退休前曾任吉林大学纪委书记。研究员。

1971 年 6 月 24 日，在中苏边境区域的原始森林，迎着朝阳、面向鲜红的党旗，作为一名边防战士，我高举右拳，庄严宣誓“我志愿加入中国共产党”，这一幕我记忆犹新，时常在梦中出现。

我出生在 1950 年，父亲在我很小的时候就去世了。在党的关怀下，在街道办和居委会的接济下，母亲一个人靠微薄的工资勉强养活着我们兄弟姐妹四个。作为街道办重点帮扶对象，我免费上了学。母亲总是叮嘱我们要感谢党、感谢那些帮助过我们的人。怀着一颗感恩的心，我始终向往着能为国家和党做事。中专毕业后，我响应党的号召，成为一名下乡知青。20 世纪 60 年代末，那是一个较为动荡的时期，随着中苏之间在意识形态方面的分歧持续增大，最终在 1969 年 3 月，著名的珍宝岛自卫反击战打响了。在这样的大背景下，我两次申请参军入伍，并最终于 1969 年 11 月成为一名光荣的解放军战士。当我把这个消息告诉母亲时，她一边流泪一边在油灯下给我纳鞋底，这一场景至今想来仍然令我泪目。临行前，她专门给我包了一顿饺子，她一边给我夹着饺子，一边叮嘱我要多给家里写信，我能感受到她对自己儿子的不舍。现在想来，这样的情景在当时那个年代，是很多家庭中普遍出现过的。

1969 年 11 月 25 日，我们这些刚入伍的新兵抵达了吉林市郊，开始了新兵入伍训练。由于前方战况吃紧，原定两个月的训练也被紧急压缩到了一个月。没有任何预通知，紧急集合的军号声在凌晨 1 点吹响，“凌晨两点准时到达火车站”，这是给我们的唯一命令。坐上“闷罐”列车，对于执行什么任务、驶向何处大家一概不知，列车行驶过程中采用白天停、晚上行的办法，经过 3 个昼夜的缓慢行驶，午夜时分下车，在夜幕的掩护下，我们换乘解放牌大头卡车，疾驰在茫茫林海中，近 1 个小时的行程后，卡车停在森林边的公路上，又是半个小时的急行军，几顶绿色的帐篷逐渐清晰地出现在眼前，我们知道此次的目的地到了。

来到连队的第二天，连里给每个新兵发了一个塑料的袋子，要求每人写上姓名、血型、部队番号，家庭住址，随时带在身上，当时还不清楚是为什么，后来还是老兵给了我们答案，袋子的唯一用途就是在清理战场时，用来辨别和装自己尸体时使用的。如果说来之前我们心中充满着激昂的理想主义，那么这个袋子一下子将我们拉入到一个残酷的充满硝烟和死亡的战场，给我们内心的冲击是可想而知的，警醒着我们在战场上要做好随时牺牲的准备。这就是我们这些新兵来到连队后上的第一堂课。当天晚上，连里召开了新兵欢迎会，会上连长和指导员分别发表了热情洋溢的讲话。明确告诉我们，苏联在中苏边境、中蒙边境陈兵百万，我们的位置正处在中苏边境地区，也是一个很敏感的区域，此地正是我国抗日战争胜利前夕，苏联出兵进攻东北日本关东军的入境通道，他们对地形、地貌及路线都十分熟悉。我们驻防在这里的任务是明确的，当战争来临时，随时准备牺牲自己，尽量拖住敌人，防止敌人长驱直入，要为后方的主力部队争取多一点的战斗准备时间。

为了更好地完成任务，我们必须首先占据有利地形，我们的驻地也从山下转移到了山上。取水成了每天早操的必修内容，夏天从山下挑水上山，冬天从山下背冰块上山。白天的训练内容是反复演练俯角射击和仰角射击，攀岩攻坚练习、猛虎下山追击、爬冰卧雪等都是常规的训练项目。每个月才有一次洗澡的机会，为了洗澡要急行军到 10 多公里外的一个小镇子，分批分时段洗，返回驻地时还要进行攻坚战的训练，往往是刚洗干净又是一身汗。那段时间，我们从未有过休息日，时刻保持高度警惕，每天都有一种战争一触即发的感觉。作为曾经的下乡知青，当时并不觉得如何苦，只是为了军事机密和备战的需要，长达半年多不能同家人通信，每次想到家，想到母亲的惦念，也会在被窝里悄悄流泪。那时候，除了训练外，在理论学习方面也没有丝毫放松，每天组织“天天读”“斗私批修”、学习毛主席语录等活动，唱歌的曲目是《我是一个兵》《毛主席的战士最听党的话》《学习雷锋好榜样》，在这种紧张的氛围下，大家团结一致，没有任何私心杂念，每一天都很充实有活力。我们的思想也得到很大的提升，忠心向党，随时准备献出生命。我们坚信毛主席的英明伟大，争取各方面都走在前列。就这样，我在入伍的第一年被评为“五好战士”，被列为党员发展重点积极分子。1971 年 6 月迎接建党 50 周年前夕，我光荣地加入了中国共产党，成为新兵中首批入党的人员之一。后来，随着中苏关系的逐步缓和，我们由黑龙江的绥芬河换防到了吉林省的延边朝鲜族自治州。

命运的又一次转折出现在1972年9月,经我所在部队推荐,通过考试,我到吉林大学哲学系学习,从此开启了我在吉林大学求学和工作的生涯。当时,“文化大革命”刚刚过半,大学的正常秩序还没有完全恢复,但教学、科研等工作尚可平稳进行。由于我们是部队选派的,仍然算是部队的人,所以在整个学习期间,我仍然坚持着叠“豆腐块”被子和跑早操的习惯。从一名普通士兵到大学生,我虽然学习功底不如别人,但好在3年多的军旅生涯,不仅磨炼了意志、锻炼了体能,最主要的是锻造了敢打敢拼不畏牺牲的精神,这是短暂的部队生活给予我人生中最宝贵的财富。我每天除了吃饭、上课,基本上都是在图书馆里度过的。此外,在遇到弄不懂的问题时,也经常会到老师家请教,有时赶上饭点,就在老师家吃饭,老师和师母从来不嫌烦,总是热情地招呼我们,聊聊家常讲讲学问,这在当时是很普遍的情况,就这样我逐渐适应了学校的生活。那个时期学生的学习氛围比较浓厚,尤其是高青海、车文博、张维久等先生的课,基本上都是爆满的,记忆最深的是先生们的板书,一边讲一边写,一堂课下来,所有的知识点条条块块清晰明了。当时有一则趣事,一位先生(现在已回忆不起他的名字)的课堂上,每讲到精要处总是习惯性地把粉笔当成烟来抽,课后经常是一嘴的白灰。这些小事折射出当时先生们对讲课的精益求精,小小的三尺讲台不知道汇聚了他们多少的智慧和汗水。无论讲了多少次的课,每次仍认真备课,只是为了让我们能够听得懂记得住;为了检验我们,有时课上进行研讨,听我们讲的同时答疑解惑。就这样,在这些先生们的言传身教下,我度过了3年多的大学生活。

1975年6月我毕业后留校任教,工作中我了解到好多先生们在“文化大革命”初期的遭遇,即使面对不公平待遇,他们仍能从容站在讲台上,认真做好他们的教书育人事业,让我对他们的精神有了更深的认识。我印象最深的是吉林大学代校长刘靖先生,当时我们只知道他是1932年入党的老革命,曾做过地下党,为此进了国民党的监牢,后被党组织营救出狱。东北解放后,党组织安排他任东北行政学院(吉林大学的前身)第一副院长,“文化大革命”期间因为他坐过国民党的监牢而被冲击。在我工作期间,常常去他家里给先生理发(这也是我在部队时期学会的一门手艺)。那时先生已年近80岁,身体不便但思维依然敏捷,当时和他聊天有规矩,一是对他以往的工作不许问,他说那是党的秘密,一辈子都不能说;二是对工作抱怨的话不许提,他说那是组织交办的任务。这也成了我们以后聊天的共识,1979年他的问题得到了平反,可直到他去世,校长前的代字也没有去掉,可我从来没有听过他对党组织的抱怨。先生对党的无限忠诚让我至今感慨。我想正是一个又一个对党忠诚、对立德树人事业负责的教职工们书写了一部求实创新、励志图强的吉大历史。今天,融合了6所高校的吉林大学在创建一流高校的征程中迎来了更大的挑战和机遇。我们要放下包袱,以“脚比路长、人比山高”的决心,一代接着一代真抓实干,回顾初心、传承精神、担负使命,更好地扛起新时代党交给的立德树人重任。相信学校在党的领导下,发展会越来越好!

2021年是中国共产党建党100周年,也是我入党的第50个年头。我见证了党领导这个国家从一穷二白到如今的繁荣富强,亲历了党领导下的中国高等教育的伟大发展,没有党就没有我们今天美好的生活。党的十九届五中全会已绘就了美好的蓝图,祝愿我们伟大的祖国、伟大的人民在以习近平同志为核心的党中央领导下早日实现中华民族伟大复兴的中国梦!

一个安东少年经历的抗美援朝

东北师范大学　周敬思

周敬思，男，汉族，山东蓬莱人，1936年2月出生，1956年7月加入中国共产党，1957年8月参加工作。退休前曾任东北师范大学党委书记。教授。

2021年是中国共产党成立100周年。在这举国欢庆的日子里，作为一名老共产党员、一名老教育工作者，回顾自己这一生，是受党教育培养的一生，也是兢兢业业为党工作的一生。“走，跟着共产党走”从中学时代就深深扎根于我的内心，是我一生践行的人生信条。

我在中学时代经历了抗美援朝战争。1950年抗美援朝战争开始时，我在辽东省安东（今丹东）市的安东中学（今丹东二中）读中学。当时，安东的战争气氛很浓，为了备战，有些单位已经开始搬迁，我们学校也决定迁到海城。当时由于备战需要，铁路已经全部转为军用，我们只能步行。每天一上路，同学们高高兴兴，欢歌笑语，歌声不断，日行50多华里也不觉得累。我们每天一出发都会唱:“走,走,走,跟着共产党走!”每到一地,乡镇都组织人员欢迎和慰问我们这支“学生军”,安排很好的住宿,还有香喷喷的苞米饼子、大碴子粥和高粱米饭。就这样走了10天,队伍到达海城镇郊,受到海城一中师生的热烈欢迎。现场锣鼓喧天,口号声不断,场面十分动人。“热烈欢迎省中来海城!”“革命友谊万岁!”“抗美援朝,保家卫国!”“打倒美帝国主义!”我们的饶校长和海城一中的张校长热烈握手,两校的学生干部们也热烈握手,大家都感动得热泪盈眶。当晚,我们在海城一中食堂美餐一顿,还难得地吃到了几块肉。

为了帮助我们学校办学,海城一中把附设的南校区腾出来,交由我们整体使用,方便我们在那里集体学习、生活。搬进新“家”的第二天,海城一中为我们举行了欢迎大会,海城县委书记肖文到会并讲话,他的讲话热情洋溢,令人激动。他的中心内容是中国人民有信心战胜美帝国主义。会上,他还给我们带来几麻袋花生,我们每个同学都分得一小捧。那一小捧花生,当时给我们这些思念家乡的孩子带来莫大安慰。那一小捧花生的芳香,70年后的今天,好像还不时扑鼻而来。

在海城,同学们学习热情异常高涨。每天除早操和下午1小时的文体活动,到熄灯前全是学习。老师们教得好,又时时陪在同学们的身边,还都注重结合教学对学生进行思想教育。我记得,教数学的秦老师已经年近60岁。一天上午的第一节课,他走进教室,因为天冷,他的毛围巾上还带着白霜,但他精神矍铄,面带微笑。师生互致问候后,他高声说:“我女儿入党了!她还积极报名参加抗美援朝。她妈妈高兴,为我烙了一张糖饼。我每天吃1/2,就这样吃下去,你们说我能把这张糖饼吃了吗?”同学们都在羡慕他女儿的革命精神,沉浸在他讲的故事中,全教室静静的。猛然间,大家才意识到秦老师在讲课,响亮地回答说:“永远吃不了!”秦老师高兴地说:“对,这就是极限这个基本概念的体现。”随后，他转过身去在黑板上写出一个关于极限的公式。这堂70年前的数学课让我始终记忆犹新。

校长饶浩是学物理专业的，他每周亲自给同学们讲时事政治课，讲的主题都是“爱国主义”。他引导学生学习中国近现代史，了解祖国百年来的悲惨经历，让同学们知道历史上有众多爱国志士为驱逐帝国主义、解放劳苦大众而流血牺牲，让同学们懂得是中国共产党领导人民，经过浴血奋战打倒了帝国主义、封建主义、官僚资本主义，实现了祖国的独立和人民的彻底解放，建立了新中国。他说：“今天抗美援朝，就是保家卫国保卫新中国！”饶校长在讲课，更是在呐喊，是在歌颂革命先烈，声讨帝国主义和人民公敌，是在吹响爱国、勇于为祖国牺牲的号角！

1951年年初，临近期末快到春节，中国人民志愿军和朝鲜人民军联合作战取得重大胜利。省政府决定将我们学校迁回安东。听到这个消息，同学们都高兴得彻夜无眠，人人充满胜利而归的喜悦。然而，回安东的新学期一开始就遇上美国飞机的疯狂轰炸。我们全校师生们连夜抢挖防空壕。我记得防空壕的施工标准要求严格，深度、宽度必须合乎尺寸，特别要求在墙体两侧要挖出藏身洞，每人一个，以防止美机扫射带来的伤害。

这时学校决定再次迁回海城。同学们打起背包就出发。这次我们住进了海城著名的三学寺。庙宇规模很大，两个院落。我们在大殿里打地铺作宿舍。寺庙两侧的附设用房作教室，还在院中树下露天吃饭。因为是古庙，房子老旧，夜里常有老鼠窜进被窝，还会有蝙蝠扑到脸上。虽然条件艰苦，但同学们士气十足，学习非常努力。

1952年年初，美国在朝鲜的失败已成定局，学校又部分迁回安东。但是敌人的轰炸仍然疯狂，并向安东投下罪恶的细菌弹。安东人民响应毛主席的号召，奋起投入反细菌战的斗争。同学们同市民一道，人人手拿一个竹制小镊子，提着一个空瓶子，捕捉美国飞机投下的带有病毒的苍蝇和蚂蚁。迁校、修防空壕、防空待避、灯火管制，敌机轰炸时大地的震颤，疯狂扫射时空气的撕裂，受伤同胞痛苦的惨叫，同学因感染细菌弹病毒而丧失生命……所有这些都让十几岁的我们对敌人怒不可遏，大家爱国之情奔涌，纷纷要求参军，抗美援朝，保家卫国。我就是在这样的形势、环境和氛围中结束了中学生活。

热爱祖国，与祖国同命运，永远跟党走，仇恨美帝国主义，敬仰中国人民志愿军的英烈……中学时代的这段经历让我刻骨铭心，让我认识到党的光荣、伟大、正确。我也下定决心，要一生听党话、跟党走。

唱支山歌给党听

东北林业大学　陈文斌

陈文斌，女，汉族，河北乐亭人，1952年6月出生，1968年10月参加工作，1975年8月加入中国共产党。退休前曾任东北林业大学党委副书记兼副校长。教授，博士生导师。

每当听到《唱支山歌给党听》这首歌，我的心就格外激动，心潮就格外澎湃，难以抑制的思绪就犹如马儿在草原上自由地驰骋。

1952年，我出生于黑龙江省伊春市的一个林区工人家庭。懂事之后就对神秘的大森林产生了浓厚的兴趣。那时候，林区的生活条件还是比较艰苦的，但这些反而使我从小养成了吃苦耐劳的习惯。上学以后，在学校老师的教育下，我知道了李大钊、夏明翰等烈士事迹，知道了董存瑞、黄继光等英雄的故事。我从《烈火中永生》《英雄儿女》等革命影片，从《钢铁是怎样炼成的》《雷锋的故事》等书籍中懂得了人的一生应该怎样度过，懂得了中国共产党党员的含义，也对党和党的老一辈无产阶级革命家产生了无限的敬仰之情。也正是从那时起，我就树立了要向革命先烈学习，要向人民英雄学习，争取早日成为一名光荣的中国共产党党员的愿望；树立了一生要跟党走，永远为人民做好事的信念。

中学毕业后，我回到家乡所在农场参加劳动生产，被选为小兴安岭第一批女拖拉机手。农场的劳动强度非常大，我和男青年一样参加各种劳动，春天翻地、耙地、播种，秋天收庄稼、整理土地、修理农机具，冬天看电站、挖战备洞、运材，一年四季忙忙碌碌不停歇。我在劳动中不怕苦、不怕累、不怕脏，表现出色，不久就第一个被农场批准为林业工人。当时在我们知青的眼中，由农工变为有编制的林业工人是一个最大的荣誉。党组织也对我提出了新的要求，这更激发了我对工作忘我的执着和投入，对加入中国共产党也就有了更强烈的向往和追求。1975 年 8 月 29 日，我梦寐以求的一天终于来到了。这一天，我光荣地加入了中国共产党。从此，我更加坚定了对党的热爱、对党的信仰、对党的忠诚，决心把自己的一生献给党。

1975 年 10 月，我被推荐上了大学，进入东北林学院采运系采伐运输机械化专业学习。入学后，我被同学们选为班长兼党支部书记。在校期间，在院、系两级党组织和老师们的培养教育下，在同学的支持和帮助下，我们班多次被评为优秀班集体。3 年的紧张学习，不仅开阔了我的视野，增加了知识，增长了能力，也增强了我的社会责任感。我也比过去更加注重政治理论的学习，注重增强自身的党性修养和明辨是非的能力，注重关心国内外大事。这些也奠定了后来从事思想政治工作和开展相关研究的基础。

1978 年 8 月，我大学毕业后留校作了一名政治辅导员。在前辈们的帮助下，我开始走进学生思想政治工作这条战线，走进思想政治教育这一科学殿堂。学生工作虽然琐碎、繁杂，操心费力，但却事关学生能否健康成长，事关学生能否成为国家建设需要的合格人才。那时我们国家的改革开放事业刚刚起步，社会上来自“左”和右、积极和消极、进步和落后、传统和现代的思潮交织在一起，对学生的影响很大，使得学生思想政治工作面临着巨大的挑战。在困难面前我没有退步，而是以对党的事业的忠诚，以对学生成长负责的精神，全身心地投入到引导和帮助青年学生树立正确世界观、科学价值观、积极人生观的事业之中。在工作中，我既注意区分问题的性质和程度，采取因人而异，因势利导的方法；又注意事物的复杂和反复，采取春风化雨，润物无声的方式。功夫不负苦心人。渐渐地学生们的思想起了变化，学生班级的风气发生了变化。优良学风、上进班风开始形成，德智体全面发展的学生开始涌现。看到学生身上的点滴变化，我的内心充满了喜悦。

后来，我又担任过学校的团委书记、学生处长、党委副书记等职务。虽然岗位有变动，工作性质有变化，但我一直非常重视学生的思想政治教育工作。高校担负着培养创新人才的使命，是青年放飞理想、奠基事业的地方。只有赢得青年，才能赢得未来。历史的经验启示我们，大学生的政治态度和价值取向关乎党的事业的发展，关乎党的执政地位的巩固，必须牢牢把握党对高校意识形态工作的主动权。因此，无论担任何种职务，我始终不忘对青年学生政治观念和政治理想信念的培养，探索青年思想政治教育的教育规律，着力开展高校意识形态领域的相关研究。在多年的从教经历中，我始终保持高度的政治敏感性，树立坚定的理想信念，永远跟党走，并将这份坚定的理想信念以及对中国共产党浓浓的深情与热爱传递到每一位学生的心中。

20世纪90年代，由于政治上的和经济上的急剧变化，一些青年学生为民族振兴而奋斗的社会理想遭到不同程度的打击。在政治理想方面，保守主义和改良主义思潮逐渐占据上风，“唯生产力论”的影响越来越大，有的人认为一切政治方面的问题都必须等待经济高度发达以后才应该讨论，才有可能解决。与此同时，当时我国正处于改革开放和社会主义现代化建设的初期，中国特色社会主义事业处于摸着石头过河的探索阶段。有的青年学生对国家未来发展缺少信心。在这样的社会舆论与思潮的背景下，我作为一名中国共产党党员，作为一名思想政治教育工作者，无论在课堂上、会议上，还是在与学生的沟通与交流中，都直言不讳，坚定地告诉学生们：中国共产党是一个伟大、光荣、正确的党，她在革命、建设、改革的伟大实践中谱写了自强不息、顽强奋进的壮丽史诗。

2012年我离开领导岗位后，回到马克思主义学院做一名专职的思想政治理论课教师。2016年9月，我又听从学校党委的安排，担起了学校关心下一代委员会常务副主任的工作。在关心下一代的工作岗位上，我依然保持了原有的工作热情，围绕让老同志们老有所为、老有作为、老有大为的目标，组织成立了老干部合唱团，为丰富校园文化大展身手，获得了国家级合唱比赛的银奖；组织离退休教授服务地方经济社会发展，获得了省市领导的好评；组织杰出校友事迹报告会，推动学校思想政治教育创新开展；组织调查研究，深入林区、农村、企业、社区一线，获得翔实数据，为政府决策提供建议咨询。

回顾自己几十年的人生历程，我始终牢记自己的入党誓言，坚守自己的入党初心。像雷锋同志那样，党叫干啥就干啥，做好革命的螺丝钉。我之所以会这样做，是因为生在新中国，长在新社会，我见证了我们国家由站起来到富起来，由富起来到强起来，深深地体会到没有国家的发展，就没有我们个人的成长，没有国家的进步，也就没有我们个人的幸福。现在我们正处在百年未有之大变局的历史时期，我们有幸有习近平同志为核心的党中央坚强领导，有亿万中国人民的齐心努力，我们一定能够实现中华民族复兴的伟大中国梦。在国家进步的伟大征程上，我也要继续发挥自己的光和热，为党的事业、为人民的幸福、为社会主义和共产主义事业而奋斗终生。

牢记使命60年

复旦大学　宗廷虎

宗廷虎，男，汉族，江苏扬州人，1933年2月出生，1951年8月参加工作，1956年4月加入中国共产党。退休前曾任复旦大学中文系党总支书记、学校语法修辞研究室主任。教授、博士生导师，享受国务院政府特殊津贴。

2021年对我来说有特殊意义。它既是伟大的中国共产党建党100周年，也是我入党65周年，还是我领受党组织任务60周年。60年来我一直牢记使命，砥砺前行。

1956年我怀着当记者的梦想考入复旦大学新闻系，孰料1961年毕业前夕，主持校党委工作的副书记王零同志找我谈话说："陈望道校长要求新闻系挑选一名毕业生，到他创建的语言研究室跟他学修辞，挑中了你。你是共产党员，交给你一个任务。现在国家号召要抢救老专家学术遗产。望老（对望道先生的尊称）是著名修辞学家，70岁啦，他的学术遗产急需有人继承。你要发挥主观能动性，千方百计把他的学术思想学到手，并发扬光大！”王零同志是新四军出身，军人作风犹存，说话干脆利落，但字字千钧！我曾宣誓，共产党员应听党指挥，党指向哪里就奔向哪里。我任校学生会大型墙报《复旦学生》主编时，曾有幸见过陈望道校长，请他为墙报创刊号题词。他所题“红透专深”四字是对全校学生的殷切期望，我理解这也是对我的要求，于是高兴地奉命去研究室报到。

起初两年，当记者的梦还时常出现，后来是望老的身教和言教魅力深深感动了我，使我自觉而坚定地走上继承发扬陈望道修辞学思想之路。

先说身教。令我印象特深的有两件事：一是望老早年留学日本学的是物理，后改学法律，获法学学士学位，最后却专攻文法、修辞的事迹。他对我们说：“当时有人说中国语文没有规则，比外国语文低一等。我为了争一口气，就开始研究修辞。为了证明汉语不但历史悠久，而且还具有特殊的魅力！”望老为祖国需要而自愿改行并钻研终生，令我十分钦佩。二是1932年他的《修辞学发凡》出版，学术界尊之为我国现代修辞学史上的里程碑。1956年元旦，毛泽东主席在沪接见望老时说：“陈先生，我最近看了你的《修辞学发凡》，写得很好。听说你还在研究文法，希望研究下去。现在有人讲话、写文章，不讲文法，也不讲修辞。”毛主席的鼓励使望老十分激动，次日一早就召集研究室成员传达此事。[①] 陈望道校长身兼十多职，异常繁忙，还见缝插针利用开会、读报、听广播等机会收集新的语言现象，思考文法、修辞问题，常于深夜起床记下心得以免遗忘。直至他生命的最后岁月，在华东医院的病榻上还坚持修改完成他的《文法简论》。他鞠躬尽瘁、视学术为生命

① 据倪海曙《春风夏雨四十年——回忆陈望道先生》。

的精神深深教育了我。他心系祖国,无比热爱祖国语文事业是我们学习的榜样。

再说言教。语言研究室设在望老府邸楼下,他常下楼为我们讲授研究文法、修辞的新见解。我至今仍珍藏着当年的听课笔记。据不完全统计,1961年至1966年他讲授有关修辞的内容70多次。我很庆幸自己能当面聆听望老的教诲,耳濡目染,获益终生。其中对我影响最大的是望老多次强调学术研究应该具有创新理念、创新道路、创新方法。他多次谆谆教导我们,修辞学研究必须“立大志攻坚”“研究工作要有创造性。你们是创造财富的,不是专门继承的,要对祖国文化遗产有所贡献”。他提出的创新道路是以马克思主义观点为指导思想,以中国语文事实为研究对象,批判地继承我国语言学遗产,批判地吸收外国语言学研究成果,同时要立足于中国的今天,为当前中国实际服务。换句话说就是立场要站稳,方法上要能网罗古今中外,此即他提倡的“古今中外法”。这在我国修辞学史上也是创举,弥足珍贵!这也是我多年来的行动指南。

望老的身教与言教为我们树立了做人与做学问的榜样。他博大精深的修辞学思想是宝贵的文化遗产,是引领我国修辞学改变面貌、开拓创新的指路明灯。作为他的学生,我应该努力学习、继承与发扬他的修辞学思想。

1977年望老仙逝后,从1979年至今的40多年里,我遵循望老的教诲和遗愿,在修辞学理论、修辞学史与修辞史三个分支领域里潜心钻研,努力探索。修辞学理论方面,我主要做了两件事。一是多方面宣传陈望道修辞学思想。除在数种修辞学史著作中设专章论述望老的修辞学说外,还发表了学习陈望道修辞学说心得体会文章59篇。二是对望老论著中的观点、见解加以弘扬阐发。例如望老明确提出“修辞学是属于语言学与文学之间的边缘学科”。我们在此基础上拓展为,“修辞学是介于语言学、文学、哲学、美学、心理学等多门学科之间的边缘性、综合性学科”。因为望老也曾指出，语言研究者要学一点哲学，学一点美学，学一点心理学等，这自然蕴含了修辞学与这些学科的密切关系。

中国修辞学史与中国修辞史两个分支领域，过去少有人涉猎。遵循望老教导，几十年里，我努力探索，并与陈光磊先生等组织团队攻关，有所突破。一是贯彻“史论结合”原则，分别构建不同的理论体系、描绘各自的演变轨迹，并阐述其与社会文化的互动关系等。二是坚持多角度、多层次开掘。既有浓缩勾勒的简史，也有铺开论析的详史；既有纵贯数千年的通史，也有仅着眼于现当代的断代史；既有修辞学与语言学内部语音、词汇、语法等相互融通的修辞史，又有修辞学与美学交融互动跨学科的辞格审美史。三是尝试运用多种研究方法，力图使后出的史著超越前者。

科研道路并不平坦，尤其是开拓新领域，有更多艰难险阻，可谓举步维艰。每遇重大困惑，我常徘徊在校园内望老铜像前。他老人家殷切期望、谆谆嘱咐的音容笑貌立即浮现眼前，坚定我信心，激励我奋起。当年党组织的重托也激励我勇往直前。这就是我在科研道路上不敢懈怠，至今已 88 岁仍毅然坚持探索的动力。

60 年来我未忘初心，牢记使命，饮水思源，满怀感激之情。党的恩情比天高比海深！如果没有党的培养与望老的教诲，我一个穷人家的孩子，根本无法迈进大学门槛，更遑论跻身科研行列并取得一些进展。我将矢志不渝，在继承发扬陈望道学术思想道路上持续探索，奉献余生！

初心与使命指引我度逆境、抓机遇、闯雄关

上海交通大学　朱训生

朱训生，男，汉族，上海人，1942年10月出生，1966年9月参加工作，1984年1月加入中国共产党。教授，博士生导师。

1949年5月27日早上，我听大人们都在说“上海解放了！解放军昨天晚上都睡在马路边上”，幼小的心灵从此记住了“共产党好，解放军好”。到了9月份，我进入树基小学，我上的第一堂课就是老师解释校名：“树基立人，我们的目标是做共产主义接班人。”小学毕业后，我考入华东师范大学附中，听到老师转述毛主席“你们青年人朝气蓬勃，正在兴旺时期，好像早晨八九点钟的太阳。希望寄托在你们身上……中国的前途是属于你们的”的殷切期望和“身体好、学习好、将来工作好”的指示后，要为社会主义发奋学习，锻炼身体，将来为建设社会主义作贡献的初心和使命，逐步在我心中树立起来。

1966年我从复旦大学数学系毕业时，“文化大革命”开始了，我被分配到湖北拖拉机厂。一开始，我连最基本的机械制图也没学过，图纸看不懂，无法在厂里工作。怎么办？我下定决心，学！当时厂里视技术类的书籍如“瘟神”，但初心与使命使我坚信，为社会主义发愤学习是不会错的。不准看技术书，我就借“促生产”之名，拿着零件对照图纸看，不懂就问工人师傅与技术员，他们都热情地帮助我。晚上我在帐子里偷偷看技术书，有个老工人说，“你看大家的房间都关灯、人都在屋外乘凉，你为啥开灯钻蚊帐？”我说，“我不搞懂技术，如何促生产？”老工人心疼地拿了把蒲扇给我。当时缅甸总理奈温访问我国，在电视中频频出镜，不知谁善意地给我取了个“耐温将军”的外号，可见，人人心里是有杆秤的。后来，我将车间里全部400多个零件及对应的图纸看懂了，相当于把机械制图自学了一遍。我还自学了公差配合与技术测量和金属工艺学，另外对照工艺卡片自学了机械制造工艺学。

1977年恢复高考，接着又恢复了研究生制度。我却很纠结，要不要考研究生呢？当时我在拖拉机厂已经稳定下来，厂里效益很好，奖金高；我还在厂里的电视大学兼职讲授高等数学，授课津贴也挺高的。要放弃这难得的安逸环境再去寒窗苦读吗？有人曾说过，年轻人不能“三十亩地一头牛，老婆孩子热炕头”，干社会主义要有雄心壮志。这句话使我下决心报考研究生。报考什么专业呢？我反复比较数学专业和机械专业，一方面我已脱离数学专业前沿十几年，另一方面我毕竟不是机械专业科班出身。有些人说，只要能考回上海，管它什么专业！后得知上海交通大学机械系计算机辅助设计（CAD）方向正是刚涌现的新兴交叉学科，既要懂机械又用得上数学逻辑思维，于是我报考机械系并最终被录取。

考入上海交大后，我住在6人一间的研究生宿舍，重过学生集体生活。由于先导的机械基础课是我自学的，基础不够扎实，加上已37岁，记忆力明显不行，专业课学习异常吃力，只能抓紧一切时间，付出更大努力进行学习。晚上洗脚时、宿舍熄灯前、乘公交车甚至排队买饭等零星时间都利用来记外文单词。当时没有空调，夏天热，但我不怕，“耐温将军”嘛；冬天在教室复习，尽管穿棉衣裤，脚还是冰凉，全靠冲热水袋垫在脚下。当时，全校需要使用计算机的师生员工都在仅有的一台DPS8计算机前轮流排班，我经常被排在半夜。后来，因为做CAD课题使用计算机频繁，导师帮助联系到浦东某研究所去上机。40年前交通哪有今天便利，要先倒几次公交车到杨浦再摆渡，一天路上就四五个小时。我便利用路上时间为硕士论文作准备，一边打着腹稿，一边将要点记在小本子上。最后在导师曾宪章教授指导下，我的硕士论文获得较高评价，主要内容在《上海交通大学学报》发表，这在当时是不多见的。

硕士毕业时我40岁，国家宣布设立博士生制度并开始招生。初心与使命再次激励我响应祖国的召唤。我从刚入门的CAD再次转向，报考我国机械制造名师贝季瑶教授的“精密工学”专业方向，最终成功考取。作为首批博士生，学校“博士生指导小组”不断提高要求，我们学习压力很大，经常深夜做实验，以几个馒头当饭是常态。但当时严格的要求、艰苦的学习，使我终身受益。

1985年我43岁，博士论文答辩通过后，留在教研室任教。之后，无论当班主任、思想政治教师还是授课，我都明确最重要的是帮学生树立“为社会主义祖国赶超世界先进水平贡献力量而发奋学习”的使命与初心。我秉持“言教重于身教”的育人理念，继续苦干苦学，其乐无穷。学生曾问我：“你已获得博士学位，升了副教授，还这么用功做啥？”我说：“学无止境，现在知识爆炸，不进则退啊！”我所带的博士生也常要我谈谈怎么才能获得部级科技进步奖、国家技术发明奖，有什么诀窍。我则告诉他们：最后的突破当然离不开突发的灵感，而灵感是长期刻苦学习的厚积薄发，而支撑“不管风吹浪打埋头苦读不已”的是初心与使命，是叶剑英元帅的“攻城不怕坚，攻书莫畏难。科学有险阻，苦战能过关”的伟大号召。我常对学生们说：你们生长在好时代，关键是要明确为什么而学，这样才会有动力克服困难，现在打好基础，广泛涉猎，将来一定会超过我。

40余年来，我的这些“以德治教，以德治学”的理念，得到校、院与基层的肯定，曾多次被评为“优秀班主任”“先进党员”。我的学生很多都成长为各条战线的骨干。这是当老师最高兴的事，并印证了硕士博士首要是“立德树人”，而且也不能是“窄士”。

回顾我人生的这79年，初心与使命一直在我心中，伴我处逆境砺意志、逢变局辨方向、闯雄关增信心。我中老年逢盛世，幸福无比，初心与使命促使我继续适当做一点力所能及的工作，为习近平总书记提出的“两个一百年”奋斗目标尽绵薄之力。

从进军西藏途中转战朝鲜战场

同济大学　贾巨海[①]

贾巨海，男，汉族，陕西榆林人，1929年11月出生，1947年12月参加革命，1949年1月加入中国共产党。离休干部，解放战争时期曾担任延安军分区警卫营1营3连1排3班班长。离休前曾任同济大学图书馆直属党支部书记。

我叫贾巨海，陕西榆林人。18岁那年，为了“翻身得解放”，我走上了革命道路。一开始我是村里的基层民兵，每年参加3个月的军事训练。胡宗南进攻延安时，我们民兵被改编成了游击队，1947年12月又被改编为延安军分区警卫营，我被分在警卫营1营3连1排3班。1949年3月，我被部队送到位于山西运城的西北军区军政干部学校（简称“西北军干校”）学习。我本来是个文盲，从这个时候起才开始学认字。

① 本文为贾巨海口述，张文潇、章华明整理。

从进军西藏途中转赴朝鲜战场

按照计划，我要在西北军干校学习 1 年半。但解放战争进展很快，1949 年 10 月，我们学校全体学员被编入第十八军，进军大西南。我带领西北军干校 3 个学员，接收了国民党起义部队工兵十团一营三连，后我就留在该连任副指导员。起义部队番号不变，这个团也就是后来的工程兵十团。其间，我还参加了剿匪，曾专门请贫雇农在晚上带路抓土匪，把贫雇农组织起来成立"贫雇农团"保卫家乡。

我们部队经过宝鸡，翻过秦岭，经广元、绵阳、德阳，于 1949 年 12 月解放了成都。1950 年 4 月，我随部队从成都南面的新津出发，开赴西藏。那个时候的口号是"解放西藏，保卫西藏，建设新西藏，安家落户在西藏"。我们部队经过雅安、天全，翻过二郎山，经泸定、康定，经道孚、甘孜，在翻过雀儿山后就停下来了。后来一位姓黄的教导员告诉我们，说朝鲜被美国入侵了，目前的形势大概和"抗美援朝"有关系。那个时候，我们才知道有"抗美援朝"这件事。

就这么停下、休整了大概不到半个月，1950 年 11 月，部队接到命令，紧急按原路回撤，往朝鲜赶。根据上级指示，正在永川修公路的工程兵十团留在国内，工程兵七团开赴朝鲜战场。我所在的工程兵十团一营三连和工程兵七团一营三连对调，这样我就到了工程兵七团，奔向了朝鲜战场。

和来的时候一样，我们没有汽车，只能靠两条腿走。"是兵不是兵，身背 40 斤。"当时，我们身上背着 40 斤的行李装备，每天要走 60 多公里。大家的腿都走得肿起来，有的甚至在路上走着走着就倒下了。当时我们整个部队都"既是洗衣机又是烘干机"：先是出一身的汗，最后汗都被风给吹干了，全身臭烘烘的。进城时，那些穿戴整齐的女人遇见我们，都要用手帕捂着口鼻。我记得有个战士实在走不动了，就坐在路边哭，和我说，指导员，我实在走不动了，你给我“吃颗花生米”吧！（即“枪毙我吧！”）

我们走了30多天，到了宝鸡换乘火车，在西安吃了晚饭，经郑州，出山海关到了东北安东(1965年1月改名丹东)。到安东后，部队接收了苏联恩尔波舟门桥①，在鸭绿江边训练了1个多月。1951年4月，我们入朝了。1个月后，西藏和平解放。那时我22岁。

我在朝鲜战场的7年

我们是舟桥工程兵，主要任务就是在河面上架桥，确保人员、物资通过，包括向前线运送兵员、粮草弹药，向后方转移伤病员等。那时候我们是做好了敌人要打原子弹战争准备的。毛主席讲了，要打多久就打多久。你打你的原子弹，我打我的手榴弹，手榴弹也要打败你的原子弹。为此，整个部队包括冲锋在前的主力部队，都利用战斗间隙构筑地下工事，挖坑道，将这座山和那座山通过地道连在一起了，朝鲜整个西边都沟通了。我们挖的坑道不是直的，是弯曲的，呈“M”形，共有三道防线。当时的想法，第一道主要是防冲击波的，第二道主要是防辐射的，第三道主要是防生化武器的。

除在大同江有我们一个排的部队外，我们营的主要任务是确保清川江水上交通畅通。安州横跨清川江两岸，是朝鲜北方的交通枢纽，这里有志愿军的粮草弹药库，还有著名的清川江铁路桥，战略意义极其重要，是美空军重点打击的目标，也是我防空兵部队重点保护的目标。

① 所谓门桥，就是用钢铁将两条船连接起来，形似一扇“门”。当时我们用的正是苏联送给我们的恩尔波舟门桥。

当时,我们在清川江上搭建过“水下桥”。所谓“水下桥”,就是桥面在水面以下 15 厘米的桥。这样的桥,比较隐蔽,敌人难以发现并实施轰炸,能够确保相关车辆和人员安全通过。此外,我们还在清川江上铺设过门桥。因为清川江战略位置重要,也因为此处铁路桥和门桥的存在,所以安州一直是敌机重点轰炸的目标,公路经常被飞机扔下来的定时炸弹炸出直径一米左右的坑。后来,他们改投小型定时炸弹,我们发现后,冒着生命危险把这些炸弹清理到空旷处。为了避免遭到敌机轰炸,我们还吸取教训,借鉴古代在战争期间设立烽火台的做法,在附近最高的山上设立瞭望哨。一旦发现有敌机飞过来,哨所战士就鸣枪示警,邻近的瞭望哨听到枪声后,继续鸣枪示警。在江面上的战士听到报警枪声后,就迅速把门桥推进到附近河边早已挖好的山洞里隐蔽起来。我们在清川江上铺设门桥的初期,还没有配备高射炮。1952 年年初,上级为我们连在清川江门桥的东西两侧各配备了一门苏联产的“三七高炮”。

那几年的朝鲜气候特别寒冷,零下 40 度是常有的事。我算是保护得很好,但也没逃过落下冻疮。1955 年冬,我已经被提拔为一营副教导员,战士保护及战士安全问题是我具体负责的。有一天,天下大雪,我和教导员武玉明分头下到连队,想看看各个连里面保护工作做得怎么样。走着走着,我突然掉进沟里,被埋在雪里面了,怎么也爬不起来,是跟我一起的山东籍通信员王永川听到我的呼救后把我拉上来的。

1953 年 7 月朝鲜停战协定签订后,我们部队还在朝鲜驻扎。毕竟我们是工程兵,打仗的时候我们走在野战部队的最前面,撤退的时候我们要把被炸坏的桥墩、被坦克轧坏的路修好,走在最后面。团里把清单列好以后,我们负责一个一个地修复、移交。移交时要找朝鲜里委员长(相当于我国的村长)签字,他签字后,我们这边的连长再签字,最后一式两份,双方各执一份。

我们部队是在1958年春撤回国内的，而在1957年秋我因肺结核提前回国了。这样，从1951年到1957年，我在朝鲜共待了7年时间。

和平年代的同济岁月

1955年部队实行军衔制后不久，我被授予上尉军衔。1956年7月，我请假从朝鲜龙安浦镇出发，经过安东、北京、太原，到了陕西吴堡。在这里，我和我爱人慕生兰见了面，第三天，我们俩就到当地民政局登记结婚了。算起来，我们结婚已经65年了。

1958年春节，我所在部队回国后驻扎在北京昌平，隶属北京军区。经过领导同意，我从志愿军疗养院出院后，回到了部队。1958年春，我被调到隶属南京军区位于安徽蚌埠的舟桥三团。当时南京军区在上海郊区青浦设有工程兵技术学校。组织安排我到这里学习了1个月，并让我们做好转业的思想准备，后来，考虑到我有肺病，就把我留在了上海，进了相对对口的同济大学。和我一起转业到同济的共10个人，他们都是工程兵，有的也参加过抗美援朝战争。1959年10月，我转业到同济大学，在体育教研室担任支部书记。1966年3月被调到数理力学系，担任党总支副书记。1984年5月，被调到图书馆做直属党支部书记。1989年11月离休。

2021年是中国共产党成立100周年。百年间，我们党团结带领人民，打败了许多敌人、创造了许多伟大奇迹。如今，国运昌盛、人民幸福，作为一个离休32年的老党员，我非常激动，也非常自豪。百年大党，风华正茂。祝福伟大的党永葆青春！

两个『38年』的我

华东理工大学　吴永奎

吴永奎，男，汉族，上海人，1955 年 9 月出生，1977 年 2 月参加工作，1983 年 12 月加入中国共产党。退休前曾任华东理工大学二机关党总支副书记。

年过 65 周岁的我，工作经历并不复杂。1977 年大学毕业后在华东理工大学（原名华东化工学院）图书馆工作，直到 2015 年退休，在学校工作整整 38 年。2021 年是中国共产党建党 100 周年。巧合的是，我在 1983 年入党，到 2021 年入党满 38 年。两个“38 年”的交叉重叠，对于我这样一名在党的旗帜下成长，与党同呼吸、共命运一辈子的共产党员来讲，特别具有纪念意义。静下心来，回忆这两个“38 年”的历程，我不禁心潮起伏，激动不已。

庆幸工作38年奉献于华理图书馆

回顾工作的38年，我亲身经历了华东理工大学图书馆从“文化大革命”的荒芜到如今繁荣的过程。回忆往事仍历历在目，思绪万千！

建造于20世纪50年代中期的图书馆，曾经是学校的标志性建筑，但“文化大革命”十年，却使图书馆这座知识的宝库受到重创。我来图书馆工作时，正是“文化大革命”结束、百废待兴的起步阶段。我有幸在改革开放的初期参加工作，在大学图书馆的岗位上亲历了这一伟大的历史进程。1977年高校招生制度刚恢复，学校迎来了“文化大革命”后经高考录取的首批大学生。学校的图书经费开始增加，当时我在图书馆的工作是负责采购外文图书。图书馆的外文书库在中断了近10年的新书入藏后，终于有外文新书入库了。老师和学生如久旱逢甘雨，如饥似渴地想看到最新的外文书刊。虽然时隔40多年，我现在还记得当时师生们在图书馆查阅资料的情景。

工作后不久，我担任了图书馆团支部书记，带领着一批同龄人，把共青团工作搞得有声有色。当时的图书馆领导也放心把许多业务工作交给我们年轻人来做，在实践中锻炼我们。在积极向上的氛围里，大家的工作干劲很足，逐渐成长为图书馆业务工作的骨干。

随着招生规模的逐步扩大，国家对大学的投入不断增加。20世纪80年代中期，学校在老图书馆旁边建造了新馆，图书馆的服务功能开始新的大力拓展。1983年12月我加入了中国共产党，不久又担任了采编部主任。工作担子加重了，但我始终牢记党的教育，把工作做精做实，努力在本职岗位上为学校的教学科研做好服务工作。为了提高图书馆入藏图书的质量，提高学校宝贵资金的使用效率，我主动与学院的老师联系，与热爱图书的老师交朋友,征求他们的购书意见和建议。

在党的教育下,我认识到要和党同心同德,就是要自觉与党同呼吸、共命运,自觉把自己的一切与党的利益联系在一起。从小事做起,从实际出发,把做好本职工作与学校的建设和发展联系在一起。为了充实自己的知识,提高业务水平,我利用业余时间先后在复旦大学分校和华东师范大学学习图书馆学专业知识。知识的更新,更让我在图书馆工作中发挥出更大的作用。

对我来说,2013年是一个有特别意义的年份。那一年,图书馆进行了逾千万元的大修项目,馆务会决定由我(时任馆长助理)协助馆长具体负责该项大修事宜。为了做好工作,我起早贪黑,全身心扑在修缮上,发现问题及时与施工单位沟通,双休日也赶到施工现场。我明白大修工程责任重大,不能有丝毫懈怠。馆舍的屋顶漏水,长期以来是个老大难问题,修修补补总也不能解决症结。为了彻底解决这个问题,我多次登上屋顶和施工单位人员商讨解决问题的办法,最后终于把这个问题解决了。大修后的图书馆,阅读环境更为温馨,成了大学生最爱的网红打卡地。如今我虽已退休5年多,但每次回到图书馆,都感到特别亲切,情不自禁地回想起当年馆舍大修时的工作场景。

38年的工作生涯,给了我“不忘初心、牢记使命、永远奋斗”的舞台,在平凡的大学图书馆岗位上,为辅助教学、科研工作尽了我的本分,但领导和同事们给了我充分的肯定和褒奖。我曾多次获得校先进工作者、校优秀教育工作者、校优秀共产党员等荣誉。

庆幸入党38年来致力于为党工作

我庆幸自己退休后仍然能为党工作,因为我把与党同呼吸、共命运看成是一辈子的事。“生命不息,战斗不止”是我对自己的要求。人可以退休,但作为一个党员，思想不能退休，革命的热情不能降温。只要目标明确，心中的火不灭，我就能有所作为，多为学校、离退休同志做点实事，实践习近平总书记“不忘初心、牢记使命、永远奋斗”的要求，体现一名老党员的人生价值。

担任了图书馆退休党员的党支部书记后，我立足岗位发挥自己的光和热。为了便于联系，我分别建立了图书馆退休党员微信群（22 人）和退休人员微信群（79 人），以此凝神聚气，促进党群交流，形成积极向上的氛围。微信群里有时会出现不正确的信息，为了防止信谣传谣，我及时联系有关人员并劝其删除。通过正能量的信息交流，团结退休同志与党同心同德，安享幸福晚年。如今这两个微信群已成为图书馆退休职工交流思想、开拓视野、汲取知识的平台，大家也都养成了正确利用微信开展交流的好习惯。

退休党支部关心退休职工是支部工作的一项重要内容，除了做好“夏送清凉、冬送温暖”外，了解退休职工的情况，耐心解疑释惑，做好相关政策的宣传工作，更是我平时工作中注意的重点。我认为，群众遇上困难、碰到问题打电话或发微信给我，是信任我。我应当努力把问题解决好，必要时更要做好疏导工作，解开退休老师的心结，让他们安度晚年。

2019 年 5 月，党支部组织图书馆几十位退休职工开展“看上海改革开放成就”的活动。虽然一天的活动时间有限，但由于我事前做了充足的准备，退休老师们亲眼目睹改革开放给上海农村带来的巨大变化，加上老同事之间的相互问候和关心，大家的心情很愉悦。

庆幸退休后能“老有所好、老有所乐”

在做好退休党支部书记工作的同时，我的摄影爱好也继续得以发挥，并担任了校老教授摄影协会的会长，服务于爱好摄影的老教授们。通过组织摄影活动，外拍采风，老教授们把摄影作为“老有所好、老有所乐”的抓手，拍照、后期处理、投稿参赛，忙得不亦乐乎。大家的退休生活越来越充实。

2017 年，为庆祝华东理工大学建校 65 周年，我负责《华理沧桑巨变 65 周年图片展》活动。为了做好这项工作，我和学校档案馆、(学生)视觉摄影社的师生密切合作，冒着高温，几次到学校补拍照片充实展览。在大家的齐心协力下，20 块落地展板、170 张照片的图片展，终于在校庆和敬老节期间在学校的两个校区展出。返校参加校庆活动的校友、回校参加敬老节活动的退休老师看到这个展览，感到十分亲切，不少人站在照片前，不禁联想起当年在学校学习和工作的情景，心情十分激动；大学生们则通过这个展览，对学校的发展历史有了进一步的了解，增强了爱校荣校的使命感。

为了让老教授摄影协会老师们的作品能够得到交流学习、取长补短，我们创办了《摄影愉悦人生》微刊，利用学校“华理离退休公众号”向全校的离退休教职工做宣传，活动反响热烈，并由此走向社会。2020 年全球遭遇新冠疫情，出于疫情防控的需要，大家集体外拍活动的机会减少，但在上海疫情得到控制后，不少老师抓紧时机积极创作，仍有不少好作品出现。

为了做好微刊，我全力以赴做好作品的征集和编辑，乐此不疲。每当新的一期微刊上线时，我如同见到呱呱落地的新生儿，不禁有一种莫名的激动。该微刊创办 3 年来，共出版 8 期，展出作品超过 250 幅。2019 年 12 月，华东理工大学老教授摄影协会荣获上海市教卫工作党委系统离退休干部先进集体，我本人也获得上海市教卫工作党委系统离退休干部先进个人的荣誉。

我认为，作为一名共产党员，无论是在职还是退休，入党的初心不能忘，党员的信念不能变，革命的斗志不能松。过去的几十年我始终坚持，今后我仍将一如既往，为党和人民的事业奋斗终生！

一次反扫荡历险记

东华大学　王玉春

王玉春，女，汉族，山东广饶人，1925年6月出生，1940年10月加入中国共产党，1941年6月参加革命工作。离休干部，抗日战争时期曾任山东寿光县一区妇救会主任。离休前曾任华东纺织工学院党委组织部部长。

2021年是建党100周年，作为一名有着81年党龄的老党员，我非常激动。回顾自己的革命生涯，有一次经历尤其令我终生难忘。每当想起它，我就深深感到革命事业的艰辛和革命成果来之不易，就会深深地怀念那些在残酷的对敌斗争中牺牲了的同志，更不会忘记日本帝国主义对中国人民犯下的滔天罪行。

1941年秋季，日寇侵华气焰十分嚣张，经常疯狂地对我抗日根据地实行残酷的烧光、杀光、抢光的“三光”政策，那是进行大扫荡清剿的最艰苦最黑暗的时期。我山东抗日根据地是日本帝国主义推行“三光”政策的重点区域。胶济铁路一线的大批日寇在汉奸伪军的配合下,又一次扑向我山东益都、寿光、临淄、广饶“四边”根据地,进行合围扫荡。日寇扬言,这次扫荡是要夺回一个月前被我八路军缴获的一挺水压重机枪,但实际上是找借口再次进攻我抗日根据地,屠杀无辜群众,消灭抗日力量。我当时是广饶一区的妇女干部,亲身经历了那次反扫荡的斗争。

那一天,广饶县的各区干部正在县委驻地——军屯子村开会。将近中午时分,忽然听说敌人来了!县委领导让同志们赶紧分散出村转移。我和叶芝兰、李云仙两位女同志及农会干部隋尊先一起跟随一支八路军队伍向东跑去。跑了大约十几里路,被一条南北方向的干涸河床拦住了去路,部队指战员与地方干部、老百姓一起涌到河道中沿河道向南突围,跑了几里路,发现前方是丰城村敌据点的炮楼,无奈又折回来顺着河道向北跑,快近辛家庄时,又发现该村已被敌人侵占,远处就能听到敌人在村中屠杀牲畜、抢东西的喧叫声。大家只好隐伏在这条干涸的河道中。天色已接近黄昏,部队决定爬上河崖向东突围,转移到游击区与敌周旋。就在此时,扫荡的敌人追上来了,他们向突围的军民射击,当场打死、打伤了不少人。我和叶芝兰同志虽然跟着部队爬上河东崖,但不如战士们行动快,跑到一大片黄豆地时,我们跟丢了。我俩看看天色快黑了,就急中生智地趴在黄豆棵底下隐藏起来。不一会儿,日本鬼子和汉奸上来了,他们端着枪,穿着黄皮鞋在豆棵地里乱跑乱叫,我们看得清清楚楚。好几次,鬼子和汉奸就挨着我俩的身边走过。他们一边搜寻一边咋呼着:“快起来投降吧,不起来就开枪了!”我们两人用眼神互相鼓励,壮大胆子,悄悄商定:决不起来投降,就是被敌人发现了宁愿被打死,也决不当俘虏!不管敌人怎样嚎叫,我们就是不动,结果敌人没有发现我们。但我们听到不远的地方“啪啪”地响了几枪,随即听到惨叫声。我们想一定是我们的同志被敌人枪杀了,心里都很难受,只能暗暗记下敌人的这笔血债。敌人在豆棵里扫荡了一阵子,就都跑到附近辛家庄烧、杀、抢去了。我们望到村中映出一片火光,并夹杂着令人不寒而栗的凄惨叫声。那情景深深地印在我的脑海中,是终生忘不了的!

我俩慢慢从豆棵地里爬出来,想趁天黑回原机关去。刚走了几步,忽然发现了一个受伤的八路军战士。他趴在地上,浑身是血,肚子中了枪弹,怀里紧紧抱着一支大枪,他看到我们,直喊口渴。我们就将他扶起来,搀扶着去找水吃。他一手背着大枪,一手捂着肚子慢慢走。我们想帮他背着大枪,他坚决不肯。他说:"部队有纪律,只要本人没有牺牲,武器是不能给别人拿的。"我们也知道武器是战士的生命,因此我们也不坚持了。后来,这位伤员要我们把他送到他外婆家——范家庄。我们二人扶着他,跟着他边走边观察四周的情况。夜里天黑,走得又慢,也不知走了多少路,多少时间,只感到那夜走了很多的路才终于摸到了范家庄。我们叫开了外婆家的大门,外婆一眼望见外孙浑身是血,一时吓得没了主意,不知该不该把受伤的孙儿留在家中。我们看得出她有些害怕。经我们劝说,她同意我们留下来,她给外孙换上了干净衣服,包扎了伤口,烧饭给他吃。我们将伤员安置好后,就趁天还没有亮离开了村子。临走时,外婆塞给我们每人两个窝窝头。我们也已经一天两夜没吃东西了,肚子十分饥饿,因此,我们非常感激那位大娘。

离了范家庄,我俩就向县委驻地军屯子走去,还有十几里路。为了躲避敌人,我们不走村庄,而是寻着田间小路走,边走边打听,不时还要隐藏起来。就这样,又经过了一天的时间,直到夕阳西下,才回到了县委机关。

我俩一到机关,见到早已回来的同志,心里高兴极了,两天两夜的疲劳和紧张心情一下子飞到了九霄云外,简直就像回到了家一样。同志们见我俩突然出现在他们面前也十分惊喜,好几个同志围着我说:“哎呀,小赵(我原名叫赵秀英),你可回来了!你还活着啊?我们大家听说你在辛家庄被敌人打死了,准备晚上抬着棺材去给你收尸呢!你没出事,这太好了!”后来,大家才知道,那天在辛家庄牺牲的是李云仙同志,当时她刚满18岁,是个年轻有为的女同志。她在混乱中被敌人的子弹打断了一条腿,不能走了,夜里就被敌人拖到辛家庄活活打死了。我和叶芝兰比她还小,只有16岁。抗战初期的干部大多数都很年轻,但都有一不怕苦、二不怕死的精神。这时,大家都为李云仙同志的不幸牺牲万分悲痛,都表示要更加努力工作,为李云仙同志和其他死难烈士报仇,坚持抗战到底,打倒日本帝国主义,争取中华民族的解放!

“百年征程波澜壮阔,百年初心历久弥坚。”这段经历发生在我年轻时代,虽已过去了近80个年头,但仍时常萦绕在我的脑海,回忆起来,当时的情景仍历历在目。今年,我们党将带领我们中国朝着第二个百年奋斗目标前进,在开启历史新征程的道路上我倍感自豪,充满信心!

脚印——一个老战士的人生轨迹

华东师范大学　郑中南

郑中南，男，汉族，湖北武汉人，1932年1月出生，1949年8月参加革命工作，1961年12月加入中国共产党。离休干部，离休前曾任原上海第二教育学院纪委书记。副教授。

我今年89岁。17岁参军，在部队干了29年，曾是获授国防部集体一等功飞行团的大队副政委；转业到地方高校工作14年，曾是湖北农学院首批创业者；离休29年中，仍尽力为党的事业做事，两次被评为校“优秀共产党员”，2019年获评上海市教卫工作党委系统离退休干部先进个人。回顾几十年的人生历程，深感一个共产党员应该听党的话跟党走，与党同呼吸共命运，党的事业不断发展，个人才能成长进步。

日寇狂轰滥炸下的幸存者

抗日战争爆发后的1932年1月29日，我出生在湖北省监利县一个水客(县棉花行聘请的在外地负责购销业务的雇员)家中。1938年10月25日武汉沦陷时，我7岁，刚上小学。11月的一天中午，我放学回家和几个同学在街上一块空地上玩，父亲来叫我回家吃饭时，我听到天上传来嗡嗡声，抬头看到有几架飞机飞来。随父亲进屋走向饭桌时，突然几声巨响，房屋动，砖瓦掉，我们吓得躲到桌子底下。半小时后飞机飞走，我们战战兢兢出来，发现我家前门屋顶开了一个大洞，地上砸出了一个一尺左右的坑，万幸的是那颗炸弹没爆炸，我家没有人员伤亡。而街上那块空地上出现了一个长3米左右的大坑，之前还在一起玩的几个小朋友全部炸死，附近的墙瓦上到处溅有血和肉。这是我经历的第一次日寇空袭。此后，鬼子的飞机经常飞来扫射丢弹，全家在不断的警报声中惊恐生活。1942年冬，日寇占领我们县，年老的姑母在逃难中被日本兵开枪打死。

在日寇铁蹄下生活，沦陷区的百姓备受欺凌，这种屈辱和痛苦是刻骨铭心的。孩童时代的我，在心中牢牢刻下了对日本侵略者的深仇大恨！在跟着下乡的抗日救亡宣传队员学唱进步歌曲过程中，我慢慢懂得了国弱民痛、国弱就要挨打这些道理，决心长大报仇，保卫国家。可以说，这是我的少年梦。

反饥饿反内战的积极参加者

1945年8月，抗战胜利，举国欢腾，我们学生也上街游行庆祝，真心实意地高呼“委员长领导抗战有功”“蒋委员长万岁”等口号。但是，其后发生了震惊全国的昆明“一二·一”惨案、北京沈崇事件。抗战胜利了，美军飞机却照样在中国天上飞，军舰照样在中国江内游。因此，我这个初中生对国民党政府很不满意了。

1947 年 8 月，我考取湖北省立武昌二中。听老同学讲，前一年武汉大学发生“六一”惨案，国民党特务打死打伤学生 10 多人，就是因为他们反对打内战。抗战胜利了，人民要和平反对打内战，有什么错？国民党政府为什么要向学生开枪？这一件件事教育了我，令我对蒋介石的好感逐渐烟消云散。1948 年，国统区经济基本崩溃，物价暴涨，粮食奇缺，我们已经无法吃饱肚子。武汉各高校发起反饥饿、反内战罢课请愿，我是自觉和积极的参加者之一。1949 年年初，临近解放，为了防止国民党特务破坏学校，在地下党的领导下，我们学校的学生会组织了护校队，我当选为学生会的联络部长，和附近 5 所学校成立护校联队，一方有事，八方支援，保护了学校和学生的安全。

携笔从戎的理想践行者

1949 年 5 月武汉解放，我想上大学，将来做老师或工程师，为新中国建设出点力，作点贡献。7 月，我先后参加了湖北革命大学、中原革命大学的招考，结果两校都发来了录取通知书，最后我选择进中原革命大学学习。当时对我影响最大的是“社会发展史”和“中共党史”这两门政治课程，我懂得了要救中国就要革命，就要听党的话跟党走。

入校不久，我加入了新民主主义青年团。10 月中旬，刚组建的人民空军到学校挑选飞行员，吃过日机轰炸苦头的我立刻报名，成了“招飞”后备对象，后因我肺部有钙化点被刷了下来。12 月中，政治学习结束，学生面临分配，当时有三种选择：留校、转师范学院（即后来的华中师范大学）或财经学院（即后来的中南财经大学）继续深造；分配到中南各省或南下工作团参加工作；入伍当兵。这时领导找我谈话，根据我的年龄、经历和学校表现，建议我参军，他对我讲："解放战争尚未结束，全国还有部分地区没有解放，部队需要人呀！你是团员，要服从国家需要，当兵去。"在党的号召下，最终我放弃了升学，在 1949 年 12 月到中国人民解放军第四野战军机要学校当学员，正式入伍，成为一名革命军人。

廿九载军旅宣传工作者

1950 年 8 月，我从陆军调到空军，在中南军区航空处当文化教员；1952 年底调到新成立的航空兵 26 师政治部，从见习助理员干起，先后当过宣传干事、飞行大队副政委、师宣传科长。1961 年 12 月，我光荣地加入了中国共产党。我先后 6 次随部队上前线参战，在边境机场耳闻炮击金门的隆隆炮声，带警卫班战士到机场"机窝"抓过特务。1954 年我们部队驻防广西柳州，一级战备全天值班，为周总理与胡志明的柳州会谈做安全保卫工作。这次会谈为之后越南和法国签订停战协议奠定了基础，我们也为支援越南抗法斗争作出了一点贡献。

20 世纪 60 年代中后期，美帝直接插手越南战争，我们部队奉命驻守中越边境的宁明机场，执行援越抗美和保卫祖国南疆领空的任务，多次和美国空军交锋，曾和兄弟部队一起打出了两次"三比零"的战果，打出了名气，杀出了威风，受到军委和空军党委的重视与嘉奖。我带领全科同志深入部队，总结推广了 20 多位典型人物的先进事迹，其中四五位先进典型在军内外都有一定影响。我在 26 师整整战斗了 26 年，先后转战广西、海南、青海、广东、云南等地，最后调防上海，保卫大上海。在难忘的军旅生涯中，我曾荣立三等功一次，两次被评为师先进工作者。

解甲归乡的农校创业者

粉碎“四人帮”后，邓小平同志主持军委工作，决定裁军百万以支持国家经济建设。原本我是不用转业的，但因为一些原因，组织上希望我到家乡湖北支援新农校建设。说实话，我在部队干了29年，对部队有很深的感情，加上家人都在上海生活，从繁华的上海到荒凉的乡村，从空军航空兵到农校的行政干部，对此我完全没有思想准备，确实是有情绪和思想斗争的。但想到自己是一个受党长期教育的共产党员，是一个在部队成长起来、经过战争考验的革命干部，我必须自觉地去完成党交给的任务！ 1978年秋，我只身一人来到湖北沙洋七里湖，在新成立不久的华中农学院荆州分院开始了新征程。

我迅速转换角色，投入到艰苦的建校创业热流中。我和师生同学习同创业，以身作则，艰苦奋斗，想方设法克服学校在教学科研、生活管理上的困难，顺应地方教育改革事业发展需要，在党委领导下和同志们一起谋划布局，推动学科专业、教学科研、学生工作不断前行。1981年8月，我被任命为分院副院长；1984年被任命为分院党委书记；1986年学校经教育部批准升格为湖北农学院后，我被任命为主持党委日常工作的副书记（书记由地委书记兼任）。

在湖北工作的11年虽然辛苦，但艰苦环境锻炼人也培养人，我有幸作为一所新的农业大学的首批创业者，见证了改革开放后我国高等教育事业的迅速发展，也为家乡农业人才培养出了一份力。1989年，组织上为解决我们夫妻长期两地分居的问题，将我调回上海，任命我为上海第二教育学院纪委书记，直至1992年9月离休。

那些年中，我得到了一些荣誉，如1980年6月被评为学校、荆州地区、湖北省教委系统优秀共产党员，1991年被评为上海市“优秀纪检干部”等。听党的话跟党走，干一行干好一行，事业有发展，个人也有前途，这是我的切身体会。

老有所为的报告宣讲者

离休后，我牢记党的教导，不忘共产党员的使命和职责，不忘为人民服务的宗旨，活到老学到老，为人民服务到老。离休20多年来，我在学校、社区和社团做了一些力所能及的工作，先后担任过支部书记、总支副书记、离休干部党委副书记；受聘为学校关心下一代报告团成员；曾担任上海退离休高级专家协会政史哲经学习小组组长、文教委顾问，现为协会理论组成员；曲阳图书馆专家沙龙理事、高境镇“红书友”会顾问等，为学生以及街镇社区干部和离退休同志作时事政治理论报告。此外，还参加市、区和系统的征文活动，两次获一等奖，在《上海老干部工作》《会员通讯》上发表文章等，曾两次被协会授予先进个人称号，被大家尊称为“社区讲师”，受到各方党组织的肯定和表扬。

这80多年，我能平安走过来，为党为人民做一点有益的工作，绝不是个人有能耐，而是赶上了一个好时代，一个中国人民在世界上奋起的时代，一个中华民族振兴强盛的时代。时代给了我们立功创业的机会，党的关怀、同志们的帮助，使我能健康幸福地活到今天。我深深感到，我们共产党员只有听党的话跟党走，党才有战无不胜的力量，个人也才有战天斗地的幸福！

沐浴党的光辉，实现远大理想

上海外国语大学　吴克礼

吴克礼，男，汉族，上海人，1940年5月出生，1963年8月参加工作，1985年4月加入中国共产党。退休前曾任中华人民共和国驻俄罗斯联邦大使馆教育参赞，上海外国语学院副院长。教授、博士生导师。

坚定理想：忠诚于党的外语教育事业

我的人生始终沐浴着党的阳光和雨露。新中国诞生时，我还是个四年级小学生。虽然生在旧社会，但我的成长是在新中国，是在红旗下。1958年我考入上海外国语学院俄语专业，毕业后留校任教，开启了40多年的执教生涯。

1985年4月,我光荣地加入了中国共产党,这是我长期以来梦寐以求的理想。入党仪式是短暂的,但我对党的宣誓承诺是终身的。从此,我时时处处以共产党员的标准严格要求自己,做好本职工作,业务上精益求精,更好地为人民服务。我努力学习辩证唯物主义和历史唯物主义,并在此后的行政工作和教学、科研中努力实践。

同年上半年,受学校委派,我担任中国高等教育代表团随行翻译访问苏联。出访前,我做足"功课",将教育部外事司提供的关于两国教育交流的材料译成俄语。出访过程中虚心向团里的前辈请教。功夫不负有心人,这次任务圆满完成。当年10月,苏联高校代表团访问我国,教育部外事司请我担任全程翻译。我不负使命,得到相关各方的赞誉。

不忘初心:努力为党和国家培养合格人才

1994年年初,时任上外副校长的我转任中国驻俄大使馆教育参赞,开始了三年多的外交官生涯。任教育参赞期间,我积极动员学成的留学生回国服务。其中有不少现今在高校、研究所发挥重要作用。其中有上海音乐学院指挥系主任张国勇、北京人艺导演查明哲和《新民晚报》记者邵宁等。1997年,57岁的我完成外交使命回国,在上外担任博士生导师,开设了全国俄语博士点的新方向——翻译学,这在全国是首创。十几年的时间里,我先后培养了20多位博士,其中很多已评上教授,当上博导,成为所在高校的学术骨干。

从教师到"双肩挑"干部,从高校到外交领域,我的身份经常发生"华丽转变",但我对工作的热忱之心、对党和国家的奉献热情始终如一。正是因为"任尔东西南北风,咬定青山不放松"一般地坚守初心,我人生中的每一步都走得踏实，才使我在俄语语言教学和科研工作领域取得成就。2006年我获得了国际俄罗斯语言和文学教师协会颁发的普希金奖章，2009年荣膺俄罗斯联邦政府颁发的“俄语教育突出贡献奖”，2016年荣获中国俄语教学研究会颁发的“中国俄语教育终身成就奖”。

勉励后辈：梦想要从人生之旅的起点展开

2021年，我已经81岁了。有人觉得，到了这个年纪，就不必再操什么心了，悠哉游哉地养养老就行了。但我却不这么看。如今，我的退休生活过得非常充实和有意义，依然保持学习和研究的浓厚兴致，每天至少有四五个小时用于学习和研究；还承担了关心下一代的工作，经常和年轻教师和大学生座谈交流，是年轻人的“忘年交”。我努力地以自己的言传身教来影响身边的学生们。我的学生、现任上外俄罗斯东欧中亚学院副院长的杨仕章说：“吴老师给我的印象一直是和善、儒雅、博学，在给我上课、指导我写博士论文过程中，吴老师总能抓住我的特点，尊重我的学术兴趣，积极引导。我们都非常敬佩吴老师的学术功力和知人善‘导’的功夫。”

牢记使命：永远做一名绝对忠诚的共产党员

在迎接建党100周年的日子里，回望走过的路，展望未来的路，抚今追昔，我心潮澎湃，百感交集，由衷地为我们的党走过的百年光辉历程而自豪。我心想，人退休了，共产党员的本色绝不能有丝毫的褪色，一定要活到老，学到老，一辈子不忘初心，牢记使命，做一名忠诚的共产党员。前些日子，应上外俄罗斯东欧中亚学院党委邀请，我为“95后”“00后”的年轻学生上了一堂党课。我告诉学生们：“梦想，要从人生之旅起点展开。新时代的大学生必须珍惜大好时光，学好为祖国服务的本领。天高任鸟飞，海阔凭鱼跃。只要将个人的小目标与实现中国梦的大目标结合在一起，你终将实现理想、抵达预期的目标。”

奔赴解放区的前前后后

上海财经大学　高　宇

高宇，男，汉族，浙江绍兴人，1931 年 7 月出生，1949 年 1 月参加革命工作，1995 年 11 月加入中国共产党。离休干部，解放战争时期曾任苏南公学干部培训班副主任。副教授。

一场疫情把 2020 年印刻进了每个人的记忆深处。我们从未惧怕困难，在党的领导下，全国人民齐心协力，共同抵抗疫情。看到年轻一代接过时代的接力棒，肩负使命奔赴一线的身影，我不由地想起 70 多年前的自己，也曾跟他们一样，步伐坚定地奔赴解放区，投身党的建国事业。从那时起，我与党紧密相连，同呼吸，共命运。

我原是一个埋头读书的学生。1946 年秋，考入上海法学院附中就读高中后，我结识了陈槐升、范祖壅、李延青等积极进步的同学，了解到在这个学校的高中和大学部有中共地下党组织的活动。在他们的引导下，我先后阅读了《青年近卫军》《钢铁是怎样炼成的》《西行漫记》和袁水拍的《马凡陀山歌》等进步书刊。正是这些书刊,将我引向了一条充满战斗激情的革命道路。

我沉浸在阅读进步书刊的热流中,从借阅到自行购买。同时,我常去上海戏剧专科学校的小剧场看剧校学生演出的话剧,剧中反动和进步追求的博弈,令我印象深刻。我也常去虹口公园和竺钦廉同学家里歌唱、漫谈严肃的人生主题。我浸浴在进步思想的冲刷里,孕育着为民主、自由去战斗的激昂之情。

1946 年到 1948 年,上海的反蒋抗美学生运动风起云涌,连续不断。我从开始被动员到后来积极主动参加学生运动。我们为抗议“五二〇惨案”请愿游行,我们为国民党特务与军警深夜闯进上海法学院学生宿舍,无理殴打、逮捕进步学生事件罢课游行。在我参加的针对国民党上海市政府的请愿活动中,雄壮的歌声和有力的口号声响彻天空,震撼了整个市政府大院。在 1947 年 12 月由地下党发动全市大中学校学生参与的“寒衣劝募运动”中,我与上海法学院附中的部分同学冒着严寒,走上街头,积极投身寒衣劝募的行列。

1948 年新年刚过,上海爆发了因英国“九龙暴行事件”而掀起的一场抗议游行。我和同班的几名进步同学急急赶往外滩英国领事馆门口集会,参加全市学生抗议。游行的队伍经南京路到西藏中路路口,最终在一片歌声、抗议口号声中结束了游行。

“九龙暴行事件”后,国民党对学生运动的镇压还在继续,继而爆发了同济“一·二九”事件。在此之前,我参加了 1 月 23 日在同济大礼堂举行的全市大中学生代表为鼓励与声援同济大学学生罢课去南京请愿的晚会。在晚会上,复旦学生合唱着“到南京去”,国立上海音专学生独唱“老天爷,你塌了吧”。怨愤的歌声时而哽咽,时而控诉。晚会结束时,室外漫天霜雪,寒风凛冽,好像预示着“一·二九”将会遭到国民党镇压。

在我们参加了一系列进步学生运动后,变故突如其来。1947年7月,陈槐升、范祖壅、李积之和孙和林等同学被迫转学,李延青转去了光华大学附中就读。同学们分散了,但彼此之间的联系并没有因为离校而中断。陈槐升同学继续和我保持联系,给我进步书刊。浙江大学学生自治会主席于子三在杭州国民党监狱中被惨杀的几张血淋淋的照片,也是由他经我手在附中的同学中秘密传看。假日,我们依旧相约虹口公园或同学家中集会。活动内容亦不断丰富,参加活动的人员也在逐步增加。我们请上海音专同学在集会中教授歌咏指挥。我们利用李延青同学独居多伦路花园别墅的有利条件,收听记录解放区邯郸人民广播电台的时事新闻与评论,并将记录油印、秘密传阅至部分学校的进步同学。即使在我于1948年1月离开上海,转学去了位于浙江定海的浙江省立高级水产职业学校后,李延青依旧经常将重要的时事新闻用密写方式邮寄给我。在此期间,我们甚至能从秘密传阅中看到上海学联出版的《学生报》。我在这一系列的活动中也得到了不少锻炼,逐步成长起来。我开始向往解放区,追求民主自由的心照亮了我前进的方向和道路。

1948年暑期,我返沪过暑假。在李延青家中,我与几个原上海法学院附中的同学反复研究规划怎样去解放区,但直到暑假结束,终未成行,大家遗憾地各回原校读书。直到1948年12月,我接到了李延青的来信。得知他们经多次讨论决定选择去苏北解放区,要我尽快返沪商讨。接信后,我即刻借故向学校请假启程返回上海。

回沪后,我立即联系了李延青。大家商定何伟苑、郭帧和、李延青与我四个学生结伴而行,奔赴苏北解放区。路线从上海出发进常州至奔牛镇,经小河乡过长江，绕过国民党管辖的泰兴县城，走广陵镇、季家市，到靖江后可找到组织关系。就此，我们分头行动，瞒着父母整理行李，准备路费。为躲避沿途国民党反动军警的盘查，我们将居民证籍贯涂改成江苏泰兴人或靖江人。

1949年1月16日，我永远忘不了这一天。我们四人悄然走出了温暖的家，作出了最无悔的选择——投奔苏北解放区，立志要为中华民族民主自由献身尽力。

奔赴解放区的路在异样的兴奋与激动中启航。我们按照原计划从上海北站乘火车到达常州，经奔牛镇，随着苏北的小商贩作伴到小河乡。坐船到扬中沙后的第二天早晨，我们怀着坚定的信念，镇定通过国民党军警检查站的检查。之后，坐船渡长江，走乡间小道，绕过了尚未解放的泰兴城。沿途，我们边走边问路。直到下午遇上一位老农，他告诉我们，此处常遇国民党兵下乡巡逻，必须尽快走过前方一座小木桥方可顺利去往广陵镇、季家市，只要过了桥顺路向前走就没有麻烦了。我们拿出了一枚银圆请老农做向导，奔走在乡间小道上，直到走过那座“阴阳界限”的小木桥。

紧张焦虑的心情随着过桥而消散，随之而来的振奋让我们忘记了一天未进食的饥饿与疲劳，以坚定快速的步伐向前走去。夜色蒙蒙，远处已灯火散闪，忽闻前方厉声询问“什么人？干什么？”紧接着两个民兵迅疾走到我们面前。相互对视后，何伟苑提出希望带我们去见他们的领导，一位身带短枪的指导员接见了我们，经分别谈话后知道了我们的来意，并在得知我们在靖江的关系后欢迎我们的到来。那一夜，我们在办喜事的农户家里饱餐了一顿，并和指导员一起住在一农户家的地铺上。

之后的两天，李延青在指导员的陪同下去靖江县委接关系，我们三人在一开明乡绅家中原地等待。直到李延青带回了中共靖江县委的意见，若愿意立即参加工作表示欢迎,并可分配在靖江当地。若愿意继续学习,可介绍去盐城华中大学。最终李延青代表了我们的意见,前往华中大学继续学习。

在赶赴盐城华中大学的路上,我们结识了与我们一样奔赴苏北解放区的上海学生们,其中有夏荣、夏维、夏良、石坚、雷磊,有《茶馆小调》作者费克的弟弟乐舍夫,甚至还有从台湾大学远道而来的两位学生。到校报到后,校部辅导科干事钱之奇同志简略介绍了华中大学的情况,让我们填写履历表,并要求,为保护我们在上海亲属的安全,希望大家改名换姓。由此我将原名高逸才改为高宇,与一起到来的同学们编入一部三队,在队长章仁哲的带领下开启了新的学习路程。

我们到达了解放区,奔赴解放区的路程也走完了。向往民主、自由、幸福的理想,在几番探寻中终于实现了。带着浪漫的愿望,充满美好的激情,我无怨无悔地走出了新生活的第一步,人生转折也即将从这里开始。

70 多年一晃而过,我常常想起这一路同行的同学们,常常念起奔赴解放区为人民谋幸福的初心和为党的事业献身、建立和建设新中国的伟大使命。这一路走得艰辛,但我们用不曾亏负的韶华铸就了风雨中隽永的诗篇,只愿为祖国留下一抹春色。

初心不改，善念永存

南京大学　沈学善

沈学善，男，汉族，浙江湖州人，1933 年 1 月出生，1949 年 9 月参加革命工作，1956 年 5 月加入中国共产党。离休干部，曾任浙江湖州军管会财经处干部、湖州百货公司会计股代理股长。离休前任南京大学历史系副主任。教授、硕士生导师。

三次圆梦，源于党恩

没有中国共产党，就没有我的数度梦想成真，更没有我今天的幸福生活。

我出生于内忧外患的年代，年幼时战火纷飞，生活极其艰辛，高中便失学。我清楚地记得，1949 年 4 月，家乡解放。解放的歌声、翻身的锣鼓声响彻全城。我与学友走上街头，唱啊、跳啊，内心充满激情，也充满对未来的憧憬。从那一刻起，我的人生翻开了崭新的一页。六七月间，我进入革命学校湖嘉公学学习；9月，正式参加革命工作，到中国人民解放军吴兴县军事管制委员会财经处报到。由于刚解放，敌对势力还蠢蠢欲动，我和同事们常常背着枪，轮流值班，保卫我们的胜利成果。当时工作任务重，人手少，加班加点是常事，也没有什么加班费，大家凭着革命的热情忘我地工作。冬天，我们买了生山芋，放在炉子上烤，加班完了，山芋也熟了，大家分享着，至今那股记忆中的美味仍然让我念念不忘。

1956年，由于表现出色，我光荣地加入了中国共产党，圆了我人生的第一个梦想。同年被推荐调干学习，考上了南京大学历史系，开始了又一段人生历程，实现了我从小就怀有的大学梦。

进入南大这个新天地后，我发现，原来世界这么大，一切都不一样了。这里有着优美的环境，浓厚的学术氛围，高水平的干部，民主的作风。印象最深的是孙叔平书记为我们开设的历史唯物主义课程，他知识渊博，思路敏捷，讲课逻辑缜密、丝丝入扣、言辞风趣，听他的课颇有如沐春风之感。真是听师一门课、胜读十年书。在历史学科领域里，王绳祖、蒋孟引、王觉非、茅家琦、洪焕春等老师引导我们进入历史科学的殿堂，受益匪浅。1961年，五年的大学生活即将结束和面临毕业分配之际，我在毕业登记表志愿一栏中郑重地填上了“人民教师”四个大字，这是我的夙愿，但是，组织上却把我分配到中国人民解放军总政治部。我心中虽有遗憾，但身为党员的我深知：我是革命一块砖，哪里需要往哪搬。无论去到哪里，都是为党效力、为人民群众服务，都要学好本领。在北京的岁月里，我下过连队，去过基层，搞过“四清”，这段军旅生涯磨炼了我的意志，增长了我的见识，开拓了我的视野，培养了我独立思考的习惯。10年后，我终于转业复员至入伍地——南京，并于

1973年调回母校南京大学任教，至此圆了大学毕业时的梦想——做一名人民教师。

此后，在20多年的教学生涯中，我始终怀揣着对党的感恩之情，带着对南大的敬仰和热爱，全心全意教书育人。其间，多次获得优秀教学奖，并在主持“世界现代史”的课程建设中荣获二等奖。

心存善念，传递温暖

作为一名党员离休干部，“离职不离志，离休不离党”一直是我对自己的要求。

1993年离休以后，我仍然积极参与党政工作。在担任老干部党委副书记期间，和怀亮同志共同主编了《历史的足迹——南京大学离休老同志回忆录》。当时主编这本书难度极大，因为要召集180多位离休老同志本身就很难，而很多老同志在此书的编写过程中相继过世，更增加了难度。但我和怀亮同志坚持要编写这本书，在我看来，这些老同志们的一生都有着各种闪光点，每一位都经历了出生入死的艰难岁月，很多人是从抗日战争、解放战争的连天炮火中坚强地奋争过来的。他们身上有着那段岁月的印记，需要有人记录下来，让后人能够了解并感动于那个年代前辈们的付出、珍惜当下来之不易的美好生活。最终，这本回忆录里的文章除了已故的5位同志由他人代笔外，其余均由老同志本人撰写。其间还出现了不少感人的事迹，于1938年参加革命工作的前总务长吴克彬同志，当时已81岁高龄，双目几近失明，手不能提笔，但为了撰写回忆录，他拄着拐杖艰难地摸到老干部处，连续做了整整四天的录音，口述数万字，书中题为《浴血奋战十载》的文章，就是从中摘录的。参加过抗日战争的老战士乔瑞南同志当时已是癌症晚期，医院多次发出病危通知，可他在病榻上仍坚持着写完自身经历的片段，完稿后没几天就去世了。有着地下斗争经历的孙稚如同志，在南京解放前夕被捕，受尽了铁窗折磨，写这段经历时，她曾情不自禁地赶到雨花台凭吊致敬当年同时被捕而后牺牲的战友……可以说，编写此书也是对自己的一次再教育。

20世纪50年代，参加革命工作没多久，我所在的团组织成立锻炼小组，早晨集体出操，晚上不加班时，看书学习。当时的工人文化宫办得很好，举办舞蹈、歌咏、手风琴班，我的手风琴就是在那时学会的。那时大家常常是在手风琴的伴奏下，引吭高唱革命歌曲，洋溢着革命的乐观主义精神和同志友情。90年代，南大成立钢琴选修班，我参加了第一届培训，买了第一架钢琴。自此，我在钢琴上投入了更大的精力，每天练习2小时。让我没有想到的是，自学的弹琴技能不仅充实了我的晚年生活，更让我达成了“勿以善小而不为”的心愿，为服务群众、服务社会尽了点绵薄之力。

2014年的一天，我去鼓楼医院看望生病住院的老朋友，恰好看到医院公开招募钢琴演奏志愿者。想到病人们很痛苦、医务人员也很辛苦，我就想为他们做点什么，于是就报了名。从那时起，我每周三都会到鼓楼医院弹奏钢琴，这一弹就是6年，很多长期住院的病人都很熟悉我。

6年来，我在志愿弹奏上用足了心思，常常站在病人的立场上考虑问题，选择弹奏的曲目。虽然我的钢琴不是弹得最好的，但绝对是最用心思的。有一次，一位身患绝症的女士请我弹奏一曲《世上只有妈妈好》。听到她表达对已故母亲的思念时，我又主动弹奏了一曲《妈妈的吻》。两曲终了，这位女士眼含热泪，对周围的人说：“人总是要经历生老病死的，但我要坚强面对人生，争取早日康复。”我被她的话所感动，又弹奏了一曲《让世界充满爱》，在场听众纷纷随着琴声哼唱。还有一次，现场有位小患者告诉我她即将离开这个世界，为了宽慰这个小姑娘，我现场为其弹了一曲《祝你平安》。遇到出院的病人，我会弹奏一些欢快的曲子向他们表示祝贺。多年来，我将《致爱丽丝》《梁祝》《茉莉花》等一首首经典曲目带给鼓楼医院的患者、家属以及医护人员们，用音乐慰藉他们或疲惫或受创的心。弹琴还能活动手指，还能愉悦心情。每当我身着笔挺的西装端坐在钢琴前，一曲曲悠扬的旋律从我的手指间流淌而出，我仿佛也回到了年轻时的岁月，沉浸在音乐带来的美好与温暖中。

“耳边跳动着的音符，温暖着人们的心扉；琴键上飞舞的手指，架起博爱的桥梁”，这是鼓楼医院对我志愿工作的肯定，也是我对晚年志愿生活的践行与期许。

人生在世，总有精力不济之时，总有谢世之日，在我看来，从事公益事业，无关年龄。2020 年 7 月，我在家人陪同下，去南京红十字会捐献遗体办公室登记，志愿在逝世后捐献遗体给医学事业，以报人民培育之恩。

2021 年是建党一百周年，这篇回忆文章也算是我这个老党员对党的一份献礼吧。

我的四次人生抉择

南京大学　王德滋

王德滋，男，汉族，江苏泰兴人，1927年6月出生，1949年1月加入中国共产党，1949年1月参加工作。退休前曾担任南京大学副校长。中国科学院院士，教授、博士生导师。

作为一名有着70多年党龄的老共产党员，我不仅把“坚毅自强、诚朴求真”作为人生格言，更作为人生追求。

从1950年大学毕业留校任教至今，我已在南京大学学习、工作了70多年，在这70多年间，我经历了人生的四次抉择。

第一次抉择：关心国事还是埋头读书？

1944年，高中毕业的我先在家乡泰兴担任小学教师，同时复习高中课程，以备升学考试。我之所以选择地质科学作为自己终生的追求，主要是受到两位引路人的影响。其中一位是同为江苏泰兴人的丁文江先生，他是中国地质科学的奠基人之一，早年曾去英国留学。我到了高中读书时才知道他的事迹，对于家乡出了这样一位名人，非常自豪。另一位是谢家荣先生，他写了一本名为《地质学》的书，里面有大量图片，展示美妙的地质现象和祖国壮丽的山河。有一次我在同学家里偶然看到了这本书，被这本图文并茂的书深深地吸引住了，从此坚定地立下了要从事地质科学的志向。当时已迁回南京的中央大学设有地质系，但非常难考，共有 3 万人报名，仅录取 500 人。1946 年，我如愿以偿地考进中央大学地质系。不久，人生的第一次选择不期而遇：是关心国家大事还是只顾个人埋头读书？

1946 年正是解放战争头一年，当时大学里常常罢课，最长一次达两个月之久。经过认真思考，我参加了进步社团，积极投身“五二〇”爱国学生运动，还参加了在南京解放前夕开展的“四一”学生运动和激烈的护校斗争。通过参加这些进步爱国的实际斗争，我的思想觉悟不断提高。1949 年 1 月，我被吸收加入中国共产党地下党组织，从此开始了践行崇高理想信念的新的人生历程。

第二次抉择：“只红不专”还是“又红又专”？

1950 年，我从南京大学毕业留校任教。从此时起直到“文化大革命”结束的 20 多年间，学校的气氛常处于一种红与专的迷惘状态之中。但是，作为党员教师的我仍然坚持又红又专不动摇，作出了人生的第二次抉择。

1957 年南大地质系成立了党总支，我担任总支书记，这使我的工作十分繁忙。除了党政工作外，我还担负着繁重的教学任务，而且都是百人以上的大班课。当时高校的科学研究刚刚起步，我只能利用休息日坚持搞科研。宁镇山脉是中国地质研究开展最早的地区之一，但是煌斑岩研究是个薄弱环节。瞅准这一领域，我独自背个背包，带上水壶和干粮，清晨乘最早的一班火车从南京出发，出了火车站走十几里路到工作地点，一个人翻山越岭，采集标本，傍晚背着沉重的石头标本乘最晚的一班火车回来。就这样连续放弃了十几个星期天的休息，终于把整个宁镇山脉里的煌斑岩都调查得清清楚楚，并利用业余时间进行室内研究，最终完成了我的第一篇学术论文《江苏高资下蜀煌斑岩的研究》，发表在1957年的《南京大学学报》上。

1959年党内反右倾机会主义期间，我因为钻研科研被戴上了一顶“白专典型”的帽子，受到无休止的批判。“文化大革命”中，我被下放到条件艰苦的溧阳农场“劳动改造”了两年多。其间，各种农活都干过，如插秧、爬秧、施肥、收割、种蔬菜、烧大炉等。我体会最深的是爬秧，人跪在水田里，匍匐前进，爬一步，将秧苗根部松一松，没有爬几步就汗流浃背了，真正感觉到了农业劳动的辛苦。但最让我不习惯的是，白天8小时劳动，而晚上什么事情也没有。别人在一起吹牛、打牌、下棋打发时间，我觉得那样浪费时间太可惜了。于是，我利用农场每月放假回到南京的机会，将一些英文版的地质专业书籍带回农场钻研。开始时不能公开地看，就把书一页页地拆散，夹在《红旗》杂志里面，一有机会就拿出来悄悄地看。后来，看书不用再遮遮掩掩了，但因农场夏天的蚊子又多又大，我只好躲进闷热的蚊帐里面潜心研读。

第三次抉择：双肩挑担还是只挑一头？

党的十一届三中全会召开后，改革开放的春风吹遍大地，知识分子的春天来到了，我头上的“白专帽子”也摘掉了。1978至1984年，我担任南京大学副教务长，1984 至 1988 年担任南京大学副校长，工作异常繁重。这时，我面临人生的第三次抉择：如何正确解决工作和业务的矛盾。我的抉择是“双肩挑担不歇肩”。

我给自己定下了严格的规定：学校党政工作的重担必须认真挑好，不能有任何松懈，因为这关系到南京大学事业的发展；而自己的科学研究和研究生培养也要挤出业余时间来进行，长流水不断线。60 岁以前，我每天至少有 12 小时以上的工作量。1988 年，61 岁的我按规定卸下了副校长的担子，这时才有充足的时间从事自己热爱的地质学研究。

天道酬勤。在这一阶段，我的科研成果获得了丰收：在国内我首次提出了“次火山花岗岩”理念，认为在“时、空、源”一致的条件下，火山岩与花岗岩属于同一岩浆系统，花岗岩是火山机构的“根”。在这期间，我和我的团队还在国内首次发现 S 型火山岩，破除了两位国际学术权威认为不存在 S 型火山岩的错误观点。

1997 年，我在古稀之年当选为中科院院士。面对外界认为双肩挑担在科研道路上走得很辛苦的评论时，我总微笑着说：“我自己觉得没有什么，很平淡，作为共产党员本应如此。”

第四次抉择：在学术第一线继续工作，还是退居二线甘当人梯？

当选院士之后，我面临人生的第四次抉择：在学术第一线继续冲锋陷阵还是退居二线。经过思考，我选择了后者，并在工作中为自己确定了六字方针：伯乐，教练，参谋。

作为“伯乐”，我以发现优秀的年轻人才为己任，力荐贤才。现在，我所在的南大地球科学与工程学院已有了一批50岁左右、优秀的学科带头人，他们都奋战在教学、科研的第一线。作为“教练”，我以自己几十年从事地质科学积累的经验，充分利用自己对国内外科研动态比较了解的优势，在年轻人向科研高峰攀登的途中为他们指点迷津。作为“参谋”，我主动为学校和社会的发展献计献策。从2004年11月至今，我在江苏、浙江、福建等地先后作了多场“科学与中国”的讲座，让数千名听众受到了“自然、资源与人”的科普教育。2005年夏天，我自发组织了一个调研小组，冒着酷暑与小组成员三次赶赴浦口，对浦口的交通状况、城镇建设、旅游资源和科技教育进行调研，之后还动手完成了一篇题为《建设人与自然和谐的新浦口》的调研报告，受到南京市委的高度评价。

今后，只要我的脑子不糊涂、行动还方便，我会继续贯彻这六字方针，一直到失去工作能力为止。

在党的引领下为教育事业奉献终生

东南大学　恽　瑛

恽瑛，女，汉族，江苏常州人，1925年4月出生，1948年8月参加工作，1956年3月加入中国共产党。退休前曾任东南大学理化系主任。教授，享受国务院政府特殊津贴。

我今年96岁了，已过了鲐背之年，亲眼看到了我们国家在党的领导下，发生翻天覆地的变化，从积弱积贫发展到今天的富裕强大。我从教73年，入党也已65年了，一辈子教书育人，能为国家教育事业的发展尽绵薄之力，感到无限欣慰。作为一名老教师、一名老党员，在党一百岁生日时，我想说点心里话。

1925年我出生在常州青果巷，家风对我的影响很大，是家庭影响和先辈引导孕育了我的爱国心。我的曾祖父恽祖祁在福建任兴泉永道道台时，曾不怕丢掉乌纱帽，采用各种办法阻止日本人霸占厦门鼓浪屿和虎头山一带土地，被罢官还乡后又与他人共同创办常州府中学堂（今江苏省常州高级中学）等，成为常州推进现代教育事业的先驱之一。我的外祖父张赞宸生前任汉阳铁厂总办兼萍乡煤矿总办，他渴望实业救国，可在半殖民地半封建社会的旧中国却处处碰壁。我母亲与我党早期领导人张太雷烈士是堂姐弟，小时候生活在一起，感情深厚。太雷堂舅牺牲后，母亲常常说起他，我也对这位未曾谋面的堂舅无比景仰。母亲的胞弟张志让是著名爱国民主人士，他追求民主进步，刚直不阿，反对国民党独裁统治，曾是“七君子”的首席辩护律师，后成为新中国的第一位大法官。先辈的故事，在我幼小心灵中埋下了爱国进步的种子。

我祖父母早逝，父亲恽济为了养家放弃了自己在复旦的学业。他对我们兄妹几个要求严格。母亲虽是家庭妇女，但受过新式教育，为人正直、善良宽厚。在这样的家庭氛围中，我的三个哥哥从小就正义感很强，大哥在中学读书时就是学生运动的领导者之一。1937 年抗日战争全面爆发，三个哥哥虽然刚十几、二十几岁，但他们都义无返顾地奔赴延安，投身到抗日烽火和民族解放的伟大事业中。那时我刚满 12 岁，父母的教育、兄长的榜样使我初步树立了为民族解放奋斗的理想。

1940 年起，我在北平贝满女中就读。虽然那时北平已沦陷，但管叶羽校长仍以他宽厚的臂膀呵护我们，让贝满女中成为鲜有的安谧净土。他用炽烈的爱国情怀和严格的管理激励我刻苦学习，奋发向上，他的人格魅力和“敬业乐群”的校训一直深深地印刻在我心中，影响了我的一生。1943 至 1948 年，我就读于北平辅仁大学，褚圣麟等许多知名教授不仅给我们传授知识、指导研究，还经常给我们讲做人的道理，使我懂得了要更好地为国家、为大众服务就必须有知识、有本领，立志做一名教师。

新中国成立后，在党组织的帮助和身边党员的影响下，我看到了民族振兴的希望。教育事业的大发展,给了我施展理想的宽广舞台。我积极要求进步,向党组织表达了入党志愿,满怀激情地投入社会主义建设,全心全意搞好教学工作,还将父亲给我的300多万元(人民币旧币)嫁妆费捐给国家用于抗美援朝。1951年我担任了理学院团支部书记,成为学校重点培养的青年骨干教师。1954年年初,学校选拔我参加在清华举办的为期一年半的教师进修班,学成归来,我立即把当时苏联先进的教学理念和方法带入教学中。在担任南京工学院物理教研室主任期间,我与同事们一道推动大学物理教学改革,为工科人才培养作出一定贡献。1956年我光荣地加入了中国共产党,更加坚定了我为国家的教育事业奋斗奉献终身的信念。

我这一辈子,一直从事大学物理教学和研究,从来没离开过我热爱的三尺讲台。虽然也曾历经坎坷,个人和家庭也曾遭遇不幸,但我从来没有丧失理想信念,没有泯灭对工作对事业的热情。

1980年夏,国家教委组织首个物理教育赴美访问团,我有幸成为代表团成员之一。在近1个月的访问中,我了解到当时国际最先进的教学理念,结识了一批物理学大家,与他们开展交流合作,使我眼界大开,影响了我的教学理念,也帮助我形成了此后20余年推进大学物理教改的最初思路。

也是在那次访问中,我有幸结识了著名华裔科学家吴健雄、袁家骝先生,从此开启了我与他们20余年的交往。在两位先生和中国物理学会沈克琦会长的支持下,我于80年代起担任了物理学会教学委员会国际交流组组长和《国际物理教育通讯》主编,为国家建起了一座与国际物理教育界交流的桥梁,推动了中国大学与国外大学在物理教育方面的国际合作。

从20世纪80年代起,在国家教委、联合国教科文组织等支持资助下,我们南京工学院与7所大学的15位教师攻关8年,出版了国内首个文字音像结合教材《大学物理学》,获得了国家科技进步奖教材类二等奖,配套的电视插播片也获得国家新闻出版总署颁发的优秀电视出版物二等奖，日本同行还购买了教材的版权。

1986年我还主持了首次在我国召开的国际物理教育大会，之后又主持物理教育国际研讨会4次、参与主持4次。这些会议对中国学者开阔视野并由此走上国际舞台发挥了十分重要的作用。80年代访美时我遇见李政道先生，获知他在组织实施中美联合培养物理类研究生（CUSPEA）项目。这个项目原来只针对少数综合性大学开放且标准极高，经过我多方争取，终于使我们学校的学生获得了参加选拔的资格，虽然过程艰难，但结果喜人，我们辅导的同学有3位入选，他们都成果卓著，为学校争了光。

20世纪80年代中期，我基于在美了解的“物理教育”博硕士培养最新状况，连续三年申报，获得了工科院校首批“学科教学论”硕士点。依托该硕士点我共培养了12名研究生，他们后来大多成为高教战线的骨干。

65岁时，我办理了退休手续，但我没有含饴弄孙、颐养天年，仍然在教研一线上努力奋斗。我舍不得离开我的学生，还想把我多年的教学经验和教改设想运用到大学物理教改中。通过反复分析、思考和梳理，我提出了“两个及早”的教学理念：“从新生进校开始，及早引导学生进行自主学习，培养其阅读英文参考资料的兴趣与能力”“教师应该为学生创造条件与环境，及早培养其从事研究工作的兴趣与能力，发挥其创新才能，发掘他们的潜能”。我与课题组老师们创立了贯彻“自主、讨论、研究、合作”的研究型、互动型“双语物理导论”课程。2000年2月正式开课时我已75岁了，但仍坚持站在讲台上亲自为新生们上好这重要的第一课。课程目标初步达到后，我就尝试带领大一新生参加国际会议。在实践中检验教改成果，这是前人未做过的。2006年我带领4名大一同学正式参加了在日本举行的国际物理教育大会，当学生报告结束、会场响起久久不息的掌声时，我知道我们的改革获得了与会世界同行的认可。

2007 年 7 月，著名杂志《科学》第 5834 期的专栏中，以《及早让学生展开独立工作至关重要》为题，介绍了“两个及早”和我们的教改工作，指出“这无疑是一个巨大的变化”。该期另一篇文章《诸多声音，同一讯息》，将我与奥地利舍费尔教授誉为“代表了全世界致力于本科生科学教育”的科学家。这些点评，是对我们工作的肯定，也是对中国高等教育进步的肯定。2007 年，我们获批首轮国家级双语教学示范课程。2009 年，这项改革获得国家级教学成果奖二等奖。教改工作一直持续到 2012 年，我 87 岁时才因身体原因退下来。这是我几十年的心血结晶。这条路一走不知不觉就是 10 多年，真是乐在其中，不觉老之将至。

有同志说我这辈子是“一份爱心，一份责任，一生创造，一生奉献”，我觉得，爱国奉献，教书育人，人生如此，我很快乐！

党的光辉照我家

中国矿业大学　陈智纯

陈智纯，男，汉族，广东新会人，1939年11月出生，1959年9月加入中国共产党，1963年7月参加工作。退休前曾任中国矿业大学数力系副主任。教授，享受国务院政府特殊津贴。

2021年是伟大光荣正确的中国共产党建党100周年。我出生在革命知识分子家庭，在党的光辉照耀下，祖孙三代紧跟党的领导，为我国教育事业奋斗终身并作出突出贡献。

祖父陈垣是我国著名历史学家、教育家，全国人大常委会委员，北京师范大学校长，中科院历史研究所二所所长。1959年，在他将满80岁时光荣地加入了中国共产党，周恩来同志与他面谈，称赞祖父已过古稀之年选择了正确的政治归宿，值得祝贺。

祖父从一个著名学者走上革命之路并非一路平川。他青年时期已具有爱国之心。在中华民国临时政府成立后，祖父当选为众议院议员，并担任教育部次长，而当目睹政府之腐败无能后，毅然退出政坛转而致力于教育和学术研究工作之中。1929 年通过推荐和竞选，祖父当上了成立不久的辅仁大学校长，开始教育救国之路。

北平解放前夕，胡适力劝祖父离开大陆去台湾，国民政府三次派飞机到北平接他去台湾，均被祖父拒绝。祖父不信任国民党，他说："共产党能把八百万国民党军打败必有其道理。"他还给在广州、杭州、天津的子女写信，要他们留在大陆，迎接新中国的到来。新中国成立后，辅仁大学仍在教会控制之中，祖父以校长名义发表声明，接受中央人民政府领导，此举使辅仁大学获得了新生。1952 年高校院系调整，辅仁大学与原北京师大合并，毛主席代表中央人民政府签署命令任命陈垣为新北京师范大学校长。就任新北京师范大学校长后，祖父一心一意把北京师范大学办成新中国师范教育事业的排头兵。

新中国成立后，祖父感受到了中国共产党领导下新中国的新气象，看到了新中国的光明前途。他开始系统地接受马克思主义理论，那时他已经是 70 多岁的老人，依然拿着放大镜一篇一篇，一本一本认真地阅读。他说："我年近八十才找到政治上的归宿，我是年八十而知七十九之非。"他还用白话写道："如果能早看见我绝不会这样度过我最近十几年的生活。"1959 年，79 岁高龄的祖父加入了中国共产党，并写下《党使我获得新生命》的文章。50 年代一次全国政协会期间的晚宴上，毛主席对与祖父同桌的政协委员说，"陈先生爱读书，是我们的国宝"，从此"国宝校长"便流传开来。"文化大革命"期间，祖父的身体日趋衰弱，他留下遗言将所存的 4 万多册图书和 1 400 多件文物字画交给国家，所存的 4 万元存款作为最后的党费上交党组织。

如果说祖父陈垣是中国老年知识分子从迷茫到清晰并最终在晚年选择

了正确的政治归宿的代表，那父亲陈乐素则是中年知识分子，在复杂的政治斗争中经过坎坷之路，奔向光明革命大道的典范。

父亲陈乐素历任浙江大学史地系教授，浙江师范学院图书馆馆长，1956年入党，父亲是我们陈氏家族首个入党的党员，80年代末被评选为广东省教育系统优秀党员。

北伐战争开始，父亲积极拥护孙中山领导，1926年至1927年任国民革命军政治部宣传科科员，并参加了国民党。大革命失败后，26岁的父亲北上北平，专心从事宋代史的研究工作，7年期间发表了许多研究文章，其间父亲不再参政，脱离了国民党。“七七事变”后，父亲带领全家辗转到了香港，除当中学历史教师维持全家生计外，还继续史学研究工作。1942年秋，父亲受浙江大学竺可桢校长之聘，带领全家从香港来到遵义，在内迁的浙江大学任史地系教授，还兼任史学研究所导师。在父亲所教的学生中有几名是中共地下党员，如程融钜、陈业荣等。他们也常到我家向父亲传播进步思想，潜移默化地对父亲之后选择正确政治方向产生了积极的影响。

1945年冬，在遵义的浙大师生分批返回杭州。当年43岁的父亲被选定为分队队长，带领上百名师生返杭。新中国成立前夕，父亲所在史地系的主任张其昀是国民党中央委员，他竭力拉父亲随他离开大陆，去台湾为国民党服务，并许以优厚待遇。浙大地下党负责人程融矩、陈业荣识破张其昀的阴谋，一直做父亲的工作。此时祖父从北平来信要父亲留在大陆，迎接新中国的到来。父亲果断作出决定，拒绝了张其昀的诱惑，跟祖父一样，留在大陆继续从事史学研究和教育工作。

新中国成立后，父亲在党员学生帮助下，认真学习马列主义毛泽东思想，积极参加了党对浙大的接管工作，后被选为浙江省教育工会常委。1954年夏，父亲接中央宣传部和人事部调令到北京，担任人民教育出版社编审兼历史编辑室主任。1955年，中科院聘父亲为历史研究所的学术委员。1956年，时年54岁的父亲光荣地加入了中国共产党。“文化大革命”结束后，父亲虽然已退休，却以健康体魄和坚韧毅力回到史学研究岗位，先后担任浙江省历史学会会长、广州暨南大学历史系教授兼宋史研究室主任、中国宋史所研究会副会长、国务院古籍整理出版规范组顾问等职务。

我母亲洪美英虽不是共产党员，但新中国成立后她一直在党的领导下做革命工作。抗美援朝开始，杭州市妇联要建立“爱国家庭”，决定以我们家为典范。母亲立即召开家庭会议，父亲和我们几个子女纷纷表态，以实际行动爱国，支持抗美援朝。50年代末，母亲从人民教育出版社历史编辑室退休后，转到家属委员会工作，她迅速了解家属大院情况并承担了为每户订报、订牛奶的工作。她的工作日记写得密密麻麻，多年来从未出过差错，大院的家属们都十分感谢她。1973年，母亲在杭州病逝，在北京的人教社大院50多名家属联名给我父亲发来唁电，深切缅怀母亲，我为有一个既平凡又高尚的母亲感到幸福，感到骄傲。

60年代初，我大哥陈智超和二哥陈智仁先后加入了中国共产党。大哥陈智超自幼聪明过人，1957夏他从云南公路工程处考上了北大历史系，继承祖业，踏上史学研究之路，在前辈指导下稳步前进，不断取得了一个又一个学术研究成果。从2003年开始，他作为主编，用7年时间完成了国家“十一五重点出版项目”《陈垣全集》的编辑出版发行工作。现他已87岁，仍在主持一项国家重点史学研究课题，二十四史中的“旧五代史”编写出版工作。目前我国史学界流传有“陈垣、陈乐素、陈智超”三代“史学三杰”的美称。二哥陈智仁退休前长期担任杭州大学图书馆馆长职务，工作勤奋、出色，曾被授予“全国图书情报系统先进工作者”称号。

我和爱人周莉都是在年轻时加入中国共产党。周莉1980年调入中国矿业大学，任矿大子弟小学教师兼少先队大队辅导员，培养了一批批优秀的少先队干部。1987年进入矿大校长办公室董事会，不论是在校内做资料和基金的管理工作，还是在领导到各董事单位洽谈工作，她都事先细致周密安排，从不出差错，时任矿大校长的谢和平笑称她是“社会活动家”。我在北京矿院读了6年书，一直担任班长，同学们戏称我是“老班长”，其实我是班上年龄最小的几个人之一。1959年9月1日，我将满20岁时加入了中国共产党。在“文化大革命”惊涛骇浪中，我一度被停止了党内组织生活。“文化大革命”结束后，我恢复了党内组织生活，并被选为力学党支部副书记。我重新焕发了青春，振奋精神，全身心地投入到教学、科研和社会工作中，取得了一些成绩，获得过多项奖励，先后被评为学校优秀共产党员、徐州市优秀共产党员。

2021年是中国共产党成立100周年。虽然我的祖父和父母亲已经离世，我们将把他们忠诚党之心、热爱党之情带向新的百年，以赤子之心去迎接党的百岁华诞！愿她永远年轻！

牢记初心，与党同行

河海大学　张　勤

张勤，男，汉族，陕西乾县人，1956 年 8 月出生，1976 年 5 月加入中国共产党，1983 年 7 月参加工作。退休前曾任河海大学党委组织部部长。教授、硕士生导师。

我是河海大学的一名教师，1976 年 5 月加入中国共产党。在入党 45 年的历程中，我始终牢记自己是一名党员，不忘为人民服务的入党初心，严格要求自己，始终做到与党同呼吸、共命运，用热情践行使命，怀初心与党同行。

半亩方塘长流水，呕心沥血育新苗

教书育人伴随了我的大半生。立德树人、为党育才，是我作为一名合格党员的应尽之责。

1983年，我从华东水利学院毕业，带着将所学知识回馈社会的信念留校任教。我始终不忘自己的党员身份，努力践行立德树人宗旨，做到理论教学和科研实践两不误。

一方面，我秉持为党育才的信念，潜心教学和科研，兢兢业业教书育人。我先后主讲了10余门课程，主编、参编各类教材7本，发表论文40多篇，负责和参加各类项目30多项，指导培养研究生近40名。讲授的“工程地质学”课曾获江苏省优秀课程一等奖。

另一方面，我秉承学校注重培养学生实践能力的传统，抓实抓牢地质工程专业人才培养的实践环节。从1984年到2001年，我始终担任毕业生实习的带队教师。“五一”劳动节和中秋节，我几乎都是在实习工地上度过。我一直跟学生强调：从事地质专业，做一名合格的地质人，一定要去工程第一线，踏踏实实地把野外工作做扎实，把地质工作做前、做细、做精。我每次带领学生进行实习，无论环境多危险、条件多艰苦，总是走在工程的第一线，全程带领和指导学生认真完成实习。

1997年，我在黄河小浪底工程建设工地连续工作4个多月。小浪底工程是一个大型工地，到处都是运转着的大型施工设备，各种重型载重卡车在简易的施工道路上飞驰。面对如此危险的实习环境，学生们难免有所畏惧。因此，我在考虑如何在最短的时间内培养学生的工程思维的同时，还竭尽全力保障学生的安全和生活，安抚学生的情绪。当我带领学生走进他们只在书本上看过的“平硐”时，几个二十几岁的小伙子都面露难色：不足一人高、仅容一人通过的平硐，没有任何照明，两边都是触手可及的凸凹不平的岩石。我一马当先，走在最前面，用手电筒照着硐室围岩，对照着实物讲解裂隙、岩脉、岩性。看着学生眉头渐渐舒展，开始兴趣盎然，甚至主动走到前面提问，我深刻体会到“春风化雨育桃李，润物无声洒春晖”的乐趣和自豪。

些小吾曹州县吏,一枝一叶总关情

与党同呼吸、共命运,就是要和百姓同呼吸、共命运。作为一名党员,我时刻牢记自己党员的身份,牢记为人民服务的宗旨,把百姓的利益放在首位,为百姓办实事、办好事。2001年,校领导告诉我,省委组织部选派我到邳州市挂职担任科技副市长,要我发挥专业所长,为邳州百姓做实事。我积极响应党的号召,处理好手头的教学、科研等工作,愉快地接受了组织的安排。

我接到通知后就一直在思考:在短短两年的挂职期间,我究竟能为地方做些什么。为了提前了解工作情况,寒假期间,我从学校图书馆里找来有关介绍苏北、特别是邳州的图书资料,认真阅读。经过学习研究,我渐渐地对邳州有了初步印象。邳州总面积为2 088平方公里,人口165万,地势呈锅底状,其北部和南部周边部分地区多为丘陵山区,土层薄,储水能力差,常年缺水。于是我把解决山区群众吃水难作为工作重点,把突破口放在缺水最为严重的燕子埠镇。春节刚过,我就去邳州报到了。到邳州任职的第一个月,我会同水务局的主要负责同志,几乎走遍了全市24个乡镇、主要流域性河道和水利工程,听取镇情村情介绍,仔细踏勘自然地形,深入开展调查研究,进一步了解邳州各镇的基本情况。

燕子埠镇由于地形特殊,加之土地贫瘠、裸岩遍布,因此有"有女不嫁扒头山,井绳伴着瓦罐担"的说法。当地百姓祖祖辈辈为水发愁,6个村的百姓饮用水仅靠一口井。一遇上干旱时节,就滴水难求、水贵于油。了解到这些情况后,我顿时感到身为一名党员和一个水利工作者,肩负的沉甸甸的责任。我是搞地质工程的,别人可以不干,我却必须迎难而上!当然,我也非常清楚这是要冒很大风险的,如果失败,不仅劳民伤财,还会给自己、给学校带来负面影响。可是燕子埠镇缺水的问题一天不解决,老百姓就一天过不上好日子。于是我向市委和学校领导作了汇报,在得到领导支持后,我决定把工作突破口放在找水上。

2002年夏,小麦刚一割完,我就和同志们一道,头顶烈日,对一座座山头和一个个村庄进行全面现场勘察,最终在最缺水的几个村里选定了5个深水井井位,并很快确定了施工方案。在打井的关键时刻,我的左脚却意外骨折,无法去打井现场。我心急如焚,骨折第二天,我实在坐不住了,借故支走在身边照顾的秘书,悄悄叫来水务局的车子来到燕子埠镇打井现场。当镇党委书记拉开车门,发现我腿上打着石膏来到工地时,十分感动,含泪把我扶下车。

功夫不负苦心人。2002年8月16日,第一眼设计120米的井才打到75米,晶莹的水花就从井中喷涌而出!乡亲们奔走相告,哗啦啦的水流声淹没在大家的欢声笑语声中。第一眼井的成功,证明我们掌握的资料可靠、工作方法科学,也坚定了我们继续找水的信心。随后,第二、第三、第四口深水井也相继打通。经过努力,我们勘察、设计的5眼深井全部成功出水,解决了6个村共1万多人口生活用水问题,群众吃水难问题的解决取得了突破性进展。

吃水用水的问题解决了,如何依托经济建设让百姓脱贫致富,就成了我的第二个工作重点。我会同有关专家和同志们,完成了《邳州城市防洪排涝规划》的编制任务,让邳州完成了全省第一个县级城市防洪规划。另外,我还积极协助有关领导大胆推行农业结构调整,多次赴南京林业大学,请来专家进行设计并指导建成了20多万亩的银杏博览园,为农民增收致富开辟了新的途径,极大地推动了当地经济发展,打通了生态文明建设助力脱贫致富之路。

作为一名党员干部,我一直追求的是勇于牺牲、勇于奉献。挂职期间,我的家人都在南京。有一次我爱人生病住院了,当时燕子埠镇第二眼深井正在紧张施工中,一边是生病住院的家属,一边是还没出水的井,我很矛盾。在安慰和说服我爱人后,我回到了打井现场。后来得知,我爱人生病住院期间,不但身边没有人照顾,她每天还要从医院回家照顾上学的孩子。为此,我现在想起来还觉得愧疚。可是能为老百姓做点实事,圆满完成组织交办的工作任务,我个人再大的牺牲也是小事。

满目青山夕照明,伏枥仍存万里心

教育是立国之本,强国之基。高校既是培养人才的高地,也是各类高层次人才聚集的重镇。身为一名高校的党员教师,将自己的所学所长传授给学生,为国家培养优秀人才是我的本职工作。尽管现在我已经从教学一线岗位上退休,但是立德树人的理念仍然牢牢扎根在我的脑海里。我想,我能为党、为国家奉献的还有很多,我要继续践行入党初心,与党的教育事业同呼吸、共命运。

退休以后,我继续投入到民办教育工作中,参加各项教育活动,将三尺讲堂搬到更多需要的地方。我仍然不断探索,提升自身的教研水平,为提高学校的教学水平,为“双一流”建设和各类高层次人才培养奉献余热。

回顾入党以来的 16 000 多个日子,我深感入党是一辈子的事情,不论在什么时候我都要始终牢记初心,以实际行动守护入党誓言,践行为人民服务的宗旨,展现河海人艰苦朴素、治水济世的精神。我深感自己在党的教育培养下虽然做了一些事,但与党组织的要求还有一定的差距,我要始终满腔热忱,不断向实践学习,强化自身专业能力,践行一名共产党员的使命担当,初心不改、奉献依旧,一辈子无愧于共产党员这一光荣称号!

我与食品的六十年情缘

江南大学　姚惠源

姚惠源，男，汉族，浙江绍兴人，1936年7月出生，1961年9月参加工作，1990年9月加入中国共产党。退休前任江南大学食品学院院长。教授，博士生导师。

习近平总书记说："我们党现在已经90多岁，马上要进入百年了，一个政党，如一个人一样，最宝贵的是历经沧桑，还怀有一颗赤子之心。"2021年是建党100周年。作为一名老党员，回顾这些年，我想得最多的就是"不忘初心"，这个初心始终离不开国家需要，始终离不开食品学科，始终离不开教书育人。

初心伊始：食品强国梦生根发芽

我出生于20世纪30年代，1956年考入南京工学院，就是现在的东南大学。1958年，因国家发展需要，南京工学院食品工业系整建制东迁无锡。大学二年级的时候，我跟着一起东迁过来，那个时候的条件不好，无锡的新校址什么都没有，我们整个系的所有仪器设备，以及桌椅板凳都是用火车从南京发过来，然后我们学生拉着大板车一台一台、一件一件运到社桥老校区，从此我们就在无锡扎下了根，继续完成学业。当时，国家为了解决温饱问题，十分重视粮食的生产和加工，提出“手中有粮，心中不慌”“备战备荒为人民”“民以食为天”的口号，首要任务就是保证人民温饱。我深知，粮食专业与老百姓切身利益密切相关，当初考大学选择这个专业，大学毕业以后继续从事这个专业，五六十年来丝毫不动摇地在这个行业里，不断地前行，就是我的初心。

初心如磐：科研托起食品强国梦

1978年后，改革开放给发展创造了很好的大环境。我们江南大学的元老沈学源教授，他去日本访学回来后跟我说，日本人吃的大米不用淘洗，可以直接放在锅里煮。这对我们搞粮食加工的同志们触动很大。于是，我们在80年代初期组织了一个项目叫“免淘米”。我们带领一帮同志花几年时间进行重点攻关，发明了“抛光”技术，就是把各种含有害组成的糠粉都去掉，这就是免淘米，不用淘洗可以直接使用。1984年，项目立项以后影响很大，报纸做了很多报道，全国要这个技术的单位很多，我们后来决定把这个技术全部转让，推广到全国各个地方。

90年代初，我国首批粮食、油脂及植物蛋白工程博士点获得授权，我作为首批导师深感责任重大，一直在思考如何作出赶超本专业国际前沿的研究。有一次，我去云南西双版纳出差，在一家饭店喝到一碗糯米香茶，这茶的香味确似泰国茉莉香米的香气，后来了解到这是由一种当地叫糯米香茶植物的叶子干制而成。我就到当地市场上购买了这种香叶，回校后跟我的博士研究生查资料、做研讨。我们一致认为这是中国特有的植物资源天然香料，通过开发可替代美国和日本化学合成的大米香料。为了做实验进行论证，我们克服重重困难，委托国外亲友购买大米香料对照样本，开发出特有的提炼技术，终于研发出中国独有的天然大米香料。1995年，该产品以其原料广泛、成分天然、香气醇正折服了评委，最终斩获美国发明家国际金奖。

我想，如果没有改革开放，我们的思路包括我们的发展环境肯定没有这么好，这是我通过自己的亲身经历体会的。中国是一个人口大国和粮食生产大国，但是中国的食品和粮食工业水平与发达国家相比还是有较大差距的。我一直希望中国能成为“世界食品强国”，为世界各国所仰视。工作这么多年，一直觉得时间不够用，我的梦想是能抓住每一分每一秒，尽可能多地作出点成绩来，以科研成果回报祖国！

初心如炬：责任助推食品强国梦

1995年，无锡轻工学院更名为无锡轻工大学。学校研究决定，食工系和食资系合并为食品学院，我担任学院首任院长。当时新学院的名称有很多选项，如食品科学与技术学院、食品技术工程学院等，经过广泛讨论，由我确定叫“食品学院”。

成立伊始，我把重点工作放在培养青年教师骨干和营造学院文化两个方面。我认为人才是学科发展的不竭动力，文化是基业长青的活水源头。我定期同青年教师交流，在工作上、生活上给予指导，帮助青年教师快速成长。这个习惯一直延续了很多年，直到现在。虽然退休多年，我还是“退而不休”,常常活跃在产研一线,与时俱进,增加同年轻人的“共同语言”,把自己经验毫无保留分享给年轻人。在做院长的几年里,我充分调动师生的积极性,营造团结、和谐、奋进的食品学院文化,努力让学院成为师生的“家园”。只有让大家感受到家的温暖,才能让老师爱院如家、爱生如子,学生尊师如尊敬父母。我很欣喜地看到,在这种文化的熏陶下,食品学院上下人心凝聚、奋发进取,取得了令人瞩目的成绩,尤其令人骄傲的是食品学科连续两年排名世界第一。

初心不忘:大爱传承食品强国梦

这么多年,我最自豪的身份就是“教师”,老师能做的就是在学生心中播下种子,去引导和影响他们,这才能形成一到二、二到三、三到千千万的效应。人的一生,几十年来荣誉也好、光辉也罢,都是过眼云烟,能为后代、为社会、为国家留下点什么才是人生价值的最好体现。我和夫人都是江南大学的校友,是在国家的资助下完成的学业。我们有一个共同的心愿就是把我们的爱心留下来、传下去,让更多的后继者去实现“中国食品强国梦”。2014年,我们拿出积蓄中的50万元,设立了“姚惠源·胡珏琴百万奖助学爱心基金”,资助有志成才的贫困学生。为了募集更多基金,我编写了一条400多字的短信,将这一想法和对爱心的邀约一同发给了我的知己好友以及多年的合作伙伴,没有想到从3月初至5月初,短短2个月的时间,募集基金从50万元、165万元、195万元、到215万元;有17所高校、16所研究院所、16家企业的慈善爱心人士积极响应和善助。2018年,为了感谢社会各界对我们的支持和认可,我又一次拿出50万元,整个基金总额已经达到700多万元,将爱的火种播撒到更多人的心里。

现在,我已年过80,在旧中国生活了10来年,在新中国生活了70年。我是幸运的,既是新中国的见证者,也是新中国的建设者,更是新中国的受益者。我目睹我们国家一步一步走向辉煌,见证奋斗终生的事业后继有人。作为一名老党员,我还要不忘初心担使命,甘于奉献不言老,一如既往地为党做一些工作,为学科建设作一些贡献。

一生追随，矢志不渝

南京农业大学　周幼玲[①]

周幼玲，女，汉族，安徽至德人，1927年9月出生，1949年3月参加革命工作，2003年6月加入中国共产党。离休干部，离休前曾任南京农业大学马列主义研究室馆员。

我出生在一个资本家家庭，祖父周学熙是民国初年北方有名的实业家。父亲周志俊也是一位爱国实业家，创办了多家纺纱厂和机械厂。我在天津出生，幼年跟随父母在青岛生活，14岁来到天津投靠祖父母，在天津耀华中学读书，1946年，考取燕京大学西语系。

我的哥哥周棨良在上海交通大学读书时，加入了地下党。我们家住在上海的高级洋房，因为很少受到搜查，被哥哥用作了地下党组织的秘密交通联络站。我受到哥哥的影响，对中国共产党充满了向往。

① 本文为周幼玲口述，孔育红整理。

投笔从戎

1949年,北平解放,并改名北京。人民解放军举行了浩浩荡荡、雄伟壮观的“入城式”,步兵扛着机枪、拉着大炮,骑兵骑着战马,坦克兵驾驶坦克车,一些战士带着缴获的美式装备,精神抖擞到天安门接受检阅, “入城式”整整持续了一天。当时我是燕京大学西语系四年级的学生,在欢迎解放军的队伍中,我兴奋地站在前门一整天,甚至忘了吃喝。当时北京人民欢迎解放军的热情,一浪高过一浪。原来有些大学生很看不起战士们,认为“解放军都是土包子”,解放军入城后,文工团经常到高校里演出《白毛女》《血泪仇》等大型歌剧,同学们慢慢转变了观念,甚至开始佩服和崇拜战士们。不少同学都说:“解放军真伟大,他们不仅会打仗,而且能文能武,自己要能当上解放军,该多光荣啊! ”

1949年2月,第四野战军领导致电党中央,请求批准在平津招收1万名进步知识青年随军南下,成立第四野战军南下工作团,以培训、储备干部,适应接收广大南方新区的工作需要。我校当即有100余人报名。

在这个参军南下的热潮中,我经过慎重考虑,也报了名。当时我即将毕业,系里老师、同学对我这个“书呆子”也去当兵,很不理解。我认为自己报名参军,并非出于一时的冲动或小资产阶级狂热,而是有一定思想基础的。在校读书时,我参加了“反饥饿、反内战、反迫害”的进步学生运动,也看过一些同学秘密传给我的革命书籍(书的封面全用小说封面代替)。暑假回家时,目睹了哥哥参加的一些上海交大地下党的活动,我看见他们秘密组装电台送往解放区,把上了国民党黑名单的学生藏在我家小书房里……他们还经常带来解放区的一些好消息。我对这些提着脑袋干革命的地下共产党员是非常钦佩的。北平解放后，我想能生在这样伟大的时代，赶上革命高潮，是很幸运的。“打过长江去，解放全中国”是我们这一代青年的责任，即使在战争中牺牲了，我也无怨无悔！下定决心以后，我于1949年3月12日到南下工作团一分团报到，正式入伍，成为一名女兵。先被分配在华文学校一大队，不久，一大队抽调一批骨干加强三大队，我也被抽调到三大队当班长，负责抓学习。

南征锻炼

南下工作团（简称南工团）的生活全部是军事化的，与人民解放军普通新兵一样，早出操、跑步、晚点名、大唱革命歌曲，全天安排政治学习，学习是“抗大式”的，每人提着小马扎到集中地点听大报告。经过4个多月的南工团政治学习，我提高了马列主义理论水平和思想觉悟，增强了革命到底的决心。

南工团在生活上实行供给制，除下发少量生活必需品外，每月只发极少的零用钱。我们必须要过艰苦的“生活关”：住的是朝西的一间小平房，阴暗潮湿，睡觉要打地铺，每人铺一层薄薄的稻草睡在砖地上；吃的是东北高粱米，又糙又硬。我永远不会忘记入伍后吃第一顿饭的情景，哨子一吹，每人用自己的大茶缸去装饭，我才吃了两口就感到非常“烧心”，难以下咽，只好拿回宿舍，用开水泡了以后再慢慢吃。我们还要学会整理内务：被子要折得方方正正，背包要按规定尺寸打成井字形，还要学会捆绑腿，挑血泡……经常进行“行军拉练”“防空演习”等；哨子一吹，就要紧急集合，动作必须十分敏捷，否则就会掉队。也曾有人出洋相，摸黑穿衣服时，把衣服穿反了，把大家惹得哈哈大笑。

1949年7月底，根据战事发展的需要，领导决定让南工团一部分人首批南下，我们一分团于8月5日离开北京。大暑天气，酷热难当，我们乘坐装货物的闷罐火车，一路大唱着革命歌曲来到河南与湖北交界的鸡公山。来到风景秀丽的鸡公山，我们需要的“给养”——粮食、柴草、瓜菜等，必须自己下山去背。男学员每天下山背两次，女学员每天背一次。大家都抢着干重活。若逢下雨天，山路泥泞不堪，无法下山，就只好吃南瓜稀饭。在那里，我生平第一次尝到了饥饿的滋味。

1949年9月初，南工团一分团数千人在鸡公山举行了毕业典礼，并进行分配，同志们各自奔向自己的战场。当时四野部队要开展建立青年团的工作，政治部就派人在南工团挑选了200多名党团员，南下汉口，成立了“野政建团工作团”，后改为四野政治部青年部，我被留在领导机关。在此期间，我多次积极向党组织靠拢，但因家庭成分原因没能如愿加入党组织。半年多的“南征”胜利结束后，在解放海南岛的战斗和广西剿匪斗争中，许多南工团团员血洒疆场，献出自己年轻的生命，他们的英名将永垂史册！

如愿入党

南工团锻炼结束后，我们被整建制转入海军。1953年，我作为部队调干生被保送到中国人民大学政治经济系读书，其间就地转业，这样我又读了四年大学。大学期间我成绩优秀，当了四年班长，连续四年都是“三好生”，受到校级表彰。大二时，我又向党组织递交了入党申请书，但种种原因，使我没能如愿加入组织的怀抱。

1957年，我被分配到南京农业大学任教，教授政治经济学专业课程。结婚生育后，我的身体状况一度变得很差。1958年两次下乡工作，后因身体状况，1962 年调至学校马列主义资料室工作，直至离职休养。在我心目中，加入中国共产党，是我毕生的追求与梦想。可是直至离休也未能如愿加入党组织，成了我的一件人生憾事。

离职休养以后，我积极参加学校老干部办公室组织的各项活动，也列席过离休直属党支部的一些会议。我找到当时任离休直属党支部书记的离休干部、南京农业大学副校长王新群同志，向他讲述自己的经历，表达了加入党组织是我今生的梦想和多年来一直未能如愿的遗憾。王新群同志非常重视，在对我进行了反复考验和多次谈话后，2003 年，由王保荣、蒋美伦两位同志担任我的入党介绍人，我终于成为了一名光荣的预备党员。转正宣誓的那一天是 2004 年 7 月 1 日，离休直属党支部举行了庄严隆重的仪式来庆祝党的生日。那一天，在鲜红的党旗下，我举起右拳，庄严宣誓，心潮澎湃，久久不能平静。党组织终于接纳了我，我终于加入了组织的怀抱。可谓：入党坎坷路，今朝得梦圆。此生无憾事，含笑跟党走。

美好祝愿

回忆近一个世纪以来的历史，我心潮澎湃，激动无比。新中国从站起来到富起来再到强起来，我是经历者也是见证者。如今我已到耄耋之年，生活安定幸福，倍感欣慰。新中国成立以来，特别是改革开放以来，百姓安居乐业，过上了幸福的好日子，科技及教育医疗水平正在赶超世界发达国家。2020 年是不平凡的一年，新冠肺炎疫情的肆虐，让我看到了新一代青年人的活力和责任感，我曾经对现在 90 后、00 后的孩子们抱有成见，认为他们是娇生惯养的一代，甚至觉得我们老一辈革命家浴血奋战打下来的江山交到他们手中真是不放心。没想到，一场疫情大考，或是白衣天使，或是各条战线上的志愿者，都活跃着很多90后、00后的身影。他们在能吃苦、不怕牺牲、有责任感等方面，交出了令人满意的答卷，让我深深改变了对他们的看法，我感到非常欣慰，对他们能做好社会主义事业建设的接班人也很有信心，相信他们一定能挑起建设祖国的重担，为将祖国建设成为屹立于世界东方的社会主义现代化强国而作出伟大贡献。

2021年，我们将迎来党的百年华诞，我一生追随党组织，希望党带领全国人民在建设伟大祖国的征程中越来越好，我相信中国百姓的生活也会越来越幸福。

党的需要就是命令，服从命令是我的天职

中国药科大学　严永清

严永清，男，汉族，江苏无锡人，1934年7月出生，1950年12月参加工作，1956年12月加入中国共产党。退休前曾任中国药科大学副校长。教授。

我曾经有过不少行政和学术职务，但我最珍惜、最自豪的是三个身份：我是共产党员，我是教师，我曾经是军人。如今我虽已耄耋之年，却还能迎接、庆祝党的百岁生日，感到幸福又幸运，不禁回忆起了我在党的锤炼、培养下不断成长的历程。

1934年7月我出生在上海一个普通职员家庭，1946年春全家迁居无锡。1950年12月，我作为一名高二学生，积极响应祖国抗美援朝、保家卫国的号召，毅然投笔从戎，成为了中国人民解放军的一员，我当时只有16岁。1951年我被分派到沈阳的中国医科大学药学院进行学习。经过4年多的学习，我圆满完成了药剂系的专业学习，政治思想、道德品质在军队这个革命大熔

炉里也得到了锤炼。

1955年冬毕业分配时，军委决定抽调20多人支援地方建设，我也在其中。当时，我有很大的抵触情绪，认为自己一贯积极要求进步，学习认真，成绩还不错，工作能力也不算差，凭什么要把我从部队"踢出去"？后来，我经过激烈的思想斗争，想到自己参军是为了保家卫国，想到自己申请入党是为共产主义理想奋斗终身，怎么能在支援地方建设这个重大问题上只顾个人情绪和得失呢？这不正说明自己觉悟不高吗？这是组织对我的一次考验呀！党的需要就是命令，服从命令是军人的天职。想通之后，我放下了思想包袱，积极接受组织安排，走上了新的工作岗位。

入职教师，同年光荣入党

1956年2月去华东药学院报到时，校领导与我谈话，说到国家发展需要大量人才，尤其是教育方面的人才。我深受鼓舞，坚定了要当好教师的决心，当即表态愿意多承担教学任务。后来我同时承担了两项教学任务，一是做新课程"药事组织"的助教，二是当附设药剂学校"药剂学"的教师。这在全院尚无先例，对我这个刚毕业的年轻人来说，压力还是很大的。但我想我是来院担任教师的第一个军人出身的本科毕业生，我必须出色地完成任务，表现出军人的风采。

同年夏天，北京医学院组织翻译苏联药剂学校教材《调剂学》，我院派我参与试译。我大胆接受了任务，试译稿居然一次通过，我成了正式参译者之一。

1956年10月，院党委派专人找我谈话，对我的工作给予了充分肯定，我向党组织写了详细思想汇报，提出了入党申请。党组织接纳了我，12月26

日我向党宣誓，成为了一名光荣的共产党员。

服从召唤，改变专业方向

1958年毛泽东主席对卫生部党组举办的西医离职学习中医班作了重要批示，全国立刻行动。江苏省也决定在南京中医学院举办两年半学制的西医离职学习中医研究班。我院党委极为重视，选定6名教师参加学习，我也在其中。党委找我谈话时明确指出，这是按毛主席批示执行，是发扬祖国医药学、培养中医药骨干教师的重要举措。我立即表示，坚决服从党委决定，一定努力学好。

对于突然而来的跨专业学习，我还是有负担，因为我不了解中医药，没有任何专业上的兴趣。同时还有个顾虑，就是学习后肯定要改变专业方向，要一切从头开始。但是，我是一名共产党员，曾经还是军人，应该而且必须服从党委决定，听从党的召唤。思想上的疙瘩只有自己慢慢解开。

在两年半的学习过程中，我从刚开始的毫无学习兴趣，收获甚少，到后来逐渐端正学习态度产生学习兴趣，自觉地深入钻研。我的学习心得多次得到老师的赞扬，还到苏州、无锡、常州、扬州等地区宣讲“西学中”的体会。在学习期间，我先后在学院学报和江苏中医杂志上发表了学习论文。由于学习成绩优秀，毕业时获得卫生部颁发的一等奖。

回校后，我院为适应教学需要建立了中医药教研室。我的教学科研也转到了中医药方向。

奉命履新，学术守正创新

1984年11月，国家医药局任命我为南京药学院副院长。虽然我多次表示自己不适合担任领导岗位，但还是选择了服从。后来，我还担任过中国药科大学的副校长、常务副校长，先后分管过学校科研、外事等工作。我还参与了南京中药学院规划、建设的全过程以及学校争取进入“211工程”的全过程。在担任领导职务的同时，我没有忘记毛主席的批示和院党委派我去学中医时的期望，继续为传承弘扬中医药而努力，选择了20世纪70年代前鲜有人研究而临床又最常用的中药复方为主要研究方向。由于研究难度大，在研究思路、方法和技术上，我既遵循中医药传统理论，又进行了创新探索，可以说实现了“守正创新”。

1982年我牵头建立了“中药理论与中药复方研究室”。1983年“六五”国家攻关项目首次招标中药复方项目，我申报的著名古方生脉散的研究课题在初选时被选为预选项目。评审委员会要求我院与川医药学系、北医药学系等7个单位组成全国协作组联合申报终评。我撰写了“生脉散新制剂研究开发”的统一研究方案，最后在终评中胜出，获得了国家攻关项目的第一个中药复方研究课题。协作组是个科研、临床、生产三结合的团队，有近百人参加本课题研究，其中包括当年的药学界泰斗和权威学者徐国钧、楼之芩、陈可冀、李连达、涂国士、廖工铁等老教授，研究团队力量十分强大。我当时还只是讲师，作为协作组组长，诚惶诚恐，深感压力巨大。但我深知，这正是我为传承弘扬中医药学奋斗的大好机遇，鼓励自己必须谦虚谨慎、认真负责、敢于担当、勇往直前。我认真拜访各位老前辈和各单位的主要骨干，阐述我的观点，听取他们的想法和建议。我认为开创性地开展中药复方的系统研究，就要充分发挥协作组成员跨专业多学科的优势，科学探索系统研究的方法与途径；要敢于探索创新，又必须处理好传承和创新的关系，体现传承不泥古、创新不离宗的思想。我对研究方案的理解和诠释，得到了大家的热情支持，几位著名老教授都表示赞赏和支持。我大胆地制定了一些调动积极性的制度和措施，全组团结和谐，进展迅速，仅两年多的时间就获得了显著成果，开发研制成第一个新制剂生脉散口服液，并已进入第二个新制剂（粉针剂）的研发。基础研究也有多项新的发现，形成了80多篇论文。由于协作组成绩突出，我作为国家医药局系统众多攻关项目中的唯一项目代表，参加了1986年5月召开的"'六五'国家科技攻关总结表彰大会"，并受到时任党和国家领导人的接见。该项目还获准作为"七五"攻关项目继续深入研究。

我先后完成了国家重点项目9项，部省级项目3项，其他来源课题多项。我们率先探索中药复方系统研究的方法、途径，复方化学研究的方法及化学成分动态变化与药效关系的研究，等等，获得了多项科研成果、奖项。

老尽所能，理应奋斗不息

1996年5月，学校顺利通过了"211工程"部门预审。1997年7月，我退出学校领导岗位，回到中药学院当教师，继续潜心科研。我当时虽已是花甲之年，但初心依然不变，尽己之力，继续奋斗，继续奉献，报答党对我的培育之恩，一干又是10多年。

2002年9月，我真正退休时已经68岁。让我特别激动难忘的是，在我退休之前，组织先后给予我两次嘉奖：2000年9月我被评为校师德模范，2001年6月被授予"江苏省高校优秀党员"称号。我深感自己做过的工作都很平凡，而得到的荣誉太高，倍感受之有愧。

此后我力所能及地做了一些工作。例如，2003年我协助校编辑部创办了有中国特色的高级学术刊物《中国天然药物》，此刊在2012年2月被批准收录入SCIE，这是中国被收录入SCIE的第一个药学类（天然药物、中药类）

期刊。2001年5月,接受科技部聘请加入《国家重点基础研究发展规划》项目咨询组,对分工联系的项目全程跟踪并了解项目的组织实施和进展情况。这项工作我连续承担了6年,至2007年卸任时已经73岁。

教师的任务是传授知识、培育人才,一生应为人师表,永不停止。军人可以退役,军魂则永不能丢。共产党员更应终身接受党的考验,对党忠诚,永不褪色。我很自豪,拥有这三个光荣的身份,并且一生忠实听党话、跟党走,服从组织安排、听从党的指挥。作为一个老共产党员,衷心祝福伟大的党百岁生日快乐!

听党话跟党走，多思实干勇奋斗

合肥工业大学　朱功勤

朱功勤，男，汉族，安徽萧县人，1938年2月出生，1960年4月加入中国共产党，1962年1月参加工作。退休前曾任安徽工学院党委副书记、院长。教授，博士生导师，享受国务院政府特殊津贴。

我出生在离安徽萧县县城30多公里的一个贫苦的农村家庭，我能上初中、高中，进入大学，全靠国家助学金资助，因此我一直有对党报恩的思想，下决心要听党话、跟党走，党叫干啥就干啥，一定要做点实事来报答党对我的培养。

1957年我参加高考后，收到两份通知：一份是合肥矿业学院录取通知，另一份是淮南煤矿安排工作的通知。家里人为选择哪一个进行了多次讨论，我自己也进行了反复思考，最终决定去上大学，想着毕业后可以为国家做更多的工作。我怀揣着家里借来给我去念书的142元钱，坐火车到合肥矿业学院报到。到校后,我被安排到矿山机电专业6125班学习。学习期间,学校两次调整了我的专业,我均服从组织的安排。第一次是刚上大二,学校更名为合肥工业大学,增加了一些新的专业,我被调整到当时还是保密专业的无线电技术专业,我非常高兴地接受了专业调整。那年11月学校还送我们这个专业的4位同学到北京电子管厂学习,这也是我第一次去北京。第二次是大二快结束时,组织找我谈话,要我到数学师资班学习。我考虑到自己数学基础不好,担心辜负组织的期望,本想推辞,但想到自己进校后不久写的入党申请书中说“要听党的话”,于是选择服从组织安排,决定到数学师资班,认真学习“数学分析”“高等代数”等课程,争取将来成为一个好的数学教师。

我加入中国共产党是在1960年,我的一个强烈愿望实现了,感到非常光荣和幸福。自此,我每时每事都以一个共产党员的标准要求自己,把党和人民的利益摆在首位。入党后,组织两次派我去兄弟高校学习,我非常珍惜深造的机会,把它当作组织交给我的任务来认真完成。

1960年9月,学校送我到吉林大学办的无线电电子学师资训练班(教育部委托)学习计算数学。这个班的同学都是来自全国各省市高等学校的学生或老师。我到吉林大学数学系后,被任命为师资训练班的班长,我始终牢记组织的殷切期望,刻苦学习专业知识。通过与老师的交流,我更加热爱计算数学专业了,主动向数学系申请转入计算数学五年级班学习。我的论文指导老师徐利治教授给我的题目是“高维求积公式的余项估计”,在老师的指导下,我的论文得了5分,这为我从事计算数学研究奠定了基础。

我回到合肥工业大学,在数学教研室任教的过程中,产生了很强的从事科学研究的想法。学校根据我的实际情况,时隔3年再次送我去吉林大学进修计算数学。值得庆幸的是,徐利治教授又成为我的指导教师。在他和王仁宏老师指导下，我对函数逼近研究产生了浓厚的兴趣，下决心从事这一领域的研究。在吉林大学进修期间，我看到了一些学者为党的工作和国家的建设事业所作的贡献，如当时吉林大学副校长、有"中国量子化学之父"之称的唐敖庆教授，数学系主任王湘浩教授，他们都是学部委员，都是为国家建设而去吉林大学任职的。这对我触动很深，有很大影响，更加坚定了我要听党话跟党走的信念。我下定决心，回校后要为合肥工业大学的数学学科发展去拼搏，要凭实干精神做好自己的工作。

我在合肥工业大学工作 46 年，承担过教学、科研和管理工作。我始终坚持以党员标准要求自己，把为党和国家培养人才放在第一位，为学校的建设和发展奉献了绵薄之力。

在本科生教学中我与学生交流很多，我的"自编自演"教学法在学生中很受欢迎。我鼓励学生多思多想，不怕失败去努力探索。我把学生当作自己的孩子。在新生来校的报告会上我对学生们说："我以三种身份讲话，即我是你们的前辈、我是教师(教授)、再是领导。"我向送学生来校的学生家长说："在家你们教育孩子，到校后我接替你们的担子，做好他们的教育工作。"在实际工作中我也是这样践行的，与学生们相处得很好。

我第一次带研究生是在 1979 年。1978 年 9 月安徽省教育厅授予我为合肥工业大学数学专业副教授，组织给予我的荣誉更激发了我的奋斗精神。在万迪生老师的支持下，我提出招收计算数学研究生的申请。经学校同意，1979 年春天招了两名计算数学专业的研究生。我认为，带好研究生就是对学校学科建设作贡献。这两位学生到校后，我就与他们探讨如何做一个合格的研究生。我要求他们首先要听党话跟党走，同时一定要有奋斗精神，要边学边干，不怕困难，多思考勇创新。我们约定每星期至少进行一次师生讨论。他们毕业的时候，徐利治教授来合肥工业大学主持论文答辩，两位研究生的论文都得到了很好的评价。他们两人毕业后继续与我合作进行数学研究，都成为了党和国家的有用人才。对此，我感到非常自豪。后来，我被中国科学技术大学聘为计算数学的兼职博导，开始招博士生，之后又在合肥工业大学招计算机应用技术博士生。我培养的研究生中已有20余人成为国内外大学的教授，让我感到非常欣慰。

除了作为导师为党和国家培养人才，我在科研及学科学位建设上也很投入，获得了不少奖项，如1991年获机械电子工业部"有突出贡献专家"称号，1993年有关有理逼近方面的研究成果获机械工业部科技进步二等奖等。在学校管理工作中，我也始终坚持服从分配听指挥，坚持实事求是，重视团结同志，充分发挥党员的先锋模范带头作用。

2007年2月，我以正厅级和合肥工业大学二级教授身份退休。人虽然退休了，但我对党的忠诚和听党话跟党走的决心没有改变，仍然坚持为党为学校做工作。退休后，我发挥余热，先后担任了合肥工业大学本科教学督导组组长、关工委副主任，还参加了"五老"报告团，为青年学生作报告，指导青年马克思主义者研修班学生学习讨论等。

我现在已经是耄耋之年的老人，但初心未改，听党话跟党走，多思实干勇奋斗，发挥正能量，继续为学校建设和国家经济社会发展作贡献。我最大的愿望就是学生和青年教师能牢记习近平总书记倡导的人生态度，"树理想、勤学习、肯实干、不怕苦、爱读书、重家庭、强体魄"，超越自己，成长为对党、对国家、对人民有用的人才。

我为亲身感受的奇迹般发展欢呼

浙江大学 邹先定

邹先定，男，汉族，江西玉山人，1943 年 6 月出生，1962 年 6 月参加工作，1967 年 2 月加入中国共产党。退休前曾任浙江农业大学党委副书记。教授，硕士生导师。

我是浙江大学的一名退休教师，“生在旧社会，长在红旗下”，亲历了新中国社会主义革命建设改革至今的历史，见证了祖国在各个时期特别是党的十八大以来突飞猛进的发展。新中国经历了改天换地波澜壮阔发展的 70 年，2020 年是全面建成小康社会目标实现之年，也是全面打赢脱贫攻坚战的收官之年。这是多么激动人心的时刻！回首往事经历，喜看今朝奇迹般变化，我常常会想起毛主席的名言：“在共产党领导下，只要有了人，什么人间奇迹也可以造出来。”

58 年前的 1963 年，我所在的“沙家浜团”在浙江德清三桥埠一带进行冬季军事训练，主要在洛舍镇附近活动。当时的洛舍镇是穷乡僻壤，我们行走十几里，只看到冷冷清清的街面，简陋的店铺，空空荡荡，一览无余。而如今的洛舍镇已成为中外闻名的钢琴之乡，山清水秀的德清“洋旅游”搞得红红火火，是一张生态文明建设的亮丽名片，中华优秀传统文化在此获得创造性转化创新性发展。这是当年20岁的我，做梦也不曾想到的奇迹般变化。

50年前的1971年，我大学毕业，在萧山头蓬梅林湾军垦农场围海造田。当时我们住的是当地农民的茅草房，睡的是稻草铺垫的泥地，喝的是苦涩的盐碱水。如今的梅林湾，一派好风光，农民早已摆脱当年贫穷和恶劣的环境，过上幸福美满的小康生活，这一带已成为令人羡慕的富饶家园。当时我年近而立，根本无法预料到梅林湾的华丽转身和奇迹般的发展。

34年前的1987年，我参加全国贫困地区干部培训工作，地点就在杭州华家池的浙江农业大学，当时全国所有贫困县党政一把手都到浙江农业大学集中培训。作为主讲教师，我不仅给学员授课，还给《贫困地区干部培训教程》撰写专题讲稿。为此，学校还组织我们主讲教师专程去云南贫困地区实地考察调研。34年过去了，我国已在神州大地消除绝对贫困和区域性贫困，这么艰巨的硬骨头任务被这么快这么彻底这么科学地攻克下来，是我做梦也不曾想到的。我为“当惊世界殊”的中国取得脱贫攻坚的重大胜利，全面建成小康社会而欢呼点赞！

29年前的1992年，我在衢州市龙游县挂职锻炼，担任分管农业农村工作的县委副书记。我跋山涉水、走村串巷，到大街等偏僻乡村访贫问苦。记得当年大旱，小南海镇抽水抗旱，意外发现地下石窟。如今龙游石窟已成游人络绎不绝的天下奇观，大街已成新农村党建的先进典型。古老的姜席堰水利工程同都江堰等水利工程一道“申遗”成功，成为闻名于世的世界灌溉工程遗产。当年我曾工作过的龙游县城，如今流光溢彩，繁华亮丽，难以想象原貌。这是当时年近知命的我未曾想到的。

11年前的2010年,我主编浙江大学农学院的百年院史,接触到农学院先贤的生态理念。近百年前陈嵘、梁希等前辈们的生态梦想,在习近平同志“两山理论”指引下,在浙江在中国正在变成现实。浙江现代化蓝图的大湾区、大通道、大花园、大都市建设,无一不遵循“两山理论”和生态文明建设的指导,浙东唐诗之路,钱塘江诗路,瓯江山水诗路,大运河(浙江)文化带融古今、经济、文化、科技、生态于一体,使水墨诗意的浙江在现代化建设中大放异彩,成为“两个高水平”发展浙江的范式和标志。这是我在古稀之年以史鉴今中不胜感慨和无比激动的感受。

新中国成立70余年来,放眼神州大地,公路成网,铁路密布,西气东输,南水北调,高铁飞驰,巨轮远航,飞机翱翔,天堑变通途,高峡出平湖,当惊世界殊。整个社会幼有所育,学有所教,劳有所得,疾有所医,老有所养,住有所居,弱有所扶,这些古代先哲的人间理想,近代社会主义先驱乌托邦描绘和马克思恩格斯的设想,如今在中国都变成活生生的现实,人民充满了满满当当的获得感、幸福感和安全感。

作为一名受党长期培养教育的老党员、老教师,同时也是一名红色宣讲员的我,应该把自己亲历的新中国发展史奋斗史,特别是党的十八大以来的伟大成就,经常同青年大学生朋友交流分享,让我们一起从真切的历史事实和现实发展中,深刻感悟中国共产党为什么“能”、马克思主义为什么“行”、中国特色社会主义为什么“好”。同青年大学生一起,听党话,跟党走,在鲜红的党旗下奋进新时代!

我走过的“初心”之路

厦门大学　黄　强

黄强，男，汉族，福建福州人，1939年6月出生，1956年1月参加工作，1977年7月加入中国共产党。退休前曾担任厦门大学政治学系主任。教授，硕士生导师，享受国务院政府特殊津贴。

在迎接中国共产党成立100周年的日子里，我心潮澎湃，感慨万千。共和国诞生时，我只是一名年仅10岁的天真无知的小学生，在党和国家的哺育下，我顺利完成了小学、中学、大学的学业，21岁时就成为厦门大学思政课教师。此后，我一直在厦大思政、哲学、政治学、行政学等专业任教，直至退休。而今已进入耄耋之年。60余年来，我兢兢业业地工作，践行人民教师的使命，这是我引为自豪的。

党领导人民经过团结奋斗，使我们国家发生了翻天覆地的变化。我对党的认识，也从简单朴素的感情，升华到发自内心的敬仰，愿为之而献身。

于是，经过十几年的申请、考验，我终于在 38 岁时，加入了中国共产党，感到无比光荣和幸福。回顾往昔，肩负教书育人这一崇高使命，为党和人民的最高利益而奋斗，就逐步成为我所认定的“初心”。习近平同志提出“不忘初心，牢记使命”，不仅是对全党全国奋进社会主义现代化征程的庄严宣誓，也成为我个人成长进步的“座右铭”。正是在“初心”的召唤下，才使我能拥有了既平凡又精彩的人生。

“初心”是一个内容极为深刻、丰富的概念，不忘并践行“初心”，要从多方面努力。

首先，筑牢“初心”的政治根基。这就是理想信念——对共产主义思想的坚定信仰和对党和人民事业的永远忠诚。我先后在几个专业任教，都是从事马克思主义理论的学习、宣传和研究，都是以马克思主义为指导，对广大学生从“教书育人”到“铸魂育人”。这一特殊的职业生涯，让我有机会持续受到党的阳光雨露的滋润，不断接受马克思主义智慧的滋养，逐步做到“让有信仰的人讲信仰”。我忘不了多遍啃读《共产党宣言》《费尔巴哈论》等经典著作所遇到的困难，忘不了数十遍讲授“辩证唯物主义”“历史唯物主义”所付出的艰辛，忘不了数百场宣讲党的路线方针政策所花费的心血。正是长期受到这些活动的锻炼，我渐渐懂得人类社会发展的规律、我国社会发展的规律、中国共产党和中国革命发展的规律，从而把我的人生提升到热爱党、热爱社会主义、坚决跟着党走、为共产主义事业奋斗终生的高度。这就把理想信念建立在了对科学理论的理性认同上，建立在了对历史活动的正确认识上。有了科学性，才有坚定性。这样才能使我在社会主义共产主义康庄大道上勇往直前，在复杂的国内外环境中拨清迷雾，在遇到各种风浪时不悲观不动摇。我们应把铸造理想信念的精神家园，永远摆在“初心”的首位。

其次，培植“初心”的精神境界。这就是以人民为中心，一切为了人民、依靠人民、植根人民。作为一名高校教师，同样要努力去践行“全心全意为人民服务”这一党的根本宗旨。教育的对象是广大学生，为人民服务理所当然就要很好地为学生服务，对他们充满爱心，为他们高质量地上好每一堂课。从教几十年，我从来没迟到半分钟、从没落下一节课。我把“学生利益无小事”记心间，经常下班级下宿舍，搞好课外辅导，同学生谈心，解决其各种现实问题。我坚持每年参加学生的下乡下厂、社会调查、生产实习，和学生“三共同”“交朋友”。我多次捐出个人的收入和获奖的全额奖金，资助一些困难学生的学习与生活。我努力提高“转变学生思想”的本领，不仅向他们传授科学知识，而且向他们灌输先进思想，深入传播“真善美”的东西，以激发他们的“精气神”。教学总是相长的，我一方面在为学生服务，另一方面也从学生身上学习到不少东西，获取许多营养与活力。许多学生称我的课是他们“上大学的第一课”，赞我是他们“大学的启蒙老师”之一。这些评价不断激励着我，让为民情怀的“初心”得到了更好的坚守。

再次，锤炼“初心”的品格气质。这就是责任担当——肩负为中国人民谋幸福、为中华民族谋复兴的历史使命。我长期担任高校思政课和马克思主义理论专业课教师，自然明白这是一个十分重要的岗位，怀着一颗强烈的事业心，肩负一份沉甸甸的责任感。教师的天职是把“立德树人”作为一生的根本任务，努力做到“以德立身、以德立学、以德施教”。教学和行政工作都没有什么“捷径”可走，不能贪图安逸轻松，只有发挥干劲、闯劲，下一番真功夫、苦功夫，才能取得成功。回顾退休之前的几十年，我基本上是在繁忙而紧张的日子中度过的。教学方面敢领苦差，前后在本科生、研究生中开设11门课，在学校和社会累计举办两三百场讲座，均顺利地完成任务，每年都远超所规定的工作量。科研方面敢接难事，为《中国大百科全书》政治学卷撰写条目，共完成“七五”“八五”国家和省社会科学基金课题多项，出版20多部著作和教材，发表200多篇论文，没有“假大空”。工作方面敢挑重担，从不讨价还价。因组织需要，我从经济系调到马列室、放弃统计专业转为政治专业，我坚决服从，重新起步。组织需要我去复办政治学系，并兼首任系主任，我二话没说，愉快履职。厦大政治学中断了20多年，终于在1986年得以恢复。在这之后直至退休之前的日子里，我能振奋精神，开拓进取，团结同志，克服困难，艰苦奋斗，为学科重建和早期发展，交出了13年满意的答卷。这些都是以“初心”为动力，发扬了敢担当、善作为的精神所结出的硕果。

最后，掌握“初心”的思想武器。这就是自我革命——加强党性锻炼，坚持自我净化、自我完善、自我革新、自我提高。作为厦门大学一员，就要时刻以校训“止于至善”勉励自己，一辈子向善、从善，只作、多作善事。我的成长也与积极争取并实现入党的过程相联系。从申请入党之日起，接受党组织17年的审查和考验，写过20多份申请书或思想汇报，我都是把“积极开展思想斗争”“自觉进行思想改造”贯穿其中。每一份入党材料都是写对党认识的提高、寻找自身不足的原因、提出改正的措施、看清今后的努力方向。这实际上就是自我革命、自我完善的良好记录。60余年的风风雨雨，必然会面临各种复杂的关系，产生方方面面的问题，需要正确处理公与私、个人与集体、局部与全局、得与失的关系等。为此，我始终抱着良好的家国情怀，用无产阶级思想战胜非无产阶级思想，以公心压倒私心，正确对待职务、职称、地位、名利等问题。经过一生不懈的努力，我终于把个人主义患得患失的毛病降到很低，从未向组织伸手、从未斤斤计较、从未闹过什么情绪。我学会保持一定的警惕性，经常打扫身上的政治灰尘，防止各种歪风邪气侵入。我注意培养良好的心态，崇尚“慎独”“慎微”，廉洁自律，最后“安全着陆”。我很有意义地度过了40多年的党内生活，也担任了一定职务，还3次获得优秀党员的荣誉。这段难忘的岁月也证明，只有通过自我革命得到的“初心”，才会使自己姓党爱党的正能量得以绽放。

上述，理想信念、为民亲民、责任担当、自我革命，就是我对所走过的“初心”之路的几点体会。继往开来，今后我定将在这条道路上，更加奋勇前行，永不止步！

前途光明，满怀信心

山东大学　赵庆茂

赵庆茂，男，汉族，山东临沭人，1929 年 12 月出生，1944 年 12 月参加革命工作，1945 年 12 月加入中国共产党。离休干部，离休前曾任原山东医学院（山东医科大学）副院（校）长。

2021 年是中国共产党建党 100 周年，作为一名老党员，赶上党的百年华诞，我感到非常荣幸。1840 年鸦片战争后，中国人民处于水深火热之中，在中国共产党领导下，经过全国人民的艰苦奋斗，现在的中国已经摘掉东亚病夫的帽子，也摘掉了贫穷落后的帽子，改变了被动挨打的局面，在世界大国间有了话语权，这一切都来之不易，是党英明领导的结果。现在进入新时代，今天的中国令世界刮目相看，正日益走近世界舞台中央。看到这些，作为一名 70 多年党龄的老党员，我非常激动非常高兴。

我是山东临沭县人，当年家乡非常贫穷，我的家里也很穷，6 口人只有 3

亩地。回顾自己一生，是党把我从一个穷孩子培养长大成人的，没有共产党就没有我赵庆茂的一切。我小时候印象很深的是，1943年年初，日本鬼子大扫荡，寒冷的冬天，把全村人都赶到一个大沟里。日本人骑马围着山沟转了一圈，抓出一个姑娘当众侮辱。还有一次，由于汉奸告密，我和伯父被日本人抓住关到场院里，亲眼看到残暴的日本兵用带铁钉的木锨殴打乡亲，鲜血淋漓。还挑出一个年轻人，说他是八路军武工队，吊起来用皮鞭抽，惨不忍睹，这些场景直到今天还如同过电影一样历历在目。

1943年我14岁，在本村参加了儿童团，成为抗日儿童团团长，团里有七八个孩子。每天的任务是站岗放哨查路条。领导我们的一位女同志，是八路军地方工作人员，叫高棉，二十七八岁年纪，是位知识分子。她经常给大家讲革命和抗日的道理。在她的影响下，我明白了中国共产党是为中国人民的幸福而奋斗的，我渴望加入党组织，一是希望跟着共产党打败日本鬼子；二是希望改变自己贫穷落后受压迫的处境。1944年年底，15岁的我正式参加工作，1945年16岁就成为一名光荣的共产党员，高棉同志是我的入党介绍人。部队转战时，我要跟着走。当时个子还不到1.5米，军装穿上到小腿，可以当大衣。连长嫌我年龄太小是累赘，不想要。我坚决要跟。连长见甩不掉，便给了我两颗手榴弹，从此我加入了革命队伍。我在后方医院当了看护员，工作性质类似护士。负责给伤员打饭、换药、护理。1948年淮海战役时，我当了助理医生。这时个头长高了，参加救助伤员。我们的医院离淮海战役前线10公里左右，机枪、炮声都听得见。当时物资匮乏，缺医少药，战士们伤亡惨重。我曾经三次参加护送伤员，把康复的伤员送往前线归队，路上经历了敌机轰炸，危险重重，但我圆满完成任务，战士们安全归队，我因此荣立三等功。

1949年年初，淮海战役结束后，华东白求恩医学院干部班招生，领导批准我去学习。我和两位战友身背铺盖，从淮海战场马家河一路步行走到兖州，遇到一列火车，见上面有很多和我们穿同样军服的解放军战士，便登上火车来到济南，那是我生平第一次看到火车。我在华东白求恩医学院药科学习了9个月。后来，全国解放，抗美援朝开始，培训班学习结束了。我们学员一部分人去了朝鲜战场，我被分到华东黑热病防治所。所长是一位留美回来的医生，他领导我们研究治疗黑热病。后来我在山东医学院速成中学学习了4年，学习期间一直担任总支委员，支部书记。1958年作为调干生到山东医学院医疗系本科学习了5年，其中还到山东大学物理系学习1年，毕业后留校工作。读了这么多年书，我的本意是当医生，但党员必须服从组织安排。于是，我先做了1年内科大夫，又当政治辅导员教了1年书，再后来便从政了。我先后做过办公室主任、政治部主任、副院长、副校长，1993年退休。

我当了16年副校长，值得欣慰的有两件事。一是作为分管人事的领导，没有为自己的子女亲属谋取任何私利。二是1988年冬，经卫生部批准，率3人赴美访问。两个月时间访问6所大学，与2所大学签订校际合作协议。一个是犹他大学，一个是肯塔基大学。根据协议，学校可以分年选派20名青年教师免费赴美进修。在与肯塔基大学签协议时，还曾经召开记者招待会，我发表讲话，被《人民日报》（海外版）报道，扩大了学校的影响。学校先后派出20名教师赴美进修，提高了教师素质。

若问我为什么要参加革命，为什么要加入共产党？我是怀着对日本侵略者的无比仇恨参加革命队伍的。党把一个穷孩子培养起来，懂得了革命道理，接受了高等教育，当上了领导干部。我不能忘记党的恩情。现在虽已退休，仍然每天看报纸、电视，关心国内外大事。十九届五中全会以后，国家目标更加明确，在党中央领导下我们对国家前途满怀信心，前途光明，备受鼓舞。我还期盼有生之年能够看到祖国统一，台湾回到祖国母亲怀抱。

是党，给了我成长、奋斗的阳光

中国海洋大学　韩丽梅

韩丽梅，女，汉族，辽宁铁岭人，1935年12月出生，1956年1月加入中国共产党，1961年7月参加工作。教授。

中国共产党是中华民族的太阳，带领中国人民走上崛起复兴之路，让中华民族屹立于世界民族之林。2021年是她100周年诞辰，我也入党65年了。回想一生走过的路，感慨万千。是党的阳光照在我心里，给我指明了一条成长奋斗之路。

我本是在家帮妈妈看孩子、做饭、干家务的女孩子，十几岁了还没上学。是共产党领导的解放军解放济南，才让我有机会上学。在解放的喜悦下，党的阳光照进我心里，我整天唱着“没有共产党就没有新中国”，跑着跳着去上学。我努力学习、积极上进，是新中国第一批少先队员。我小学时便与老师一块参加团课，了解了唯物主义，树立起唯物主义世界观，初中入团读了吴运铎的《把一切献给党》，决心像吴运铎那样把一生献给党的事业。从此，把一切献给党成了我的决心、誓言，我有了理想、有了方向、有了追求、有了力量。

在学生时期，把一切献给党的追求就是学习好、工作好、身体好。我格外珍惜上学的机会，不仅学好各门课程还积极帮助别人。我从济南铁路第二小学毕业后保送上了济南铁路中学，初、高中时期11次被评为三好学生。我不仅学习成绩好，还担任校团委委员、少先队大队辅导员，积极参加班里自编自演的节目，参加越野赛、自由体操表演等。丰富的学习生活锻炼了我的组织能力、表演能力和社会活动能力。1956年6月，高中二年级时，我就光荣地加入了中国共产党。1957年高中毕业，我考入山东师范学院中文系。大学时我担任系团总支委员，学习勤奋，成绩优秀。我们上大学那个时期社会活动多，大炼钢铁、下乡、黄河抗洪……我总会抓紧时间找机会读书，在图书馆借名著，以参加托尔斯泰研究小组为契机，读了托尔斯泰的著作，也开始有了自己的思考。那时老师水平很高，讲课精彩，引导我们深思和研究。但这些教授专家里少有党员，我就想，党很需要有无产阶级思想和高精学问的党员教师啊。

1961年，在我大学毕业时，弟弟参军，家里需要我留在济南，而且当时我男朋友就在济南工作。但是把一切献给党的心愿让我没有向组织提任何要求，在毕业分配表上填了三个服从分配。那时，曲阜师范学院新建不久，急需教师，校长找我谈话，问我愿不愿意去曲阜师范学院？我说：服从分配。为党贡献全部的决心，指引我去了曲阜师范学院中文系，成了一名大学老师。

要当好一名大学老师，首先必须修炼提高自己。曲阜师范学院建在曲阜城外，那时连围墙也没有，四周只是用铁丝网简单标明校园范围。学校冬天没有暖气没有炉子,夏天大家在白杨树下开会,教师在食堂集体吃饭,但这些并没有影响我学习向上的心劲。在中文系,我有两位导师,我跟着他们听课,辅导学生。导师深厚的学问、扎实的功底让我汗颜,我深感自己知识不足,决定潜心读书学习。每日灯下读书到深夜,冬天室内非常寒冷,我就坐在床上、盖着被子学习。"文化大革命"中,宣传鲁迅杂文战斗思想,我就在家细读自己买的《鲁迅全集》,我还通过图书管理员借书,有什么就读什么。通过阅读大量书籍,自己知识面宽了,心里也有底多了。

恢复高考以后,大批学生进入学校求学。我经过反复思考,决定按照教学大纲,写一部有自己想法的讲稿:重点章节有基本知识、有研究者意见和分歧、有自己看法和根据。我用两年多时间完成了30多万字的讲稿,提炼出1万多字讲课提纲。这样有个人特点的授课受到学生欢迎,我也晋升为讲师,还获得教学成果优秀奖,实现了当一名好老师的愿望。高级职称刚恢复评定的时候,很多老教师到了离退休年龄都还是讲师,与他们一生为党的教育事业的贡献相比,我觉得自己还有不足,于是主动放弃了第一次申报副教授的机会。我想应该在提高教学水平和科研水平上下大功夫,力争站在讲台上得到学生认可,受到欢迎,为党培养人才更重要。我就这样不断积累,持续提升自己的水平,不久水到渠成评上了副教授,后来又晋升为教授。是党的阳光照亮了我的心,鼓舞我扎扎实实成长为一名党需要的人民教师。

1984年,曲阜师范学院领导理解我一个人养育孩子、坚持上课搞科研的难处,同意我调到父母所在地的青岛海洋学院工作。这里是山东大学旧址,山东大学迁往济南,这里只留下海洋和公共外语、政治学科。但是老山东大学的文学精神还在,老舍变戏法的阶梯教室还在,闻一多、老舍、沈从文的故居、故事还在。党的阳光照在我心里，把一切献给党的愿望赋予我一个使命，促使我想在理科为主的海洋学院重建中文系。

这条路走得真难！我来的时候只有山东大学中文系分来的一位毕业生，我们两人挂在刚成立的外语系，称汉语文学组，我为组长。为打开汉语文学在理科院校的局面，我们首先给全校上公共课，再给外语系外贸专业和政治系上汉语文学课。老师不够，我们就外聘，请其他高校教师来上课。海洋学院渐渐有了汉语文学气息，汉语文学组人员逐步增加，但是，组建中文系力量仍然不足。我们决定学习外校，招收留学生，逐步扩大文科力量。没有教室、没有名义，我们跟外事处商量一个两个地招，在留学生住处上课，还给韩国驻青岛领事馆领事和工作人员上课。由于教学水平高，汉语文学组很快扩大了影响，报名人员逐渐增多，学校批准成立对外汉语教学中心。我们也有了一个独立的办公室，外间办公，里间给留学生上课。有一次招收了十几名留学生，第二天要上课了还没有教室，我们几经波折借到一个废置的仓库，总算解决了教学场地问题，按时开了课。对外汉语的力量加强了，我们就申请建立汉语文学研究所和中文系，可惜没有成功。后来，在海洋学院向综合性大学转变的大进程下，在“211 工程”建设过程中，我们建立中文系的报告终于被当时的国家教委批准，我校于 1995 年建立了中文系并开始招收本科学生。这就为中国海洋大学语言文学学科的发展壮大打下了基础。现在，她已经发展成为拥有近百名教师，涵盖汉语言文学、新闻、历史、传播等专业的文学与新闻传播学院。

是党把我从一个普通女孩子培养成有知识有文化的大学教授，成为学生喜爱的好老师，是党给我力量在国家教育事业的发展上奋斗出一片新天地。我退休以后牢记自己是一名共产党员，积极参加活动，发挥党员作用。2020 年，85 岁的我被评为中国海洋大学优秀党员。疫情考验了中国共产党领导的中国,也考验了全世界。现在疫情还在全球肆虐,而唯独我们能生活在有序防控疫情的温暖阳光下。中国共产党领导的社会主义中国抗击疫情、控制疫情的实践证明,我们的社会制度是优越的、我们的党是伟大光荣正确的。只有党才能领导中华民族奔向美好的未来!我的心永远属于党!

与党同行，谱写忠诚

中国石油大学(华东)　郑其绪

郑其绪，男，汉族，山东单县人，1947年7月出生，1966年4月加入中国共产党，1966年12月参加工作。退休前曾任中国石油大学(华东)党委书记。教授，博士生导师。

2021年是具有里程碑意义的非凡之年。这一年，是伟大的中国共产党建党100周年，是我国“十四五”规划的开局之年。这一年，也是我入党55周年。

百年以来，伟大的中国共产党带领全国人民浴血奋战、砥砺前行，山河改变、乾坤扭转。改革开放以来，我们的党与全国人民一道又“杀出一条血路”，开始了波澜壮阔、气壮山河的民族振兴征程。作为党的战士，作为改革开放的见证者与参与者，每每忆起这些，对党的敬仰之情便油然而生。这种对党的挚爱与忠诚伴随我半个多世纪，给我以激情，给我以自信，常常令我激动不已、感慨万端。

我是共和国的同龄人，在党的阳光下，我充满活力、蓬勃向前。高中三年级我光荣地成为一名共产党员，开始书写“为全人类彻底解放奋斗终身”的壮丽篇章。1966年高中毕业时，我决心献身祖国的国防事业，在高考志愿表上激情满怀地写下了“清华大学自动控制系无线电电子专业”。

然而，灾难发生了，年轻的共和国陷入了一场旷日持久的动乱，我的身心遭受了长期的煎熬。在那些日子里，我每时每刻都在搜寻希望的信号，等啊、盼啊，一年、两年……十年过去了。一寸光阴一寸金，我是一年一年地在消耗年轻的生命啊。从十几岁到二十几岁，又过了而立之年，这对于视党的事业为使命却又眼睁睁看着青春时光慢慢流尽而回天无力的一代青年来说是何等痛苦啊！我的本能告诉我，我可以为党作出更大的贡献。然而我却无法作为、欲干不能、蹉跎岁月。这样的情景成为共和国整整一代青年的遗憾。即便如此，我依旧对党充满信心、充满希望，默默坚守着人生的信念与理想。

十年动乱结束，邓小平同志力挽狂澜，决定恢复高考制度。谁能想到“文化大革命”后拨乱反正的壮举竟然从恢复高考开始啊！960万平方公里的大地沸腾了，570万考生从农村、工厂、矿山、部队涌向考场，已经成为工人、农民和士兵的“老三届”的知青们沐浴着春风，重新燃起了人生的希望。这些带着各种“烙印”的一代人，从喧嚣的社会重新汇聚在教室里。不同的岗位、不同的经历造就了一支特殊的高考大军，两代同室、夫妻同堂构成了一道道风景线。

1978年3月12日，我走进了一所全国重点大学——华东石油学院，我的大学梦想如愿以偿。虽过而立之年，我仍然踌躇满志、激情满怀。我怀着对党的极度感激之情开卷苦读，为了追回失去的光阴，为了圆自己的理想之梦，倾尽全力孜孜以求。激情使我每一个细胞都充满了力量，它像一匹烈马，拉着我在追求知识的道路上狂奔，路边的清溪、田野的鲜花，我无心流连，全身心地投入学习，为寻求知识无悔无憾。此时，我才感到，对党的无限忠诚、对理想的执着追求使我的才能之树常青、生命之火长明。有多少次，我真想大声呼喊："感谢伟大的党给了我第二次新生！"

1982年年初，我出色地完成了大学学业。此时的祖国，正值改革开放之风吹遍大江南北、长城内外之时，"天也新，地也新，春光更明媚"，国家迎来了第一批恢复高考后的大学生，各行各业对人才十分渴求，面对众多的选择，我把党的需要放在第一位，留校做了一名专职辅导员，同时兼做数学助教工作。

我对工作的投入到了不计代价、执着入迷的程度，因为我有一个"补偿思维"——补偿"文化大革命"失去的岁月，补偿对党对祖国奉献的迟到，补偿自己险些被湮灭的雄心壮志！因此，我把工作岗位神圣化，把党交给的工作使命化，执着不渝地追寻，无怨无悔地求索，以箭在弦上、弹在膛中的姿态，时刻准备着接受时代赋予我的使命。

几十年来，尤其是走上领导岗位之后，面对工作的巨大压力，面对学校发展中的道道风险，正像歌曲《无言的寻求》倾诉的那样"总是在坎坷的路上行走，总是让命运穿过急流……多少次跋涉，无言的寻求……"我在学校领导岗位16年，其中在正职岗位10年，始终将这一重任珍若天职、视为使命。人生的磨难、不懈的追求、岁月的启迪造就了我的性格：不畏艰辛、务实苦干、疾恶如仇、苛求于己。我一直告诫自己，要做一名让党放心的干部。人的能力有大小，但不可不去用心；人的权位有高低，但不能不全力以赴。我横下一条心，为了不辱使命，可以赴汤蹈火、哪怕九死一生。

半世纪与党同行，半世纪为党的事业执着奋斗，党和祖国也给了我许多许多。我被授予全国“全心全意依靠教职工办学优秀党政领导干部”。我因为在军事人才培养中作出了突出贡献,被中国人民解放军总政治部嘉奖。我的多部著作进入“国家出版基金项目”“国家重点出版物出版规划项目”及“人才强国研究出版工程”。这一切,是党和人民给予我的鼓励,也是我的人生之幸,我将永远珍惜党和人民赋予我的这一切。

今天,在纪念党的百年诞辰、深情回忆往事的过程中,我的激情被重新点燃,我的思绪再次澎湃。我仿佛又重温了自己的人生,又重返了当年那波澜壮阔的一幕一幕。我被那些历史的情节一次次吸引,也被那如诗如歌的岁月一次次感动。虽已年逾古稀,然而,我告诫自己,为了今生今世的追求,对理想的憧憬必须执着如初,对事业的激情不可半点淡然。如今,我虽已退休,但依然承担着教育部党组、中央人才工作协调小组、中组部人才局交办的工作,承担着人才培养与培训的重任。我告诉自己,岗位可以退休,但人生没有退休,党的工作没有退休,我要永远与党同行不停步,一生一世写忠诚!

与党同呼吸，在党的阳光雨露下成长

武汉大学　娄延常

娄延常，男，汉族，河南通许人，1945年5月出生，1969年7月参加工作，1972年4月加入中国共产党。退休前曾任武汉大学党委副书记。教授，享受国务院政府特殊津贴。

我生在旧社会，长在红旗下，与党同呼吸，在党的阳光雨露和指引下，由贫农的儿子成长为新中国的大学生，由普通群众成长为党员干部，由青年教师成长为国务院政府特殊津贴教授。我对党有说不尽的感恩、感谢、感激之情。

在党的关怀下由贫农的儿子成长为新中国的大学生

我1945年出生于河南通许县，祖辈几代都是贫农。共产党领导革命，我家翻身得解放。新中国成立后,父亲娄季华当了村农会主席,加入了中国共产党。“没有共产党就没有新中国,没有我们这个幸福的小家”,父亲这句话在我脑海里打下深深的烙印。抗美援朝时期我上小学,党教育我要热爱祖国、保家卫国,在我幼小心灵里播下爱党爱国的种子,我积极参加慰问志愿军军烈属的活动。

我的中学时代是在我国经济困难和严重自然灾害中度过的。党和国家为使我们健康成长为革命事业接班人,除农村家中口粮外,每生每月补助包括细米白面在内的 7 公斤粮食。这是党给我们学生的保命粮、健康粮、成长粮。每月领补助粮时,我都感动得几乎掉眼泪。我还享受了“义务教育”待遇,几乎未缴过学杂费。

1964 年 9 月我考进武汉大学,更感到党的光辉照我身,党的阳光暖我心。我几乎是空手“裸进”武汉大学校园的,党对我们的关心无微不至,进校后我享受甲等助学金,伙食费国家全包了;医疗是公费,看病全免;我衣服单薄,学校补助了秋衣秋裤;我的床上用品,蚊帐、棉套、毯子等都是学校免费借用的;学校每月还发给我几元生活费,供日常所需。我们几个视力较弱的同学,第一次配眼镜的钱也全额报销。

在党和国家亲切关怀下,我顺利完成中学和大学学业,成长为新一代的大学毕业生。

在党的培养下从普通群众成长为党员干部

在党的教育和父亲影响下,我从小就热爱党。1964 年 5 月 4 日,我在鲜艳的团旗下宣誓加入中国共产主义青年团,初步树立为共产主义奋斗的初心理念。

进入武汉大学的入学教育中，党组织安排我在全系大会上讲述苦难家史，介绍自己在党的教育帮助下提高政治觉悟和阶级觉悟的经历。大学一年级我就递交了入党申请书，成为党组织的培养对象。党组织给我搭建了许多成长平台，让我担任团小组长和行政组长，推荐我为武汉大学学生会委员并评选我为全校学习毛主席著作积极分子，选拔我为省委驻武汉大学“四清”工作队队员等，让我各方面都得到了锻炼。1966 年，“文化大革命”爆发，我入党愿望暂未实现，但我入党的决心、对党的忠诚信仰和为共产主义奋斗的初心未变。

1970 年我大学毕业留校任教后，重写了入党申请书，再次得到党组织的培养。1972 年 4 月 22 日是我终身难忘的日子，我顺利加入了伟大光荣的中国共产党。党组织为我搭建了成长为党员干部的诸多平台，例如让我担任历史系党委秘书兼宣传干事，担任学生政治辅导员和党支部书记，推荐我为湖北省委驻黄陂路线教育工作总队武汉大学工作队秘书，选拔我进入湖北省委写作组，借调我到教育部高教司办公室工作并任秘书等。这些都给我成长为党员干部提供了广阔的视野、空间和舞台，促使我政治觉悟、理论政策水平、行政组织能力等全面提高。1982 年年初开始，校党委先后让我在多个岗位上工作，这使我在高校的教学、科研和党务、行政等方面，接受了全面锻炼和考验。

1993 年 10 月，经校党委推荐，湖北省委商教育部党组，任命我为武汉大学党委副书记。我更加严格要求自己，严守党纪，廉洁勤政，无私奉献，克服困难，敢于担当，一心扑在党的工作上。作为校党委的一分子，在党委集体领导下，各方面工作都取得一定成绩。1995 年，武汉大学党委应邀在中央全国高校统战工作座谈会上介绍交流统战工作经验；1996 年和 1998 年，武汉大学党委分获中央组织部、中央宣传部、教育部党组授予“全国先进基层党组织”“党建和思想政治工作先进高等学校”称号；1998年，武汉高校军训阅兵式上，武汉大学男女方队均获第一名。我对取得的上述成绩感到自豪和骄傲，因为在党建和教育改革发展中，我作为党员干部，与党同呼吸，也流了汗，尽了自己的绵薄之力。

在党的培育下由青年教师成长为享受国务院政府特殊津贴的教授

我本科毕业留校任教，圆了教师梦。在工作成长过程中，教学与行政“双肩挑”，付出了更多的辛勤劳动和汗水。

70级学员进校后，我所在的历史系搬到武汉大学襄阳分校办学。党支部通知我在担任系文书和“中国革命史”辅导教师的同时，主讲“写作”课。“写作”课没有教学计划大纲，我自己编写；没有教材，我从报刊选范文作教材；我在昏暗灯光或煤油灯下备课，没有讲堂讲台，我就站在学员宿舍走道大声讲解。对学生作业我逐句逐字认真批改，教学受到学生欢迎，党组织也给予了我大力的支持和肯定。

高校恢复全国统一招考制度后，我已到教务处工作。时任学校党委副书记的崔建瑞到我家宣布，因教师少决定由我担任生物、病毒学两系学生“中国革命史”课程主讲教师。我当即表示教书是老师的天职，感谢党委的信任，服从党委的决定。教学管理双肩挑，时间分配很重要，我克服一切困难，白天上班，备课全在晚上或节假日进行。我改革教学内容，增加经济、文化、军事信息量；改革章节式教法，以专题式教学为主。在校学生会首届打分评教中，我得97.5分，被评为十佳“讲台上的好老师”。这一奖项无奖金、无证书，但我最为看重。

随着高教事业发展，学校开设了高校财经管理专业，开办了干部成人培训班，以提高管理干部水平。我将教授课程重点适时转移到“高等教育管理”“高校教学管理”“高校科研管理”上。在教授管理专业理论知识时，也在政治思想、教学纪律上严格要求学生。

我积极开展高等教育研究，先后主持教育部社科“七五规划”项目“高校社科研究管理系统研究”，担任国家出版局重点出版的20卷《中华小百科全书》的秘书长与教育卷副主编，出任教育部高教司第一次文科专业目录修订、高校社科研究管理和学生司学分制学籍管理等三个调研组的组长。在教学科研任务重、行政管理要求高的情况下，党委在各方面给了我极大的支持。我于1982年获评讲师，1987年获评副教授，1993年获评教授。令我终生难忘的是，1993年我获得国务院政府特殊津贴，当我从校领导手中接过盖有国务院大红印的证书时，激动得热泪盈眶。

2000年新武汉大学组建，我退出学校领导岗位，出任武汉大学党校副校长和社会主义学院院长。作为享受国务院政府特殊津贴教师，一方面将教学重点转到党建和党课上。新武汉大学组建后，我每年给新生党员、入党积极分子、校内外各类培训班学员，上党课不少于30次。另一方面，积极编写教材和开展高教研究。我任主编的《高等学校入党积极分子培训教程》和任副主编的《新时期大学生培训教材》，分别由武汉大学出版社和中央文献出版社出版。我承担了多个国家级高等教育、教学研究重点和规划项目，如“党委领导下的校长负责制研究”“跨学科人才培养理论与实践研究”“大学文化百年研究”等，获国家级优秀科研、教学成果二等奖各一项。

从贫农的儿子到大学生，从普通群众到党员干部，从青年教师到享受国务院政府特殊津贴教授，就是我与党同呼吸、共命运的成长之路。感恩、感谢伟大的中国共产党关怀、培养我成长！

华中科技大学　吴　江

吴江，男，汉族，安徽安庆人，1925年2月出生，1945年2月参加革命工作，1945年10月加入中国共产党。离休干部，抗日战争时期曾任新四军皖西支队供需处长，解放战争时期曾任安徽省潜山县县长。离休前曾任武汉城市建设学院院长。

2021年是中国共产党成立100周年，作为一名有76年党龄的老共产党员，我心潮澎湃，热血沸腾，激动万分，我为她骄傲，为她自豪。

作为一个沐浴着夕阳余辉的老人，我更加知道党旗血红是什么染成的。

1945年的8月15日，日本鬼子宣布投降。鬼子投降以后，我所在的沿江支队就在安徽潜山、桐城，湖北英山一带活动。1945年9月的一天，支队从桐南经过百子山，晚上休息的时候，支队政委和手枪队队长突然把我单独叫到山上，说要介绍我入党。我说："加入中国共产党，我还不够条件，还不行。”政委说：“群众和连队对你的反映都不错，我们认为你可以入党。”说罢，他拿出一小张毛边纸，让我写入党志愿书。政委叮嘱说：“不用写太多，你就把你的心里话说出来，就写我愿意入党，入党以后不怕苦、不怕牺牲、不怕累，为穷人求解放……”

在当时的革命战争环境下，表现不好根本没办法入党，而我觉得自己条件不够。因为有好多战士，他们参加游击队有几年了，作战也非常勇敢，起到了模范作用，但是依然没有入党。当时我没有其他的想法，入党也好，不入党也好，都一样拼命干。既然参加革命工作了，就要不怕牺牲，不怕流血，不要考虑升官发财。现在讲“不忘初心、牢记使命”，在当时就是为老百姓、为穷人求解放。

我的入党志愿书就写了一二十个字，“我志愿申请入党，不怕牺牲，不怕死……”“为党献出一切……”写完以后，我入党宣誓，然后政委就把我写的那张纸条擦着火柴烧掉了，不保留。政委告诉我：“我们两个是你的入党介绍人，你记住我们两个人的名字，不管什么时候，你到哪里，都要记住你的入党介绍人。”他们一个叫张伟群，是我们支队的政委，另一个是手枪队队长姚奎家，他们两人的名字我现在都记着。

那时候，党支部建在连队上，一个班就十来个人，一个连顶多 5 个党员，3 个党员就可以成立支部了。党员身份不公开，连队里谁是党员，不说谁也不知道。尽管不公开，连队里谁是党员、谁不是党员，大家也看得出来。大家都知道，工作积极，不怕牺牲、不怕苦、不怕累，什么活都抢先干的，打起仗来冲锋陷阵的基本上都是党员。

党员的纪律十分严格。比如说，晚上我们到一家老百姓家里住宿，把门板卸下来铺上稻草睡觉，第二天早上走的时候要求收拾得干干净净。党小组会上，这是一块单独的议题，小组长会问这件事你做到了没有，门板你给他上好了没有，老百姓家里给他收拾好了没有，地上打扫了没有，看老百姓家里的水缸没水你给他挑满了没有。这都是党员应该做到的，要求我们在离开老百姓家之前都要注意这些，这就是党的建设。党的建设，体现在一点一滴的小事中，不是讲大道理，让你学什么，而是从这些生活上的具体事情，一点一滴的小事中要求你。

纪律严还体现在日常监督中。在一次党小组会上，因为我的腿在之前的一次行动中负伤了，但是没有告诉大家。大家批评我说："吴江，你怎么当时不说……"我当时心里还不服气。其实被子弹打中时，我自己就感觉到不对，但我没说我腿负伤了，因为没伤到骨头，我一直在走，走到山顶上以后，停下来了，队友发现了，就说："吴江，你腿负伤了。"当天晚上，党小组会为这件事批评了我。

那时候我的党费才每月五角钱，支队司令员钟大湖有一次跟我讲："为什么每个月要交党费？不是要你交五角钱，而是要你记得你是党员，要尽义务，要尽责任。这五角钱看着很小，但在党内来讲，意义很大。"我们把监督当成一种制度，当成铁的纪律，党的纪律就是铁的纪律，而支部是党的堡垒，是攻不破的堡垒。

2021年是建党一百周年，也是中国共产党筑梦路上"两个一百年"目标的第一个。在国际国内的复杂形势下，中国共产党执政的决心誓言没变，党团结带领全国各族人民，顶住了新冠肺炎疫情的挑战，粉碎了外部势力在中国制造分裂和动乱的图谋，如期实现了第一个百年奋斗目标。第二个一百年是中华人民共和国成立一百周年。作为一名中共党员，小车不倒只管推，只要有口气，就要大力宣传好党的政策，为党领导中华民族的伟大复兴贡献力量。是啊，中国有了共产党，全国人民得解放；中国有了共产党，人民红心向党奔小康。

历史像首歌，像首诗，更像一座巍峨的丰碑。母亲给了我的身，共产党的恩情比海深。在建党一百周年之际，我又一次重温了入党誓言，并发誓今后更要为党旗添光彩，在实现第二个百年伟业的征途上，也一定要向党交上一份满意答卷。

54年初心不改，72岁光荣入党

中国地质大学(武汉) 曾广策

曾广策，男，汉族，湖南新田人，1945年8月出生，1970年9月参加工作，2017年12月加入中国共产党。教授。

1945年8月1日，抗日战争胜利前夕，我出生于湖南一个贫穷的山村家庭。我刚出生3天，父亲就被抓壮丁，没上战场就病死在他乡。母亲带着姐姐和我苦熬到新中国成立，积劳成疾，后来在我13岁时就早早因病去世。

新中国成立后，在党和政府的关怀下，我上了小学、中学。1964年9月，我考入中南矿冶学院(现中南大学)，成为我们村有史以来的第一名大学生。大学期间，国家负担了我全部伙食费、生活费和教材费，冬天还给我提供了棉衣。没有共产党，没有新中国，就不会有我今天的一切。

大学第一学期，我怀着对党纯朴的热爱递交了入党申请书，参加了入党积极分子培训活动。第一学年，我们班只发展了1名党员。第二学年还没结束,“文化大革命”开始,学校党员发展工作停止,我在大学的入党梦想破灭了。

因“文化大革命”,我们69届学生延迟毕业1年。1970年9月,我自愿报名到青藏高原青海地质队工作。地质队的生活、工作区域海拔3 400米至4 200米,长冬无夏,春秋相连,长年住帐篷。刚到地质队,我就再一次向党组织递交了入党申请书,表达了我的入党愿望。在地质队工作的9年多时间,前6年仍处于“文化大革命”时期,当时知识分子的地位相当低,入党难度很大。队领导明确告诉我知识分子入党要接受相当长时间的考验。等到后来,上级告诉我可以入党了,我又忙于复习考研究生,入党愿望在地质队也没能实现。

1979年,我考入了武汉地质学院北京研究生部。由于长期缺少系统的学习,因此,对知识的追求如饥似渴,虽然心里也时时想着入党的事,但精力全部安排在专业学习上,这3年只是口头表达过入党愿望,没有写入党申请书。

1982年12月,我被分配到武汉地质学院地质系岩石教研室工作,一直到2006年退休。一到地质学院,我就写了一份很长的入党申请书,表达了我热爱党、拥护党、要求加入共产党的愿望。前些年,我几乎每个学期都写一份思想汇报,1989年政治风波发生时,我坚定地向党支部递交了思想汇报,表明了我的立场,拥护党、继续想加入中国共产党的愿望。那时岩石教研室申请入党的人有好几个,党支部也明确地告诉我被排在他们之后。虽然在组织上没有入党,但我争取在思想上先入党,各方面都严格要求自己。在职期间我被评为校级“三育人”标兵、为周口店实习站发展建设作出突出贡献的先进教师、校级优秀班主任、湖北地质学会先进工作者等,多次年终考核获评优秀。随着年龄的增长,我对自己要求更高,总觉得自己离真正共产党员的标准还有差距，想条件更成熟一些后再提出申请，萌生了等退休后再组织上入党的想法。

我于2006年年初退休后，被矿业集团公司聘请继续从事地质工作。我到过云南、新疆，也到过俄罗斯、哈萨克斯坦、吉尔吉斯斯坦、塔吉克斯坦、博茨瓦纳、马里、几内亚等国家，从事找矿勘探工作。因为长期不在学校，入党一事又耽搁了多年。但是在此期间，我也没有放松对自己的要求，时时想到我将来是要申请入党的，在言行上要达到党员的标准。

2014年年初，我结束了外聘工作，基本上定居在校内。2016年暑期，我受聘到学校秭归实习基地参与教学实习工作。在那里我碰到了地球科学学院原党委书记赵俊明，向他倾诉了我想入党的念头。入党是我一直以来的愿望，我想通过退休后还主动积极入党这一行动，来表明我一直以来对党的热爱和拥护，我入党不是为了升官发财、牟取私利。我现在身体还行，还能做一些事情，还能在退休职工中起一些作用。赵俊明听了我的想法后，对我进行了鼓励，并把我的意愿通报给离退休干部党委第七党支部。党支部领导很快找到我，鼓励我写入党申请书。收到我的入党申请书后，党支部非常重视，给我安排了入党介绍人、入党联系人，布置我学习了一系列入党学习材料，参加了发展对象培训班，通过了闭卷考试。经过党支部讨论和表决通过、离退休干部党委批准和学校党委审批，2017年12月21日，72岁的我成为了中共预备党员，2018年12月21日成为正式党员，实现了我54年前的入党夙愿。一位校领导在离退休干部处年终总结会上说，像我这么大年纪还积极入党是学校建校以来的首例。

成为共产党员后，我更加严格要求自己，主动接受党支部的监督和教育，积极参加支部主题党日等活动，继续从事力所能及的地质工作，经常做一些有益的事情。

有人对我退休后 72 岁还积极入党的行动不理解,但对我来说这是很正常、自然的举动。入党是我追求了 54 年的愿望,我想通过退休后还主动积极入党这一行动,来表明我同全国人民一样始终都是热爱党、拥护党的。况且人退休后离开了工作单位的管理,容易变得懒散,加入党组织,有党支部的管理和教育,经常参加支部活动,政治方向不迷失,发挥余热有动力。人可以从工作中退休,但共产党员永远不退休,我将永远记住自己是一名光荣的共产党员!

武汉理工大学　邓永柱

邓永柱，湖北宜都人，1937 年 4 月出生，1956 年 3 月参加工作，1958 年 8 月加入中国共产党。退休前曾任武汉理工大学后勤总务处党总支书记。

2021 年是伟大的中国共产党成立 100 周年，我以一个老党员的身份讲述我的成长经历，为教育培养我的党庆祝百年华诞，永感党恩！

翻身不忘共产党

我是从山区农民家庭走出来的一个苦孩子，出生在旧社会成长在新社会，回忆小时候，我经常吃不饱、穿不暖。因家中极度贫困，我爷爷、母亲和几个姐姐都未进过学堂门，未读过一天书。当时考虑我是一个男孩，父母借钱让我边干活边读了 4 年私立小学。那时是抗战时期，我 8 岁时亲眼看到日本人进村，我们都跑到山后躲避，我叔叔负责放哨，日本鬼子发现了他并开枪将他打倒在地，人还没死，日本鬼子就又把他推进就近的稻草堆里活活烧死了。当时的惨况我至今难忘。后来，中国共产党领导人民打败了日本侵略者解放了全中国，没有中国共产党就没有新中国。

青春年华献国防

正因幼年的经历，我从小就怀着参军保卫国家的情怀。1956 年我参了军，成为一名光荣的解放军战士。在军事训练场上我勤学苦练，取得了优良成绩，后来在大军区比武中又获得了“神枪手”“神炮手”“技术能手”证书，还在摩托车山地比赛中夺得了冠军。

1959 年我作为战士代表，出席国庆十周年观礼。1959 年 10 月 1 日，这一天天气非常晴朗，我坐在天安门前观礼左一台，十分清晰地看到党和国家领导人以及 80 多个国家的领导人和代表登上了天安门城楼。毛主席等党和国家领导人不断向广大群众挥手，检阅了陆、海、空各军兵种，随后有 70 万群众举行了大游行。从上午 10 时开始直到下午 1 时左右才结束，成千上万的各界群众向伟大领袖毛主席招手，呼喊着中华人民共和国万岁。晚上我们在天安门观礼台观看了烟火，毛主席等党和国家领导人以及来自世界各国的朋友们一起参加了这场盛大的联欢活动，那是一个幸福之夜，天安门广场成了欢乐的海洋。

10 月 5 日中午，中国人民解放军陆、海、空的代表在中南海怀仁堂前草坪上与毛泽东、刘少奇、周恩来等一起合影留念。当时合影的 800 多名官兵中我可能是最年轻的，只有 22 岁。当看到毛主席走近时，我很激动，毛主席很亲近，很伟大。从那时起，每当我看到那张与毛主席等党和国家领导人的合影时,就感到无上光荣,感到有一股无形的巨大力量在激励着我。

天命岁月从教育

1986年我转业到了武汉理工大学,当时学校为了建设和发展,迫切需要征用300亩土地,学校研究决定由我任征地办主任。接到任务后,我不分昼夜地工作,深入每户村民家中,宣传政策,了解他们的想法和诉求,甚至大年三十还在村民家中做工作。通过深入调研,了解到征地最主要的是安置好716名村民的就业,经过多次与相关企业、部门沟通协调,克服诸多困难,得以顺利与每户村民签订了征地安置协议,首先安排10名残疾人到珞南街道办事处就业,起到了良好的正向效应,随后分批次安排其余村民分别到武汉市灯泡厂等3家国营企业就业,最终提前完成了征地任务,还节约了不少经费。

兵马未动,粮草先行。吃、住、行与学校的教学科研,以及每个人都息息相关。我作为学校后勤总务处长一直尽职尽责。在校10多年来,我先后骑坏了4辆自行车,我的体会是:"我在校园转,两眼看四方,脑子装着科研和教学,心中想着师生和员工。"2000年12月,在湖北武汉召开的"第二次全国高校后勤社会化改革工作会议"上,我在会上作了典型发言,代表学校介绍了后勤改革"小机关、多实体、大服务"模式。会议期间,时任国务院副总理的李岚清和会议代表还来到了我们学校升升学生公寓现场指导工作,我们十分高兴,很受鼓舞。

退休以后献余热

退休不是人生的终点,而是新的起点。作为一名共产党员,只要还有一点余热，就要发出一束光。2018 年 11 月 22 日，在学校关工委的支持下，在图书馆档案馆的协助下，我向资环学院的同学们讲述自己从旧中国到新中国，从旧社会到新社会，从部队到学校的经历，并根据学生们的请求，展示我珍藏了 60 年的参加国庆 10 周年观礼时与毛主席、周总理等党和国家领导人合影的照片，还向同学们每人赠送由我编写的《一个老兵的人生轨迹》一书，激励青年学生们不忘初心、牢记使命，更加热爱我们伟大的党、伟大的祖国，热爱我们的学校，共同团结奋进，共筑中国梦。在 2020 年新冠肺炎疫情暴发后，我积极参加学校孝孝学生志愿服务团队工作。当时，我隔离在家，对电脑和手机操作不熟悉，在孙子的帮助下，联系指导志愿学生抗击疫情，为抗疫志愿服务作贡献。

我只是一个老党员、老兵，在平凡的工作岗位上默默无闻、踏踏实实、一步一步地走到现在。我深深体会到，一个人只有把自己融入工作岗位，为党、为祖国、为人民多做一些有益的事，才会实现人生的价值。我这一辈子忠于党、忠于人民、忠于职责和岗位，我的人生是活得很充实的。我用自己的经历教育学生，希望年轻人加强学习，努力奋斗，忠于党的事业、服务于人民大众，做一个高尚的人，做一个对国家对社会有益的人。希望年轻人能够传承老一辈的优良传统，听党话、跟党走，在实现第二个百年目标中走好自己的新的长征路!

党的思想引领我前进

华中师范大学　董泽芳

董泽芳，男，汉族，湖北红安人，1945年9月出生，1965年9月参加工作，1985年1月加入中国共产党。退休前曾任华中师范大学管理学院常务副院长、总支书记，荆州师范学院党委书记兼院长。教授，博士生导师。

党的十九大报告提出“不断增强党的政治领导力、思想引领力、群众组织力、社会号召力”，我认为最核心的是“思想引领力”。“思想引领力”就是先进思想的引导力、伟大理论的支撑力与坚定信念的鼓舞力。回首中国共产党建党百年取得的辉煌成就，无一不是党的光辉思想引领的结果。而我个人的每一点成长、进步也离不开党的思想引领，党的思想引领我前进。

我是一个有着50多年教龄的老教师。改革开放后我实现了人生的四大转变：一是命运的转折，从无缘大学到梦圆大学。二是身份的改变，从赤脚农民到高校教授。三是角色的转换,从普通教师到大学校长。四是思想的进步,从普通群众到优秀党员。我的教师生涯里有个难忘的故事,借此机会,分享给大家。

1965 年,我作为回乡知青就在农村办起了农民夜校。那时我白天参加生产,晚上就到夜校上课,每晚有两个工分补助(相当于一角三分钱)。学生是附近村的农民,他们文化基础差,不少妇女是文盲或初小程度,年龄跨度大,小的十几岁,大的五六十岁。夜校分初级班和高级班,初级班主要是扫盲识字和学简单数学,由另一个回乡青年任教。我教高级班,每天晚上先上文化课,主讲农村应用文、农业新技术、形势与政策、中国历史与地理等,教材都是我根据农村需要和学生接受能力自编的,学习资料多是我想办法刻印的。为了激发学生的学习积极性,我根据农村的实际情况编写了群众喜闻乐见的节目,如快板“老汉说变化”“如今新事多”,小演唱“婆婆夸媳妇”“计划生育好”,对年轻的女孩就教她们跳“绣金匾”“珊瑚颂”等舞蹈。上完文化课后就排练节目,让每个学生都有机会参与,让大家在唱中学、演中记,夜校总是充满欢笑。在这个过程中,农民学生既学习了文化知识,又提高了思想觉悟,还活跃了乡村氛围。我办的农民夜校得到了区县的充分肯定,“计划生育好”等节目还被上调到县四级大会上演出。

1973 年后,我到一所“戴帽”乡村初中当了民办教师。当时条件极艰苦,我月薪 25 元,住一间不足 6 平方米的小房,兼作办公室与宿舍。学校办公经费很少,每个学期每个老师只能领一盒粉笔和一本备课纸。为节省伙食费,老师课后自己种菜,轮流值班做饭。条件虽差,但我能克难奋进。我带学生挥锄挖地,平整操场,开荒植树,上山采茶。我主教初中班的语文,并主管全校教学。为了推动语文教学改革、提高教学质量,我采取了很多措施:一是按照“教材要改革”的精神和培养“爱农爱乡学生”的要求,带领师生进行了实地调查，编写了“家乡的红色故事”“日本鬼子血洗细屋塆”“狗伢的打狗棍”“农村的新人新风赞”等乡土教材。二是遵循理实相连的原则，重视现场教学。每逢春耕或秋收时节，我就带领学生到现场观察，然后讲解审题立意，讨论谋篇布局，推敲遣词造句，并亲写“下水文”，让学生比较学习。三是作文实行面批面改，让学生体会到“文章不厌百回改，反复推敲佳句来”的真义。县教育局领导看到我批改的作文本都赞叹不已，为了推广我的经验，多次组织我为全区语文老师上作文公开课。乡村学生基础差，为了帮助他们理解和记住语文知识难点，我自编了《标点符号歌》《划分句子成分歌》和《文言虚词解释歌》等让学生在玩中学，唱中记。那时常有全乡或全区的统考和竞赛，我们班的语文统考、基础知竞赛和作文竞赛的成绩总是名列前茅。为了促进农村学生全面发展，我通过抓校文艺宣传队带动全校的课外活动。早晨我带他们到井边练声，下午课外活动时教他们练劈叉、下软腰、敲碟子、甩红绸、打夹板、吹笛子、拉二胡等。为了排练参赛节目，很多星期天我就和学生一起在学校吃咸菜饭睡地铺，每次片区文娱比赛，我校都能取得好成绩。

1978 年我考上了北京师范大学，毕业后分配到华中师范大学当了大学教师，一开始就承担了年级班主任、系教学秘书与两个系的教育学公共课程教学。面对学术根基不深、教学技能不精、优质教材缺乏等问题，我一方面挤时间攻读在职研究生以提高自己的理论水平；一方面研究新情况，编写新教材。经过 5 年的积累，1989 年完成《教育社会学》书稿，1990 年由华中师范大学出版社正式出版，被国内许多师范院校教育系选作教材，多次印刷，并获得中南地区优秀图书二等奖、湖北省优秀教材一等奖。80—90 年代，我先后承担过本科生的教育学、教育社会学等 20 多门课程的教学。

我深知教好书育好人是教师首要责任。我对教学始终认真负责、精益求精；对学生始终循循善诱、严爱有加。在党的引领下，我守好了教师这班岗，痴心为教育，桃李满天下。

党的光辉思想一直引领我发展与进步。我以小诗《党的思想领航船》表达我对党的感恩之情：党的思想领航船，明确方向意志坚。实事求是求真理，解放思想谋新篇。与时俱进思改革，守正创新图发展。牢记使命再奋进，不忘初心永向前。

华中农业大学　邱　馨

邱馨,女,汉族,湖北浠水人,1929年1月出生,1949年7月参加革命,1951年3月加入中国共产党。离休干部,教授。

投身革命干部摇篮

1949年5月16日,武汉解放。当时,我正就读于武昌第一女子师范,同学们看着校墙上“蒋介石一去不复返了”的大字标语,齐声高呼“天亮了”。7月初,由湖北省主席李先念任校长的湖北人民革命大学开始招生,我和几位同学闻讯前往报名,投奔这所革命干部摇篮。

入学后,我被分配到武昌仓子埠第一期一部三班,全班都是女生。当时,学校的领导、老师和学员同吃同住,一起学习讨论,课余也一起活动,大家亲如一家。刚解放时,武汉百废待兴,物资匮乏。学校师生吃的是小米和杂粮,洗脸洗澡在池塘，铺稻草地铺当床，吃饭无桌椅，只能围蹲在地上，上课也没有教室，各人自带小板凳到广场听课。同学们脚上打着灰绑腿，身穿灰色列宁装，人人都觉得英姿飒爽。通过干部、老师言传身教和悉心指导，党的宗旨深入人心，同学们都深刻认识到革命理想是指路明灯，在逆境中也能看到光明，在困顿中也不会颓废。

在学校党组织的关怀下，我进步很快。1949 年 11 月，我被批准加入新民主主义青年团，成为党后备军的一员。从此，我的理想追求融入到建设新中国伟大事业中，这是我人生的新起点。

砥砺前行，光荣入党

1949 年 11 月，为迎接新中国建设事业新高潮，革命大学选派 129 名学员到湖北省农学院学习农业科学技术，我是其中之一。当年，我们是一群朝气蓬勃、诚朴纯真的青年，背上背包，步行由仓子埠去武昌，一路唱着《解放区的天是明朗的天》《没有共产党就没有新中国》等革命歌曲，深感党的光辉照耀，人生前程似锦。

对我们的到来，湖北省农学院党组织十分重视，决定将这批新生力量同 1948 年考进农学院的老生混合编班，以发扬革命大学精神，互相学习。我被分到农学系，全班 56 人。院党支部委员召集全班选举班委干部，我被选为班长。毫无思想准备的我，急得要哭，怕搞不好班务，但想起革命大学所接受的谆谆教诲，我下定决心，坚决完成学院党组织的任务，不辱使命。

当时的湖北农学院，规模很小，条件简陋。吃饭 8 人一桌，一盆青菜，每个人一个杯子当饭碗。这个杯子真可谓是多功能杯，同学们喝水、漱口、吃饭全靠它。睡觉则是大寝室，全班 16 个女生挤在一间房里。班内多数同学家境贫寒，有的用旧账本的反面做学习笔记，上田间实习课，有的同学穿草鞋或赤脚下田，脚划伤了也不请假。同学们个个积极乐观，热爱崇敬共产党，坚信没有共产党就没有新中国，对党的决策号召都真心做到勠力践行。

1950年，朝鲜战争爆发，党中央作出“抗美援朝，保家卫国”的决策，号召大专院校的学生参加中国人民志愿军。全班人人报名参军，决心把青春献给党。同学们积极参加炒面粉支前活动，有的同学还动员父母捐献钱物支援前线。

那段时间，我的思想、学习和工作情况得到院党支部深切关怀，通过学党章，听党课，开展批评与自我批评，我在思想和工作能力上都得到快速进步和成长。1951年3月，中共武昌区委找我谈话，并通知已批准我入党（农学院当时未成立党委）。我非常欣喜，踌躇满志，决心以天下为己任，为实现共产主义奋斗。这是我青春岁月的又一个新起点。

攻读马列理论，提升政治思想水平

1952年，教育部决定院系调整，新调整的华中农学院被确定为全国少数多学科农学院之一。我先后担任共青团华中农学院委员会副书记、书记，并兼任共青团武汉高等院校委员会的委员。

1955年，我收到中国人民大学马列主义研究生班的录取通知，专业是中国革命史。中国人民大学是我党创建的一所新型大学，是莘莘学子梦寐以求的高等学府，学习环境优越，课堂上有知识渊博的教师任教，自习时有藏书丰富的大图书馆，校外有历史悠久的名胜古迹。我还记得，期末考试时老师采用抽签口试的办法，我的两门功课都获得最高分。1956年年初，我被评为三好学生，时任校长的吴玉章还给我颁发了人大优等生奖状。

培桃育李，默默耕耘

1957 年 7 月，我从研究生班毕业，回到华中农学院马列主义教研室承担中共党史课程教学工作。在教学中，我关心学生的思想、学习情况，深入班级，参加他们的政治学习、课余劳动，并和学生一起到农村实习，联系实际，答疑解惑，密切师生关系，提升教学效果。我结合社会调查，言传身教，“晴天一身汗，雨天一身泥”，在社会大课堂中，培养学生理论联系实际和观察问题分辨是非的能力。在深入调查研究的过程中，同学们了解了农村的现状，农民的疾苦，增强了社会责任感，提升了为振兴中华而读书的自觉。

1986 年年初，社会科学系的领导调派我参与创办中国农村社会学专业，担任教研室副主任，讲授农村社会调查原理与方法课程。我立即组织 10 位同志编写专业课教材，并同一位教师赴北京、南京等地考察，向社会学老专家费孝通、王康、袁方、吴泽霖等教授请教，得到他们诚挚热情的帮助，他们都热诚鼓励和帮助我校建立社会学专业。

社会学必须深入社会实际，那时已年近花甲的我连续三年带领农村社会学三届毕业生到大别山农村贫穷山区英山、红安等革命老区实习。红安有“两百个将军同一个故乡”的美誉，然而当时依然贫穷落后，很多村无电、无清洁水、无公路，深入山区需要克服的困难很多。记得有一次，和我一同带队的李老师被安排住的房间是刚刚腾空的农药库房，浓烈的农药余味让人无法入睡，室外山区的夜晚寒气逼人，人生地不熟的他只好裹着被子在村委会椅子上坐了一个晚上。

还有一次，我们要调查的一个贫困村在半山腰，一位同学完成了一天的调查刚刚回到村里，不承想突然窜出一只大狗，狂叫着直冲过来，同学慌张而逃一不小心崴伤了脚，幸亏主人及时赶来制止，否则后果不堪设想。这位同学脚崴了完全不能行走，就在家负责调查问卷的整理与统计。同学们就是这样克服种种困难圆满完成了毕业实习任务，在实践中得到锻炼成长。

阆苑深深幽径出，芸菲桃李艳无声

几十年过去了，我从一名青年学子光荣入党，到成长为大学教授、享受国务院政府津贴的专家，现在享受离休待遇，我的每一点进步与成长都离不开党的培养与教育，党的恩泽伴征程。我深感个人的成绩太小，贡献太少，党和人民给予得太多，作为一名老党员，唯有“不忘初心、牢记使命”，努力不止。

2021年，中国共产党迎来百年华诞。在中国共产党的英明领导下，中国人民不仅推翻了帝国主义、封建主义、官僚资本主义三座大山，更在社会主义建设的历史时期取得举世瞩目的辉煌成就。如今，中国共产党已经带领中国人民锐意改革，全面建成小康社会，中华民族已经自立于世界民族之林，伟大的中国梦正在成为现实。没有共产党就没有新中国。没有共产党的教育培养也没有我现在的一生。在党百年华诞来临之际，我衷心地祝愿她永葆青春，万寿无疆！

党的光辉照耀我的人生旅程

中南财经政法大学　黄　洪

黄洪，女，汉族，河南陈留人，1928年5月出生，1948年6月参加革命，1953年7月加入中国共产党。离休干部，离休前曾任中南财经政法大学函授处处长。副研究员。

在我们党百年华诞即将到来之际，我思绪万千，脑海里不断浮现老一代革命家推翻“三座大山”、创建新中国宏伟大业的辉煌场面，再现在抗击侵略者和解放战争事业中流血牺牲的先烈事迹，更有习近平同志等党和国家领导人在推进中国特色社会主义伟大事业中的忙碌身影。尊敬、爱戴之情难复难平。百年大党在引领中国发展中砥砺成长，而我的一生是接受党教育的一生，也是沐浴党光辉的一生。

我祖籍是河南省陈留县。祖父是当地大黄庄村的地主，父亲、叔父是上过大学的知识分子。少年时期有父母陪伴疼爱，生活虽不富裕，但也平静。

1937年，抗日战争全面爆发。9岁的我随父亲逃难至淅川县，读完小学进入开封女子初中，3年后转至洛阳河洛中学读高一。随着日寇入侵，国内形势巨变，日渐长大的我开始对国家形势、社会变化有所关注与了解。随校逃难的老师同情学生，多在课外宣传抗日，鼓励学生励志读书，克服困难，学好功课。我自己发誓要读好书，将来成为一个与众不同的女强人。

在河洛中学就读半年后，日本鬼子逼近洛阳，叔父带领我们步行向西安方向逃难。沿途已不允许任何车辆行驶，蜂拥的男女老幼艰难缓慢地向前移动。突然，不战而退的国民党军队从背后赶来，他们蛮横命令群众让路，否则开枪。群众怒不敢言地停下脚步，让他们走过去了，可日本鬼子的大队人马从背后赶来截断了我们逃难的去路。无奈，叔父决定避开鬼子已占地区，绕开土匪猖獗地带，把我们送回沦陷的陈留县老家。逃难生活至今难忘。我们曾在无人收割的麦田里摘些麦穗揉搓生吃，在无人居住的房舍中搜索些麸子或牲粮糊口，偶尔能在途经的小镇购些食物填腹。路上经常看到各种尸体的惨状，有的在流水中浸泡发臭，有的在马路边被剖腹，有的被削去膀臂，有的血染面目，让人目不忍睹。经过恐怖而又艰难的两个月，我们终于回到了祖父的老家。

这是个男尊女卑、封建禁锢的家庭。祖父要求女子“三从四德”“女孩子不需要上高中读大学，有个初中文化会管家理财就很可以了”，我每天到厨房学做饭菜，烧火帮厨。吃饭时，男人吃白面馒头，女人只能吃白面和高粱粉混做的花卷或高粱窝头。我在那里没有熟人和朋友，每天还要注意日本鬼子来村骚扰的警报，随时准备藏身。难过难熬的日子里，我只有在父亲的书架上寻找慰藉。当时，引发我兴趣并有感悟的是《二十年目睹之怪现状》《今古奇观》《红楼梦》及《家》等书。书中，我看到人与人之间的尔虞我诈，坑蒙拐骗，权势压死百姓等社会普遍现象，也让我看到宝玉、觉慧等年轻人被封建社会扼死的命运。自己还能不能上学,还有没有出路,亡国奴的日子何时了。彷徨无助而心有不甘的我度日如年。

抗日战争的胜利给我带来了生命的转机。1946 年 9 月,在父亲支持下,我到开封北仓女中复学高二。热情耐心为我补课的学姐杨春青和常找我谈时事的姐妹,带我参加学生自治会举办的学习讨论会、时事辩论会,要我和她们一起办墙报,给我阅读一些进步书刊。在她们的帮助启迪下,我重新振奋了精神,和她们一起参加当时风起云涌的“反饥饿、反内战”的示威游行,我们挽臂挺胸高唱“跌倒算什么?我们骨头硬,爬起来再前进。天快亮路难行,跌倒是常事情”。一天,杨春青没来上课,据说是被国民党特务抓了,活埋在开封北城门外的深沙堆里,罪名是参加共产党。此事激起姐妹们的无比愤慨,我们发誓要与国民党抗争到底。

1947 年,高中毕业后,我同 3 位北仓女中学友一起进入河南大学先修班。在那里结识了黄河书店的万经理,他是一位地下党员,热情为我们推荐书和杂志,有王学文的《政治经济学教程绪论》、吴晗的《历史的镜子》、艾思奇的《大众哲学》,等等。这些书让我茅塞顿开,明白了国民党政府的腐败根源,也明白了不合理的生产关系成为生产力发展的桎梏、只有革命才能使社会前进的道理,从而更加坚定我们参加学生运动的信心。万经理还向我们传递了一首民歌:“山那边哟好地方,穷人富人都一样,你要吃饭得工作呀,没人给你做牛羊。”这激起了我们对解放区的向往。这些活动是在彼此心知肚明、相互信任的情况下进行的。在万经理的默许下,我们扩大了活动范围,物色几个同学办墙报,向较亲近的同学传递一些进步书刊,还组织了一些读书讨论会。

一天,万经理带我们去见一位叫傅奎元的中学历史课老师。傅老师告诉我们国民党将出动警力抓捕一些学生,我们几个已被列入黑名单,他要求我们几个停止一切活动，严加防范。他说组织将设法把我们送到解放区。5月中旬，同学蔡贵民被先行送往解放区，我们其余3人将等到开封解放时到华东野战军八纵队入伍。在司令部宣传科科长赖少奇护送下，我们于1948年6月24日启程，经10多天的跋涉到达新解放区的宝丰县，那里是当时中共中央中原局及中原军区所在地。中原局为了给当时新解放的大面积地区和即将开展的解放战争大决战补充干部，决定就地创办快速培养干部的中原大学。我们3人就被送进中原大学接受培训了。

中原大学由陈毅同志任筹备委员会主任，范文澜、潘梓年为正副校长(范因故未到校，由潘主持全面工作)。陈毅同志为学校制定的办学宗旨是"学校任务是快速高效培养出大量革命干部、教育原则是改造思想为人民服务、教学原则是理论联系实际"。学制定为4个月，课程设置为科学社会观、辩证唯物论、近代革命史、新民主主义论等4门。采用教、导、学三结合的教学方法。潘梓年校长是中外驰名的哲学大家，他忠实践行学校教学宗旨。学校的教学过程，是灵活运用辩证唯物的认识论、方法论的过程。他教我们从实际出发，用一分为二的观点分析问题，在改造思想方面实施破与立、外因通过内因起作用的辩证教育，让马克思主义的基本理论涤荡了我们的灵魂。通过学习，学员们明白了生产力与生产关系的关系、经济基础与上层建筑的关系，理解了共产主义社会的美好，完成了辩证的自我解剖、弃旧立新的自我思想改造。校内处处体现党的优良传统，艰苦朴素，官兵一致，领导师生同吃同住同学习，每人每月都是2毛钱的生活零用。4个月的学习，学校为学员们铸造了新的革命人生观与世界观，学员个个脱胎换骨，毕业时积极服从分配，争赴解放战争一线，到尚待解放的艰苦地区。1998年学校50周年校庆时，近40位宝丰时期的同窗早已都是白发苍苍，大家感慨，"宝丰4个月的学习，学校教给我们的，让我们工作、生活中用了几十年，至今也没有用完啊！”

从中原大学毕业后，我留校工作。1951年，我怀着对党崇敬、入党光荣的心情提出入党申请，并于1953年正式入党。在支部大会上，时任教务长的金畅如对我提的意见是，“要认识立党为公的道理，要明白党的事业是靠发挥党组织集体的严明纪律，统一思想行动取胜，而不是个人的能耐。因此，要克服患得患失的个人英雄主义。”这一教诲我铭记至今。入党后，我有一次与爱人章健说道：“当今是人人为我，我也为人人。共产党是高尚人，学习榜样来做人。”他也鼓励我要做一个合格的好党员。几十年来，我经历了学校的改制调整、合并，甚至“文化大革命”后期的撤销又重办等等曲折坎坷的过程，也经历了多次的政治运动，我也从一个干事到教务处长、成人教育学院的院长。我率先打破成人高等教育的条条框框，根据成人教育的特点，对成人在职教育进行了一系列改革和创新，得到了教育部和财政部的肯定，其他高校也纷纷借鉴我们的成功经验。因此，我在离休前受到当时省委副书记沈因洛、副省长梁淑芬会见。他们肯定了我在成人教育工作方面的经验和成绩，挽留我在岗多干几年。财政部教育司、教育部成人教育司的领导也写信或打电话建议我多干几年。我十分感激组织对我的信任，但考虑到当时正值国家离退休制度实行不久，应该积极响应号召，因此只多工作了1年。退出岗位后，我在学校编外举办的自修大学任常务副校长，继续为党工作了9年。

回顾我的人生旅程，是党把一个无知而消沉的青年启蒙、指引我走上革命道路；是党教授我马克思主义真理，塑造了我的人生观、世界观；是党以革命的理想信念指明方向，让我坚定又稳步地前行，取得成绩。

100年来，我们党推翻了“三座大山”对人民的压迫，在无数先烈流血牺牲、艰苦卓绝的奋斗中缔造了新中国。改革开放后，我们党高举中国特色社会主义伟大旗帜,带领全党全国各族人民团结奋进,抓住和平发展的历史机遇,全面建成小康社会。现在,我们的国内生产总值已跃居全球第二,科技创新方面捷报频传,向着星辰大海阔步前进。世界变化使我们老人眼花缭乱,耄耋之年无力为党多作贡献,由衷希望党接受我这个93岁年龄、68岁党龄的老人,一个被党拯救、帮助、教育过的党员的祝福:愿敬爱的党在引领国家建设、发展、民族伟大复兴中取得更大更辉煌的胜利!愿伟大的党在共产主义事业奋斗中,坚稳走好中国特色社会主义的长征路,为人民谋更多更大福祉。在百岁开启的新航程中,长风破浪、万寿无疆!

感谢党给了我一个幸福美满的晚年

中南大学　沈素芳

沈素芳，女，汉族，湖南临湘人，1928年1月出生，1949年8月参加革命工作，1954年9月加入中国共产党。离休干部，离休前曾任湖南医科大学副科级干事。

我是一位93岁高龄、有67年党龄的离休干部。我出生在农村，在新中国诞生前参加了革命工作。我经历了新旧两个社会的变迁，见证了我们国家从积贫积弱到站起来、富起来、强起来的巨大变化。我经历过物质生活匮乏、精神文化生活单调的年代，随着党坚定地实行改革开放，全国人民致力于建设中国特色社会主义，建设小康社会，如今不仅物质生活极其丰富，精神文化生活也非常充实，我们生活的环境越来越舒适、方便和安全。

对老年人来说，随着年龄的增长，身体开始全面走下坡路，各种疾病接踵而来，医疗费用是个很大的负担。党和政府对我们离休干部给予特殊政策，关怀照顾有加，不仅让我们老有所养，老有所医也得到充分保障，使我们免除了医疗尤其是住院、重大疾病治疗的后顾之忧。2016年，我88岁时，做了右膝关节置换手术，花费了8万多元，学校全部予以报销，极大地减轻了个人的经济压力与负担。

党组织对我们离退休老干部、老党员不仅生活上全面照顾，还从政治上、思想上给予关怀，使我们老有所学、老有所乐，让我们融入社会、国家的发展，与时代同步，与党同心同向，永远保持政治坚定、理想永存、思想常新。学校给我们配备阅览室，订阅多种报刊，给离休干部还单独订了杂志。针对离休干部普遍高龄、身体状况差的情况，离退休工作处党委坚持送学上门，每年通报学校建设发展情况，每年在我们生日、春节与重大节日时都会上门慰问，原单位人事处的同志每年春节前也会上门慰问。我的老伴去世后，湘雅医学院和离退休处同志都及时来我家慰问，给我们家属莫大的安慰。他们经常电话联系，嘘寒问暖，如果生病需要住院，他们会马上帮忙联系，办理手续。2020年上半年疫情期间，我在深圳居住4个月，他们隔三岔五就会电话询问情况，提醒我们要注意疫情防范，让我和家人感到很暖心。

我每天都会看新闻，十分关注国际国内形势，及时了解国家大政方针、发展建设情况，我常常为国家各行各业取得的辉煌成就欢欣鼓舞，为我们国家在习近平新时代特色社会主义思想指导下，全面建设小康的路上克服艰难险阻取得的伟大成绩自豪骄傲。特别是2020年这个非常特殊的年份，疫情在全球肆虐，我们国家在党中央的坚强有力领导下，充分发挥社会主义制度的优越性，全国人民众志成城，在短时间内有效控制住了疫情，在全球引领经济复苏。特别是，我们国家坚持生命至上，应收尽收，应治尽治，不放弃任何一个生命，对弱势群体更是全力救治。这一切让我深深感到生活在中国共产党领导下的中国老人真的无比幸福，我们有满满的幸福感、获得感、安全感。

党不仅给了我幸福的晚年生活，而且给了我一个美满的大家庭。我是四代同堂，儿子、女儿都有幸福的家庭。子女和孙辈们都对我很孝顺，我与女儿女婿生活在一起，他们把我照顾得很好。老伴2017年去世后，每年冬季，女儿女婿都会陪着我去深圳外孙女家居住几个月，一到周末，就会开车带我游览深圳市政建设，去公园休闲，找个餐馆享受一餐，一家人其乐融融。暑期我会去临湘农村老家的侄女家住三四个月。现在农村变化很大，基础设施与环境大大改变，到处是绿水青山，农民都过上了好日子。老家的亲戚很多，都是我的晚辈，他们都很尊重我、孝敬我，每天陪我聊天、看电视，让我深切感到大家庭的温暖。

我虽然90多岁，除了左膝关节行动困难、听力很差以外，头脑还比较清楚，思维还比较清晰，记性还不错，说话很正常。遇到的人得知我已90多岁高龄后，都夸我"娭毑，你喃高寿呢，真看不出，精气神几好，红光满面"，我心里不由得暗自高兴，满足感幸福感油然而生，我说"搭帮共产党领导得好，照顾得好"。

吃水不忘挖井人，幸福不忘共产党。我几十年一直不忘共产党员初心，始终与党同心同向，感恩党的培养关怀。我很关心子女的生活、工作情况，经常主动与他们打电话，教育子女和孙辈，要坚定不移爱党、跟党走，同心同德，遵纪守法，勤奋工作。我还一直教育和鼓励晚辈政治上求上进，在我和老伴的教育影响下，女儿和外孙女都早早加入了中国共产党，在单位都是骨干。我虽然年事已高，不能为党作什么大的贡献，但我有一个心愿就是尽量少给组织和子女添麻烦，珍惜今天来之不易的美好时光，保持乐观心态，过积极健康的生活，争取基本生活自理，减少子女负担，让他们安心用心将精力和时间投入工作,这也是间接为党、为国家作贡献。

没有共产党,就没有新中国,也就没有今天的我。亲爱的党、伟大的党,我发自肺腑感谢您给了我一个幸福美满的晚年。2021年是您百岁华诞,您的女儿敬祝您天长地久,万岁、万万岁!

发扬红军精神，传承红色基因

湖南大学　李透忠

李透忠，男，汉族，湖南平江人，1947年5月出生，1970年7月加入中国共产党，1974年4月参加工作。退休前曾任湖南大学党委统战部部长。

平江，湘鄂赣边区的一个山区大县，地处偏僻，在波澜壮阔的历史舞台上，平江英杰叱咤风云，上演了一幕幕威武雄壮、撼人心魄的剧目。平江是中国近现代史上一方顶天立地的红土地，也是中国革命史上一页光彩夺目的壮丽篇章。“平江起义”“三月扑城”“平江惨案”都曾发生在这里，红五军、红十六军和红四军第一支队第一团都在这里成立。为了中华民族的解放和共和国的建立，20多万平江儿女的鲜血染红了这块土地，无数革命传奇故事发生在这里。我仅讲一讲老红军黄杜芳的故事。

半碗米饭

我对红军的认识，是平江刚解放时，幕阜山区还残留着国民党土匪。当时平江虹桥区天岳乡3名乡政人员被土匪半夜袭击身亡，震动了当时县委、县政府、县武装大队。有一天早晨醒来，我们家屋前屋后的墙根下、堂屋里睡满了解放军，他们清一色的黄军服。我跑进屋大叫"妈妈，妈妈，外面好多人"。我妈妈告诉我，他们是解放军，是我们穷人的队伍，是来剿匪的。上午，我爸从外面回来了，和我妈一起，又是抱柴火，又是烧开水，不停地和解放军打招呼，像接待着自己的亲人一样。过一会儿，来了一位首长，背着驳壳枪，个子不高，声音很洪亮，大声叫着我父亲的名字："源芳！源芳！"我爸一听声音跑出来，高兴得不得了："杜老您来了。您终于来了，解放了，天终于亮了，我们就是盼亲人啊！"把杜老迎进房，我爸给我妈介绍说，"这就是黄杜芳杜老，就是在江西花莲经常背我行军的老红军，大恩人，是和我父亲、叔父一起参加红军的老革命"。我妈给杜老深深躺了躬，又是上茶，又是上花生，但实在拿不出什么好东西招待，寒酸得很。一会儿，杜老和我爸出去了。从那天开始，我爸就很少回家，忙得很。

中饭时分到了，解放军集合到外面吃饭去了。我很想去看看他们吃饭，因为我家只有一锅红薯丝，没有半点米。我妈不准我出去。当时情况十分复杂，山里人家房屋比较少，部队驻扎分散在各个地方，杜老查哨去了，部队给他留了一碗饭，等了好久，杜老才回来。他走进来揭开我家的锅看了一下，全是红薯丝，又揭开我家装粮食的木桶，没半粒谷。他眼圈红了，背过身去说："细伢子，去拿个碗来。"我把碗给了他，他将大米饭给了我大半碗，自己只剩一点点。这就是我幼小的心灵中，红军给我留下的最初印象。第二天部队开走去剿匪了，走时杜老对我爸妈说，“以后会好起来的。马上要分田地了，明年就有了自己的田地，生活就会好起来”。他走时把身上米袋子里的米全部给了我家。我爸妈带着我送他出门，他挥挥手走远了。我们全家站在那里，我爸这么个大汉流出了热泪。那半碗米饭使我终身难忘。什么叫“红军”？自己有一碗米饭，要给老百姓大半碗的就叫“红军”，红军心中装着老百姓。

活着就心满意足了

我们村叫黄龙山村，当时有 30 多位青年参加了红军，比如甘渭汉将军、黄吉民（又叫黄腾芳）将军等，但他们大多数都牺牲了。黄杜芳是长征时留守下来的，后转新四军留守处。加义惨案就发生在平江加义镇，涂正坤、罗梓铭烈士等十几人就牺牲在这里。巧的是杜老前一天被派去平江县城执行任务了，他返回到三眼桥（现叫三市镇）时听说加义出事了，就没回加义，捡了一条命。要是那天他没去执行任务，可能也就牺牲了。

我们当地人讲的红军故事很多，杜老的故事也不少，每一个故事都感人至深。杜老年轻时，和我祖父李鉴玖是师兄弟，他们都师从李雨生。听老人说，黄杜芳武功好，本事大得很。他参加了平江著名的“三月扑城”，参加了平江起义，上过井冈山，然后留守下来坚持斗争，一直到解放，受了很多苦，功劳大得很。

自小时候见到他一面，直到我上高中，考入平江第一中学，才又见到他老人家。我读高中时，从家中走到平江一中有 60 多公里路，要翻过几座大山，有时中间走到县城累了就借宿杜老家，第二天一早从他家去上学。他蛮喜欢我，经常对我爸说：“源芳呀！我们那里那么多老红军、老革命的后代，还有烈士后代，就你家透伢子会读书，听说成绩不错，还当了学生干部，像他叔祖父群玖，群玖读书读到了长沙，又会讲又会写。好呀！革命自有后来人啊！”他还经常给我讲革命故事，有时讲着讲着就流泪，有时叹气，“像昨天的事一样啊！”他总是叮嘱说，“记住啊！不要忘了啊！”我说“一定记得”。

杜老革命一辈子，艰苦朴素一辈子，为人民服务一辈子，从不向组织提要求。记得20世纪80年代，时任中央军委纪委书记的甘渭汉将军回平江。想见见老红军、老赤卫队员后代，杜老通知了我和我父亲一起去。记得甘将军问县武装部领导，“杜芳什么待遇？”听说是正科级，甘将军停了好久说：“杜芳呀，在井冈山和我一样级别，是师级干部啊！”并吩咐省军区领导落实杜老待遇。后来我爸问杜老，“为什么不反映呢？”杜老说：“要不是甘将军说起，我是不提了。当时加义留守处因局势凶险给每一位同志都开了证明，证明还在，但我是不准备拿出来的。死了多少人啊！你父亲、叔父都牺牲了，我还活着，还求什么呢？活着就心满意足了。”这就是一位老红军的红色基因，不为名和利，只为人民服务一辈子，心中只有人民，一切为了人民。

发扬革命传统，争取更大光荣

杜老晚年经常到党政机关、学校、社区讲红军故事，走到哪里就讲到哪里，让红军故事代代相传，让红军精神代代相传。这些故事中，最典型的就是“三月扑城”，后来还拍成了电影《怒潮》，以激励观众弘扬红色基因，学习红色文化，发扬红军精神，争取更大光荣，为中国梦的实现而奋斗。

据他回忆，“三月扑城”的故事发生在1928年3月15日，全县20万农军队伍从各乡分头出发，化装成舞龙舞狮、挑柴卖菜、迎新送嫁、接送菩萨、出殡送葬、赶集等各色队伍，从四面八方奔赴县城。“农民群众在各乡镇集合后，浩浩荡荡分路向平江城进发。鉴玖扮卖柴的，枪藏在柴担中，群玖和我扮叫花子进城，甘渭汉扮成算命先生。共产党员和班长以上的人员，腰上系一根棕绳（棕皮和稻秆编成），一般群众腰上系一根草绳，以作标记……”此时，坐镇金窝县委机关的秋收暴动总领导毛简青也在密切注视敌人的动态，派出精干的侦察人员刺探敌情。

3月16日天未亮，攻城战斗打响了！松树炮、土炸弹“哐当哐当”发出了震天的响声。各路敢死队以迅雷不及掩耳之势，手执大刀、步枪，从石碧潭的浮桥、北面的画桥、南面的寺前浮桥、西面的西门桥冲进城里，我们虹桥的队伍就是从画桥攻入平江北街的，和驻城敌军展开巷战。东路队伍化装通过汨罗江浮桥后，从彩龙、狮子、柴捆内拿出长枪、大刀、手榴弹，杀进东街，缴获了敌哨兵的枪械，随即冲到柘树坪与北路敢死队会合。但在冲往国民党县政府时受到敌军的阻击，伤亡不少。这时，城东的浮桥上，战士冒着弹雨，跳进冰冷刺骨的河水中，泅水过河，向对面敌人冲锋，前仆后继，拼搏不止。终因敌军火力猛烈，农军缺少攻城火器，城东南的大部队未能打进城去，被阻在三阳街鲁肃山一带。围攻北门的农军，一度攻进了城，并缴获一批武器，但敌军凭借用沙袋垒成的工事阻击，北面农军亦难挺进。在前沿指挥的余本健、罗纳川当即调配火力，准备发动总攻。这时，毛简青获悉敌军两个团的增援部队已到达城西瓮江镇。为避免不必要的牺牲，为平江起义作准备，毛简青迅速与余本健、罗纳川紧急商议，决定撤出战斗，保存力量。

老红军黄杜芳的一生经历过、见证过无数革命传奇，也为年幼的我无数次讲述那些风云激荡的岁月和抛头颅洒热血的英烈故事，为我后来听党话、跟党走打下牢不可破的思想基础。中国共产党即将迎来百年华诞，我们一定要不忘初心，牢记使命，传承红色基因，让红军精神一代一代传下去，发扬革命传统，争取更大光荣，让红旗永远高高飘扬。

坚守信念，党的战士永不停步

中山大学　黎学玲

黎学玲，男，汉族，湖南湘阴人，1934 年 5 月出生，1953 年 7 月加入中国共产党，1953 年 8 月参加工作。教授、硕士生导师，享受国务院政府特殊津贴。

我们伟大的中国共产党即将迎来百年华诞。入党已 68 年的我，心情兴奋激动。我出身于贫苦农民家庭，父亲在国民党的迫害下很早就去世了。我是吃红薯、野菜长大的，放过牛，种过地，当过学徒，完全是靠着共产党才翻身得解放。没有共产党就没有新中国，没有共产党就没有我的翻身解放，就没有我个人的成长进步，更没有我和全家人今天的幸福生活。

我是 1953 年 7 月在湘阴一中加入中国共产党的，从此确立了我一生对共产主义的坚定追求。入党前，我参加了中共湘阴县委举办的建党培训班，进行了 18 天的全脱产学习，接受了共产党员标准八项条件的严格教育。通过学习，我明确了入党动机，树立了全心全意为人民服务的宗旨意识和革命人生观，明确了共产党员要为实现共产主义奋斗终身。

共产党员是什么样的人？共产党员是有共产主义觉悟的先锋战士，同时又是联系群众的普通一兵。共产党员有坚定的理想信念，对党绝对忠诚，并始终为之奋斗。我是这样认识、这样坚守、这样践行的。

后来，我两次到中国人民大学读书，系统地学习了中共党史、国际共运史、马克思主义经典哲学著作与政治经济学。在湖南医学院、湖南大学长期从事中共党史与马克思主义哲学的教学与研究。1964 年 7 月，我参加了中宣部、高教部、教育部召开的全国高等、中等学校政治理论课工作会议，系统地学习和讨论了反对修正主义、加强马克思主义政治理论课问题，受益匪浅。特别难以忘怀的是，我们在人民大会堂受到毛主席、周总理等党和国家领导人的接见，这给了我巨大的鼓舞，为我做好本职工作增强了力量，注入了无限的动力，并使我更加坚定共产主义信念。

为了国家的现代化建设与改革开放，为了民主与法治，我响应党的“学过司法专业和做过司法工作”的人员“应尽量动员归队”的要求，1981 年调入中山大学，参加法律系的复办工作，投入到广东改革开放的伟大实践中。这期间主要做了这么几件事。

一是敢于探索，为深圳特区法治建设作贡献。1982 年 3 月，广东省经济特区管理委员会从高校和省级机关抽调了 20 多人参与深圳经济特区的法治工作。我以极大的政治热情参加了这一活动，后来还受聘为深圳市人大常委会法工委顾问。特区建立初期，改革与创新、立法与法治建设任务十分繁重，十分紧迫，没有什么现成的经验可以借鉴，一切都如同邓小平同志说的“摸着石头过河”。经济特区的性质与法律地位、特区立法的基本原则、特区外商投资合同的有效成立、特区外商投资企业的管理等都需要从特区的实际情况出发，在“特”字上作文章，划框框。我们刚到深圳时，参观考察了深圳许多地方，站在罗湖桥头，看到对面就是香港，英国国旗在迎风招展，我们不得前进一步；走在沙头角中英街上，只能在左侧行走，不可跨越右侧，因为那是英国管辖。本来是在自己的国土上，我们居然受到这样的限制，心里真不是滋味。而看到深圳到处都在搞建设，到处都是工地，到处都在呐喊“时间就是金钱”，我们心中又充满了喜悦，激励自己要抓紧时间，完成任务。当时中外合资企业有法可依，但中外合作企业没有立法，而在经济特区、在整个广东，外商投资中大量的是合作经营。人们很关心中外合作经营企业的立法问题。中外合作企业的性质与法律特征、经营管理体制、自主权利等许多法律问题迫切需要进行调研与立法解决，我们在这方面做了大量工作。1986年10月在广东省政府召开的大型研讨会上，我就中外合作企业立法的上述许多问题作了主旨发言。我的发言受到了出席会议的省人大常委会副主任曾定石同志的重视。后来在全国人大常委会讨论通过该法草案时，广东省人大常委会还紧急征求了我们的意见。1987年1月，国务院经济法规研究中心为加强经济法治宣传和加速培养经济法治人才，组织中央部委和省市领导以及多位教授、专家对中国现代经济法作了专题讲学，并录制了电视教学片，出版了“中国现代经济法”丛书，在全国产生了很大影响。我应邀讲授了经济特区与经济技术开发区的法律制度方面的内容。

二是理论与实践相结合，积极培养涉外经贸法律人才。我是中山大学法学院的教师，参与改革开放、法治建设的伟大实践过程中，都忘不了教学和研究。学校地处广东，迫切需要培养涉外经贸法律人才。因此，我把参与广东改革开放和法制建设的实践，与经济法教学与科研工作相结合，从改革开放实践与开放型经济发展需要出发，在法学院本科和经济法专业研究生中开设了经济法、涉外经济法、经济特区法等课程。为保障这些课程的教学质量，我充分依靠和团结经济法教研室的教师，并邀请有关院校的教师参与,由我主编或合作撰写、出版了《涉外经济法教程》《经济特区法教程》以及全国统编教材《特别经济区法》等。我组织教研室参加了国家“六五”社科规划重点项目“广东经济特区涉外经济法研究”,以及国家教委“八五”规划重点项目“市场经济运行的法律机制”的研究。因此,在法学界被誉为是“中国涉外经济法学与特别经济区法学主要创始人之一”。

三是勇于开拓,筹建深圳特区国际仲裁机构。我在深圳还参加了筹建特区国际仲裁机构的工作,被指定为筹建小组组长。当时,各方面要求设立特区仲裁机构的呼声非常高,而设立仲裁机构困难很大。当时国内的仲裁体制,在工商部门是行政仲裁,涉外仲裁有中国贸促会设立的对外贸易仲裁委员会。行政仲裁显然不能适应特区,而当时对外贸易仲裁委员会实行的是委员制,其仲裁规则照搬苏联的做法,与国际通行做法不大相符,与特区的要求很不适应。我们小组发扬特区人敢为人先的改革创新精神,工作不讲条件,不计时间,不为报酬。对特区仲裁制度的改革与立法问题,在深圳、北京进行了广泛、深入的调研。从改善特区投资法律环境、创建世界一流国际仲裁机构要求出发,提出了改革仲裁制度的一系列建议。不到三个月时间,就草拟出《仲裁规则》草案,主张在深圳设立独立的国际仲裁院,建立仲裁员名册,聘任港澳与外籍仲裁员,改革仲裁程序规则,提高仲裁效率等,得到了中央部委与许多专家的肯定。我们在咨询北京大学芮沐教授时,老先生听了我们的汇报非常兴奋,鼓励我们“要在特区搞一个有地位的、有权威的、能适应特区特殊需要的仲裁机构,要有志气逐步建成远东地区权威的国际仲裁中心”,给了我们很大的鼓舞。广东省经济特区管委会和深圳市委、市政府于1983年创立了特区仲裁机构。2012年6月,深圳市政府隆重举行了深圳国际仲裁院的揭牌典礼,给我颁发了“特区国际仲裁拓荒牛奖”。目前,深圳国际仲裁院已经成为特区国际化营商环境的重要组成部分。

四是与青年学生结对，助力“立德树人”。2018年，中山大学作为教育部关工委“读懂中国”活动的试点高校之一，积极组织开展以“改革在身边，开放在眼前”为主题的活动，我作为“五老”人员，与法学院青年学生牵手结对参加了活动，多次与学生座谈，配合完成了作品《甘为人梯留烙印，实干改革明方向》，也让我从中领悟到关心、教育下一代，责任重大。

我要感谢伟大的党和伟大领袖毛主席，感谢培养教育我的党组织及其领导，感谢所有共事的同志们。有幸赶上庆祝建党百年的盛事，我倍感激动。我坚信伟大的党在以习近平同志为核心的党中央的坚强领导下，一定能排除一切艰难险阻，夺取一个又一个新的胜利！中华民族伟大复兴的中国梦一定会在不久的将来全面实现！

在党的光辉照耀下前行

华南理工大学　王群生

王群生，男，汉族，河南尉氏人，1939年4月出生，1964年7月参加工作，1981年12月加入中国共产党。退休前曾任华南理工大学电子与信息学院无线电教研室党支部书记、实验室总主任。教授，享受国务院政府特殊津贴。

我的父母都是共产主义战士

我小时候没有见过父亲母亲。那些年，日本帝国主义侵略中国，听老人讲，父亲高中毕业考入国立北平大学商学院，后来参加了北平学生“一二·九”抗日救国运动，还参加了民族解放先锋队。1937年日本占领北平，父亲回到河南，同年秋天到西北联大复学，次年加入中国共产党。1939年他到苏联顾问处工作，经常保持与党的联系。皖南事变后，虽然与同他单线联系的同志断了联系，但他一直在为党工作。父亲一生忠于党，勤勤恳恳为党的事业工作，1982年人民文学出版社党委恢复了父亲的党籍。

我的母亲在抗日战争初期就参加抗日救亡活动，1939年10月参加了革命工作，1941年8月加入了中国共产党。那时，母亲在西安八路军办事处任交通员，她为了更好地干革命工作，托我大伯将我带回老家。后来她去了延安，在那里任延安女大护士、护士长，后来南下任中共中央华南局行政股长、科长，广东省人民政府交际科科长等。母亲几十年来忠于党、热爱党、热爱社会主义，努力学习马列主义、毛泽东思想。母亲在延安时，还被评为模范护士、模范党员。在新中国成立后的历次运动中她都坚决拥护中国共产党，母亲的一生是为党的事业革命奋斗的一生。

小时候，因为父母不在身边，我常感到自己孤苦伶仃。但随着年龄的增长，我理解了他们，他们是为了更好地干革命工作，更好地去为党的事业而奋斗，我决心要继承他们未完成的事业，忠于党、热爱党，为党的事业奋斗终生。到了我的青年时代，我终于见到父母，感到很幸福。我不断努力学习，积极要求进步，提高自己的政治思想觉悟，加入了共青团，在读大学的5年期间一直担任共青团支部书记，这是我的一个新起点。

为祖国建设发展而努力奋斗

新中国成立后，母亲调到广州工作。为了和她一同生活，我报考了华南工学院，就读无线电与自动控制系无线电技术专业。新中国刚刚成立，建设发展需要各种各样的人才，我决定努力学习，作出成绩，报效祖国，不辜负党和祖国对我的培养。大学毕业时我接到学校的通知，让我留校当老师、搞科研。

留校后，我立志当一名好教师，当一个有水平、学生喜爱的教师。教课时，我认真备课、写好板书，让学生看得明、听得懂。为了让我的学生能学习到跟上科学发展的新知识，我也努力学习新的科学理论和技术，积极申报前沿的科研项目，写新的教材和书，开设科技前沿的课程，我一共开设过10门课程。生活中，我经常到学生宿舍去了解学生的学习情况、生活情况及思想情况，关心他们的成长。遇到生病的学生，我会给他们送些吃的或药品。我还多次参加高校的博士生毕业论文评审，每次我都特别认真对待，连错别字也不放过。西安交通大学的一位老教授看到我写给他的学生博士毕业论文评审后说，我这么大年纪了，没有看过写得这么详细认真的评语。多年来，我培养了60多名研究生，其中有两名是博士研究生，他们中有好几个加入了中国共产党，有的也成了博士生导师。

在科研上，我也是刻苦和勤勉的，并取得了一些成绩。1993年，我负责领导组织了国家“八五”科技攻关课题——“85-803-02 HDTV接收显示及其标准的研究”的子课题——HDTV场扫描变换内插技术的研究。那时候，我带领着课题组没日没夜地埋头苦干，没有周末和寒暑假，从早上到晚上都泡在实验室。有一年冬天，为了做实验还跳进学校东湖。那时我心里就一个念头：我是共产党员，又是搞科研的，一定要在专业领域作出成绩，为建设祖国作出贡献，要干事就干好，越是困难的事情越要走在前面。我和我的团队这样拼命地干，这个项目在1996年通过国家鉴定，达到国际水平。后来我在北京国际学术研讨会议上发言，讲我们的科研成果，受到了德国、日本和我国香港同行们的关注。

1981年，我加入了中国共产党。入党后，我除了教学和科研工作之外，还长期担任无线电教研室党支部书记。我力争做一个合格的共产党员，在工作中起模范带头作用。我多次被学校党委评为优秀共产党员，还被选为学校党代会代表。40多年来，在党的教育和关怀之下，我从一个普通的大学生一步一步地走过来，不断成长进步，我通过不懈的努力和奋斗来报效党和国家。同时也获得了许多荣誉和肯定，国家还给我颁发了国务院政府特殊津贴。

退而不休，继续发挥余热

我于2004年退休，但我退而不休，先是被选为学院退休党总支的宣传委员和通信退休党支部书记，后来又当选离退休党总支副书记。2007年，我开始参与学院关工委的工作，一直到2017年年底。其间，我担任了学院关工委常务副主任、学院党委特邀党建组织员、学校"阳光成长团队"成员，主要工作是给学生党员和学生入党积极分子上党课，以及和预备党员谈心，教导他们如何做一名合格的党员。现在的大学生生活在伟大的新时代，应该教育他们赶上了新时代，要热爱党、热爱祖国、热爱人民，努力学习高科技理论和技术，努力成长为高科技人才，实现科技兴国的理想，为把我国建设成为社会主义现代化强国而不懈奋斗。我帮助过一个家庭贫困的学生，鼓励他努力学习、考研究生、积极向党组织靠拢，争取成为一位光荣的共产党员。现在，他已经考上了研究生，正在成长为一个对国家对社会有用的人。

人的生命是很宝贵的，要活得有意义有价值。回顾这一生，我认为我最有意义的是1964年到2004年工作的这40年。这40年中，在党的教育和培养下，我尽力工作，做了一些事情，但我也只是教育战线上普通的一员。我认为，作为受党教育培养多年的教育工作者，任何时候都应该关心祖国各方面的发展，关心下一代学生的成长，努力发挥自己的余热，做好组织上分配给我的工作，为党的教育事业继续贡献自己的力量，不辜负党的培养、不辜负学校的信任，这样的人生才更有意义、更有价值！

不忘初心七十载，牢记使命献终身

重庆大学　毛石灵

毛石灵，男，汉族，安徽广德人，1931 年 12 月出生，1949 年 5 月参加革命工作，1950 年 10 月加入中国共产党。离休干部，讲师。

中国共产党于 2021 年迎来百年华诞，而我个人加入中国共产党也迈进了第 71 个年头。回顾自己不忘初心、牢记使命，与党同呼吸、共命运，坚定跟党走的一生，我感慨万千。党组织一直在关心我、培养我，可以说，我今天所拥有的一切，都是党给我的。

从青年学生成长为革命干部

我 1931 年 12 月 6 日出生于安徽省广德县。1949 年 5 月至 1952 年 7 月，我先后在广德县城厢区政府、广德县委秘书室、广德县流洞区、邱村区团工委工作。我参加工作时，上海、浙江、福建等地还都没有解放，因广德县邻近这些地区，解放军歼灭了大量国民党军队后，残留的国民党军队流散各处，导致土匪相当猖獗，治安形势相当严峻。那时广德县的工作除了维持治安、整顿和建立正常的社会秩序之外，主要就是剿匪。广德县机关人员主要由两个部分构成，一部分是本地人员，其中主要是游击队成员；另一部分是从河北省来的南下干部。当时剿匪任务相当艰巨，我们在明，敌人在暗，他们穿着老百姓衣服，难以被发现。同时由于区、乡工作人员不多，分散时容易遭到袭击，所以牺牲了一些同志。此外，广德县不仅土匪多，还经常有从台湾飞来的美蒋飞机恐吓、威胁甚至空降特务进行破坏。1951 年我在邱村区工作时，参加过抓捕空降特务的活动。我因为革命热情高，不怕困难，也不怕死，表现勇敢镇定，所以我不满 19 岁就光荣地加入了中国共产党。

1950 年 10 月，中国人民志愿军跨过鸭绿江参加抗美援朝。这时广德县的中心任务是土地改革、剿匪和支援抗美援朝。那时，全国掀起了支援抗美援朝的高潮，我们除了宣传抗美援朝的重要意义外，还号召翻身农民踊跃参加志愿军，广大农民特别是共青团员参军的积极性很高。1956 年 4 月我在上海国际饭店门口，一名解放军中尉给我敬礼，说他就是在我动员下参加的志愿军。

我参加了两期土地改革。这项工作最难的是准确划分阶级成分，既不能漏划也不能错划，更不能侵犯中农的利益。因此，我除了吃透中央政策外，还必须做深入细致的调查研究，同时还要把“土改”和剿匪工作紧密结合起来，特别是一些和土匪勾结的恶霸地主，只有他们被抓捕和伏法后，农民才敢要他们的土地。由于我宣传和执行政策较好，县委派我代表广德县委去江苏宜兴谈判交叉土地问题（即江苏农民种安徽的土地或者安徽农民种江苏的土地），解决这些土地的归属问题。另外，由于我经常给报社写稿，宣传抗美援朝、"土改"等中心工作,我被评为《皖南日报》模范通讯员,同时还被发展为《人民日报》通讯员。

我们当时做革命工作,没有津贴,更没有工资。较长一段时间里我的零用钱都是从家里带来的,还吃了几个月稀饭,菜金也很少。全县没有一辆汽车,县里干部下乡或区干部到县里开会,都是步行,还要背着被包和枪支,远的要走40余公里的路,工作条件非常艰苦。但大家革命意志坚定,工作积极主动。我在广德县工作期间过了3个春节,都是在机关度过的,工作人员没有一个人请假回家过年,而且大家都没有任何怨言。

从农村革命到投身社会主义建设

1952年7月,我被调入上海工房工程处(后改为华东第一建筑工程公司)政治部工作。我们面临着从农村到城市、从农业到工业的转变,业务不熟、语言不通,但是大家工作热情很高,在很短的时间内就逐步适应了工作的需要。当时很多干部是军队转业,工作作风军事化,很严格。我们的生活条件很艰苦,初到上海时住的是芦席棚,正如大家所说的"外面下大雨,里面下小雨,外面不下雨,里面还在下"。正是在大家的艰苦奋斗下,上海面貌发生了巨大改变。

1956年4月,我随公司西迁到西安,参加156项国家重点工程建设。贺子珍同志的哥哥、解放战争时任第三野战军27军副军长的"老井冈"贺敏学同志也调任西北建工总局任局长,可见中央对建设大西北的重视。我们工作艰苦,还必须严格保密。那时,我们每天的工作都在10个小时以上,而且职工周末休息都不一致,有的职工几个月也见不到自己的孩子。

从工业建设到投身高等教育事业

1957年7月，我被选派到北京建筑工程部高级干部学校学习。我参加革命工作时只有初中文化程度，因此要同时学习高中文化知识和专业知识。为了跟上学习进度，我刻苦学习，最终因学习成绩优异，被留在新建立的北京建筑工业学院工作。我先后在党委办公室、马列主义教研室工作，后又经过中国人民大学1年的进修，1959年9月开始任课。党把我从一个农村青年培养成了大学教师。

1961年，我考入中国人民大学国际政治系马列主义政治学研究生班，1964年毕业。这一段经历对我的人生影响非常大。人大教学严谨，管理严格，师资队伍很强，相关专业当时在全国高校排名第一，授课的教师艾思奇、宋涛、何干之等是著名的哲学家、经济学家和历史学家。我学习相当刻苦，为了学好外语和专业，经常早晨三四点钟起床，在路灯下学习，3年时间我瘦了十几公斤，课程成绩除了英语是良，其他都是优。我担任班里的党支部书记，同时还做一些社会工作。

在人大学习期间，我见过3次敬爱的周总理。一次是在北京机场，欢迎匈牙利总理；一次是在钓鱼台门口，欢迎古巴部长会议主席；还有一次是周总理为首都应届毕业生做报告，报告的题目是"劳动与革命"，报告针对的是当时北京上海等大城市毕业的少数学生不愿意到艰苦地方工作的问题。周总理教导我们要热爱劳动，尊重劳动人民，虚心向劳动人民学习。我深受教育，牢记在心，并成为我一生的座右铭。周总理的谆谆教导给我留下了深刻影响。周总理去世后，我非常怀念这位深受全世界人民尊敬的无产阶级革命家。

1964 年人大毕业后，我被分配到重庆建筑工程学院任教。我的教学任务一直都很重，1965 年给两个年级 12 个班上课，每天 4 节课。我爱人参加开门办学，下工地当医生。我既要上课，又兼任班级政治辅导员，还要带家里的两个小孩，非常忙碌。但是我没请过一次假，有一次左眼发炎，我用纱布贴住，还继续坚持上课。

1987 年离休后，我仍然从事社会工作，70 岁以前在校内外受聘承担教学工作，2018 年还在给校内有关学院研究生做义务辅导，并给马克思主义学院师生党员讲党课。我一直担任离休第 2 党支部书记，坚持参与群团组织工作，和广大离退休党员一起认真学习党的方针政策，同时开展一些有利于身心健康的活动，为老同志老有所乐、老有所为、老有所学搭建平台。

回顾自己一生的风雨历程，我的成长、进步和成绩都是党领导和教育的结果，我要永远忠于党、忠于人民，牢记入党誓词，牢记党和人民的利益高于一切，不忘初心，牢记使命，为实现中华民族伟大复兴的中国梦，实现共产主义奋斗终身！

浴血奋战保家国，铁骨铮铮守初心

西南大学　常德胜[1]

常德胜，男，汉族，山西壶关人，1928年11月出生，1945年2月参加革命，1946年6月加入中国共产党。离休干部，抗日战争、解放战争时期曾任副连长、指导员等。离休前曾任西南师范学院总务处党总支副书记。

“硝烟四起战火飞，身先士卒不惧危，精忠报国舍生死，牢记使命守初心。”血泪铸就历史，战争涌现英雄。曾经有人问我，这一生最值得骄傲和自豪的事情是什么？我毫不犹豫地告诉他，是参军打仗和加入中国共产党！在伟大的中国共产党建立壮大的光辉历程中，我曾作为一颗小螺丝钉，为她战斗、为她工作。今年是伟大的党百年华诞。我回忆起往事，总是感慨万千。

---

① 本文为常德胜口述，邓静宇、杨雅寒整理。

年少谋生计，家乡遇征兵

1928年的冬天，我出生于山西壶关县的一个贫苦山村。都说穷人的孩子早当家，那时年幼的我作为家中的长子，每天都要和身患残疾的父亲一起花一上午的时间走几十里山路，到山那边的村子里挑煤贴补家用。午后的日头毒辣辣，再加上肩上一二十公斤的担子，走不了一会儿就满头大汗，体力不支。每当我停下来喘气的时候，父亲却依旧不停前行，背影很快就消失在我的视线里。我长大后才明白，他这是在身体力行地教育我，人要自力更生才能走得远。父亲和当时大多数中国农民一样，终年辛苦劳作，身体落下了大大小小的病根，早早就离开了人世。母亲因为看不到前景，也选择狠心离开这个摇摇欲坠的家。当时，我还有两个姐姐和两个弟弟，五个孩子的生活非常艰难。作为家中最大的男孩，我承担起照顾全家的重任。为了养家糊口，瞎眼的舅舅带着我到湖广挖煤以谋求生计。1944年6月我回到家乡，当时村子里正在动员青壮年劳动力参加乡大队的征兵，作为地方部队的一员保卫百姓进行秋收秋种，同时协助八路军作战。听到这个消息，潜藏在我骨子里“男儿何不带吴钩”的英雄情节被激发唤醒，我当即报名加入了民兵武装队伍。我的人生道路就此发生了改变，走上了灿烂辉煌的红色大道。

疆场猛杀敌，牢记入党心

进入部队后，在完成日常训练任务之余，大家都因为吃过没文化的亏，争先恐后地学习文化知识。从大家口中，我第一次知道中国共产党。指导员还告诉我们，只要表现好，就有机会入党。那时起，我心底对中国共产党的信仰就被点亮，后来这光亮一直伴随我，走过整个人生道路。饥荒年代，队里一百来号人每人每天只有半斤小米可分，但这丝毫难不倒炊事员同志，他总是能平均地将每日的饭食分给大家，从不给谁特殊待遇，更不趁职务之便让自己多得，有时反而还会因为照顾年轻战士给自己偷偷少添一些。我十分敬佩他的举动，共产党队伍里一个普通的炊事员都能有这么高的政治觉悟，坚守公平，舍己为人，我不禁更加坚定了入党的向往和追求。

当时，我们的部队驻扎在河沟边，一水之隔的敌人时不时蹚过河来抢粮食，我们不时要向他们发起阻击，战斗经常突然打响。初次拿到步枪的那个夜里，我翻来覆去睡不着，手里紧握着枪，突然意识到流血牺牲离我是那么近，但为了保护百姓，军人应该将生死置之度外。在敌人的一次偷袭中，我冲锋在队伍最前面，因为表现勇敢被任命为班长。1945 年 10 月，我带领队伍前去支援八路军。那一带地势险恶，寨子里盘踞的土匪成为我们前进的一大阻碍。这些土匪烧杀抢掠，无恶不作，当地人民生活在水深火热之中。那时萦绕在我脑海里的只有党的教诲，哪怕战死沙场，也要尽显军人本色。直到今天我仍记得那次战斗壮烈的场景，大家前仆后继，用血肉之躯死战土匪，伤亡惨重。我的一位战友，在大雨倾盆的夜晚，因为向敌军喊话劝他们放下武器投降而被敌人的狙击手放了“冷枪”。在一声枪响后，他高大的身躯倒在了血泊之中，一个年轻鲜活的生命就这样在我眼前消失。我当时悲痛欲绝，恨自己不能替他去死，恨敌人狡猾残酷，但很快我又重新振作起来，抱着视死如归的决心率队冲锋陷阵，最终大获全胜，当地的人民群众得到解放。

那时行军打仗非常艰苦，白天赶路，晚上还要警惕追兵，战士们都身心俱疲，我便主动承担起站岗放哨的工作。一次危急关头，我高声唤醒熟睡的战友，让战友们躲过了敌人的偷袭。因为战争中出色的表现，党组织破例缩短了我的预备期，1946 年 6 月，我提前转正，成为一名光荣的共产党员。之后，在无数次的枪林弹雨中，我始终牢记自己共产党员的身份，勇敢冲在最前面。那时，我们白天行军，晚上席地而睡，有时行军几天几夜都没有东西吃，脚上的鞋一连穿三个月，鞋底破了洞还要用麻绳拴着继续穿，冬日也没有棉衣，唯一的取暖方式只有烤火。饥寒交迫下，我们共产党人的坚强意志更是坚不可摧，为了天下穷苦百姓，为了全中国的解放，再多苦难我们都不怕。那时候我常想，“青山处处埋忠骨，何须马革裹尸还”，就算有一天真的为国捐躯，也是慷慨赴死。历史证明，我的选择是正确的，共产党带领军队战无不胜，攻无不克，当毛主席在天安门城楼庄严宣告“中华人民共和国成立了”时，我热泪盈眶，这是我们用生命和鲜血打下的江山。

退伍不褪色，老兵严律己

新中国成立之后，我扎根大西南，在西南师范大学工作，为党和国家培养人才。在这期间，我将个人理想融入党的建设事业伟大进程之中，并为之不懈努力。如今，虽已 93 岁，我依然不忘学习，不断加强党性修养，时常阅读党报党刊，在思想上不落后。生活中更是以党员身份严格要求自己，两袖清风，一身正气，严于律己，宽以待人，群众的事情要比自己的事情上心得多，哪里有需要，哪里就有我的身影。

岁月改变山河，时间冲淡记忆。我们国家和民族正昂首阔步奔向伟大复兴。一百年波澜壮阔，南湖的红船灯火通明，为革命引领航程；一百年自强不息，镰刀和铁锤交相辉映，中国人民实现从站起来、富起来到强起来的伟大飞跃。和平年代的幸福生活来之不易，是共产党领导人民脚踏实地奋斗出来的，是无数仁人志士抛头颅、洒热血拼搏出来的。中国共产党是时代的中流砥柱，是民族的不朽脊梁。作为一名老共产党员和抗战老兵，在中国共产党成立100周年之际，祝愿人民生活幸福，祖国繁荣昌盛，中华民族伟大复兴早日实现！

永葆初心，“老骥伏枥、志在千里”的一生追求

四川大学　涂敏纳

涂敏纳，女，汉族，重庆人，1937 年 6 月出生，1957 年 4 月加入中国共产党，1960 年 8 月参加工作。退休前曾任四川联合大学（现四川大学）德育教研室副主任。教授。

在中国共产党成立 100 周年之际，我作为有 60 多年党龄的普通党员，心潮澎湃。党的教育培养给我们这一代人留下了美好的成长回忆。

我们这一代人在新中国成立初期步入学校学习，从戴上红领巾，到加入共青团，再到加入中国共产党，成为一名光荣的共产党员，我们的政治思想觉悟得到了升华，人生观、世界观发生了质的变化，从此真正走上了革命建设的道路。我们在党的领导下，继承革命先烈遗志，开启了人生的新起点、新征途！

入党是一生的新起点

我们这一代人，经历过旧社会，深感旧社会政府腐败无能，广大劳苦大众生活穷困潦倒，青年人失学失业没有出路，毫无幸福可言。大家都希望共产党能带领人民走向幸福，所以大家是唱着“解放区的天是明朗的天”迎接解放军进城的。天亮了，青年人有书读了，适龄青年可以参军、参干。就这样，我 12 岁那年到重庆彭水县彭水中学读书。我们的学习热情很高，求知欲很强，从不言苦。当时我们接受了很积极的思想政治教育，我们读《钢铁是怎样炼成的》《可爱的中国》《中国保尔吴运铎》这类的书，话剧演的是刘胡兰，还有丁佑君的故事（丁佑君是成都女中学生，刚解放时参加征粮工作组，在西昌被土匪抓住。她英勇不屈，直至最后牺牲）。我们这一代几乎都是在这样的教育下度过了少年时代，步入了青年时代。学校的培养让我们感受到党的恩情、国家的恩情。我们对党和国家都有深深的、朴素的感恩之情，立志要“永远听党的话，永远跟党走”。

1957 年 4 月，我 20 岁即将从涪陵高级中学毕业时，经组织培养和考察，光荣地成为一名中共预备党员。同年 9 月，我进入成都工学院水利系学习。当时我们的班级由“班三角”（一名党员、团支书、班长，三人组成班三角，党员是组长）负责领导班上工作。作为新党员，我成为“班三角”的组长，负责班上工作，同时为大家服务，我把这当做学习阶段党交给我的任务。此外，我从大学一年级开始，还担任学校学生会副主席，后又担任学生会主席。回忆大学阶段，党的培养使我提高了思想政治觉悟，我努力学习、积极工作，在全校和班级的工作中起好共产党员的先锋带头作用，把工作完成好，真正开启了人生新起点。

工作是一生的新征程

为了发展高等教育、补充师资，1960 年，全国各直属高校按照教育部要求选拔抽调一批优秀学生提前毕业，到各专业任教，或从事行政工作。当时我已读完大三，根据组织需要留在了马列教研室任助教，自此开启了一生的新征程。

我是理工科专业出身，大学阶段正值“大跃进”，参加政治运动多，没有系统学习马列三门理论课（中共党史、马克思主义哲学、政治经济学）。要当好一名称职的马列教师，必须补学这三门基础理论课，学习马克思主义经典著作，学习《毛泽东选集》。我除了自学，向老同志请教，还有幸到四川省委党校培训班学习。后来，我努力做到在三尺讲台上“以理服人、以情动人”，理论联系实际，联系党的大政方针，联系学生思想实际，讲课有亲和力，使学生对党的热爱和敬佩、信仰追求马克思主义的思想境界由心而生。回顾起这段经历，我深感，要当好一名马克思主义理论课教师，必须了解学生，也让学生了解自己，与学生交朋友，这样学生才会在课堂上专心听老师的课，听老师的教导。过去我们工作再忙，也会与学生一道下工厂实习，去农村劳动。兼任班主任时，我经常深入学生宿舍，与政治辅导员配合、组织党的知识学习组、培养学生骨干入党等，这些都成为我们马列教师教学工作的重要实践活动。

改革开放初期，邓小平同志提出要培养有理想、有道德、有文化、有纪律的“四有”新人。因此，高校单独设立德育教研室，开设“思想道德修养”课。校领导决定调我去德育教研室任主任，负责建设这门新课程。当时，在四川省高教局引导下，川西德育研究会成立，德育工作有了统编教材以及骨干和兼职教师(部分学生辅导员和行政干部)相结合的教师队伍,有了完整的教学计划,课程内容也更加贴近学生的思想实际。后来又根据需要开设了法律课和时事政策课,这是为了加强对邓小平理论和改革开放一系列方针政策的学习教育应运而生的,非常受学生欢迎。当时学校还成立了"大学生心理研究会",开始研讨心理学、心理咨询这些新课题。这些工作,配合马克思主义理论三门课,加强了高校学生思想政治教育体系建设,对培养和提高学生辅导员这支专业思政干部队伍素质起了很好的作用。我自己也在10多年的思政课教学工作中得到了锻炼和提高,取得了一定的成绩,为我一生的工作征程画上了圆满的句号,同时也激励我退休后继续努力奉献。

退休后是一生的新奉献

我们这一代人,受党的培养和工作的磨炼几十年,有一股"小车不倒尽管推"的坚韧精神,乐于奉献、敢于担当,不忘共产党员的初心和使命。我们在退休后依然尽己所能,在关心下一代、教学督导、老年大学和老体协等岗位上持续为党工作,奉献自己的力量。

大家工作认真负责,一丝不苟,不讲报酬,无私奉献,乐在其中。在这些岗位上,我们顶着严寒酷热深入到学生课堂,听青年教师讲课,面对面地传授教学经验,深入学生培养入党积极分子,给学生上党课,组织学生成立思政理论学习小组,长期坚持与学生一道学习中国特色社会主义理论,学习习近平新时代中国特色社会主义思想。我担任了30年的校关工委委员,曾在学校教学督导组岗位上服务,现是学院教学督导组成员,积极参加教学督导活动。我也曾获得全国关心下一代工作先进个人,多次获得"优秀共产党员"称号以及"老有所为"奖,这是对我的鞭策和鼓励,令我终身难忘。作为一名老共产党员，作用发挥是永远不会退休的，我将永葆初心、牢记使命，为共产主义事业奋斗终身。

2020 年 11 月，习近平总书记就做好关心下一代工作作出重要指示，强调广大“五老”是党和国家的宝贵财富，是加强青少年思想政治工作的重要力量，强调要支持更多老同志参加关心下一代工作，使广大“五老”在关心下一代的广阔平台上老有所为、发光发热，为培养社会主义建设者和接班人作出新的更大贡献。学校离退休工作部门及校关工委组织我们老同志学习习近平总书记的重要讲话精神，大家备受感动、备受鼓舞。“征途漫漫，唯有奋斗”，我们老同志将不忘初心、牢记使命、继续发光发热，以实际行动庆祝党的百年华诞，并将努力为实现第二个百年奋斗目标作一点贡献。

忠于信仰，乐于奉献

西南财经大学　王裕国

王裕国，男，汉族，四川成都人，1945 年 11 月出生，1964 年 2 月参加工作，1981 年 6 月加入中国共产党。退休前曾任西南财经大学校长、党委常委。教授，博士生导师。

伟大的中国共产党诞辰百年，作为一名党员，我热忱恭祝我们党的百年华诞，为党带领人民书写了世界历史上彪炳史册的伟业而深感荣光！

我从小就敬佩英雄人物，钦佩董存瑞、黄继光、许云峰、江竹筠……我知道他们都是共产党员，我想，我长大也要做一名共产党员，要像他们一样，"用特殊的材料铸成"，冒着敌人的枪林弹雨，冲锋陷阵、视死如归；任凭敌人残酷折磨，坚贞不屈、永不叛党，做一个人民英雄！

20 世纪 60 年代，我参加工作后，第一次向党组织递交了入党申请书。时逢"文化大革命"期间，我的入党申请也无人问津。1979 年，我报考了经济学研究生。备考学习中,我首次完整地学习了马克思《资本论》1至3卷。马克思从商品入手,从抽象到具体,从简单到复杂,科学地阐释了马克思主义的劳动价值论、剩余价值论、资本积累和社会再生产等系列理论,揭示了资本主义剥削的秘密,昭示了社会生产方式变革的历史必然性,为无产阶级革命和未来的公有制社会,提供了一整套科学的思想理论,照亮了劳苦大众探索历史规律和寻求自身解放的道路。我为马克思坚定的无产阶级立场、严谨缜密的辩证唯物主义科学思维所折服,写了近10万字的《资本论》读书笔记,当年被北京政法学院(现中国政法大学)录取为政治经济学专业研究生。入校后,又在导师指导下,选定了马克思的生产劳动理论为毕业论文,先后通过了北京政法学院研究生毕业论文答辩和北京大学硕士学位论文答辩。通过马克思主义理论学习,我更清晰地认识到,中国共产党是一个以马克思主义为指导,将马克思主义基本原理同中国革命和建设的具体实际密切结合的马克思主义政党,更坚定了加入中国共产党的理想信念。1981年6月,我在研究生学习期间光荣加入了中国共产党。

1982年研究生毕业后,我到四川财经学院(现西南财经大学)政治经济学系任教。初到四川财经学院,我便接受了难忘的教育。在"文化大革命"期间惨遭摧残的财经院校,校舍狭小残破,而以刘诗白、王叔云为代表的一批川财老教授,倍加珍惜高等财经教育大发展的宝贵机遇,坚持马克思主义思想理论,热忱支持党的改革开放政策,积极投身于国家和四川经济与企业管理改革实践,同时吸取国外市场经济运行和企业管理中符合经济运行规律的相关内容,潜心研究,开拓创新,为构建社会主义市场经济体制,建设中国特色社会主义经济学和管理学,作出了杰出的贡献。他们淡泊名利,严谨执教,为国家经济管理事业培养了一大批优秀人才。更令我感佩的是,一批知名老教授基于坚定的马克思主义信仰,晚年热诚申请加入中国共产党。

在老一辈经济学家忠诚党的教育事业的精神感召下，我们这批青年教师，沐浴着改革开放的春风，积极投身于教育教学改革，展露身手，增长才干。

记得1992年10月，党的第十四大召开，我为来访的彼得堡财经大学负责人和教师送行，其中一个教授拉着我的手激动地说：今天，我在电视上看见中国共产党隆重召开十四大，你们真了不起！我是一个共产党人，但是苏联共产党竟然被宣布为非法组织，已经不存在了，有些党员甚至把党证拿到街上撕毁烧掉，令人痛心！说着，这位年近半百的俄罗斯教授眼眶都红了。这一刻，我更深刻地领悟到中国人民坚持走社会主义道路、坚持共产党领导的重大意义，由衷地为我们党和中国特色社会主义事业感到骄傲和自豪！

高等学校是学生思想素质的熔炼之地、获取知识能力的修习之所，是青年人毕生成才有为的起点。20余年高等财经院校管理岗位的工作实践，让我深切体会到，必须始终不渝地坚持党的教育方针，坚持社会主义办学方向，坚持立德树人的根本任务。我历来认为，思想政治教育不只限于一门课程，它应该贯穿到学生入校求学的全过程。学生不仅要掌握马克思主义和中国特色社会主义基本理论，更重要的是做到入心入脑，坚守高尚的道德情操和终身为中国人民谋福利的精神品质，其重要性和难度，绝不亚于专业课学习，这需要学校和教师付出极大的努力。我校绝大多数毕业生具有经世济民、孜孜以求的胸怀，有深厚的经济管理学识和国际视野，踏实进取，为党和人民建功立业。但也有极少数毕业生，陷入拜金主义、享乐主义泥坑，有的甚至丧失了基本的道德操守，走上了犯罪之路，值得我们这些教育工作者警醒。为此，学校必须在教学、科研和学校管理的各个环节，切实落实立德树人的根本任务，学校全体教师和管理干部，都要以习近平总书记提出的"政治要强，情怀要深，思维要新，视野要广，自律要严，人格要正"的六条标准，严谨任职，恪尽垂范，切实履行新时代教育者的崇高使命。

我2008年从校长岗位卸任，2014年退休，在西南财大工作了32个年头。年复一年，我看着一批又一批各层次毕业生走出学校，特别是那些受国家经济资助圆满完成学业的毕业生，青春的脸庞上洋溢着对美好未来的憧憬。每当此时，是我最激动的时刻。为党育人、为国育才，我们再忙再累也值了。人生苦短，生命的最高价值在于为党和人民奉献，我们有幸在生命的黄金时期为党的教育事业奋斗，亲身参与并见证了中国高等教育的历史性变迁，为学校改革和发展献出自己的微薄之力而深感欣慰。

当今世界疫情和百年变局交织，国际形势波谲云诡，我国经济社会发展的不平衡不充分矛盾依然凸显，在建设社会主义现代化强国的征程上，我们党还会遇到许多新情况新问题新挑战新考验，但是，只要坚持中国特色社会主义道路自信、理论自信、制度自信、文化自信，始终把为人民谋幸福作为党的根本使命，党就一定能够凝聚起十几亿人民的磅礴力量，任何困难和艰险都不能阻挡我们团结带领人民共同创造中华民族复兴的历史伟业。

回顾我们这一代人，生在旧社会，长在红旗下，戴着红领巾迈进新社会，唱着“学习雷锋好榜样”参加工作，又历经“文化大革命”迷茫。值得我们这代共产党人倍感荣幸的是，我们亲身经历了改革开放从肇始到步步深入的历程，为国家繁荣强盛和人民生活幸福，操劳奉献几十年，至今晚年忆起仍然激情难抑。

百年奋斗图强，百年沧桑巨变，百年大党风华正茂。面临当今世界百年未有之大变局，衷心祝愿党不忘初心，牢记使命，矢志不渝，不断增强党的生存力、竞争力、发展力、持续力，战胜各种艰难险阻，沿着中国特色社会主义道路，实现中华民族伟大复兴之伟业。

余热生辉忆往昔，诗画生活寄敬意

西南交通大学　潘启敬[①]

潘启敬，男，汉族，山西临猗人，1926年5月出生，1951年9月参加工作，1984年12月加入中国共产党。退休前曾任西南交通大学电气化自动化研究所所长。教授。

早年艰辛砺心志

我1926年出生于山西临猗。4岁时母亲过世，父亲长期在外地工作。1936年我在荣河县立高小上学，在班主任潘实生的影响下，参加了学校组织的抗日救国宣传队，在农村庙会上进行过多次宣传讲演。当红军部队行经荣河县城时，我参加了慰问红军的活动。红军朴素的作风和坚决抗日的意志，给我留下了极为深刻的印象。这些经历使我从小就对中国共产党产生了无限崇敬的感情。

① 本文为潘启敬口述，胡晓阳整理。

读高小二年级时，家乡被日本侵略者侵占，学校解散，我失学在家，目睹了日本鬼子对中国人民惨无人道的凌辱，尝尽了饥寒交迫、朝不保夕、度日如年的痛苦。1940 年年底，得知父亲在当时的抗日前线之一——绥远陕坝（现内蒙古临河区附近）时，我便毅然从敌人的铁蹄下逃出，去寻找父亲。我几经辗转，到达西安，跟随向绥远运送物资的马车，徒步 40 多天，经甘肃、宁夏，于 1941 年 6 月底到达绥远陕坝，找到了父亲。

到陕坝后，我参加了绥远中学举办的暑期补习班，如饥似渴地学习，经过 1 个月补习，考上了绥远中学。当时学校生活非常困难，学生有时吃豆面团子，冬天零下 30 度教室也不生火。在绥远中学，我的学习成绩一直名列前茅，高中二年级时就自学了高三的课程，读完高中二年级（1946 年暑期）即考取了清华大学电机工程系。

早年的这些经历很多细节我仍然记忆犹新，生活的艰辛磨炼了我的意志，只有经历过那些炮火连天、朝不保夕的战争年代，才能深切体会到民族独立、国家富强对我们的意义，而只有经历了饥寒交迫、颠沛流离的生活之苦，才能对今天来之不易的美好生活倍加珍惜。

壮心不已编撰院史

1950 年，我自清华大学毕业后被分配到唐山工学院，1950 年至 1985 年在电机系工作，1985 年后在信息科学与技术学院工作。在西南交通大学电气工程学院和信息科学与技术学院的发展历史中，我作为在校时间最长、年龄最大的一位教师，亲身见证了两个学院的发展壮大。

2005 年，在信息科学与技术学院迎来 45 岁生日之际，我担负起主持编撰学院院史工作，与学院朱怀芳、边孝林、靳蕃、诸昌黔等教授组成了编撰组,共同收集和编撰学院自1960年建立专业以来的历史资料,包括专业设置及学科建设、教学机构演变及教师队伍、科研及教学成果、学术及社会活动、学生学习及就业等情况。

2009年,电气工程学院筹备庆祝建院60周年,成立了顾问委员会和院史编委会,我分别担任主任委员和主编,与大家共同编撰完成了学院简史,取名为《甲子电气》。

经过我们几十位老教授的共同努力,信息科学与技术学院、电气工程学院的发展历程在校友及两院师生的眼中逐渐清晰。从信息人在专业初建时的筚路蓝缕,到专业恢复阶段中的艰辛坎坷,再到独立建系、建院后的不断壮大;从电气人在1952年院系调整电机系发展受到极大影响时岿然坚守,到后来抓住铁道电气化这一特色,在国家铁路大发展的大好形势下取得飞速的发展,培养了铁道电气化方面大批骨干人才,为国家作出了突出贡献。一部院史,不仅记录着一个学院的发展变迁,更是承载了一代人的热血青春。一部院史,是留给海内外所有校友的一封家书,也是给未来学子的一份特别的见面礼。

诗情画意敬先贤

我自学油画已经有10多年了。80岁以后,我从学校研究生教学质量督察组的工作岗位上退下来,算是正式开启了退休生活。因为我的老伴非常热爱国画,时不时总会画一画,我就萌生了学习油画、跟她"中西合璧"的有趣想法。从最初开始学习素描、速写,到后来把握色彩、试着临摹,再到后来从风景油画到人物油画,我通过书籍和网络教学视频,一点点地自学并不断练习。

开始的时候,画油画是为了丰富退休后的生活,画作也主要是一些亲友人像或旅游风景,画好了就送给家人朋友。后来,我们的生活条件越来越好,日子越来越红火,但是周围介绍、讨论我们国家科学家的人却不多,于是我萌生了为中国当代伟人和杰出科学家画像的想法,以此表达对这些各领域杰出人物的崇高敬意。我的画作谈不上艺术性,主要是为了表达内心的敬仰,缅怀他们的丰功伟业。这些人物画像中,有中国革命的先行者、中华民国的缔造者孙中山先生,有“横眉冷对千夫指,俯首甘为孺子牛”的鲁迅先生,有新中国的缔造者、世纪伟人毛泽东、周恩来、邓小平等,有杰出科学家钱学森、李四光、华罗庚等,有中国桥梁专家茅以升、铁道牵引电子化与自动化学科创始人曹建猷,等等。我从他们的照片、事迹中不断揣摩、感悟,用油画的方式将他们的音容笑貌再次展现出来。我最中意的人物油画作品,就是为曹建猷院士所画的肖像画。

我与这些伟大人物所生活的时代相近,相比于年轻人,我大概更擅长在他们的照片中寻找时光的蛛丝马迹吧。这些伟人和科学家虽然已经去世了,但是他们的事迹却一直并且应该永远留在我们的心中。

筚路蓝缕结情谊

我与曹建猷院士之间的故事,已经跨越了将近 70 年的历史。

20 世纪 50 年代初,我与曹建猷先后进入唐山工学院任教。作为大学本科毕业生,我开始从助教工作做起,同时承担电工原理课程的辅导和电话电报课程的讲授。由于表现优秀,1951 年暑假后,我被选派到哈尔滨工业大学研究生班深造。深造期间,正赶上 1952 年的全国院系专业调整,唐山工学院改名为唐山铁道学院,电机系也仅保留了与铁道相关的铁道运输方面的相关专业。当时,因为我在外深造,没有跟随电信专业被调到北京铁道学院。作为电机系系主任的曹建猷教授非常关注我的发展,建议我改学铁道电气化专业,以适应我国铁道技术今后发展的需要。因此,我便成为我国第一个学习铁道电气化的研究生。

在哈工大研学期间,我一边学习,一边将俄文的《牵引变电所电气设备》翻译成中文,由高等教育出版社分上、下两册正式出版。这是我国出版的第一本铁道电气化方面的技术书籍。1954年,我研究生毕业回到唐山铁道学院,正赶上为第一届铁道电气化专业的学生上专业课。在曹建猷教授的支持下,我被任命负责铁道电气化供电教研室的工作。在专业建设的过程中,我与曹建猷教授的合作越来越密切,与系里师生一道,共同致力于铁道电气化方面的专业建设工作。深厚的革命友谊,也使得我们在“文化大革命”被批为“曹潘联盟”。

曹建猷教授在新中国成立之初的1951年即携全家从美国回到祖国,投身交通大学铁道电气化教育事业,在当时师资和设备等条件十分困难的情况下,是他以身作则,带领我们,边学边教,艰苦创业,奠定了我国铁道电气化教育的基础。他热爱交通大学,终身献身于交通大学。虽然“文化大革命”时期受到很大冲击,但他信念坚定,无怨无悔,古稀之年加入了共产党。他为人正直,关心青年教师,重视发展学科,为交通大学的建设与发展作出了巨大贡献,是我一生的良师益友。

回顾我这一生,虽然早年间吃了些苦头,受了些磨难,但幸运的是我遇到了中国共产党,追随了中国共产党。2021年是建党100周年,衷心祝愿我们伟大的党永远年轻,带领中国人民夺取更大胜利!

相伴祖国光纤通信事业半世纪发展

电子科技大学　唐明光

唐明光，男，汉族，重庆人，1937 年 12 月出生，1960 年 2 月参加工作，1987 年 11 月加入中国共产党。退休前曾任电子科技大学“宽带光纤传输与通信网技术”国家实验室常务副主任。教授，博士生导师。

光阴荏苒，日月如梭。作为一名 84 岁的党员、科技工作者，即将迎来伟大的中国共产党的百年华诞，我感到心情十分激动。回首自己的人生，看到祖国日新月异的发展，不由感慨万千。犹记得 20 世纪 60 年代自己许下“科技报国”的入党初心，到 70 年代初开始研发光纤通信，至今已历经半个世纪。中国的光纤通信在党的领导下，实现了从无到有、从有到强的蜕变，成为全球光纤通信系统技术的引领者，而我也有幸成为这一成果的见证者和参与者。

科技报国，立下初心

1937年，日本帝国主义发动了全面侵华战争，我就在那年冬天出生在重庆市。生于战乱之秋，颠沛流离、食不果腹，还要躲避敌机的野蛮轰炸，山河沦陷、水深火热是我童年生活的深刻记忆。幸运的是我的叔叔唐槑林是中共地下党员，他告诉我："中国共产党是为劳苦大众谋解放、为中国人民谋幸福的党，你要好好学习本领，报效祖国。"在他的影响下，我从小就对中国共产党有了一定认识，接触到一些进步思想，在潜移默化中我树立起加入中国共产党的目标。从少年儿童队到新民主主义青年团，我在一天天的成长中不断加深着对党的认识，也更加努力地学习科学文化知识，渐渐萌生了"科技报国"的想法，这也成为我此后一生的信仰和追求。

1956年高中毕业，我以优异的成绩被选送并考入成都电讯工程学院电子器件专业，这所学校是在周恩来总理亲自部署下建立起来的培养祖国急需的电讯专门人才的高等院校，我的科技报国梦也从这里启航。我如饥似渴地学习专业知识，并于1960年提前毕业留校，到501教研室任教。也是在这一年，我正式向教研室党支部递交了入党申请书。我努力工作，期待党的考验。1987年，我被批准加入中国共产党，成为预备党员。从申请到入党的近30年期间，我经历了三年自然灾害、"文化大革命"、出国留学、学成归国等一系列的考验，但我从来没有放弃自己的信仰和追求，始终抱定"科技报国"的初衷。

光纤通信从0到1

1972年，我接到了参研"723机"项目攻关的任务，研制光发射机。光纤通信当时在国际上属于前沿技术，国内还没有任何一所大学、研究机构或企业进行过光纤通信系统这一课题的研究，成都电讯工程学院算是中国第一个吃光纤通信系统“螃蟹”的单位。研究伊始可谓困难重重：系统必需的光纤在国内是一片空白，系统必需的半导体激光器在国内的研发也刚刚处于萌芽阶段，根本就没有满足要求的产品，而进口产品又受到“巴统”(巴黎统筹委员会，是冷战时期西方发达国家为限制向社会主义国家出口战略物资和高技术产品而成立的国际组织)禁运，还有国内也没有满足条件的无源光器件……问题一个接一个。上级组织号召集中优势力量攻克难关，为了完成好任务，项目组成员不畏艰难，刻苦攻关。面对一个个难题，我也不断探索、创新，没有系统就自己设计系统。我克服重重困难，利用 716 厂的 64kb/s 电路板作为信号源，用一根 4 米长的传像光纤束将脉冲 LD 的光发射机和光电二极管的光接收机二者链接，构成了中国第一个光纤传输系统的雏形。为进一步提高传输速率，我把来校讲学的日本光纤传输理论专家赠送的高速率 LED 进行了改进，使 LED 发射的光功率最大限度地进入光纤。1975 年年初，我对光发射机的电子线路做了进一步优化设计，使各项指标都达到了项目的要求。经过 3 年的不懈努力，“723 机”项目三家单位的系统联调获得成功，光接收终端显示屏上显示出稳定的传输数字图像。“723 机”项目的研制成功，使我国光纤通信系统实现了从“0”到“1”的飞跃，促进了我国光纤通信技术和应用的迅速发展，“成电”也成为了中国光纤通信系统的发源地之一，我也为自己能够在其中贡献微薄之力而深感自豪。这件事让我深刻体会到：只要有党的领导，就没有干不成的事！这也更加坚定了我入党的决心。

不负厚望，学成必归

1979年，正值改革开放初期，国家大力支持公派留学生出国学习。那时我深深体会到祖国科技的落后，也深感自己本领的不足，决心抓住机会出国留学开阔眼界，提高本领。当时我正在出差，接到学校通知就马不停蹄赶回成都，争分夺秒努力备考，顺利通过了选拔考试，并联系到美国纽约理工学院。

1981年春节前夕，我踏上了飞往美国的飞机。那一天我在心里暗暗地告诉自己：为了国家也为了自己的家，一定学成必归，报效祖国！到了美国，由于我同时熟悉电真空、微波、激光专业知识，具有广阔的专业背景，受到了导师赏识，跟随导师就可控热核聚变课题展开研究。经过一年的学习和工作，完成了导师的研究课题，我的科研能力得到了肯定。但可控热核聚变研究方向并不是自己出国学习的初衷，为了将来回国能为祖国的光通信效力，我拒绝了前任导师的真心挽留和当时1 500美元的月薪，转向另一位光通信教授学习光波导理论。3年留学时间如白驹过隙，我在光波导理论方面终于也学有所成。一方面，学到了先进的科技和理论，大开眼界，在学术领域小有成就，完成了博士论文，成为学生IEEE会员。另一方面，留学的经历扩展了人脉，如和贝尔实验室光通信研究者们建立了密切联系。这次留学经历也为我回国后的独立研究工作奠定了坚实的基础。

攻坚克难，服务民生

回国后，我怀着满腔热情投入到新的教学和科研工作中，顺利申请到了国家自然科学基金等项目。但我知道,只有把科研成果转化为促进国民经济发展的实际助力,才能真正实现一名科研人员的价值。1987 年,我接到了"龙羊峡水电站 32 万千瓦水轮发电机组转子线圈光纤温度测量系统"项目任务。在一年多的时间里,四次前往海拔 3 800 多米的龙羊峡,带领同事和我的研究生们一起进行现场考察和试验。当年那里植被稀少,到处都是石子砂砾,空气异常干燥,我高原反应强烈,常常是爬坡上坎稍急一点就不停地喘气。令人高兴的是,经过反复调试和改进,凭借巧妙的设计,我们成功攻克了当时发电机转子光纤温度传感器测量系统设计的两大世界级难题:高压强电磁环境以及旋转体上的测量信号获取。这个项目研发结果非常圆满,我成功申请到国家专利并获得了国家发明奖。当年东方电机厂的总工程师饶芳权的褒奖也给了我极大的鼓励,他说:"唐教授,你这个发明帮我们解决了大问题,根据你提供的科研数据,我们生产的发电机组可以由 30 万千瓦提高到 60 万千瓦,经济效益提高了一倍。如果在全国推广,经济效益不可估量。而且你的发明可以用于几乎所有的旋转体温度测量。"

也就在这一年(1987 年),学校党委批准了我的入党申请,可谓双喜临门,我兴奋得不能自已。

成为一名光荣的中国共产党党员,我也更加坚定了科技报国的初心。1989 年,我和李乐民教授一起,申报在电子科技大学建立光纤通信国家重点实验室,经过激烈竞争,1990 年电子科技大学"宽带光纤传输与通信网技术"国家重点实验室获得批准,1995 年通过国家验收正式成为国家重点实验室。

2000 年后,我成了一名退休教师,但我还想为国家为社会再做点事情,于是相继担任了多家科技公司的顾问,并为国内广播电视行业做了 8 000 多人次的专业技术人才培训,出版了 3 本专著。2015 年以来,我加入学校"成电故事讲师团”，向青年学子讲述学校创建发展经历，讲述老一辈“成电”人的艰苦创业故事，唯愿他们能够继承和弘扬“成电”精神，用心向学、蔚为国用。2019年，我荣获“庆祝中华人民共和国成立70周年纪念章”。

中国的光纤通信技术在20世纪70年代从零起步，从无到有不断发展壮大，不断追赶世界科技前沿步伐的我们已成为光纤通信强国。在此基础上，我国的量子加密通信技术实现突破，在世界上率先建立起实用的京沪量子加密光纤通信干线。光纤通信技术的发展从一个侧面反映了中国从站起来到富起来再到强起来的沧桑巨变。历史的车轮滚滚向前，在中国共产党领导下，我们必将实现中华民族的伟大复兴。选择中国共产党，我生之幸；选择中国共产党，我生无悔。

世世代代跟党走

西安交通大学　张德通

张德通，男，汉族，陕西西安人，1938年5月出生，1957年8月参加工作，1970年12月加入中国共产党。退休前曾任西安交通大学校长办公室副处级调研员。副研究员。

"走，跟着共产党走"，这首歌曲在我的心里响彻了72年。在那黎明前最黑暗的岁月里，一位深受学生尊敬的老师偷偷给我们唱了这首歌，也悄悄讲了一些我们从未听过的故事，从此，对毛主席、共产党、解放军的敬仰和期盼就深深铭刻在我幼小的心里。后来老师被捕，老师的形象让我第一次朦胧感知到共产党员是什么样的人。11岁那年，西安解放。在一次追歼国民党残匪军的激战中，我第一次经受了战斗的洗礼，第一次看到了解放军，第一次看到了鲜艳的红旗。后来也第一次参加了庆祝解放的欢呼集会游行，第一次看到了毛主席的画像。在全国人民欢呼"共产党万岁""毛主席万岁"

的欢呼声中迎来了新中国的诞生。12岁那年，我们家参加了“土改”运动，我家和全国贫苦农民一样分得了赖以生存的土地。解放了，翻身了，穷苦老百姓从此当家做主人了。树有根，水有源，翻身当主人的工人、农民、革命知识分子最感激、最拥护共产党，最敬仰毛主席，最热爱解放了中国的人民解放军。

我家世代贫穷，父亲年轻时是擀毡行业的工人，是出名的大把式。那个年代，工厂主只管榨取，只管赚取最大利益，谁关心工人的死活，作坊环境封闭，羊毛羊绒满屋飞，父亲中年就得了严重的肺喘病，丧失劳动力，被老板解雇踢出了厂门。我大哥未成年就担起养家糊口的重担。我出生的1938年，日本鬼子侵占中国，对西安狂轰滥炸。我大哥在一次轰炸中受伤受惊，患上了痨病，为治病贱卖了土地、房屋，仍是人财两空。我们家靠租地和借高利贷糊口，一家老小度日如年。我二哥12岁就出外学手艺谋生，常常挨打受欺。在叫天天不应，叫地地不灵的悲惨日子里，是共产党、毛主席救了我全家的命。解放了，我上学再也不为缴不起学杂费、书本费发愁。“土改”后我家彻底翻了身。从此，我妈不再求神信佛，家里敬着毛主席像，党和毛主席就是给我家和全国穷人带来幸福的真神。

我生在旧社会，长在红旗下，是党的阳光雨露哺育我成长，我们是最幸福的一代人。是党供我上学，我是我家祖祖辈辈第一个进过学堂门，读过书的人。为报党恩，我勤奋学习。是党培养我上了6年师范，让我成长为一名光荣的人民教师，给了我多种荣誉。后来我又当了一名国家机关党政干部，勤勤恳恳工作。我只有一个念头就是牢记党恩，决不辜负党的培养和重托。

党培养我的哥哥成长为骨干工人、技术能手，也是一名光荣的共产党员。他对党忠诚。1962年，他带头响应精简下放号召，回村务农，担任村党支部书记，率领乡亲们努力改变贫困面貌，为恢复安定团结费尽心血，一生没有辜负党的培养和信任，他的人品、党性影响了我们一家，他是晚辈们最尊敬的人。

我的妻子出身革命军人家庭。我岳父在她1岁多时就舍家弃女，奔赴延安，随军转战抗日战争、解放战争最前线。他积极响应号召、投身革命事业影响了我爱人的一生。1956年，她进入交大工作，从此，她这一枚小小的螺丝钉就牢牢钉在了学校事业中，认真负责完成组织交办的任务，一生默默奉献。

我的大女儿和女婿都是军人，他们都是党组织培养成长起来的优秀干部。我的儿女们，无论退休的还是在岗的，人人都牢记祖训，永记党恩，牢记祖辈、父辈和自己一生跟党走的誓言，世代都做党的好儿女。

我今年83岁，亲身经历了中国人民在伟大的中国共产党领导下，从站起来、富起来到强起来的全过程。这个过程、这段历史证明了一个颠扑不破的真理，就是只有中国共产党才能救中国、才能发展中国，只有中国共产党才能领导中国人民取得战争的胜利、才能克服和战胜一切困难取得经济建设的辉煌胜利。一段时间以来，在西方敌对势力煽动和西方和平演变政策的影响下，一些人崇拜西方，幻想照搬西方民主制度。但历史证明，走中国特色社会主义道路才是唯一道路。特别是自美国近年来，遏制绞杀中国的狰狞面目已暴露无遗。2020年以来，新冠肺炎疫情暴发，出现前所未有的全球大灾难，世界各国损失极其惨重。唯有中国靠中国共产党的坚强领导，靠优越的社会主义制度，最早战胜了疫情，取得了抗疫和社会经济发展的伟大胜利。这一切进一步证明，只有在中国共产党的坚强领导下，中国才有这么伟大的向心力、凝聚力，才有举国一致、强大无比的力量。历史和人民选择了中国共产党，中国共产党的领导核心地位是不可动摇的。中国人民只有在共产党的领导下走中国特色社会主义道路才能取得更加辉煌的胜利。

在伟大的中国共产党建党100周年普天同庆的喜庆日子里，让我们更紧密地团结在以习近平同志为核心的党中央周围，在习近平新时代中国特色社会主义思想的指导下，奋勇前进。我坚信，中华民族伟大复兴的中国梦一定会实现！

不忘初心，牢记使命，永远跟党走

西北农林科技大学　和元根

和元根，男，汉族，山西长治人，1928年9月出生，1946年9月参加革命工作，1947年3月加入中国共产党。离休干部，解放战争时期曾任连政治指导员。离休前曾任西北农学院（现西北农林科技大学）武装部部长兼机关党总支书记。

2021年，我们迎来伟大的中国共产党建党100周年。我作为一名有着74年党龄的老党员，心潮澎湃，思绪万千。

1928年，我出生于山西长治的一个普通农民家庭，在国民党统治时期，我没上过学，也没有文化。1945年抗战胜利后，在解放区人民政府的号召下，我于1946年9月在家乡自愿报名参加了八路军，从此，在党的领导下，走上了无怨无悔的革命道路。

在部队我被分配在特务连通讯排。经过一段时间的集训，我初步掌握了基本的军事技能和通讯业务。1946年12月我部奉命参加攻打山东巨野县的战斗，随后又攻打了成武县和单县，打下几座县城后，部队奉命折回到河南，攻打新乡，并解放了汤阴县，又北上攻打了安阳。我跟着部队连续作战，始终不怕苦不怕累，严格遵守纪律，坚决完成任务，保证通讯畅通。在部队休整期间，特务连党支部于1947年3月1日在河南安阳黄夏沟村，讨论了我的入党问题。大会由党支部书记付全秀主持，由我的副班长也是入党介绍人任宝银做情况介绍。在我的记忆里，他对我评价了3条：第一，参军半年来，能团结同志，说话和气，在学习军事技能和通讯业务方面认真刻苦，虚心请教肯钻研，和其他战士互帮互学，熟练程度较高，业务能力提高较快。第二，能严格遵守三大纪律八项注意，比如在攻打成武县时，第一个提出违反纪律的事不能做，不能动老百姓的食物，一个新战士能做到这一点很不容易。第三，在战斗紧急关头，不怕牺牲，积极主动，并勇敢完成任务，保证了通讯畅通，为胜利提供了保障。另一入党介绍人、班长丁钟荣作了补充发言。介绍人发言后，我自己做了表态：无论组织能否接收自己入党，今后将一如既往，继续努力，按党员标准严格要求自己，完成党交给的各项任务。最后，党支部一致通过接收我为中国共产党党员，候补期3个月。1947年3月1日是我的政治生日，从此我开始了新的人生。不忘初心，坚定理想信念，成为我此后每一行动的座右铭。

在之后战斗的日子里，不论是在挺进大别山、建立大别山革命根据地的艰苦年代，还是在进军四川、解放大西南的激烈战斗过程中，我都没有动摇过革命的信念。我始终以一个共产党员的标准严格要求自己，充分发挥党员的先锋模范带头作用。1949年8月，我所属的第二野战军部队从安徽合肥出发，坐火车经徐州、郑州到武汉，在武汉休整了一天，第二天从武汉出发，开始步行进军四川。团政委在进军前的动员大会上要求全体干部战士做好长途连续行军的思想准备，强调只要走到四川就是胜利。在分班讨论如何完成进军任务时，我作为党员班长带头表态发言，要克服一切困难，互帮互助，带领全班顺利完成进军任务。进军四川最大的困难就是连续行军，特别是在贵州境内的山区，山高路陡，道路崎岖，人烟稀少，如遇到雨天，道路泥泞湿滑，稍有不慎，就可能滑下万丈深渊。按战略部署要抢时间赶路程，我们每天行军十几个小时，行程 50 余公里，风雨无阻，途中只有在吃饭时能休息一会，有时战情紧急，边走边吃点随身携带的干粮。由于长时间的急行军，许多战士脚上都磨出了水泡，每天晚上宿营时两腿像灌了铅似的，沉甸甸的，每一个战士都经历着严峻的考验。一天傍晚，正在行军途中，一个战士突然把背包往地上一撂，坐在背包上不走了，问他怎么回事，他只摇头不说话。我理解他的心情，安排其他战士分担了他的负重，二话没说拉起他继续行军。到达宿营地吃过饭后，在个别交谈中，他才说出实话：两条腿没劲了，实在走不动了，打仗打不死，走路要把人走死的。面对这种情绪，我没有批评和指责，只是亲如兄弟般地与他谈心，鼓励他要有坚强的毅力，战胜自己。谈心谈话消除了这名战士的悲观情绪。最终，我们圆满地完成了进军四川的各项战斗任务。

1952 年年底，我所在的部队在河北昌黎由陆军整编为海军，隶属于华东军区东海舰队。1953 年年初移防到山东胶州，修建胶州机场，半年后到达上海，驻扎在浦东农村。在休整期间，组织上出于关心和爱护，抽调了近百名 25 岁以下的连排干部进入位于复兴岛的华东海军第三文化速成中学学习文化，以提高我们的文化水平。在此期间，我由于勤奋努力，取得优良的学习成绩，荣立了三等功。在党的教育培养下，我从一名什么也不懂的普通战士，成长为一名合格的军官，从一名不识字的农村青年，成长为一名有一定工作能力的干部。

1956年,我告别了朝夕相处多年的部队领导和战友,依依不舍地离开了军营,转业到地处陕西杨凌小镇的高等农业学府——西北农学院,开始了在高校工作的新征程。在学校,我的工作性质变了,生活环境变了,面对的人变了,总之,一切都变了,但我入党时的理想信念始终没有变。我受党教育多年,经得起各种考验。在工作中,文化程度不高是我面临的最大困难,但自己有克服困难的决心和勇气,一切服从党组织的安排,党叫干啥就干啥,从不讨价还价,绝对服从组织安排。每到一个工作岗位,我都以共产党员的标准,严格要求自己,尽自己所能,实实在在做事,清清白白做人,为学校教育事业的发展,奉献了自己的微薄之力,作出了一定的成绩。

1989年1月我从工作岗位退了下来,开始了离休生活。虽然离开了工作岗位,但我作为一名共产党员,思想不能离休。离休后,我先后担任了两届离休党支部书记,尽自己所能,为党的事业尽微薄之力,先后多次被离退休职工党委评为优秀党员。尽管自己文化程度不高,但仍坚持10余年把参加革命的经历、学习心得、人生感悟等以不同的形式写了出来,分别在不同层级的刊物上发表,充实了自己的晚年生活。88岁时,孙辈在我的寿辰之际,给我买了平板电脑,并教会我使用。几年来,我通过电脑,不断了解时事政治、新闻信息,关注国家改革开放的进程,享受着改革开放的成果,过着愉快的晚年生活。

回顾人生经历,我有两点感受:第一,没有共产党,就没有新中国;没有共产党,就没有我的今天;没有改革开放,就没有今天的幸福生活。第二,今天的幸福生活来之不易,是千千万万革命前辈用生命和鲜血换来的,是中国共产党经过百年的努力奋斗得来的,我们应该倍加珍惜。如今,我已93岁了,作为一名老共产党员,一名离休干部,我仍将怀着坚定的理想信念,不忘初心,牢记使命,永远跟党走!

没有共产党就没有我的一切

陕西师范大学　谢振中

谢振中，男，汉族，甘肃民勤人，1936年8月出生，1956年12月加入中国共产党，1961年7月参加工作。退休前曾任陕西师范大学党委书记。教授。

2021年是伟大中国共产党的百年华诞。从1921到2021年，她从无到有，从小到大，从弱到强，如今已成为拥有近亿党员的百年大党，正带领全国各族人民为实现中华民族伟大复兴的中国梦不懈奋斗，并不断取得令世人瞩目、无限感佩的辉煌成就。

我有幸在20周岁时，被吸纳为中国共产党的预备党员。从幼时起，我便在党组织的悉心呵护和精心培育下，从读高中到上大学，从做学生到当老师，从一般教师到担任中层单位负责人，从当高校党委副书记、书记到退休，今已步入耄耋之龄，过着悠闲自得颐养天年的幸福生活。这都是伟大的中国共产党带领全国各族人民进行革命、建设、改革，艰苦奋斗一百年的结果。

没有共产党就没有我过去和现在的一切。

回顾大半人生历程，我“生”在旧社会，“长”在新中国，“活”在新时期，“老”在新时代。中国共产党领导全国各族人民所经历的“站起来”“富起来”“强起来”，我都是亲历者和见证者，也是直接受益者。

是中国共产党缔造的新中国所创造的社会条件，使我从完小到初中，从初中到高中，从高中到大学，完成了青少年时期学知识、学文化、学做人的任务，成了我们家族的第一个大学生。我的两位同胞兄长，因为长在旧社会，一个只有小学文化程度，另一个也只是初中毕业。在我求学期间，尽管家中因缺劳力，经济拮据，但从初中到大学，我一直享受着国家助学金的资助，得以如愿完成自己的学业。在党的精心培育和引领下，我小学五年级入团，高中三年级入党，大学毕业后留校任教，每一步都比较顺利，充分享受到新中国诞生后，中国人民从此“站起来”安居乐业，青年人依据个人意愿和国家需要，安排自己学习生活的幸福和快乐。

到20世纪70年代末，我们伟大的党，经过近30年艰苦奋斗，一方面在中国破天荒建立了社会主义基本政治经济制度，不仅初步形成了完整的工业体系，为后续现代化发展奠定了坚实基础，而且在国防建设方面，完全依靠自力更生，造出了“两弹一星”，筑起了捍卫国家安全的铜墙铁壁。另一方面，由于缺乏经验，在具体探索究竟什么是社会主义以及如何建设社会主义的问题上，也曾出现过失误。1978年召开的党的十一届三中全会，我们党在认真总结过去多年正反两面经验教训的基础上，果断地把工作重点转移到以经济建设为中心上来，开启了改革开放的新时期。此后的30年，国民经济得到迅速发展，综合国力大幅提升，人民生活普遍得到改善，整个国家实现了由“站起来”到“富起来”的历史性飞跃。

在改革开放的新时期，步入不惑之年的我，赶上了中央实施干部“革命化、年轻化、知识化、专业化”方针，大量起用年轻干部的大好时机，从 1978 年起，先是校党委任命我为学报编辑室主任，开始负责一个部门的全面工作。经过几年历练，我的知识水平、工作能力和思想境界都有较大提高，不仅在编辑实务、提高学报质量上作出了一些成绩，而且在总结学报工作经验、探求学报编辑工作规律方面，也有某些开拓性建树，从而得到了领导和教师以及高校学报界同仁的肯定和认可。1985 年 5 月，教育部党组又任命我为陕西师范大学党委副书记，从此走上了学校领导岗位。在副书记岗位上，开始分管宣传思想和学生工作，后期还增加了组织干部工作，8 年后升任党委书记。从一个来自穷乡僻壤的甘肃边陲小县、自小放过羊的毛头小伙，成长为部属大学的一把手，这完全是党几十年精心培育的结果。如果没有从解放初期入团入党开始，各级党组织对我的培养教育，没有改革开放新时期贯彻执行党的干部“四化”方针的新机遇，就绝不会有我当年的步步升迁和今天所有的一切。

21 世纪以来，我国逐步进入建设有中国特色社会主义新时代。尽管我在 1997 年就离开工作岗位退休，但对国家步入由“富起来”到“强起来”的伟大历程，还是感触极深。早在 2016 年，我国国内生产总值就已跃居世界第二，成为仅次于美国的世界第二大经济体。2020 年，尽管内有新冠病毒肆虐，外有以美国为首的西方敌对势力的围追堵截，我们依然圆满完成了经济社会发展的“十三五”规划，取得了全国范围脱贫攻坚的全面胜利。2021 年又实现全面建成小康社会的第一个百年伟大目标，全国各族人民的生活水平普遍大幅提高，人们的获得感、幸福感和安全感显著增强。

我作为一名退休职工，最近十几年，养老金年年提高。党和国家包括地方政府对老年人的优惠政策，真可谓层出不穷。高龄老人有高龄补贴，65 岁以上老人乘坐公共交通工具一律免费，各类旅游观光景点对老年人或半价或免费都有优惠。每年都有一次免费体检，患病住院绝大部分费用都由医保支付。正因为党和政府对老年人有如此优厚的待遇，加上个人的锻炼养生，所以这些年人们的寿命普遍越来越长，“七十不算老，八十满街跑，九十、百岁的也不少”的说法，一点都不过分。

2021年，我已是85岁高龄的老人。我母亲59岁、父亲65岁就过世了，我能活到现在甚至更大年纪，遗传基因显然不是主要因素，最最重要的，正是我有幸“长”在共产党领导下的新社会，“活”在改革开放的新时期，“老”在距中华民族伟大复兴越来越近的建设中国特色社会主义的新时代。在伟大中国共产党百年华诞即将来临的时候，我心潮澎湃，感慨万千，没有共产党，就没有我的一切！我永远不会忘记党培养哺育我的恩情，不会忘记共产党员的初心和使命，只要一息尚存，一定会在力所能及的范围，多做加砖添瓦、拾遗补阙的工作，以报党恩于万一。

我坚信，在百炼成钢的伟大中国共产党的坚强领导下，实现中华民族伟大复兴的第二个百年目标指日可待，社会主义现代化强国航船的桅顶已冒出地平线，让我们高举双手热烈鼓掌去迎接吧！

令人难忘的革命经历

西安电子科技大学　蒋炳煌

蒋炳煌，男，汉族，湖南湘阴人，1929年1月出生，1945年5月参加革命，1947年3月加入中国共产党。离休干部，抗日战争时期曾任湖南人民抗日救国军（三五九旅南下支队）第六支队宣传员，解放战争时期曾任团电台队长。离休前曾任西安电子科技大学副校长。

2021年是中国共产党成立100周年，从1947年我18岁入党算起，我的党龄也有74年了。回忆过往岁月，尤其是那段革命岁月，我感慨万千。

我是1945年5月参加革命的。那时我十几岁，是个学生，家在湖南农村，家里比较穷，既没依靠，也没背景。当地的伪军也好，青帮各种分派也好，都想把我们这些年轻学生拉拢到他们那边去。我后来才知道，当时当地是有地下党在活动的。一位是我们小学老师，实际上也是我家邻居，叫彭国梅；

还有一位是工人，开火轮的，叫谭庚堂。当时正值三五九旅由延安南下，到了湖北、湖南地区，准备往广东去，留了一部分在我们那里扩大队伍，这两位地下党员就和他们联系上了。考虑到我的家庭情况，彭老师就找到我说："炳煌，你要不跟我去吧。"他说湖北有个学校，送我去上学。他这样一说我就明白了。我个人当然愿意，家里一听，也觉得是好事，因为家里没有背景，不走的话，不是被拉到青帮去就是被拉去当伪军，所以我就这样以上学名义离开家，参加了部队。

参军以后，我在湖南人民抗日救国军第六支队做文书、宣传员。1945 年 8 月北返过了长江，调到三五九旅旅部报务训练班学习。在报务班学习的这段时间，是我人生中很重要的一个时期。在报务班学习相对来说比较安全。学习报务和无线电通信的人在当时的部队是比较稀缺的，且非常重要，我掌握了一门技能。学习的这几个月，部队一直在打仗，学习条件十分艰苦，器材也特别简陋。我们不能住下来，只能一边走，一边利用休息时间学习。

到了毛主席到重庆去谈判，签订了《双十协定》后，部队才驻扎下来。蒋介石表面上在谈判，实际上却在准备发动内战。国民党 30 万部队把我们包围在一个狭小的区域。那半年时间，我们驻扎在那里没有动。那时候部队没有伙食费，要去"挣钱"。河南有"赶集"，今天这个地方米便宜一点，我们就背上，到另一个价格高一点的镇子上卖掉。自己还要上山砍柴、捞鱼虾。部队被包围了以后，我们确实生活得比较困难。

中原突围是最艰苦的，最危险的。1946 年 6 月，全面内战爆发，我们开始中原突围。那一天我记得很清楚，部队离开时说是演习去，跟老乡借的门板等都没动，实际上是撤走了。那时日本投降了，但还有一些残渣余孽，部队撤走突围必须要悄悄地。一直往西走，我才发现不对劲，演习怎么跑到平汉铁路来了，往西没有退路了，这才知道不是演习。

我们从6月开始走，到了9月底，才到达甘肃庆阳的西峰镇，历时3个多月。这3个多月可以说是我们最危险、最艰苦的时期。开始1个星期还比较正常，后来的3个月，没有一天晚上能安定下来休息。有时做着饭，战斗就打起来了，只能赶紧行动。吃饭也是这样，饭还没熟，打起来了，就一人盛一碗，边吃边走，吃完碗就往路边一放。敌人有飞机，又有汽车，撵着我们，前追后堵。我们在陕南，看到哪个山高就爬哪个山，下了山，过了沟，又上另一座山，天天如此。原本在河南直线行军的话，半个月就到延安了，我们却一直走了3个多月。行军过程中我们没有洗过脚，更没有洗过澡、没换过衣服，背包也没有了。困难的时候，我们被困在山上，坡陡没有办法架电台，我们就清理出一小点平地，放上电台，和延安直接联系，和毛主席直接联系。

本来一个旅不应该和毛主席、中央军委直接联系，但那个时候没办法了。军区机关是分散来边区的，只有我们三五九旅是成建制走回来的，同军区失掉了联系，所以只能直接和中央联系。因此在电台做报务员是非常重要的。如果联系不上，那就真的完了。最后我们旅两三千人能成建制走回来，完全靠中央指示怎么走。

那时掉队的多得很，上山过河又上山，没两天鞋底就磨烂了。没有鞋子，就弄个草鞋，掉队的都是脚磨破了，那时又是夏天，脚烂了，很多人就跟不上了。但是说句老实话，首长对报务员还是相当照顾的。大家都知道电台重要，没有电台就失去对外联系了。我还记得过荆紫关的情景，那天敌人4个师包围了我们，密集的炮弹、子弹打过来，子弹不长眼，碰着谁就是谁了。旁边的战友一个一个没有了。能活下来全靠运气。这一段经历可以说让人刻骨铭心。

我们最后到了边区的时候，可谓狼狈不堪，衣服破破烂烂。我们报务员，不打仗，只是跟着走，但停下来坐着时就会打瞌睡；虱子从衣服脖领那一直往外爬，一摸一个。到了边区我们住下来，衣服、衬衣、外衣、被子都换了新的。一路行军，部队也吃不到什么油水，到了边区有慰问，能吃到猪肉、羊肉。虽然被教育要少吃一点，吃细一点，不然肚子受不了，但还是有战友吃得像坐月子一样，不敢躺着。进了边区，有警备旅掩护，我们没有任何负担，就在边区休息。之后我们就去了延安，毛主席在杨家岭八路军大礼堂接见了我们。这是我生平第一次见到毛主席。毛主席在台上讲话，我离得很近，看得清清楚楚。在延安休整了半个多月以后，部队东渡黄河，到山西去了。

这一段经历确确实实过得比较苦，但是回想起来，又感觉到很有意义。报务班条件那么艰苦，十几个学生走在路上，背包一扔，膝盖当桌子用，左手大拇指当电键用，铅笔短得手实在拿不住了，就用小棍棍一绑，绑上以后，继续练习。但就在这样艰苦的条件下，依然培养了十几个报务员通讯骨干。

我们这些报务员毕业后就分散到部队各电台。1954 年 11 月，我到张家口中国人民解放军通信工程学院（西安电子科技大学前身）学习，之后我就在学校做学员、教员，在系里做训练处长、副政委、党委书记。1966 年学校改成西北电讯工程学院，我做副院长、副校长，一直到 1989 年 12 月离休。

我印象最深的，还是这所学校从无到有、从小到大的发展过程。西电和别的学校不一样，她最大的特色就是继承了当时艰苦奋斗和全心全意为人民服务的宗旨精神。当年部队中原突围，我们就是把该发出去的电报千方百计地发出去，把要收的都收回来，不能出错。报务错了就要了命，不光是自己的命，整个部队都会毁在你手里。来到学校以后，这份责任感也没有变。可以说正因为有了艰苦奋斗、自力更生的精神，学校才这样一步一步走过来，到今年已经整整 90 年了。

我的一生，没有惊天动地的事业，也没有立下丰功伟绩，但受责任驱使，无论在战争时期还是和平环境，我所担负的各项工作，都尽自己最大努力完成了任务,得到了群众和领导的认可。从未因工作失职或犯错误挨过批评。我敢说,作为一个共产党员对得起党,作为一个干部对得起国家,作为儿子对得起父母,扪心自问对得起自己,没有留下任何遗憾。欣逢党百年华诞,回顾自己一生,就是听党话、跟党走的一生。衷心祝福党的伟大事业蒸蒸日上!

出行『难』『烦』看变迁

长安大学　曾乐元

曾乐元，男，汉族，陕西西安人，1959年6月出生，1977年8月参加工作，1985年6月加入中国共产党。退休前曾任长安大学新闻宣传中心主任兼党委宣传部副部长。教授、硕士生导师。

“人民对美好生活的向往，就是我们的奋斗目标”。习近平总书记这句充满深情、质朴真诚的话，一语道出了中国共产党以人民为中心的执政追求和治国理念。这既是习近平总书记对全党同志的谆谆告诫，也是我们党对全国人民的庄严承诺。

中国共产党是以全心全意为人民服务为根本宗旨的马克思主义政党，党的全部使命和责任就是为最广大人民的根本利益而奋斗，一切工作的出发点和落脚点都是为了让人民过上好日子。回顾100年来的光辉历史，党始终不忘初心、牢记使命，无论是革命、建设和改革开放，党所做的每一件事情，都是在为中国人民谋幸福，让人民群众生活得更美好。让全体人民过上美好生活，贯穿着党创业、守业、兴业的全过程。新中国成立后特别是改革开放以来，我们的祖国由贫穷落后走向了繁荣、幸福、安定与和谐，人民的物质文化生活水平得到很大提高，幸福感获得感安全感不断得到提升。我们每一个人都应该为祖国的繁荣强大而自豪，为人民的安康幸福而快慰，并从这种变化中更加自觉地拥护和认同党的全面领导，更加自觉地做到"两个维护"，更加自觉地感党恩、听党话、跟党走。

人们的衣食住行，体现时代的特征，是一个社会、一个国家最生动的形象记录。说起人民生活的巨大变化，每一个经历过这种翻天覆地变化的人都能够从自己衣食住行的各方面感受到。我就想用我亲身经历的从"出行难"到"出行乐"再到"出行烦"的几件事，来说说这些年生活的巨大变化。

我1959年出生在陕西省西安市。那时，我国的公交体系还很不完善，道路条件不好，交通工具落后，西安城里公共汽车还比较少见，自行车在普通居民家庭中算是高档代步工具，居民出行大多靠走路，极不方便。据我母亲回忆，我出生3个月后，她就要回工厂上班了。当时从我家住的地方到她上班的工厂大约有5公里的距离，因为我父亲上班的地方更远，家里仅有的一辆自行车只能由我父亲使用。由于没有公交车，她只能每天抱着我再拉着大我3岁的哥哥步行上下班。晴天时还好一些，一旦遇到雨雪天气，那可真的是大人一身水、小孩满脚泥，步步艰辛，狼狈不堪。每当说起这段经历，我母亲都不禁感慨万千，总会深深地叹一口气说"太难了"。

20世纪80年代初，我在兰州大学求学。那时，改革开放已经揭开了中国经济社会发展的新篇章，交通运输也步入了快速发展阶段，但由于历史欠账太多，一时半会还改变不了"出行难"的状况。人们如果要远行，拥挤、缓慢、闷热的绿皮火车还是主要选择且一票难求。每当学校放假，我和同学们都要相互帮忙有时甚至要翻窗才能进入挤满了人的车厢。记得有一次，我没买到坐票，因为站得时间太久，就躺到一排座位的下面睡了过去，一觉醒来却发现睡前还好好戴着的眼镜不见了踪影，直到第二天早上才在车厢另一头的座位下找到。最为神奇的是这副眼镜在无数人的脚下游历了整个车厢竟然完好无损。同学们打趣说是因为车厢内太拥挤，每个人的脚都被挤得挨不着地才使它逃过一劫。每当回忆起这段经历，我当年的同学、现在的妻子脸上都会挂着淡淡的忧伤说，“当年大家都不容易，你就别再提那些事了。”

随着改革开放和社会主义现代化建设的不断推进，特别是党的十八大以来，交通运输进入了加快建设现代综合交通运输体系的新阶段。我国的交通条件大为改善，公共交通网络遍布全国城乡，老百姓日常的代步工具也发生了根本性变化，摩托车、电动车、小轿车普遍进入寻常百姓家，中国人的出行变得越来越便捷、选择也是越来越多，来一场“说走就走”的旅行甚至是国际旅行已不再是什么难事。说啥时候走就啥时候走，想到哪儿去就到哪儿去，已不再是难以企及的奢望，而是变成了活生生的现实。10年前，我也购买了一辆小轿车，假日里开着车带上家人去休闲度假、观景赏花、探亲访友已成为日常生活的一部分。每当说起这些年的变化，我母亲总是满怀喜悦地说，“现在的日子真是太方便了，这搁在过去可是想也不敢想呀。这都托了共产党的福，托了习主席的福，咱们一定要珍惜啊。”

2020年，我报名参加了教育部实施的“高校银龄教师支援西部计划”，前往位于新疆南部阿拉尔市的塔里木大学开展支教活动。以前从西安出发需要好多天才能完成的旅程，现在乘飞机到阿克苏，再转汽车只要几个小时就抵达了，真是“天堑变通途”。在阿拉尔这个地处塔克拉玛干沙漠边缘、塔里木河畔的西北边陲小城，我看到条条笔直平坦宽敞的道路遍布城乡，各族群众驾着汽车、拖拉机、摩托车、电动车穿梭往来，便捷欢快地从事着生产、生活、市场交易活动，丝毫感觉不到与其他地区的差别。正在建设的阿拉尔机场和火车站不久就将投入使用，到那时候，阿拉尔这个美丽的城市将更加紧密地与祖国各地连接在一起，各族人民的日子也将越来越美好。

随着交通条件的改善尤其是私家车的逐渐普及，人们出行的方式与过去大不相同，出行频率也比过去大幅度提高，老的“出行难”问题基本解决，但一些新的问题与麻烦又接踵而至。比如，有些人的思想观念和行为习惯跟不上快速发展的现代交通方式的要求，不遵守公共交通秩序、随意违反交通法律法规、互不礼让、随意停车、“路怒症”等现象普遍存在。城市道路、停车场等基础设施建设滞后以及管理方式落后等原因造成的交通拥堵、停车难、加油难、加气难、充电难成为许多城市的顽症，乱收费、乱罚款、乱设卡现象也时有发生。有的地方自行车无路可骑、行人尤其是残疾人无路可走、行人过街困难、老年人因不会扫码和电子支付而出行困难等问题也不同程度存在。凡此种种造成的“出行烦”既是发展中出现的新问题，又是制约人民美好生活的新障碍，必须尽快消除。

进入新时代，人民对美好生活的向往更加强烈，与百姓生活息息相关的衣食住行绝不是“鸡毛蒜皮”的小事，让越来越多的中国人不仅说走就走，而且走得方便、快捷、温暖、舒适、优雅、惬意，让出行体验更加“美好”，使每个人都能享受既不“难”又不“烦”的“美好出行”，既是新时代“美好生活”的重要支撑，也是新时代“美好生活”的题中应有之义。

习近平总书记强调，只要群众对幸福生活的憧憬还没有变成现实，我们就要毫不懈怠团结带领群众一起奋斗。回顾党的百年历程，我们有理由相信，在以习近平同志为核心的党中央坚强领导下，始终坚持以人民为中心的发展理念，把增进民生福祉作为发展的根本目的，紧紧抓住人民最关心的问题，坚持不懈，努力奋斗，人民对美好生活的向往就一定能够一步一步变成美好的现实。

新中国成立前后我的一段经历

兰州大学　孙　鑫

孙鑫,男,汉族,天津宁河人,1931 年 11 月出生,1948 年 12 月参加革命工作,1953 年 2 月加入中国共产党。离休干部,教授。

加入民主青年联盟

1947 年 7 月我从宁河县初中毕业后,考入北平河北高中读书。每月我靠把学校发的少量面粉换成玉米面生活,顿顿吃的是玉米面窝窝头,白水煮菜。当时,物价飞涨,民不聊生。经济困难的学生在教室上晚自习时,经常哼唱当时的一首进步歌曲:《五块钱的钞票没人要》,歌词大意是:这年头怎么得了!五块钱的钞票买东西没人要,商店的老板瞧也不瞧。物价天天涨啊,涨得比天还要高!为什么呀?只因为钞票印得多,物价就涨得高。穷人吃不饱,富人哈哈笑。这样的日子怎么过呀?快把世界来改造!

我到河北高中学习时遇到了一位在宁河县读初中时比我高两级的同学。他是河北高中学生中的地下党员，和城内的北京大学地下党组织有联系。那时北京大学地下党办了"孑民图书馆"，那位同学给我办了个借书证，可借阅进步书籍，这个借书证至今我还保存着。

1948 年 12 月，北平解放前夕，同班一位进步同学介绍我加入了党领导的地下外围组织——民主青年联盟。他曾领我到校外的小茶馆，秘密阅读《国民党战犯名单》《将革命进行到底》等党的文件。1949 年年初北平和平解放，我是学校里的学生社团"跋涉社"的负责人之一，负责一些宣传活动。1949 年 4 月，我由民主青年联盟转为新民主主义青年团员。

考入中央人民政府重工业部训练班学习

1949 年 8 月，我读完高中二年级，考入当时的华北人民政府公营企业部工业工作人员训练班，后改为中央人民政府重工业部工作人员训练班，学习时间半年。训练班地址在通县，租用民房，供办公和居住。学员共有一百余人，其中有青年学生，有有技术专长的社会失业人员，还有接收的工厂职工等。学员分成十几个学习小组，每组十几人，大都住在一家民宅。

训练班学员的学习，采取听大会报告和小组讨论相结合的形式。大会报告大都在当地一所教堂外面的草地上举行，每人一个马扎，成排坐下。报告人都是专家学者，为学员系统讲授历史唯物主义，人类社会不同的发展阶段，原始共产主义社会、奴隶社会、封建社会、资本主义社会、社会主义社会，最后实现无阶级的高级共产主义社会。

有一次特别的报告让人记忆深刻。那天，训练班通知全体学员进城听重要报告，地址在中山公园的半露天音乐厅，报告人是任弼时同志。他坐在主席台的后面,因身体原因,由别人代读讲稿。报告主要讲述了当时的国内外形势,全国即将解放,要进行经济建设,大力发展工业等。任弼时同志亲临会场,说明了对训练班的高度重视。

重工业部何长工部长,到训练班作过一次长达几个小时的报告。没有讲稿,生动感人。他讲了自己参加革命的不平凡经历。教导我们要向工农兵学习,说有些知识分子"好翘尾巴""了不起,起不了!"

经过半年的学习,我对党有了进一步的认识,初步树立了革命的人生观。天冷了,训练班发给每个学员一套灰色的棉装。棉衣穿在身上,棉帽戴在头上,我感到真正成为革命队伍中的一员了。训练班全体学员有一张合影,第一排女学员坐在地上,展开一面"爱祖国,爱人民"的大字横幅。照片虽不太清晰,但我一直珍藏着。

到兵工厂加入中国共产党

1950年2月,第一期训练班学员毕业。我被分配到第二机械工业部,到山西太原华北兵工局人事室任文书。1951年年初,我被调到阳泉市生产手榴弹的兵工六厂。我初到时,生产设备还很落后,一些厂房也因陋就简。全厂有1 000多名职工,其中有老解放区兵工厂来的工人和干部,有接收原北平国民党一个兵工厂的工人和技术人员,还在当地招收有一定文化的青年徒工。工厂有党总支、工会和青年团组织。有七八个职能科室,有3个生产车间和1个装配分厂。

我先在计划科做统计工作,不久调到厂部任秘书。我当时刚满20岁,缺少实际工作经验,只能边工作边学习。除了处理日常文件等事务工作,每月还起草生产总结报告,内容包括生产任务完成情况,安全生产和存在的问题以及解决意见等。我在任秘书期间,经正、副厂长介绍,在1953年2月加入了中国共产党。

工厂的生产任务十分繁重紧迫,每个月的手榴弹产量以10万颗计。为了保证朝鲜前线中国人民志愿军的作战需要,党团员带头,工会在工人中开展劳动竞赛。我和科室的几个同志曾在一张画报上,看到在朝鲜前线坑道放着印有我们工厂名称的手榴弹木箱,大家都感到自豪。

我们志愿军的武器装备和美帝国主义的相比,差距悬殊。但是在近距离的交战中,手榴弹还是有相当的杀伤力的。在上甘岭战斗中把“坑道、火炮、手榴弹”称为“三件宝”。抗美援朝把美帝国主义为首的侵略军赶回到“三八线”,经过艰难的谈判,1953年7月朝鲜停战协定签字。随之,兵工厂的手榴弹也停产了。1954年8月,经厂领导同意,我考入中国人民大学学习。

2020年,是中国人民志愿军抗美援朝出国作战70周年。我们永远不会忘记,在敌强我弱的新中国成立初期舍生忘死和敌人拼搏的志愿军英雄儿女!今天我们的祖国强大了,不仅能生产先进的飞机、坦克,而且能制造导弹、原子弹、氢弹、核潜艇、航母等国之重器。钢铁长城已铸就,强军卫国御敌人。

2021年是中国共产党成立100周年。我忘不了旧社会劳苦大众的悲惨生活,是中国共产党领导劳苦人民翻身得解放。今天,我们党正在领导全国各族人民,战胜各种艰难,向共同富裕的目标前进!我虽年老,未忘入党初心。我还要与时俱进做利党、利国、利民的事,不虚度晚年。

图书在版编目（CIP）数据

心路：教育部直属系统老同志庆祝中国共产党成立100周年文集 / 教育部离退休干部局编.--北京：高等教育出版社，2021.6

ISBN 978-7-04-056187-6

Ⅰ. ①心… Ⅱ. ①教… Ⅲ. ①社会科学－文集 Ⅳ. ①C53

中国版本图书馆CIP数据核字（2021）第097109号

Xinlu——Jiaoyubu Zhishuxitong Lao Tongzhi
Qingzhu Zhongguogongchandang Chengli 100 Zhounian Wenji

策划编辑 李江泓　责任编辑 阳化冰　封面设计 张 楠　版式设计 马 云
责任校对 刘丽娴　责任印制 赵义民

出版发行	高等教育出版社	网　址	http://www.hep.edu.cn
社　址	北京市西城区德外大街4号		http://www.hep.com.cn
邮政编码	100120	网上订购	http://www.hepmall.com.cn
印　刷	北京盛通印刷股份有限公司		http://www.hepmall.com
开　本	787mm×1092mm 1/16		http://www.hepmall.cn
印　张	33		
字　数	400千字	版　次	2021年6月第1版
购书热线	010-58581118	印　次	2021年6月第1次印刷
咨询电话	400-810-0598	定　价	68.00元

本书如有缺页、倒页、脱页等质量问题，请到所购图书销售部门联系调换

物 料 号　56187-00